德性心理、美育心理研究

德性心理美育心理研究

DEXING XINLI
MEIYU XINLI
YANJIU

曾欣然 著

西南师范大学出版社
国家一级出版社 全国百佳图书出版单位

图书在版编目(CIP)数据

德性心理、美育心理研究 / 曾欣然著. — 重庆：西南师范大学出版社, 2019.9

ISBN 978-7-5621-9423-1

Ⅰ. ①德… Ⅱ. ①曾… Ⅲ. ①教育心理学－文集 Ⅳ. ①G44-53

中国版本图书馆CIP数据核字(2018)第264005号

德性心理、美育心理研究

曾欣然 著

责任编辑：杨　萍

责任校对：雷　兮

装帧设计：谭　玺

排　　版：重庆大雅数码印刷有限公司·吴秀琴

出版发行：西南师范大学出版社

地址：重庆市北碚区天生路2号

邮编：400715

电话：023-68868624

印　　刷：重庆共创印务有限公司

幅面尺寸：170 mm×240 mm

印　　张：24.5

插　　页：8

字　　数：480千字

版　　次：2019年9月 第1版

印　　次：2019年9月 第1次

书　　号：ISBN 978-7-5621-9423-1

定　　价：98.00元(平装)

作者简介

曾欣然(1932年3月—　)重庆市荣昌人,中共党员。西南大学发展与教育心理学教授,硕士研究生导师。曾任西南师范大学教育科学研究所所长,教育部西南教育管理干部培训中心常任教师,享受国务院政府特殊津贴。先后担任过中国心理学会教育心理学专业委员会委员、四川省心理学会副理事长、四川省教育学会教育心理研究会副会长、重庆市心理学会副理事长、重庆市潘菽学术思想研究会理事长。

长期从事教育心理学教学和科研,主研德育心理和美育心理,主持、主研国家级、省部级科研课题9项。20世纪80年代,由刘兆吉教授牵头,合作主持国家社科"七五"规划、国家级重点课题"美育心理研究";90年代,主持教育部"八五"课题"大城市中小学生思想品德调查及对策研究",教育部"九五"课题"我国少年儿童'五爱'品德的启蒙、发展的系列情境测评与实验"。发表论文40多篇。首篇学术论文是1963年在中国心理学会第一届学术年会的德育心理专业组上宣读的《小学儿童学习雷锋榜样的心理分析》。1982年率先使用现代品德情境测评法研究品德,发表了《模拟品德行动产生的情境——试探小学生的品德心理结构及其发展趋势》。先后合作撰写专著、教材和专业大型工具书16部。参编潘菽主编的《教育心理学》(1980年出版)。与张大均教授合著《大学生品德心理》、主编《宣传心理学原理》、副主编《新时期德育十大关系》等。获省、市人民政府奖9项。其中,副主编的《美育心理学》《高等学校教育心理学》获重庆市人民政府一等奖。副主编的《美育心理研究》获四川省人民政府一等奖。

1997年秋退休。重病康复后,重点探索现代德育心理。先后出版专著《德性培育心理学》(1998年)、与陈旭教授合作主编《现代品德情境测评与德育实验研究》(2000年)、与钟必伟教授合作主编《学校德育体系整体构建的研究与应用》(2000年)、与刘重来教授等合作主编《刘兆吉美育心理文艺心理研究文选》(2003年)、2013年撰写《学习刘兆吉美育心理学思想,攀越美育心理科学研究新峰》等。"攀峰悠悠情趣浓",继续探索新人的德性心理、美育心理活动。

师情友情 凝结真情 鼎力襄助 合作创新

1963年秋西南师范学院心理学教研室教师在北温泉留影

最前排的小朋友们是教育系教职员的部分子女

前排左起:周西卜 张清津 刘兆吉 邱曼君 苏天辅 张增杰 何其恺

后排左起:曾欣然 陈琪慧 张学鑫 李长岷 黄培松 汪盼霞 陈德煊 蒋明澄 杨宗义

1981年春节西南师范学院教育系师生员工、校友、退休人员联欢会合影纪念

一排左起:陈志君 肖俊碧 俞锡玑 蔡彰淑 黄大秀 杜蓬青 李林静 刘中华 吴清冰

二排左起:刘克兰 何志汉 成嘉文 邓宓珠 李吉芬 宫绍荣 肖德芳 杨素佳 刘桂兰 任宝祥 徐国棨

三排左起:李定开 潘 莉 王小飞 陈琪慧 汪盼霞 詹绍光 周庆华 刘廷宇 张敷荣 秦仲实 高振业 刘兆吉

四排左起:黄希庭 任代文 张 藩 戴续威 杨宗义 陈德煊 池仲文 曾欣然 曾成平 张增杰 蒲兴文 唐登荣

五排左起:谢 麟 张汝成 苏天辅 颜吉中 欧昌熹 李恩德 谭 刚 郝庆培 吴祥祯 梁承谋 黄国光

师情友情 凝结真情 鼎力襄助 合作创新

西南师范大学教育科学研究所建所20周年庆典留影

教育部批准的、张敷荣教授创建的西南师范大学教育科学研究所全体成员，一直坚持“严谨治学，精心育人，艰苦创业，合作创新”。

前排左起：李 森 靳玉乐 廖其发 张大均 熊明安 曾欣然 曾繁富 刘述萱 尧哲衡 陈 旭

后排左起：吴明霞 刘 茜 唐云富 陈昌友 徐中仁 余 林 郭 成 任一明 沈小碚 王牧华

1991年12月西南师大党校党员教授学习班结业合影

后排左起第三位曾欣然

师情友情 凝结真情

1991年刘兆吉教授和参加《文艺心理与美育心理辞典》编辑会的主研人员留影

左起：李红、赵伶俐、曾欣然、刘兆吉、梁承谋、邓翠菊、张大均

鼎力襄助 合作创新

2013年4月美育与心理美学中外论坛留影

第二排左起第八位曾欣然

前言

立德树人是我国当代教育的根本任务，也是我们教育工作者、教育心理工作者的光荣责任。

2012年我曾经出版《德性心理活动规律探索》[①]（本文中简称《德心探索》），尝试探索立德树人的德性心理活动规律，以服务于立新德、树新人。该书首次表述了探索新人德性心理活动规律的三种基本形态：一是立德心理活动规律，二是积德心理活动规律，三是育德习德心理活动规律。该成果有利于阅读者对德性心理研究的再探索，攀越新的科研高峰。近年，承蒙西南大学领导，心理学部、教育学部新老领导和师友的鼓励，我编著了这本《德性心理、美育心理研究》。

《德性心理、美育心理研究》与《德性心理活动规律探索》是兄弟篇。这是我在多年从事教育心理学科研、教学，主研德性心理、新探美育心理的历程中，特别是在改革开放后的不同时间段、完成不同科研任务的研究成果。它是梳理《德性心理活动规律探索》，综合分析主要使用的原始资料，有支撑印证、探源作用。此次整理中，增加了70%的相关成果，以相关、相似、相联的研究成果，相对集中分组。每一组力求展现探索研究的原创性、递进性、拓展性，有助于阅读者对《德心探索》内容的充实、印证、支撑，有充实、拓展作用。同时，也有助于应用者、新探者重复测查、检验、实验，再探索，再创新。

①《德性心理活动规律探索》，曾欣然著，西南师范大学出版社，2012年出版。2013年12月入选国家新闻出版广电总局第四届“三个一百”原创图书出版工程。

这本《德性心理、美育心理研究》内容的选择，从1963—1964年起步研究“小学儿童学习雷锋榜样的心理分析”开始，截至2016—2017年，撰写《学习刘兆吉美育心理学思想，攀越美育心理科学研究新峰》[①]《谆谆教诲春风暖，兆吉恩师浓浓情》为止。前后共经历50多年的攀峰攻关跨度。编选过程中，我重读了、新选了德性心理、美育心理研究中有一定新意的成果，汇编成书，便于广大心理学研究者、教育心理学研究者、教育学研究者研究查阅，也可供广大教育工作者、思想政治教育工作者、德育工作者应用参考。

编选中，最初选稿字数总量太多，超过预定出版印刷字数将近一倍。因此，现在选择一部分的成果全文刊载，38篇共分10组；有一部分成果只登成果题目，以便查阅，刊于该组成果最后一篇的末尾。特此说明，希望读者谅解！

---

①《学习刘兆吉美育心理学思想，攀越美育心理科学研究新峰》选入《美育心理研究》(选编本)，刘兆吉主编，刘鲁蓉、曾欣然选编，北京师范大学出版社，2016年10月出版。

目录 Contents

第四部分　研究德性心理活动运行结构

第五部分　探索新人立德的心理活动规律

第六部分　探索新人积德的终身发展 探索德性心理规律

第七部分　探索新人育德习德的心理活动规律

写在前面

谆谆教诲春风暖，兆吉恩师浓浓情[①]

刘兆吉（1913—2001）先生，中共党员，原西南师范大学教授，中国现代心理学家（1990年载入《中国大百科全书·心理学卷》），美育心理学创始人（1985年接受国家教委委托，创作的国内外第一本《美育心理学》于1990年出版）。1986年招收我国第一届美育心理研究方向硕士研究生。1987年主持全国哲学社会科学“七五”规划国家级重点课题“美育心理研究”。1993年创造性地完成了研究任务，成果新颖，引领一批研究者开拓了美育心理研究新领域，树立了永恒的丰碑。2002年10月，我怀着敬佩、激动的心情，曾写过《忆刘老，创新一世，奉献一生》，表达敬颂之声：

恩泽杏坛六十载[②]，
师德风范耀人寰。
一部“采风”[③]三千里，
世传“孤儿”[④]解百难。
创论“艺心三鼎立”[⑤]，

①此文在2017年4月向西南大学教育学部2015级研究生党员志愿者服务队的部分同学讲述，同学们座谈，谈了体会，给我以启发。同学们传阅此文初稿，提出了宝贵的修改意见。教学相长，师生互益，谨此鸣谢！

②“六十载”，刘老师的自谦语，转引自刘老师所写《一生总结》，“百篇文章十本书”，载《刘兆吉诗文选》，370页，西南师范大学出版社，2003年4月出版。

③《采风》，《西南采风录》简称。此书是刘老师参加西南联大师生组织的“湘黔滇步行团”时，在闻一多先生指导下，从长沙到昆明，步行3500里，采集民歌民谣2000多首，从中精心筛选了771首，辑成《西南采风录》，1946年商务印书馆出版，誉为“现代三百篇”。2000年北京商务印书馆影印再版。

④“孤儿”，是指刘老师撰写的文章《关于孤儿行》。1943年1月，刊登在西南联大学术刊物《国文月刊》上。考证了当时初中课本选自《古诗源》一书中的汉乐府诗《孤儿行》，有“面目多尘△”句。经多方面综合考察论证，指出了该句缺一字，不押韵、不合原文结构等，认为是漏了一字，提出补充一个“土”字，全句为“面目多尘土”。谐韵，合全文原意。释疑了几百年无人解答的难题，受到了学术界认可。

⑤“艺心三鼎立”，是刘老师创见地提出“创建三足鼎立”的文艺心理学的新观点。文学艺术家、美学家、心理学家以各自的优势，取长补短，创建具有中国特色的社会主义文艺心理学，形成三足鼎立式的文艺心理学，那将是最全面、最稳健、最新颖的宏伟创举。见《创建三足鼎立的文艺心理学刍议》，载《刘兆吉美育心理文艺心理研究文选》，279页，西南师范大学出版社，2003年11月出版。

新建“美心”[1]百花繁。
奉献华文书十卷[2]，
献给人间万世传。

今天，就从我的亲身体验，再颂刘老谆谆教诲，再谢刘老浓浓师恩。

一、刘老给我的第一印象——关爱青年，和蔼可亲的师长

1956年秋，我从西南师范学院教育系毕业，留校任教，分配到心理学教研室工作。当年秋季开学前两天，全系教师集中开会，领导宣布，刘兆吉先生辞去学院教务处教务科科长职务，专职担任心理学副教授，并经批准担任心理学教研室副主任。我第一次见到刘兆吉老师，心中暗暗敬佩：壮年、辞官、从教、做学问，真好！10月初，传来好消息，刘兆吉先生经学院党委会批准，光荣地加入了中国共产党，是心理学教研室唯一的中共党员。我听了这个消息，特别高兴，祝贺刘兆吉老师光荣入党。有高深学问，又入党，真敬佩！学期中，刘兆吉老师约我进行了一次单独交谈。这是我参加工作后第一次接受领导约请单独交谈。刘老师非常关切地问了我担任“普通心理学”辅导教师工作的情况，又问了我的业务学习情况，还仔细问了我的家庭生活及业余休闲活动、兴趣、爱好等，我一一如实回答。刘老师非常肯定地鼓励说：“年轻人刚参加辅导，边学边教，认真就好！勤奋自学，‘向科学进军’，努力就好！”并殷切期望地说：“我有很深的体会，新旧对比，共产党真伟大。青年人，一定要听党的话，永远跟党走！”我听了非常感动，倍感亲切。当即表示说：“请刘老师放心，我一定记住刘老师的教诲。”刘老师微笑着，频频点头。刘老师在我心中留下了好领导、好老师、又红又专好榜样的形象，特别和蔼可亲，特别值得敬佩。

回忆我的成长，真是一生有幸。在西南师院、西南师大、西南大学中学习、工作、生活60多年，从青到老未调去外单位，我一直在西师、西大党委领导关怀下、师长指导下、好友帮助下顺利成长，其中大部分时间都在刘老师身边，在他的关怀之下，当学生、当助手。无论从事教学、科研、管理以及长期担任四川省心理学会秘书、重庆市心理学会秘书，都得到刘老师的谆谆教诲，悉心关爱。1982年12月我被批准加入中国共产党，是尊敬的刘老师，时年已是70高寿的老人做了我的入党介绍

---

①“美心”，是指刘老师率先提出“美育心理”科学概念，出版了国内外第一本《美育心理学》，创新地开拓了“美育心理研究”的科学研究新领域，硕果累累。

②刘老师的自谦语，转引自刘老师所写《一生总结》，“百篇文章十本书”，载《刘兆吉诗文选》，西南师范大学出版社，2003年4月出版。

人，感激万分。可以说，几十年的师生交往，让我与刘老师结成了忘年交，亦师、亦友、亦同志的新型师生情。

二、刘老月夜探访农家，关怀我下放劳动锻炼

1958年春，根据党中央关于“劳动人民知识化，知识分子劳动化”的要求，我院全体教职工积极响应党的号召，决心走与工农相结合的道路。学校党委批准，我院下放农村劳动锻炼的干部第一批102人。教育系批准9人，其中，心理学教研室就是邱曼君和曾欣然2人。1958年2月12日（农历正月初一）我们下放干部102人，胸佩大红花，敲锣打鼓，开赴缙云山下的金刚乡农业生产合作社，下队落户进行农业劳动锻炼，同农民同吃同住同劳动，向农民同志学习。邱曼君同志被安排在人民大队共产党员妇女主任家中落户。我被安排在金刚大队党支部书记杨树清老人家中落户，地处金刚碑旁边的水口大院。我平时劳动、学习、生活起居，都在金刚生产队。

在下放农村劳动，大约两周后的一个星期六的晚上，我们刚刚吃完晚饭，正准备与杨老一起复习《文化识字课本》第9课。忽然听得院坝传来呼喊声：“杨书记！西师学院教授来了！”杨老和我立马迎了出去。哎呀！我大吃一惊：走在第一位的就是我敬佩的刘兆吉老师，紧跟着的有心理教研室苏天辅老师（邱曼君的丈夫）、程志棠同志，还有我的爱人林贤素。杨老亲自迎接，直接将大家带到堂屋（也是饭堂）安顿坐下，相互各自介绍完毕后，大家急于要先看看我的住房。杨老推开堂屋左边的一扇门，提着灯，顺手一指，“请大家先看看！”几人挤在门口一望：一间住房大约有6平方米，地面干干净净。摆了一张单人床，枕头、被子折叠整齐。一张小课桌，桌上一盏油灯。床的对面墙边，放着一挑新粪桶、一把新锄头，挂着一套劳动服、一顶学院送的新草帽。床的另一头墙角边，堆了一大堆羊粪灰。两只羊，望着陌生人，“呼”一声站了起来，“咩咩”直叫。这时，刘老师悄悄问我：“睡得着否？”我当即一笑，面对刘老师和大家，大声回答：“谢谢刘老师和大家关心！我睡得着，睡得好！劳累一天，一觉睡到天亮。”接着，我便饶有兴趣地说：“两只羊很乖，熄了灯，就不动不闹。羊粪味嘛，刚来的两三天还觉得有点儿气味，不舒服，现在适应了。我适应得快，久而不闻其臭！积粪多，粮食多，改天请大家吃新馍馍！”大家一听，见我如此乐观，哈哈大笑！大家转身回到原座。刘老师说明来意，首先感谢杨书记对我的教导，感谢全队及其全家对我的关心，同时看看我下放劳动锻炼的情况怎样。杨

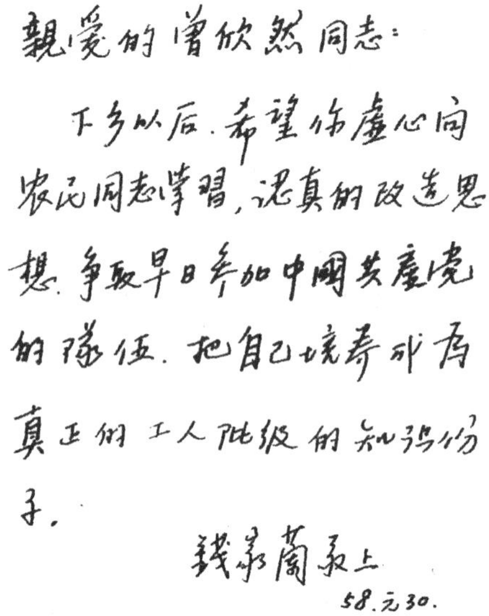
親愛的曾欣然同志：
下乡以后，希望你虚心向农民同志学習，认真的改造思想，争取早日参加中國共產党的隊伍，把自己培养成為真正的工人阶级的知識份子。
錢家蘭录上
58.元30.

书记笑声朗朗，马上就说：“请刘教授、请你们大家放心！小曾下放住我家，我喜欢！我们的社员都喜欢！小曾吃得苦，不怕累。学习农活虚心、进步快，已学会担粪了，还敢到北碚街上喊‘倒罐子！’，收粪担回生产队。天天早上起床就担水，白天劳动，晚上还教我学文化！”刘老师听了望望我，频频点头，再一次感谢杨书记，并当着大家的面，鼓励我说：“小曾，你进步快，有出息，望你继续努力！欣然下放，锻炼欣然！”闲聊一会儿，这时看看屋外，已是明月登空。刘老师一行四人，感谢杨书记一家，告别回校。杨书记送到院坝坎边，我陪着他们四人走田坎石板路，一直送到金刚碑路口的公路边，看着他们四人拖着疲倦的步伐，沿着渝南公路南行，向回学院的方向走去。途中交谈，我才知道，刘老师他们四人，中午午饭后就动身走，顺碚青公路先去人民大队看望了邱曼君同志。再转向北，走乡村小道，绕了大段路，才找到金刚大队，来到金刚生产队。他们真诚心，也真辛苦，我内心更是感动。想到刘老师刚才说的期望：“欣然下放，锻炼欣然。”就猛然记起了，在学院下放前夕领导们对我的嘱咐。当时，党总支书记钱家兰老师的题词是，“亲爱的曾欣然同志：下乡以后，希望你虚心向农民同志学习，认真的（地）改造思想，争取早日参加中国共产党的队伍，把自己培养成为真正的工人阶级的知识份（分）子。”（1958 年 1 月 30 日）。刘兆吉老师的题词：“敬勉曾欣然同志：欣然的（地）响应了党的号召——下乡或上山；欣然的（地）拿起锄头和镰刀，建设社会主义祖国的田园；决心接受劳动的锻炼，决心接受劳动的考验，把自己培养

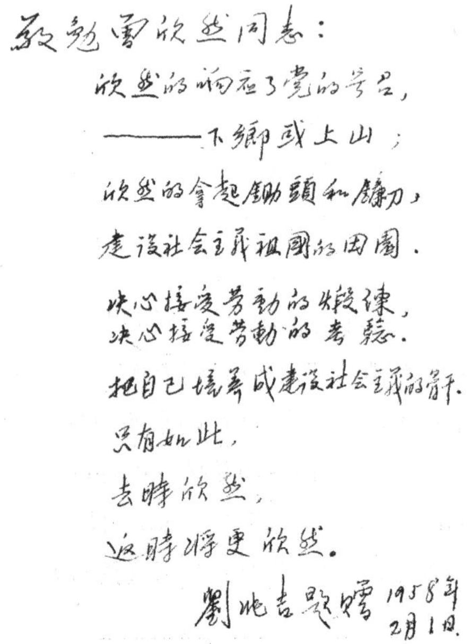
敬勉曾欣然同志：
欣然的响应了党的号召，
——下鄉或上山；
欣然的拿起鋤頭和鐮刀，
建設社会主義祖國的田園。
决心接受劳動的煅煉，
决心接受劳動的考驗。
把自己培養成建設社会主義的骨干。
只有如此，
去時欣然，
返時將更欣然。
劉兆吉題贈 1958年 2月1日

成建设社会主义的骨干。只有如此，去时欣然，返时将更欣然。”（1958年2月1日）。我牢牢记住了这些鼓励和期望，一年的下放劳动锻炼中，在党组织、农民同志、下放同仁的帮助下，被评为金刚乡金刚公社下放干部农村劳动锻炼的“先进个人”（全乡共评出5人），出席了北碚区表彰大会。我非常感动，内心澎湃，即兴中写了两句内心话：“金刚乡，金刚社，金刚大队炼金刚；欣然貌，欣然心，欣然劳动更欣然。”

1959年2月，下放农村劳动锻炼一年结束，回到心理教研室从事教学工作。我被任命兼任教育系生产劳动办公室副主任、兼任教育系养猪场副场长，协助主任、场长管理师生劳动，这些有利于巩固锻炼成果。

三、刘老讲新课，传新知，启发我探索品德心理

1962年秋，刘老师接受中国科学院心理研究所的委托，对潘菽主编的新中国第一部《教育心理学》（内部讨论稿）进行试教试用。刘兆吉老师与张增杰老师二人共同担任执教任务，指派我随堂听课，担任辅导教师。我有幸第一次系统地学习了教育心理学，第一次聆听刘老师讲课，体悟教学新思路，学习新知识、新观点。如：“学习教育心理学时，不仅要掌握有关知识，更要注意培养心理学观点”“从事教育心理学的工作，不仅要在考虑教育问题时具有必要的心理学知识，也要具有心理学观点”（讨论稿第9页），使我进一步明确了知识与观点的统一。再如：“教育心理学研究受教育者在教育影响下，形成道德品质、掌握知识和技能、发展智力和个性的心理规律”（讨论稿第2页），使我第一次明确了教育心理学有独特的心理规律，不是普通心理学原理的“迁移”，应开展独立的专门研究。又再如：“第三章　道德品质培养的心理学问题”，指出了道德品质是“社会现实在人脑中的反映”，阐述了道德品质的新含义，从五个方面阐明了道德品质与道德的基本区别，并明确指出：研究道德品质内容时，应到物质生活条件中去找原因。“道德品质作为个体现象，它的形成、发展同时也依赖于人脑活动的规律、心理形成、发展的规律”，使我明确地区分了研究道德发展规律是伦理学任务，研究道德品质形成、发展的规律，是教育心理学任务，等等。总之，以上学习使我深受启发，也激起了我研究教育心理学的兴趣，萌发了研究道德品质即品德心理的兴趣。

也就是这学期，我给政教系学生讲授公共课心理学。当时要求，要尽可能针对学生思想实际，结合所教专业特点，提高教学质量。这一学期刘兆吉老师（系副主任）、张增杰老师（教研室主任），还有李长岷老师（心理学公共课教学组小组长）为

了提高教学质量,指导刚上课的青年教师能较快地过好"教学关",连续三次听了我的讲课,并及时进行了交谈、评议。他们都充分鼓励青年教师上课要教材使用恰当(要求是不脱大纲,不离教材),思路清晰,讲解清楚,事例广泛,有一定说服力等。他们一致指出,我课堂上联系学生实际、联系专业教学特点的事例少了。真是一针见血,指出了影响我教学质量的主要问题。我当即虚心接受,表示一定改正。我事后思量,深感学然后知不足,教然后知困,进一步激起了我渴望研究品德心理的愿望。

1963年春,在毛泽东主席的号召下,全国人民掀起了"向雷锋同志学习"的高潮。我当时就想,学雷锋,学榜样,可不可以亲自到中小学教育第一线去认真看看:中国少年儿童学习英雄榜样有哪些心理活动,有什么心理特点?我把这个想法向刘兆吉老师讲了,马上得到刘老师的鼓励。他说:"研究学习雷锋榜样的心理活动,属于道德品质的研究。当前,对培养接班人的心理学问题的研究很有必要。但对此问题进行研究的人极少,研究成果也少。你想研究很好!我也打算迈开一步,开展'贯彻学生守则进行自觉纪律教育的实验研究'。你再给张老师说一说。我来联系中小学。"我喜出望外。过两天,他就通知我到办公室,开介绍信,去北碚区朝阳小学请李开芬校长安排。李校长热情接待,非常重视,安排我在该校六年级的一个优秀班集体蹲点,调查了近一年。我撰写了《小学儿童学习雷锋榜样的心理分析》。1963年12月,张增杰老师当代表去北京参加中国心理学会第一届学术年会,将此文送大会交流,并被推选在德育心理专业组会上报告。我也从此迈开了研究品德心理的第一步。

四、科研实践中培育,刘老引领我新探美育心理

科研实践中培育,主要是指刘老师在创建美育心理学科学研究实践中对我的培育。

记得1978年9月,在刘兆吉老师、张增杰老师带领下,我们三人一起,去北师大参加潘菽主编的《教育心理学》(内部讨论稿)修改研讨会。开会第一天,第一次研讨会讨论了修改大纲。当晚休息时,刘老师约张老师和我交谈,征求意见。他说:"我看了修改大纲初稿,全面贯彻教育方针,很好!已有道德品质培养的心理学问题,知识、技能的掌握的心理学问题,体育中的心理学问题,劳动教育的心理学问题等纲目,也有艺术教学的心理学问题,唯独缺乏'美育的心理学问题'的篇目。我打算在会上建议增加此内容。"并进一步说:"培育新人应有美育。'以美育人',中国已

有传统经验,今应继承、发扬、创新。但是有个难题,我积累的资料,经过'文化大革命'扫荡,已丧失精光,短期内编入教材,实在太难。"我和张增杰老师听了,都赞成此内容该列入。但是刘老师考虑到,短期内写入教材实在太难,暂时不提出来。但我听了刘老师的论述,深受启发,敬佩刘老师对全面贯彻教育方针的坚定性,研究心理学新问题的开拓性,并首次引起了我对美育中心理学问题的关注。1981年春,我在心理学教研室开会,忽然听说,刘老师首次提议增加"美育心理"词条,其撰写的"美育心理""教师心理"两个词条在北京香山召开的《中国大百科全书·教育》扩大编委会通过。这个好消息,更加鼓舞了我,我更加敬佩刘老师的科研"攻关不畏难"的奋勇精神,也鼓舞了我,激起了我新探"美育心理"的情趣,我开始思考、关注美育、美育心理研究的进展,积累资料。

1985年,刘老师受国家教育委员会委托,主编《美育心理学》。此书是国家教委列入1985—1990年《高等学校教育类专业教材编选计划》的项目之一。刘老师主持此项目,担任主编,负责组织编写人员,组成编写组。该项研究按期完成,1990年由西南师范大学出版社出版、发行了国内外第一本《美育心理学》。1992年,该成果获重庆市人民政府第三次哲学社会科学优秀成果一等奖,四川省人民政府第五次哲学社科优秀成果二等奖。我被邀参加研究,并担任统稿人之一。按分工,我撰写了"第二章　美育心理学的地位和作用""第十一章　品德美的心理结构"。这是我第一次参加美育心理科研实践,从中我体悟了美育心理学研究的开拓性、原创性、科学性。

1986年,由刘兆吉老师牵头,刘老师、李长河老师和我三人,共同招收了中国第一届美育心理学研究方向的三名硕士研究生(申纪云、赵伶俐、李红),他们于1989年完成学业,获硕士研究生学位。在此过程中,我第一次参加了指导硕士研究生的教育工作,跟着刘老师,不仅学习了教育研究生的全部工作,而且学习了指导美育心理科学研究。

1987年,再次由刘兆吉老师牵头,刘老师、梁承谋老师和我联合,共同申报"美育心理研究"项目,获得批准,并被列入全国哲学社会科学"七五"规划国家级重点项目。该项科学研究历时四年完成。研究成果于1993年由四川教育出版社出版,获四川省人民政府第六次哲学社会科学优秀成果一等奖。在刘老师的指导下,我参加了研究的全程工作,并担任统稿人之一,还撰写了《美育心理研究的现状与展望》《美育与德育结合的美育心理研究》。我经历了全部研究过程,阅读了全部研究成果,深深体悟了美育心理科学研究的求实性、奉献性、开拓性、创新性。

五、学习刘老一生奉献，体悟创新谢师恩

2001年3月，由西南师范大学教育科学学院发起，筹备“科学·艺术·美育思想研究会暨刘兆吉教授90寿庆大会”。学院党委书记安春元同志主持，邀请西南师大校内六个单位参加。教育科学学院、心理学系、教育科学研究所、高等教育研究所、美育研究中心、美育心理科学体系建构研究课题组，派出了代表组成筹备组。其下专设学术编委会，由9人组成，我有幸被推选担任编委会主任。

编委会的主要任务是编选刘兆吉教授一生的学术研究成果和诗文作品。

接受这个任务，是我们的光荣职责。担此重任我更是由衷高兴。一是有利于推动实现刘老期望：“我迫切期望的是美育心理的研究……发轫于西师，光大于西师。期望精英荟萃，走出国门，走向世界。”(《缙云山下一支歌》，西南师范大学出版社，2000年9月)二是我们能重温刘老研究成果，系统学习刘老的学术思想、奉献精神，再一次接受刘老无声的谆谆教诲。编委们同心合作，集体努力，经过两年半的奋战，完成了编选任务，出版了《刘兆吉美育心理文艺心理文选》(西南师范大学出版社，2003年11月出版)、《刘兆吉诗文选》(西南师范大学出版社，2003年4月出版)。

在编选过程中，我广泛学习了刘老奉献一生的研究、创新和创作的成果，编有所乐，学有新得，研有新发现，也进一步激发了我研究刘老一生创建美育心理学的情趣。我先后与曾雁合作撰写了《刘兆吉创建美育心理学的阶段分析》，初步梳理了刘老创建美育心理学各阶段。我经过再思索，又撰写了《美育心理学八阶段及创新启示》。我把刘兆吉老师开拓性创建美育心理学、发展文艺心理学的创新全程，分为八个阶段：创新萌发期、创新奠基期、创新积累期、创新融和期、压抑中断期、创新始创期、创新拓展期、创新再新期，丰富了其人生创造心理发展的阶段理论。我从各阶段中梳理了创新的新鲜经验，约有23项创新启示。这对我们从事心理科学研究有实践的指引意义。刘老师从青年时期开始的奉献，到老年大器晚成的奉献，已是功成名就，硕果累累奉献了一生。2001年7月，刘老师88岁高龄时，仍怀赤诚之心感谢党，以诗矢志赋心声：“老而不死烛未尽，退而不休吐余丝。老牛奋蹄追红日，夕阳未必逊晨曦”(《刘兆吉诗文选》，8页)，这是我们已进入老年的学生努力的方向。

2013年4月，我应邀参加“美育与心理美学中外论坛——建设美丽中国，实现中国梦；纪念美育心理学创建人刘兆吉先生诞辰100周年”。我送去《学习刘兆吉美育心理学思想，攀越美育心理科学研究新峰》[载于刘兆吉主编《美育心理研究》(选编

本)北京师范大学出版社,2016年10月,344—352页],并在大会上做了报告《仰怀刘老,学习刘兆吉美育心理学思想》。此次学习以刘老创建美育心理学的创新研究实践活动全程为主线(1936—2001年),以美育心理研究的创新的标志性成果为客观根据,以刘老关于美育心理研究的科学论述为思索依据,主要从揭示探究美育心理活动规律,对培育社会主义新人的科学价值、理论意义进行综合思考,对刘老美育心理学思想进行发掘,初步领悟,有下列要点:

一、探索心理规律,培育审美素质,全面育人服务的思想。

二、探索"以美育人,育人之美"的心理规律,构建"五结合"体系的美育心理学思想。

三、艺、美融合育人,怡情养性典型美的思想。

四、以美寓德,德美融和人格美的思想。

五、以美启智,发展智能智慧美的思想。

六、体、美结合,身心愉悦健壮美的思想。

七、劳动育美,审美求新创造美的思想。

八、科技活动育美,愉悦体验科学美的思想。

九、以美育己,以美育人,尊师爱生人际美的思想。

十、管理育美,科学管理和谐美的思想。

十一、研究美育心理的特殊方法,探索研究美育心理特有方法论的思想。

十二、中华美育心理思想源远流长的思想。

从中可见,刘兆吉美育心理学思想,方向鲜明,博大精深,育人性、突破性、开拓性、创新性特点突出。"美育心理"的率先提出,"美育心理学"的首位创建,具有原创性、首创性、探索性,闪烁着中华现代东方文明的精神光辉。我再一次受到了刘兆吉恩师无声的谆谆教诲,无形的榜样示范。在我心中一再呈现"德、智、美、新"融合的慈祥老人尊容,一再涌现恩师关爱的情怀。

谆谆教诲春风暖,
兆吉恩师浓浓情。
党恩师恩巧融和,
恩泽三生润心灵。

(2017年秋修改)

探索德性心理与美育心理的终身情趣[①]

——我的科研历程

我在西南师范学院、西南师范大学从教41年(1956秋任职至1997年秋退休)[②],主要研究教育心理学,新探美育心理,重点探索德育心理。我1997年秋退休,重病基本痊愈,情趣浓浓,攀越悠悠,又开始了德育心理和美育心理研究。先后出版了两本专著,合作主编了四本书。2012年,我年满八旬,出版了专著《德性心理活动规律探索》。当时高兴,写了两句话:“老翁喜游‘德心’峰,攀峰悠悠情趣浓。微微散发夕阳热,晴空晚霞乐融融。”2013年春,81岁时撰写了《学习刘兆吉美育心理学思想,攀越美育心理科学研究新峰》,表明我对德育心理和美育心理科学研究已缔结了终身情趣。

这个终身情趣的萌发,还得从1961—1963年说起。1961年和1962年,领导安排我给西南师范学院思想政治教育系两个年级的学生讲授公共必修课——心理学。当时,学院要求要结合学生专业特点总结有效教学经验,提高教学质量。但自

①此文是应西南大学教育学部2015级研究生党员志愿者采访,创作了《攀峰悠悠情趣浓,微微散发夕阳热》(刊载于《晚晴牧歌》,西南师范大学出版社,2016年10月出版)。

②1956年下半年、1957年上半年,张清津教授给教育系1956级学生主讲普通心理学,安排我任辅导教师。

1957年,张增杰教授接受四川省教育厅师范处任务,研究中师心理学教学法,我任研究助理。张增杰著《心理学教学法》,1958年出版。

1958年,干部下放农村劳动锻炼一年。

1959年,回校,任教。兼任教育系生产办公室副主任,养猪场副场长。

1960年上半年,下放西师附中教初中数学兼副班主任。

1960年下半年,在蒋明澄老师指导下,承担公共课心理学章节试教。

1961年,给思想政治系学生主讲心理学(公共课)直到1965年上学期止。其间,李长岷老师主持编写公共课心理学教材,安排我参加了部分章节的编写。

1962年,刘兆吉、张增杰教授主讲潘菽主编《教育心理学》(内部讨论稿),安排我担任辅导教师。

1963年起,既承担心理学教学任务,又从事教育心理学科研,开始了“教学、科研双肩担”。

1979—1997年,主讲教育心理学,新探美育心理,主研德育心理。1986年起,任硕士研究生导师,1987年被破格评为教授。1989年,牵头主持申报了教育心理学硕士研究生学位授权点,获得批准。

1998—2017年,退休后,长期居住在西南师范大学(西南大学)桃花山,仍是“老翁喜游‘德心’峰,攀峰悠悠情趣浓”。

己初登大学讲台,不熟悉学生专业特点,深感学然后知不足,教然后知困。我迫切希望获得该专业心理学研究的新鲜的学习资料,渴望有机会对该专业心理学进行科学研究。

1962年秋季开始,刘兆吉教授、张增杰教授接受了潘菽主编自新中国成立以来我国第一本《教育心理学》(内部讨论稿)试教、试用任务。两位老教授担任主讲,在教育系开设了新的教育心理学课程。我有幸担任该课辅导教师,第一次系统地学习了教育心理学。一边认真听讲课,认真学习,一边尽力准备,认真辅导。其中,令我最感兴趣的是我第一次读到了专章"道德品质培养的心理学问题"(第三章)。我真有手不释卷、爱不释手之感,喜出望外,读了又读,对思政教育专业的心理研究有了新的启发,从而进一步激起了我开展"品德心理研究"的愿望。

1963年春,机遇来了。当时,在毛泽东主席的号召下,全国人民掀起了"向雷锋同志学习"的高潮。我怀着亲自到教育第一线去认真看看的想法:中国少年儿童学习英雄榜样有哪些心理活动,有什么心理特点?当即得到刘兆吉教授(教育系主任)、张增杰教授(心理学教研室主任)的鼓励和指导。承蒙北碚区朝阳小学李开芬校长热情支持,安排我在该校六年级的一个优秀班集体,蹲点调查一年。这是我真正步入德育心理科学探索的起步:第一次尝试使用学习榜样心理活动现场调查法,对学习雷锋榜样有实际行动的学生,从认识英雄榜样过渡到以实际行动仿效英雄榜样的心理活动进行了分析。其中,分析了该校六年级三个班的115位学生复述自己仿效雷锋叔叔好榜样所做的210件好事时的心理活动。重点分析了蹲点班级的49位儿童学习榜样的心理活动,还分析了7位学习英雄榜样没有实际行动的儿童的心理障碍,撰写了《小学儿童学习雷锋榜样的心理分析》。1963年12月,张增杰教授出席中国心理学会第一届学术年会,送去此文,被推选在德育心理专业组大会上报告交流。该文在《西南师范大学学报》(自然科学版)1983年第2期发表。

从调查材料中,我首次发现:多数学生从认识英雄榜样过渡到以实际行动仿效英雄榜样做好事的行动,包含着一系列相互作用的心理活动。产生这些心理活动,解决了人与人交往过程中人—己需要为中心的一系列的心理矛盾。如:社会知觉(社会观察)、道德思维(道德判断)的呈现,解决了儿童脑中对行动对象的需要的"知"与"不知"的心理矛盾;伴随着道德情感呈现,表明了"符合内心需要"与"不符合内心需要"的心理矛盾;道德动机斗争的胜利,解决了儿童脑中的"应该做"与"能不能做"的心理矛盾;道德行为解决了儿童脑中的"应该做"与"创造、控制现实条件之间能不能做"的心理矛盾;道德行为结果的内心体验,解决了"值得做"与"不值得做”自我评价的心理矛盾；等等。正是这些心理矛盾的统一，组成一次完整的品德行动，充实了“知、情、意、行”的四因素组成的说法。这是后来在研究中简称为品德行动运行由“认、情、动、意、行、评”组成的环状心理结构“原型”。这些心理矛盾冲突的统一协同活动，显示出少年儿童的品德行动“为了谁”“应该为谁”的品德需要发展的动力方向，取决于学生脑中重现已掌握的英雄榜样的形象鲜明性、情感敬佩性、激发起“做好事”的动机的强烈性。从复述这样的210件事例中统计，共有201次，占总数的95.7%。

与此同时，我自然就考虑到，雷锋本人做好事时，又有哪些心理活动？因此，在1963—1964年，我又尝试摸索使用个体社会活动经历体验分析法，用公开发表的《雷锋日记选》为原始材料，从雷锋对自己的言、行、事迹和当时客观环境的记载，以雷锋当时面对的客观环境为激发根源，以雷锋对自己当时心理活动的复述为心理分析内容，以雷锋做了好事的实际行动为客观标志，进行了心理分析，写成了《从雷锋的阶级觉悟的发展，探讨共产主义品德的形成》（刊载于《科学研究资料》1980年，第1期），初步尝试探讨了雷锋式优秀人物的共产主义品德形成的心理活动。同样发现，雷锋当时每做完一件好事，一般都有这样一个心理活动程序：

当时认为：道德观察（伴随着惊奇感）—道德判断（伴随着质疑感或探究感）—道德态度（伴随着责任感或义务感）—道德意志行为（伴随着确信感）—自我内心评价（伴随着自豪感或内疚感）。这是完成一次品德行动的最简明和最基本的品德心理活动环状结构。

这些品德心理活动的发现，使我深受启发和鼓舞。我当时打算要以这些社会主义新人优秀品德的真人、真事、真思想的心理活动，作为德性心理活动研究的“原型”，继续探索并思考：要选择或创设什么样的人际交往情境，才能引起小学生的品德行动的一系列心理活动，进一步揭示其心理活动的相关关系，重点探索其必然的因果关系。因此，我萌发了改革、创新一种品德心理研究、测评道德品质的新方法的构想。李开芬校长极其重视这项研究。1964年春，她安排我在该校优秀教师、全国人大代表明宗秀老师当班主任的三年级一班蹲点调查、实验。上学期的实验工作有序进行。同年秋，当时西南师范学院“社会主义教育运动”即“四清运动”试点开始，按规定所有教师必须回校参加“运动”，不得缺席，我只得暂停此项研究。

1965年冬，心理科学被诬称为“伪科学”。我奉令借调去教育学教研室，从事毛泽东教育思想研究。紧接着“文革”开始。“文革”期间，“停课闹革命”，该项研究彻底中断。一切教学活动停止，大乱十年，苦难十年。

1977年秋至1979年，正本清源，批判、纠正“心理学是伪科学”的诬陷。中国心理科学正式恢复活动，心理科学研究进入了新的春天。当时我应聘参加潘菽教授主编的《教育心理学》（1963年内部讨论稿）的修改，得到刘兆吉教授、张增杰教授的引领，我在章志光教授的指导下，参加了“道德品质培养的心理学问题”内容的修改。我完成任务并受益颇多，这激起了我重新探索品德心理的兴趣。潘菽教授主编的《教育心理学》于1980年出版。

1978年在北师大开会，讨论潘菽主编的《教育心理学》（内部讨论稿）修订大纲。当时，张增杰教授和我听了刘兆吉教授打算增设“美育心理”的内容。因资料缺失，刘老师未在大会上提出，但我深受启发。1981年，在心理学教研室，听到刘兆吉教授首先提出的“美育心理”词目，被《中国大百科书·教育》编委会采纳，并由刘兆吉教授撰写。这个好消息，鼓舞了我，激起了我新探美育心理的兴趣，我开始对美育心理研究思考，积累研究的相关资料。

在“六五”期间，我主要进行了六个方面的思考与尝试：

第一，再去基层学校第一线。在北碚区龙岗小学蹲点调查时，我得到优秀辅导员曾道美、贺国俊老师的大力支持。在当时四川省开展的青少年儿童“学习雷锋，学习少年英雄何运刚”活动中，我进行了少年儿童品德心理现状再调查，印证了我1963年的调查结果——小学生学习雷锋榜样心理活动分析的论述。1983年4月，我出席“全国少年研究规划会议”（中国少先队工作学会及中国社会科学院少年研究所联合在广州召开），送去调查报告《小学生英勇机智捉坏人的心理结构及发展趋势初探》在大会中交流，并收入《少年研究文集》（1985年4月印）。

第二，坚持使用个体社会活动经历体验分析法，分析社会主义新人做好事的真人、真事、真思想。我分析过朱利华保卫人民财产英勇机智斗坏人的德性心理活动（1983年）。当时，适遇我给教育系学生讲授教育心理学的有利条件，征集过现代大学生做好事的日记，先后收到27篇，重点分析了××大学生助人为乐的心理活动（1982年）。

第三，结合当时调查实际，把“文革”前夕在朝阳小学萌发的改革创新品德心理研究新方法的构想付诸科研实践。以新发现的小学生做好事的典型事例的德性心理活动为“原型”，略作修饰，第一次创设并使用了品德情境模拟调查法，即以客观典型情境（客观情境）活动，激发主体德性心理活动（引发内隐心理活动），展现主体德性实际行动（呈现于外的客观德性心理为标志）的研究思路进行测查。1980年在重庆市共青团团委、沙坪坝区团委的支持下，我选择了重庆市沙坪坝区的树人小学、育英小学、烈士墓小学的二至五年级学生为测试对象，进行测试。研究了模拟品德产生的情境，探索了小学生品德心理运行结构。主要成果是《模拟品德行动产生的情境——试探小学生的品德心理结构及其发展趋势》。1982年12月，该成果送中国心理学会发展心理、教育心理专业委员会学术年会，进行大会交流并选入《发展心理教育心理论文选》(北京师范大学出版社，1985年)，部分内容在《西南师范大学学报》(1983年第2期)发表。

第四，我们在当时的实际研究中发现，小学生品德心理可以在模拟情境中激发产生、进行，显示一次性完整的品德行动的心理运行结构。但是，实际上，小学生品德心理活动的产生，更多地是在实际的社会生活实践中发生。为此，它激发了我使用创设品德现场情境的研究与测评。当时，为测查小学生的先人后己的品德，我们进行了下列设计：如，根据小学生喜欢观看电影的心理特点，创设过“缺票处理”的现场，即“赠送电影票，招待看电影。但当场点票，票数不足，不能满足每人一张电影票的现场，表现人—己内心需要的矛盾。同时，请大家马上想好，自己到教室门口桌上取票，体现自觉自愿的行动”(测试者远远观察、记录)。又如，根据小学生喜爱美丽的新书签的心理特点，创设过“书签不足”的现场，即“赠送新书签，当场清点书签。书签不够，不能满足每人一份的矛盾现场”等等。其中，突出了“赠送请看”与“自己掏钱购票”的不同，明显有点儿利益关系；“票数不足，缺票处理”，“要票”与“不要票”，“先要”或“后要”，展现个人品格。隐蔽有先人后己的道德关系。两者都隐蔽了敏感的、容易从众的、先人后己的处理人—己内心需要满足的品德心理的实质，探索、积累了创设现场情境测评的新经验。

第五，在此期间，我应聘指导过重庆市教育局主持的幼儿园大班、中班幼儿思想品德、文明行为的调查，指导过幼儿在家爱父母、在园爱小伙伴、学会爱祖国等幼儿品德教育实验(可参阅《西南教育论丛》1986年，第一、二期上，黄娅、张萍文章《3~4岁“在家爱父母、在园爱小伙伴”》的相互关系的教育实验报告)。研有所获，我总结性地撰写了《我对幼儿爱祖国教育的几点看法》，并相继与王纬虹研究员合作撰写了《谈谈对幼儿品德教育中的情感教育的理解》《幼儿情感教育的德育心理学原理》。这样，从方法上，我开始摸索使用了符合品德教育特点的品德教育实验法；从内容上，开始拓展到个体的品德心理萌芽、品德发展的研究，并首次发现在社会主义社会中生活的婴幼儿能从父母的劳动、奉献角度，对他人带来好处体验出发，萌芽去爱父母的品德。经过幼儿启蒙教育，这种爱父母的品德可以在3~4岁时萌发。

第六,1981年应中共四川省委宣传部邀请,我去成都在四川省党校作了关于青少年品德心理研究的学术报告,反响较好。会后得到当时的领队、同去开会的我校宣传部吴应发部长的鼓励,把报告讲稿修改成文,写成了《个体品德形成的几个问题》,发表在《西南师范学院学报》1982年第3期上,进一步激发了我品德心理研究的情趣。

从1986年开始,“七五”期间,我主要是在刘兆吉教授指导下,新探美育心理,拓展探索德育心理。刘兆吉教授牵头申报科研课题,带领我与梁承谋教授一起参予,共同主持了“七五”期间国家级重点项目《美育心理学研究》。同时,又参与国家教委“1985—1990年《高等学校文科教材编选计划》”中的《美育心理学》教材编写,完成了美育心理研究任务。刘兆吉任主编,我做统稿人之一,先后出版了《美育心理学》(西南师范大学出版社,1990年)、《美育心理研究》(四川教育出版社,1993年)。与此同时,我还进行了探索育德与育美结合的心理研究,撰写了《品德美的心理结构》(1989年)、《美育与德育结合的美育心理研究》(1993年),提出了育德与育美结合的五项心理学原则:1.典型情境是美育与德育结合的共同的客观源泉;2.先进榜样人物是育美与育德融合的最佳载体;3.情理交融的体验是育美与育德融合的心理机制;4.实践活动创建美是育美与育德融合的共同目的;5.力求人的素质和谐发展、实现人生的和合境界是育德与育美融合的共同方向。

在此期间,刘兆吉教授领头,李长河与我共同招收了三名美育心理学硕士研究生,进一步探索美育心理,学习指导硕士研究生。同时,应中共四川省委宣传部约请,我主编了《宣传心理学原理》(四川人民出版社,1990年),又申报了四川省大学、中专德育研究会的德育课题研究课题,并被列入四川省哲学社会科学“七五”规划重点课题。

当时我在西南教育管理中心担任常任教师,系统讲授“大学生品德心理专题”,边教学,边研究,教与研结合,积累了资料,与张大均教授合作撰写了《大学生品德心理》(四川教育出版社,1990年)一书。由国家教委西南教育干部管理培训中心主任、西南师范大学副校长钟沔琪同志鼎力推荐,刘兆吉教授领头,我参与了联合国开发计划署、联合国教科文组织研究项目“中国高等教育管理研究丛书、中国大学管理人员培训教材”的研究。刘兆吉教授任主编,杨宗义教授与我任副主编,撰写了《高等学校教育心理学》(北京师范大学出版社,1995年)。其中,我撰写了“大学生学习心理”“大学生品德心理”等篇章,梳理了我在西南教育管理干部培训中心担任常任教师、主讲“大学生学习心理”“大学生品德心理”时的思路和研究成果,着重总结、探索我国现代大学生学习心理、品德心理的新特点，增添了对品德心理研究新的兴趣。

“八五”“九五”期间，我主要是探索德育心理研究实验，先后主持过国家教委人文、社会科学研究“八五”规划项目“大城市中小学思想品德的现状调查及对策研究”（1993年1月至1996年12月）。在全国教育科学“九五”规划项目“我国少年儿童五爱品德启蒙、发展的系列情境模拟测评与德育实验研究”（1997—1999年）中，我主要使用“现代品德情境测评法”和“现场情境实验法”研究方法，完成了科学研究。与此同时，从1989年秋季起，我与招收的德育心理研究方向的硕士研究生一起，本着“调查研究—实验培育—探索对策”相结合的德育心理科研思路，即综合应用已摸索的几种德育心理科学研究方法，从学生现代品德情境测查入手，开展德育情境实验，探索中小学德育心理的规律性原理综合应用，总结了“师生主体参与、启发育德互动模式”，提出了品德养成教育新对策。我将这些成果梳理出来，与陈旭教授一起，共同主编了《现代品德情境测评与德育实验研究》（西南师范大学出版社，2000年8月）一书。

“九五”“十五”期间，我主要是在指导德育科研中探索综合应用。此时，我重病（1996年冬）基本痊愈，1997年秋退休。承蒙钟必伟主任、黄志玉所长推荐，我应邀义务参加了中央教育科学研究所所长、德育研究中心主任詹万生教授主持的全国教育科学“九五”规划国家级重点课题“整体构建学校德育体系的研究与实验”的科研指导，担任了该课题重庆市实验区课题指导组下设的学术组组长。当时，我本着“时时关注康宁乐，微微散发夕阳热”的养生体悟，尽力而为，量力而行。“九五”期间，我参与了重庆市12所中小学实验学校的德育科研指导；“十五”期间，参与了重庆市68所中小学实验学校的德育科研指导。在服务指导中学习，在学习研究中服务，得到不少收获，受到不少启发。我学习了实验学校领导和教师的开拓创新精神和德育新鲜经验，在该课题实验区指导组安排下，指导并完成了实验区科研任务。有的实验学校应用现代品德情境测评法，进行了测评。如：重庆西藏中学的“学生爱祖国品德的情境模拟调查”，朝阳小学的“小学生纪律观念现状的情境模拟调查”，再一次印证了现代品德情境模拟测评法的可行性。经过梳理，我与钟必伟教授共同主编了《学校德育体系整体构建的研究与应用》（重庆出版社，2000年）。在该课题总课题组总结时，承蒙鼓励，获得总课题组颁发的“德育研究指导特殊贡献奖”。

在此期间，应张楚廷教授邀请，参加编写教育心理学丛书。我撰写了《德性培育心理学》(警官教育出版社,1998年)一书,初步尝试并阐述学校德育心理活动规律及其应用,并设想全方位地探索德性培育的心理规律。

2001年春,由西南师范大学教育科学学院牵头,约请了校内六个单位参加,筹备在2003年举办"科学·艺术·美育思想研究会暨刘兆吉教授九十寿庆大会",组织了"刘兆吉文选"编委会,推选我担任主任。经过两年奋战,完成了文选编选任务,由我与刘重来教授等人共同组织,出版了《刘兆吉美育心理文艺心理文选》(西南师范大学出版社,2003年)、《刘兆吉诗文选》(西南师范大学出版社,2003年)。编有体验,学有新得,我撰写了《美育心理学创建八阶段及创新启示》。从"创新"与"奉献"的发展,体现了刘老一生核心价值的"德"与"美"的实践融合,真人真事的典范。我抒发敬仰之情,曾经写过《忆刘老,创新一生,奉献一生》:

恩泽杏坛六十载,
师德风范耀人寰。
一部"采风"三千里,
世传"孤儿"解百难。
创论"艺心三鼎立",
新建"美心"百花繁。
奉献华文书十卷,
献给人间万世传。

2013年4月,承蒙赵伶俐教授推荐,我应邀参加"美育与心理美学中外论坛",撰写了《学习刘兆吉美育心理学思想,攀越美育心理科学研究新峰》,送大会交流,并在大会上作了题为《仰怀刘老,学习刘兆吉美育心理学思想》的报告。再一次歌颂了刘老是"德"与"美"融合的优秀典范,刘老是"智""德""美""新"融合于一身的慈祥老人。

在"十一五"和"十二五"期间,我主要从事博士生德育心理课程专题教学与德育心理科研结合,并进行深化探索的工作。从2001年起,承蒙张大均教授、陈旭教授信任,安排我给他们招收发展与教育心理专业硕士生、博士生研讨德育心理。这给了我一个继续学习、深化探索德育心理活动规律的好机遇。在这十年,与博士生共同研讨德育心理的教学活动中,特别是在其中的"学术论坛"上,师生一起,围绕着研修主题各抒己见,相互交流、相互启发、相互受益。我深深感到,后生可爱,后生可畏,教然后知不足,学然后知困,研然后知难,攻难乐趣多。本着少而精、博而约、深而新的体会,对每一届博士生的研修主题,我都是认认真真准备。"学术论坛"

中总结性研讨发言，总是讲一次，补充一次，修改一次，积累了大量的资料。研与教结合，学与教相长，促使我乐于深化探索、继续探索。我于2012年获得“重庆市公益出版专项资金资助项目”资助，出版了《德性心理活动规律探索》。2013年12月，该书获得了国家新闻出版广电总局第四届“三个一百原创图书”出版工程奖。

2016年应赵伶俐教授邀请，我与刘鲁蓉一起，对刘兆吉教授主编的《美育心理研究》进行选编重印，出版了刘兆吉主编《美育心理研究》(选编本)(北京师范大学出版社，2016年)。书中列入新的相关评述，选载了我撰写的《学习刘兆吉美育心理学思想，攀登美育心理科学研究新峰》。2017年9月10日，该书获得重庆西南大学教育基金会首届“伶俐美育基金”的突出贡献奖。

总之，我从事德育心理科学研究50多年的历程，新探美育心理30多年的历程，衷心感谢西南师大领导的培育，老师的指引，朋友的关心，学生的支持，亲人的体贴、关照，让我能专心从事教学与科研，并取得一定成绩，也养成了德性心理、美育心理科研的终身情趣。与此同时，我对德性心理和美育心理的科学研究，也进行过一些探索性思考和新的尝试：

德性心理活动规律探索是德育心理、品德心理发展研究的拓展。研究德性心理活动的根本任务就是科学地揭示在现实社会交往情境中，现实新人的德性萌芽、形成、发展，自觉实现德性价值的心理活动规律，为立德树人、立新德、树新人服务。

一、探索新人本质。我认为社会主义新人的本质是主人，即经过学习、实践培育，引导刚刚出生的潜在主人成长、发展为具有“生理性—心理性—社会性—文化性—价值性”的综合素质、居于主人地位、履行新社会主人的权利义务、从事社会服务活动的主人。这个主人是人类主体性的新形态，是“人最灵”“人最贵”的新体现，是中华民族各族人民主体性历史发展的新阶段。这种新人的品德、德性，当然有别于社会历史上各种“新人”的品德、德性，可否名之曰“主人德性”(以下简称“德性”)，以此奠定德育心理研究的根本，也是美育心理研究的根本，“以人为本”“以主人为本”“以立新主人为本”。

二、探索主人德性本质。我以社会主义新人的真人、真事、真思想的德性心理活动为“原型”进行分析，认为主人德性的本质是人的智能器官机能活动中调节人—己(群—己)内心需要满足、自觉实现价值的人格核心品质。调节人—己(群—己)内心需要满足的根本方向、根本动力，满足内心需要的意义、满足需要的核心价值。这种主人德性是社会主义新人本质的集中体现，是“尊道贵德”“尊德性而道问学”“内得于己，外得于人”的新发展。它的本质特征是惩恶扬善、共同满足人—己

（群—己）合理的精神需要。社会主义新人德性的突出特点是自尊自立的主人德性意识导向性、益人益己的互利互助性、合作服务同创同富共享性、惩恶导善维护和谐安宁的坚定性、满足精神需要自我超越的愉悦性。这是立新德树新人的核心，“立新德的魂”。

三、探索主人德性心理活动的特殊性。在借鉴同仁们已经研究了“道德”与“品德”的联系和区别，已经研究了“德性”（品德）与“社会性”的联系和区别的基础上，我着重探索了“德性心理活动”与“智性心理活动”的联系和区别，进一步揭示了主人德性的特殊性，主要从基本心理结构、本质特征、心理功能、心理活动运行程序、标示人的本质等8个方面进行了比较，显示了主人德性的特殊性，有利于抓住“育德”与“育智”的区别性，实现“育德”与“育智”的科学融和。

四、探索测评主人德性的新方法。在德性心理研究中，根据德性的特殊性，逐步探索、实践、实验，创建了主人德性活动情境测评法（有时称为现代品德活动测评法），包括现代德性情境模拟测评法、现代德性情境现场测评法、现代德性情境实验测评法。这种德性活动情境测评法是指测评者根据自觉实现德性价值的目标，创设隐含有个人与他人（或集体，或社会）的内心需要（或需要表现的利益，或价值，或社会意义）的矛盾冲突的社会交往情境，用谈心法（面对面交流或书面交流）引发被测评者处理此事，独立、自主、自由地产生德性心理和德性行动，实现德性价值，客观测评德性心理素质的方法。它的特点是以被测评者学会的自觉实现德性价值为中心，具有德性活动情境的自然性、德性矛盾的隐含性，德性行动操作全程性、德性心理成分全面性、德性测查真实性、测查结果可靠性、实现德性价值客观性。

五、探索主人德性心理活动规律。探索主人德性心理规律，为立德树人服务，是德性心理科学研究的根本任务。根据我们对主人德性心理活动“原型”的分析，它主要显示有相互关联、相互作用的三种独立的形态：（一）立德心理活动规律。即新人在社会生活实践交往活动中，自我实现德性价值的心理规律，也就是“做完一次好事”的德性心理活动规律。（二）积德心理活动规律。也就是新人的德性心理活动终身发展规律。即从一个人的德性萌芽到临终终结，一辈子做好事的德性心理活动规律。（三）育德习德心理活动规律。也就是学习“德”，构建德性结构的育德（或德育）心理活动规律。即一个新人从不懂、不愿、不会做好事，到学会做、愿做、善做、乐做好事的德性心理活动规律。

此外，还有一种与前述三种形态的德性心理活动规律都有关联的特类形态——“抗诱惑，抗强压，防失德”的心理活动预防规律。即对“错事”“坏事”不愿做、不敢做，学会抗诱惑、抗强压的德性心理活动规律。

六、新探美育心理，秉承德美融和，探索性地提出了育德与育美结合的心理原则。

这些研究，都是初步尝试，粗浅思考，仅仅是攀越德性心理、美育心理科学研究的起步。愿天下有志有趣者，创新思路，精心探索，早日登临德性心理活动规律、美育心理活动规律的科研新峰！

最后，谈一点儿亲身体验，愿与大家一起分享，在攀越科研新峰的征程中共进共勉：

古人云："诚之者，择善而固执之者也；博学之，审问之，慎思之，明辨之，笃行之；……人一能之，己百之；人十能之，己千之。果能此道矣，虽愚必明，虽柔必强！"坚持创新性学习探索，"苟日新，日日新，又日新"。

曾欣然

2016年春初稿

2017年秋修改

第一部分

新人品德活动的科研调查

研究一　小学儿童学习雷锋榜样的心理分析①

在我国，向雷锋同志学习的教育活动，正在蓬蓬勃勃地进行着。但是，青少年儿童学习英雄榜样的认识有哪些心理特点？从认识英雄榜样过渡到效法英雄榜样的行动又有哪些具体心理规律？部分儿童不能有效地学习英雄榜样又有什么心理障碍？这都是要运用英雄榜样对青少年儿童进行共产主义思想品德教育，迫切需要解决的问题。

方　法

本研究是在小学中结合有目的、有计划开展的学习雷锋的教育活动进行的。在研究过程中，一方面，系统观察儿童的实际行动，作为判断儿童学习英雄榜样效果的主要指标；另一方面，分析儿童在自然条件下对自己学习英雄榜样的心理活动的复述，作为另一指标。分析的材料，一部分来源于儿童根据学校规定所写的日记和作文，另一部分则是根据研究的需要，在自然条件下，由辅导员要求儿童写的命题日记和命题作文。另外，在自然条件下，使用过思想教育测验、学习雷锋座谈会及个别谈话等辅助方式，搜集情况。

研究的对象是重庆市北碚区朝阳小学六年级(一)中队的49位儿童。与此同时，还对该校六年级的另外三个中队的儿童进行了一些必要的对比调查，以资印证。

结果及分析

49位儿童在学习雷锋的教育活动中，各个阶段有无实际行动表现的儿童人数，见表1-1。

---

①本研究是在重庆市北碚区朝阳小学的协作下，与该校少先队总辅导员李纯芬同志和六年级(一)中队辅导员董承禄同志密切合作进行的。此外，该校领导、六年级各位老师及其他年级有关老师都给予了大力支持。在研究中，西南师范学院刘兆吉教授、张增杰教授给了很多具体指导，谨致谢意！
此文于1963年12月送中国心理学会第一届学术年会交流，并推荐在德育心理专业组上报告。此文在《西南师范学院学报》(自然科学版)1983年第2期发表。

表1-1 学习英雄榜样有无实际行动的儿童人数比较

教育阶段 / 人数及百分值 / 行动表现	学习雷锋动员教育阶段	系统讲授雷锋的英雄事迹和英雄思想的教育阶段	学习雷锋，再教育、再提高教育阶段	
			初 期	后 期
有实际行动的	42人 85.7%	43人 87.7%	49人 100%	29人 59.2%
无实际行动的	7人 14.3%	6人 12.3%	0 0	20人 40.8%

从表1-1可以看出：

1.运用英雄榜样对小学儿童进行教育，取得的教育效果是相当显著的。该班有实际行动表现的儿童，在学习雷锋的动员教育阶段，就有42人，占总人数的85.7%，后来逐渐增加到100%，到后期，能坚持有实际行动的儿童，仍占总人数的59.2%。

2.运用英雄榜样对小学儿童进行教育，对少数儿童，收效不快。这样的儿童该班有6~7人，占总人数的12.3%~14.3%。

3.运用英雄榜样对小学儿童进行教育，到了后期，有部分儿童的教育是不牢固的。不能坚持有实际行动的儿童，该班已达20人，占总人数的40.8%。

下面分别对有实际行动的儿童和无实际行动的儿童的心理活动加以分析。

一、有实际行动的儿童学习英雄榜样的心理发展

以儿童对自己学习雷锋榜样的心理活动的复述为指标，分别分析了儿童学习英雄榜样的内心需要的发展、儿童对英雄榜样的认识的发展及儿童效法英雄榜样的主动性的发展。结果见表1-2、表1-3及表1-4。

表1-2　儿童学习英雄榜样的内心需要的发展

<table>
<tr><td rowspan="2">作业日期</td><td rowspan="2">作业人数</td><td rowspan="2">作业类别</td><td>分析项目
复述内容</td><td>需不需要向雷锋学习</td><td colspan="9">要向雷锋学习的理由</td></tr>
<tr><td>人数及百分值
教育阶段</td><td>需要</td><td>1. 响应毛主席的号召</td><td>2. 受英雄事迹的感动</td><td>3. 学习某种英雄行为</td><td>4. 学习某种英雄思想</td><td>5. 雷锋思想鼓舞自己</td><td>6. 雷锋精神还未学到手</td><td>7. 做雷锋式的好学生</td><td>8. 受学习雷锋的人的影响</td><td>9. 未谈为什么需要的</td></tr>
<tr><td rowspan="2">2月11日</td><td rowspan="2">49人</td><td rowspan="2">作文</td><td rowspan="2">学习雷锋动员教育阶段</td><td rowspan="2">49人
100%</td><td rowspan="2"></td><td>24人</td><td>17人</td><td rowspan="2"></td><td rowspan="2"></td><td rowspan="2"></td><td rowspan="2"></td><td rowspan="2">4人
8.1%</td><td rowspan="2">4人
8.2%</td></tr>
<tr><td colspan="2">83.7%</td></tr>
<tr><td rowspan="2">4月23日</td><td rowspan="2">49人</td><td rowspan="2">命题日记</td><td rowspan="2">系统讲授雷锋的事迹和思想的教育阶段</td><td rowspan="2">49人
100%</td><td rowspan="2">49人
100%</td><td rowspan="2"></td><td rowspan="2"></td><td>9人</td><td>17人</td><td>15人</td><td rowspan="2"></td><td rowspan="2">3人
6.1%</td><td rowspan="2">5人
10.2%</td></tr>
<tr><td colspan="3">83.7%</td></tr>
<tr><td>6月18日</td><td>47人</td><td>命题作业</td><td>学习雷锋再教育、再提高的教育阶段</td><td>47人
100%</td><td>47人
100%</td><td></td><td></td><td></td><td></td><td>12人
25.5%</td><td>26人
55.5%</td><td>6人
12.7%</td><td>3人
6.4%</td></tr>
</table>

表1-2材料表明：

1. 小学儿童学习英雄榜样是有强烈的内心需要的。该班49位儿童，每个儿童都表示需要向雷锋叔叔学习。

2. 小学儿童需要向英雄榜样学习的理由是极其复杂的。该班儿童前后共有9种理由。其中以响应毛主席的号召（向雷锋同志学习）的人数最多、最持久（100%的儿童，在各个教育阶段一直表示）。

3. 小学儿童学习英雄榜样的需要的发展，多数儿童经历了一定的阶段。最初是由于受了英雄榜样事迹或行为的感染的人数居多。复述2、3两项的儿童共计41人，占总人数的83.7%；后来发展到受了英雄思想的鼓舞的人数最多。复述4、5、6三项的儿童共计41人，占总人数的83.7%；最后发展愿以英雄榜样为理想的人数较多。

4. 小学儿童学习英雄榜样，自始至终总有少数儿童不明确或者忘记了向英雄榜样学习的需要。该班一直有8~9人是这样，占总人数的16.3%~19.1%（8、9两项人数之和）。

表1–3　儿童对英雄榜样的认识的发展

<table>
<tr><td rowspan="2">作业日期</td><td rowspan="2">作业人数</td><td rowspan="2">作业类别</td><td>分析项目
复述内容</td><td colspan="7">向雷锋叔叔学习什么</td><td>注</td></tr>
<tr><td>人数及百分值
教育阶段</td><td>1. 学习英雄的个别事迹或个别行为</td><td>2. 学习英雄的个别思想</td><td>3. 学习英雄的个别事迹和个别思想</td><td>4. 概括英雄思想的一方面</td><td>5. 概括英雄思想的两方面</td><td>6. 全面学习英雄榜样</td><td>7. 未复述向英雄榜样学什么</td><td rowspan="6">全面学习英雄榜样，是指儿童能全部复述大队部提的要求。它的内容是：立场坚定，爱憎分明，刻苦钻研，好学上进，毫不利己，专门利人。概括英雄思想的一方面或两方面，就是指上述三项中的某一项或某两项</td></tr>
<tr><td rowspan="2">2月11日</td><td rowspan="2">49人</td><td rowspan="2">作文</td><td rowspan="2">学习雷锋动员教育阶段</td><td>20人</td><td>9人</td><td>11人</td><td rowspan="2"></td><td rowspan="2"></td><td rowspan="2"></td><td rowspan="2">9人
18.4%</td></tr>
<tr><td colspan="3">81.6%</td></tr>
<tr><td rowspan="2">4月10日</td><td rowspan="2">49人</td><td rowspan="2">思想教育测验</td><td rowspan="2">系统讲授雷锋事迹和思想的教育阶段</td><td rowspan="2"></td><td rowspan="2"></td><td rowspan="2"></td><td>6人</td><td>23人</td><td rowspan="2">18人
36.7%</td><td rowspan="2">2人
4.2%</td></tr>
<tr><td colspan="2">59.1%</td></tr>
<tr><td>5月7日</td><td>47人</td><td>命题日记</td><td>学习雷锋再教育、再提高的教育阶段</td><td></td><td></td><td></td><td>4人
8.5%</td><td>4人
8.5%</td><td>36人
76.6%</td><td>3人
6.4%</td></tr>
</table>

表1–3材料表明：小学儿童认识英雄榜样是有一段发展过程的。最初，在学习雷锋动员教育阶段，只认识英雄榜样的个别事迹、个别行为或个别思想的人数占最多。复述第1、2、3项内容的儿童，共计40人，占总人数的81.6%；后来，在系统讲授雷锋事迹和思想的教育阶段，复述第4、5两项内容的儿童，共计29人，占总人数的59.1%，可见能概括认识英雄榜样部分思想的人数已较多，并且有一部分（36.7%）儿童，已能全面学习英雄榜样。到了再教育、再提高阶段，复述第6项的内容的儿童共

计36人，已占总人数的76.6%。也有儿童不明确或未复述向英雄榜样学习什么，但在总人数中只占少数（一段9人，二段2人，三段3人）。

表1–4　儿童效法英雄榜样的主动性的发展

教育阶段＼有实际动的儿童总人数＼人数及百分值＼有无主动性		教师启发下进行的	跟随同伴进行的	儿童自动独立进行的
学习雷锋动员教育阶段	42人	30人　71.5%	4人　9.5%	8人　19.0%
系统讲授雷锋事迹和思想的教育阶段	43人	8人　18.6%	3人　7%	32人　74.4%
学习雷锋再教育、再提高的教育阶段	29人	3人　10%	6人　21%	20人　69%

表1–4材料表明：小学儿童以实际行动效法英雄榜样的主动性是逐步发展的。最初，要教师启发才能效法英雄榜样的人数占最多（71.5%）；后来能自动独立进行的人数占最多（74.4%）；最后，能坚持自动独立进行的也占总人数的69%。此外，少数儿童主动性较差，自始至终都要在同伴的邀约或影响下，才能跟随着进行。

二、有实际行动的儿童从认识英雄榜样过渡到以行动效法英雄榜样的心理分析

该校六年级的115位儿童对自己效法雷锋叔叔做的210件好事所复述自己的心理活动材料，见表1–5。

表1–5　115位儿童所复述的自己的心理活动材料

总的次数＼呈现次数及百分值＼复述的心理活动	指出了由于活动环境中社会事物的影响而产生知觉的	指出了自己对待已发现的社会事物的道德态度的	指出了当前主观需要与已掌握的英雄榜样标准符合程度引起的道德的动机	指出了效法英雄榜样的道德行动方式的	指出了对完成的道德行为的道德评价的	表内不足210次的差数均为其他因素或未提到的，全部略去
210次	182次	191次	204次	210次	170次	
	86.7%	91.0%	97.1%	100%	81.0%	

表1–5材料表明：多数儿童从认识英雄榜样过渡到以行动效法英雄榜样，包含着一系列的心理活动。如：发现对象的知觉、对待已发现对象的态度、处理当前需

要与榜样标准一致性的动机斗争、效法英雄榜样的行动方式、对已完成的道德行为的道德评价等等。

下面就是儿童作文中,复述其心理活动的一个例子。

王××的作文《雷锋精神鼓舞着红领巾》中的“助人为乐”一段:

我们中队准备到北泉去春游,同学们都在学校等待出发。突然,不知谁说:“王某某和黄某某还没有吃早饭!”我当时听到了,很想帮助他们。可是自己带
(活动环境中存在的社会事物)　　(知觉)　　(原有道德态度)　　(与当前
的东西也不多,也没有吃早饭,我没有说什么,只是心里有些不安。我们在路上
主观需要不符合)　　(引起了道德动机斗争)
行进时,我的脑海里突然出现了一个高大的英雄形象——雷锋。雷锋叔叔处处都
(重现已掌握的英雄榜样标准)　　(英雄榜样形象)　　(英雄榜样
为别人着想。有一次,他们劳动时,他看见另一位同志没吃饭,就把自己的饭全
思想)　　(英雄榜样事迹)
部给他吃了。我们学习雷锋叔叔对待同志像春天般的温暖,我就不能像雷锋叔叔
(以榜样标准对照自己,确定行动方向)
那样做吗?我感到非常惭愧,我赶快赶上前去,把我准备早上吃的干粮,全部给
(做出符合榜样标准的道德行为——助人为乐)
他们……当看到他们吃得很香甜时,我心里也感到甜滋滋的。
(对行动效果的自我道德评价)

从上述的具体例子中,可以看到,儿童从认识英雄榜样过渡到以行动效法英雄榜样,的确是包含着一系列的心理活动。这些心理活动的产生,解决了主观作用于客观过程中的一系列的矛盾。如:知觉解决了儿童脑中对行为对象的“知”与“不知”的矛盾;道德情感表明了“符合”与“不符合”的矛盾;道德动机斗争的胜利,解决了儿童脑中的“需要做”与“不需要做”的矛盾;道德行为解决了儿童的脑中的“需要做”与“现实条件”之间的矛盾;等等。这些心理矛盾的斗争,谁战胜谁的发展方向,取决于在儿童脑中重现已掌握的英雄榜样标准的鲜明性。

三、英雄榜样标准对儿童的道德行动的调节作用

根据115位儿童对自己做出的210件道德行动的心理活动的复述,可以看出英雄榜样标准对儿童道德行为的调节作用,有各种不同情况。

×××在作文中复述:"一天下午,我看见同院子的弟弟妹妹,正在用桶一点一点地抬水……这时,雷锋叔叔的光辉事迹,马上就浮现在我脑子里。……难道我看到别人有了困难,就一点儿不管吗?想到这里,我便主动去帮助他们挑水。"

从文中复述的这类心理活动可见,英雄榜样标准对他的道德行为的调节带有从不愿意做到主动去做的特点,我们把它归属于"启动作用"一类。

×××在作文中复述:"我口渴得要命,对面街上又正在卖冰糕,我很想去买一支来吃。可是,又一想,雷锋叔叔平时总是省吃俭用……我为什么不学他呢?即使再渴,也应回家喝开水。我立刻就把钱收了起来,也不想吃冰糕了。"

从文中复述的心理活动,英雄榜样标准对他的道德行为的调节带有控制不符合榜样标准行为的特点,我们把它归属于"控制作用"一类。

×××在作文中复述:"我正在帮助邮局叔叔搬石块,忽然听得一个人在喊:"哪些来?踢球!""我来!"我顺口回答他,马上跑了过去。刚跑了几步,一个雷锋的形象,出现在我眼前……我马上就收住了脚,折回来,继续帮助邮局叔叔搬石块。"

根据文中复述,英雄榜样标准对他的道德行动的调节,带有重新组织自己的行动的特点,我们把它归属于"调整作用"一类。

115位儿童对做出的210件道德行为的心理活动的复述,涉及英雄榜样标准对道德行为的调节作用的共201件,占总件数的95.7%。但从其作用的性质上看,基本上不外上述三种类型。其中属于"启动作用"的有81件,占总件数的38.6%;属于"控制作用"的有81件,占总件数的38.6%;属于"调整作用"的有39件,占总件数的18.6%。其他因素作用的9件,只占4.3%。

四、没有实际行动的儿童学习英雄榜样的心理障碍

我们观察的7位儿童缺乏效法英雄榜样的实际行动,他们对学习英雄榜样的心理障碍是很显明的。

从7位儿童对自己缺乏实际行动的心理活动的复述的分析:表现为忽视态度的有3人,主要是由于不明确学习英雄榜样的目的和社会意义而造成的心理障碍;表现为怀疑态度的有1人,主要是由于不理解英雄榜样的事迹和思想而造成的心理障碍;表现为抵触态度的有2人,主要是由于对学习英雄榜样的主观条件和客观条件有错误估计;另外1人,实因家务劳动繁重,很少参加活动。

此外,从调查中获得的材料,同样证明,部分儿童学习英雄榜样,缺乏实际行动,在主观方面的确是有心理障碍的,主要表现为下列三类。

（一）意义障碍

如认为：“我们自己已经够幸福了，为啥子还要讲雷锋叔叔的苦？”

（二）内容障碍

1.对榜样人物不理解，如认为：“雷锋叔叔好是好，可是没有黄继光叔叔、邱少云叔叔死得光荣。”

2.对榜样事迹不理解，如认为：“雷锋叔叔做的事是好，但是不是真的哟？”

3.对榜样思想不理解，如认为：“雷锋叔叔这样做，合算不合算？”

（三）认识学习榜样的条件障碍

如认为：“我想学雷锋叔叔，但我哪有200元钱呢？”

上述这些心理障碍，都是由于儿童脑中已有的需要、认识经验与学习英雄榜样的客观要求的认识构成了心理矛盾，并占了优势造成的。如何消除这些心理障碍，是要继续探讨的问题。

关于榜样教育的建议

一、根据表1–1、表1–2材料，可以看到，小学儿童对学习英雄榜样是有迫切需要的。经常选择富有教育意义的榜样人物对小学儿童进行共产主义品德教育，完全适合小学儿童的内心需要，定会收到显著的教育效果。

二、根据表1–2、表1–3、表1–4材料，可以看到，小学儿童随着教育阶段的进展，他们对榜样的认识相应地显示出一定的阶段性，逐步深入。据此：一方面，要引导学生从认识榜样的外表行动过渡到认识榜样的内心世界，由被动效法榜样过渡到主动效法榜样。另一方面，又必须善于把“人物、事迹、思想、效法条件”结合起来讲述，预防他们产生新的心理障碍，使榜样教育活动逐步深入、持久地进行。

三、根据表1–5材料，可以看到，小学儿童效法榜样的品德行动，包含着一系列的心理活动，要克服一系列的心理矛盾。而这些心理矛盾的正确解决，取决于儿童脑中重现榜样的鲜明性。为此，在指导小学儿童以实际行动效法榜样的过程中，首先要善于运用语言的指导性及学习榜样的儿童的品德行动的启发性，提高儿童的社会观察力，明确目的性，有效地解决儿童认为“找不到好事做”的心理矛盾。其次，要充分发挥榜样的调节作用，教育儿童，时时、处处、事事都以榜样标准衡量自己的言行，提高儿童效法榜样的坚定性和动机斗争的原则性，有效地解决儿童的“不知该不该做”的心理矛盾。在不同的条件下，发挥儿童脑中榜样形象的启动作用、控制作用、调整作用及矫正作用。再次，要具体指导儿童做好事的方法，培养儿童品德行动中的技能、技巧，有效地解决儿童认为“不会做”的心理矛盾。最后，及时肯定儿童效法榜样的品德行动的社会效果，启发儿童用榜样的思想对照自己，解决儿童脑中的做得“对与不对”的心理矛盾，有利于儿童自觉再做，逐步形成品德习惯。

四、根据对部分儿童学习榜样中缺乏实际行动，的确是由于有心理障碍造成的，启示我们要正确对待“后进生”，摸准他们的心理障碍，有的放矢，因材施教，耐心启发，自觉消除，真正解决榜样教育活动中的“死角”。

这次调查研究，主要是对一个中队的49位儿童进行的观察、分析。对象不够多，范围不够广，研究的方法还在摸索中，初步分析的结果还有待验证，关于巩固儿童学习榜样效果的条件也有待探讨。

本组未列文章题目：

当时，一同起步研究的成果是《从雷锋的阶级觉悟的发展，探讨共产主义品德的形成》(1964年春完成)，刊载于《科学研究资料》1980年第1期。

第二部分

探索社会主义新人本质，奠定德性心理研究根本

研究一　品德心理研究与对人的思考[①]

品德心理学是教育心理学的组成部分，是心理科学中正在建立的一门新的学科。

我国杰出的心理学家潘菽教授认为："从事教育工作和教育心理学工作，不仅要具有心理学基础知识，更要具有必要的心理学观点。"[②]他在1980年与四川心理学工作者座谈，回答"什么是心理学观点"时，说："对于从事心理工作的同志来讲，最主要的是要树立心理学观点，也就是人的观点。"因此，研究品德心理，不仅要具有心理学的基础知识，更要具有必要的心理学观点，也就是要树立人的观点。那么，人的本质是什么？怎样正确对待人呢？我们探讨人的品德心理，不得不首先引起对人的思考。

其实，研究心理学必须从它与人的本质的联系上去理解，对此，马克思曾经有过重要的论述。他在《1844年经济学—哲学手稿》一书中，在谈到"工业的历史和工业的已经产生的对象性的存在，是一本打开了的关于人的本质力量的书，是感性地摆在我们面前的人的心理学"时，着重指出："对这种心理学人们至今没有从它同人的本质的联系上，而总是仅仅从外表的效用方面来理解。"并且进一步指出："如果心理学还没有打开这本书，即历史的这个恰恰最容易感知的、最容易理解的部分，那么这种心理学就不能成为内容确实丰富的和真正的科学。"[③]马克思在这里讲的"心理学"，虽然是针对费尔巴哈的认识论讲的，但它同样启示着我们，研究品德心理是否从人的本质联系上去思考，涉及内容是否确实丰富，是否是真正的科学的根本问题。

①此文为曾欣然撰写，选自曾欣然、张大均合著《大学生品德心理》（第一章）（1990年6月出版，四川人民出版社），该书是四川省哲学社会科学"七五"规划重点课题结题成果，1992年12月获四川省社会科学优秀科研成果三等奖。

② 潘菽.教育心理学[M].北京：人民教育出版社，1980：11.

③马克思，恩格斯.马克思恩格斯全集：第42卷[M].北京：人民出版社，1979：127.

第一节　把人当作社会主体对待

关于“人的本质是什么？怎样正确地对待人？”是一个古老而又常新的课题，至今仍是一个有待深入研讨的难题。

古今中外的哲人智者，长期探索人类自身的奥秘。他们对人的本质给了各种不同的描绘：

“人是机器。”（拉·梅特里）

“人是长着两条腿的没有羽毛的动物。”（柏拉图）

“人是政治动物。”（亚里士多德）

“人是能制造劳动工具的动物”。（本·富兰克林）

“人仅仅表现为自我意识”“主体也始终是意识或自我意识。”（黑格尔）

“人是那个自然界在其中化有人格、有意识、有理性的实体的东西。”（费尔巴哈）

“我们应当把人定义为符号的动物，来取代把人定义为理性的动物。”（恩·卡西尔）

…………

总之，把人当作机器，当作动物，当作神秘的“自我意识”，或是当作自然实体，都未把人的本质揭示出来，不能算正确对待人。

真正揭示人的本质的是马克思。马克思关于人的本质问题的探索，与马克思的科学世界观一样，经历了一个从黑格尔唯心主义观点转变为费尔巴哈的半截唯物主义观点，最后转变到形成辩证唯物主义、历史唯物主义观点。有关研究认为①，从马克思中学毕业，1835年写论文《青年在选择职业时的考虑》开始，对有关人的问题发表议论算起，到标志唯物史观基本思想形成的《关于费尔巴哈的提纲》写出时的1845年为止，共10年左右的时间，马克思对人的本质的认识，取得了历史性的重大的突破。他明确地指出：“人的本质并不是单个人所固有的抽象性。在其现实性上，它是一切社会关系的总和。”②

根据马克思关于人的本质，在其现实性上，它是一切社会关系的总和的观点。应怎样正确对待人呢？拟从四个方面进行思考。

一、人是社会主体

在1844年4月至1845年4月这一时期，马克思通过研究政治经济学，不仅对人

①宋定国.人的本质的揭示和唯物史观的形成[M]//关于人的学说的哲学探讨.北京：人民出版社，1982：60.

②马克思，恩格斯.马克思恩格斯选集：第1卷[M].北京：人民出版社，1972：18.

的本质的认识有了重大的突破，而且对人的特性有一系列论述。他明确提出了把人当作主体来看待，这些论述主要体现在《詹姆斯·穆勒〈政治经济学原理〉一书摘要》《1844年经济学—哲学手稿》《关于费尔巴哈的提纲》等著作中。马克思提出了：

"全部人的活动迄今都是劳动。"①

"自由自觉的活动恰恰是人类的特性。"

"有意识的生命活动直接地把人跟动物的生命活动区别开来。""人则把自己的生命活动本身变成自己的意志和意识的对象。他的生命活动是有意识的。"②

"因为人的本质是人的真正的社会联系，所以人在积极实现自己本质的过程中创造、生产人的社会联系、社会本质。"③

"因此，人是一个特殊的个体，并且正是他的特殊性使他成为一个个体，成为现实的、单个的社会存在物，同样地，他也是总体、观念的总体、被思考和被感知的社会主体的自为存在。"④

综上所述，马克思对人的特性的论述，可以概括为：社会主体的本质特征，就在于社会性、意识性、实践性（劳动性）统一于一体，具有认识世界、改造世界、完善自我的"主体能力"。

1845年，马克思揭露"资产者把无产者不是看作人"，"把人贬低为一种创造财富的力量"，"为了破除美化'生产力'的神秘灵光"，鲜明指出："如果我们把人说成是'交换价值'，那么这个说法已经包含了这样的意思：社会条件把人变成了'物'。如果我们把人当作'生产力来对待，那么我就是用别的主体代替了真正的主体"。⑤马克思指出："不是把人当作某种驯服的自然之力来驱使，而是当作主体来看待。这种主体不是单纯地在自然的、自发的形态之下，而是作为支配一切自然之力的活动出现在生产过程里面"，同时进一步明确提出，必须把人当作主体看待。

二、人为万物之灵，最为天下贵

关于人是什么，怎样对待人的问题，中国古代的一些哲人学者有精辟的论述。"人贵论"就是其中之一。⑥

①马克思.1844年经济学—哲学手稿[M].北京：人民出版社，1979：80.

②马克思.1844年经济学—哲学手稿[M].北京：人民出版社，1979：50.

③马克思，恩格斯.马克思恩格斯全集：第42卷[M].北京：人民出版社，1979：24.

④马克思.1844年经济学—哲学手稿[M].人民出版社，1979：76.

⑤马克思，恩格斯.马克思恩格斯全集：第42卷[M].北京：人民出版社，1979：261-263.

⑥参见高觉敷.中国心理学史[M].北京：人民教育出版社，1986.

人贵论,讲的是天地万物中以人为贵的理论。这个理论认为,人是世界万物中最宝贵的、能起极大作用的。人为什么可贵?在于人具有智慧和德性,智慧和德性把人与动物明显地区别开来。因此,中国古代把人与天和地并列,叫作“三才者,天、地、人”。老子认为:“域中有四大,而人居其一。”“四大”者,指道、天、地与人。他肯定人与天、地、规律一同为一“大”,在天地间有优越的位置。

人贵论思想,最早见于《尚书》。《尚书·泰誓》说:“惟天地,万物父母;惟人,万物之灵。”《孝经》中说:“天地之性(生)人为贵。”孙膑则说:“问于天地之间莫贵于人。”(见《孙膑兵法·月战》)汉代董仲舒认为,人“超然万物之上而最为天下贵”。(见《春秋繁露·天地阴阳》)明末清初王夫之说:“天地之生,人为贵。”(见《尚书引义洪范三》)清代后期龚自珍说:“天地至顽也,得倮虫(指人)而灵。”(见《龚自珍全集·释风》)

为什么人为贵?中国古代思想家也有独特见解。战国时代中期,孟轲认为:“无恻隐之心,非人也;无羞恶之心,非人也;无辞让之心,非人也;无是非之心,非人也。”(见《孟子·告子上》)战国末期荀况说:“水火有气而无生,草木有生而无知,禽兽有知而无义;人有气、有生、有知、亦且有义,故最为天下贵也。”(见《荀子·王制篇》)东汉王充在《论衡》中说:“天地之性,人为贵,贵其识知也。”(见《别通篇》)又说:“夫倮虫三百,人为之长。人,物也,万物之中有智慧者也。”(见《辩崇篇》)唐代刘禹锡认为:“人,动物之尤者也。天之能人固不能也。人之能天亦有所不能也。故余曰,天与人交相胜尔。”他还说:“植类曰生,动类曰虫,倮虫(指人)之长为智最大,能执人理天交胜,用天之利,立人之纪。”(见《刘梦得文集·天论上》)宋代朱熹认为:“人为最灵,而备五常之性;禽兽则昏而不能备。”(见《答余方叔》)清代戴震也认为,人有禽兽所无的特异德性和智慧,且能制服他物而予以利用,因此,人是“天地至盛之征。”(见(原善》)

从此上引述中,可以看到:第一,中国古代哲学、心理学思想,突出了人与万物,特别是人与动物的联系和区别,重视人的地位。第二,突出了人的智慧最高,或有德性,故人为之长,最为可贵。第三,指出了人的作用,能用天之利,立人之纪。由于中国古代哲学、心理学思想,采用了我国古代特有的范畴论述人的地位、作用,没有使用“主体”“社会性”“能动性”等概念来表述,但发掘人贵论的思想,丰富、补充人是社会主体的观点,是有益的。

三、“新三界说”人自成一界[①]

人在自然界中究竟处于什么位置，也是考察如何对待人的重要方面。

自1859年达尔文的《物种起源》出版后，人类的起源问题就得到了科学的说明。1896年恩格斯的《劳动在从猿到人转变过程中的作用》发表，提出了著名的论断：“动物仅仅利用外部自然界，单纯地以自己的存在来使自然界改变；而人则通过他所作出的改变来使自然界为自己的目的服务，来支配自然界。这便是人同其他动物的最后的本质的区别，而造成这一区别的还是劳动。”[②]从攀树的猿群进化到人类社会之前，一定经过了几十万年——这在地球的历史上只不过是人的生命中的一秒钟，但是人类社会最后毕竟出现了。人类社会区别于猿群的特征又是什么呢？是劳动。[③]恩格斯以劳动为标志，把人与动物从本质上区别开了，把人类社会与猿群也从本质上区别开了，理应自成一界，以利于独立研究。

可是，人们总是习惯于从动物的角度来考察人类，并以此确定人在自然界中的位置。

首先是瑞典著名生物分类学的奠基人林奈，把人归入哺乳动物之下的灵长类中的一个科，称为人科。这种分类，如仅从动物学观点看，无可非议。目前，一般人都沿用这种分类法，即把人分处于动物界：脊索动物门、脊椎动物亚门、哺乳纲、真兽亚纲、灵长目、人科，但未从人的心理能力考虑。后来，不少学者按照达尔文的《人类的由来》，把人体的全部结构、心理能力通盘考察之后，把人专列一个目，名曰两手目。再后来，有的学者依据脑的结构，把人列为一个亚纲。

后来，有的自然科学家提出，把整个有机界分成三界：即人界、动物界、植物界。这样分类，使人有别于其他生物，自成一界。这一种分类，主要着眼于心理能力，有独创见解，有利于科学确定人在自然界的位置，也有利于研究人的本质特性。但是，没有人采用。

1984年7月，我国杰出的心理学家潘菽教授考察了人在自然界中的位置，提出了新见解。他认为：“人脑的确是人类区别于动物的最突出、最主要的特征。没有人这样的脑，人的手虽然灵巧，也不能发挥它的种种作用，言语既不能产生，也不能使用。尤其人的许多重要心理力量的发展都不会产生并表现出来。”“所以要认清人在自然界的地位，就不能不考虑到他的脑，不能不对人作为人的这一重要器官取

①参见潘菽．潘菽心理学文选［M］．南京：江苏教育出版社，1987：470.

②马克思，恩格斯．马克思恩格斯选集：第3卷［M］．北京：人民出版社，1972：517.

③马克思，恩格斯．马克思恩格斯选集：第3卷［M］．北京：人民出版社，1972：512-513.

得恰当的认识。从人的脑来看,也就可以看到局限在动物分类的谱学中是不会找到人作为人的适当位置的。”基于以人脑的特殊结构和机能为标准,他提出了两条建议:“一条是,在动物学上只需要讲到人类的猿猴祖先就行,而把猿人变成真正的人即‘智人’以后的问题,交给人类学和心理学以及其他有关的科学。应该承认,在动物学中只有把人的猿类祖先和猿猴类摆在一起才是合理的。在动物学中讨论人的某些生物学性质或生理学性质的问题也是可以的。除此以外则大可不必越俎代庖。另一条是,可以把‘智人’以后的人从动物中提出来归入另一界。”“可以考虑把整个世界分为三界:即无生物界、生物界和人界,使人在这世界中自成一界。人界也就是人类界,也就是人类社会界。这个看法可以称为新三界说。”“这些看法也就是‘人为万物之灵’的科学说明。”实际上,就是从心理学角度,发展了、丰富了马克思关于“人就是人的世界”的思想。潘菽教授提出的“新三界说”,给我们新的启示就在于找准人与动物的质的区别,自成一界,确定人在自然界的位置,进一步发展人最灵的思想,有利于把人当作社会主体对待。

四、现代科学研究成果的确证

(一)人有人类智能器官

“人是活动着的自然实体。”(恩格斯)

生理心理学研究认为,人的自然素质除了某些方面与高等动物有连续性、相似性之外,从生理结构及机能特点看,有一双制造工具、使用工具改造世界的手,有一张用语言思维进行社会交往、传递社会经验的口,有一个接收、加工、储存、使用人类社会历史经验,把社会意识转化为个体意识,把主观精神力量转化为客观物质力量的大脑,共同组成人类智能器官。“对于人类来说,高度发展的脑、手、言语器官,是人类特有的智能器官。”[①]劳动的手是人所特有的。每个人都有一双灵巧的、善于劳动的手。手的出现,是人类区别于猿猴的主要标志之一。人手的灵巧是任何动物无法比拟的。在结构外表上,人手与猿“手”几乎没有什么差别。但仔细比较它们的机能,就会发现其中一个重要标志,就是人手具有一种任何动物都不具备的特殊动作能力——对指。人手的这种特殊功能是人类劳动的结果,同时也是正常劳动,特别是使用工具的必要条件。人靠了对指,精细动作才得以完成,成为一双精巧的手。

言语器官也是人类特有的。人类言语器官主要由三部分组成,即原动力——呼吸器官;颤动体——声带与喉头;共鸣箱——喉管、口腔和鼻腔。与猿猴不同,人

①潘菽.人类的智能[M].上海:上海科学技术出版社,1985:57.

的言语器官具有高度分化的声带肌与灵巧的舌肌。它们能协调活动，与整个发音器官相互配合，发出抑扬顿挫的语音，产生娓娓动听的人类言语。

人类的脑更具有一切动物所没有的结构与机能，是人类智能的最主要的器官。从人类大脑机能看，现代科学已经证明，它突出的特点是：(1)人的大脑皮质机能区中，手、口的感觉区、运动区特别发达(图2-1a)。动物的大脑皮质中的前肢区

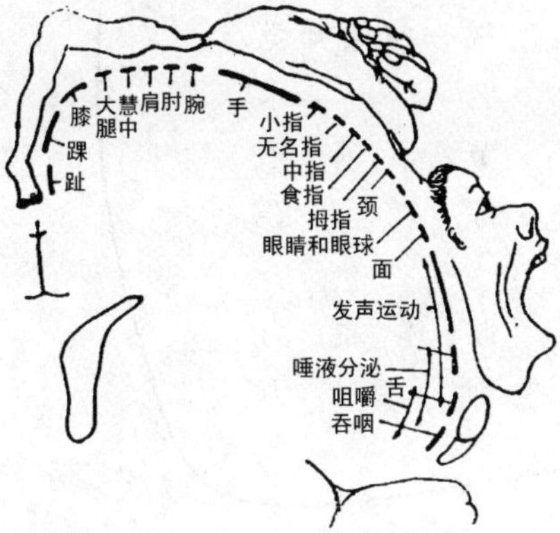

图2-1a　人大脑皮层运动区

线段表示躯体不同部分的运动区定位及其区域的大小。(注意：手和指部及口部的运动区所占的位置最大，这同这部分的肌肉运动最为精细有关)

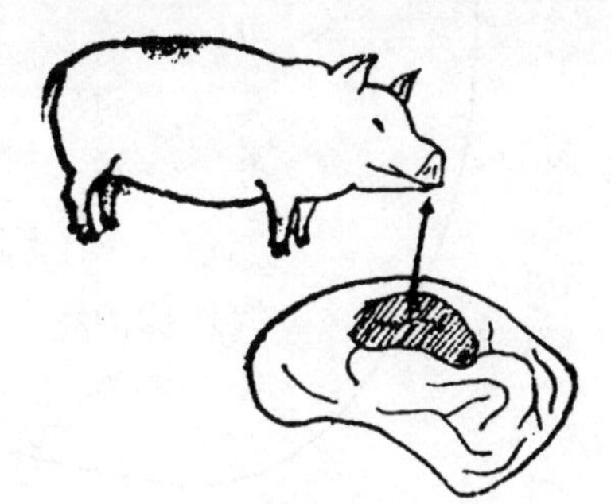

图2-1b　刺激"鼻尖"时，在猪的大脑皮质中出现诱发电位的面积(据Adrian)

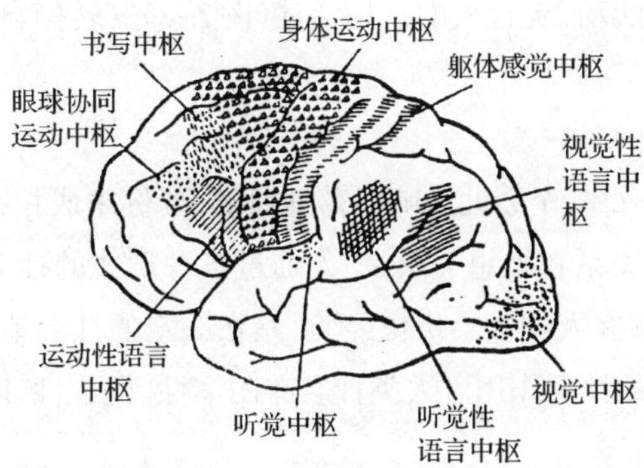

图2-2　人的大脑皮质机能①

①新注：一个多世纪以前，德国神经学家科比尼安·布罗德曼，是给人类大脑皮层切片并绘图的第一人，他把大脑皮层约划分成50个不同区域。新近科技新成果报道，马修·格拉瑟等人用210名年轻人的详细脑部磁共振成像绘图。该图将人的大脑皮层划分为约180个不同区域。科学家绘就最全面大脑皮层图，是里程碑式的研究成果。(转引自参考消息，2016年7月22日)

图2-3 人的大脑两半球机能

与后肢区几乎相等(图2-1b)。(2)人的大脑皮质机能,有特定的言语中枢。动物则没有(图2-2)。(3)人的大脑皮质上,有以额叶为主的中心联络区,直接关系到人的智力水平、德性水平,并调节、控制人的生理机能。(4)人的大脑两半球机能,既有分工又密切联合,协调活动,统管人的一切活动(图2-3)。(转摘自《外国心理学》1983年第3期,第44页)

(二)人是社会的人

人是社会实体。每一个婴儿从呱呱落地时起,要健康成长,总是处于一定的社会关系之中(含物质关系和思想关系)。人通过各种形式的社会活动,掌握人类语言,掌握劳动工具,掌握人类社会历史经验,站在一定的社会地位上从事一定的社会活动,发挥主体性的社会作用。人类社会有团体性、民族性、时代性及阶级性(阶级社会中)等社会特征。

相反,如果一个人从小脱离一定的社会活动,即使身躯完整,也会畸形发展,失去社会主体的本质特征。从旧社会中有的人过的非人生活的记载分析,从几十例"野生孩"的分析表明,畸形发展有七方面表现:1.没有人类饮食的习惯。2.运动机能异常。不能直立行走和直立奔跑,失去了从猿变到人的具有决定意义的一步。3.不会讲人话,有的无人类发音。4.喜欢同动物接触,不愿与人进行社会交往。5.感觉知觉异常。视觉、听觉、触觉像动物一样，有的特别锐敏，有的特别迟钝。6.情绪贫乏，更没有羞耻心。有的不会哭，有的不会笑。7.智力非常低下，都是低能儿。

（三）人类具有能够高度发展的智能

什么是人类的本质特征？潘菽教授在《人类的智能》的《前言》中说："对这个问题有几种不同看法。一种认为，人类的本质特征在于其能制造工具，另一种认为在于他能思维。再一种主要看法则认为，他是一种政治性或社会性的动物。当然，这些看法都各有理由。但我们认为，人类的本质特征就在于具有能够高度发展的智能。这一看法并不是同其他看法不相容的，但比较概括、比较更可取。"

什么是人类的智能？人类的智能是人类认识世界和改造世界（包括自己在内）的主体能力，包括"智"和"能"两种成分。"智"主要是指人对事物的认识能力；"能"则主要是指人的行动能力，也就是能作为而且富有成效的能力。人类的劳动、学习和语言交往等活动都是"智"和"能"的统一，都是人类独有的智能活动。人类智能的特点主要是思想，而思想的核心又是思维。正是因为有了思维，人类的智能才得以远远超出动物而产生了质的飞跃，出现了思想、意识，才使人类成为万物之灵，成为社会主体。

（四）人的意义（价值）在于对人类社会的贡献

关于人的价值，各个阶级使用的标准不同，但都涉及人生意义和人的社会作用问题。物的价值是以物的自身对人有用性为主要指标。人的价值则是指人的实践活动成果，对社会需要或他人需要的满足程度。它包括两个方面：一方面是人所获得的改造自然、改造社会的能力，或者说是潜在的劳动能力，这就是人的潜在价值，即自我价值；另一方面，更重要的是人在社会实践中，把潜在的价值发挥出来，创造物质财富和精神财富，这是人的现实价值，即社会价值。人的价值是自我价值与社会价值的统一。潜在价值表明人是人，不是动物，人与动物不同。现实价值从创造的客观财富上表明各人贡献的不同。

人的价值与物的价值形式上有相似点，但本质上的差别是明显的。1.在物的价值关系中，主体是社会人的需要，客体是外界物，反映人与物的关系。在人的价值关系中，主体是社会需要，客体是人的实践创造的财富，反映人与社会的关系。2.外界物满足人的需要是无意识的、被发现的。人的实践创造财富满足社会需要是有意识的，自觉能动创造的。3.物在物的价值中，只是满足人的需要的客观物；人在人的价值中，则具有双重意义，既创造财富满足社会需要，又提高自己的潜在价值，满足自己的高级需要。因此，人的价值，主要取决于人对社会的贡献，同时，社会也承认，重视人的潜在价值的满足与提高。

※　　※　　※

根据上述四个方面的分析，明显地可以看到，人在本质上不同于动物，有特殊的社会价值、社会意义，应该把人当作主体、社会主体对待。

我们认为主体与客体组成相对应的范畴，是改造者与被改造者、能动者与受动者的关系。主观与客观组成相对应的范畴，是反映者与被反映者的关系。人是实践主体，是改造者。人是认识主体，是反映者。“人作为主体，总是社会主体。”[①]主体通过社会实践认识客体、改造客体，既是能动的改造者，也是能动的反映者。人之所以从根本区别于动物，称得上社会主体，就在于具有的社会性、意识性、实践性三者统一于一体。缺其一，都不能称为社会主体。

社会主体的组织结构，是有层次的。按社会主体作用的能量及社会属性，可分为：个体、群体、集体、阶级、民族、人类社会等主体系列。

社会主体作用的对象，构成客观对象。客观对象中，有的是人，属于主体。有的是非人（含无机物、动物、植物、微生物），属于客体。

社会主体对一切客体的关系，如图2-4所示，可以分为：“人→物”关系及“人⇄人”关系。

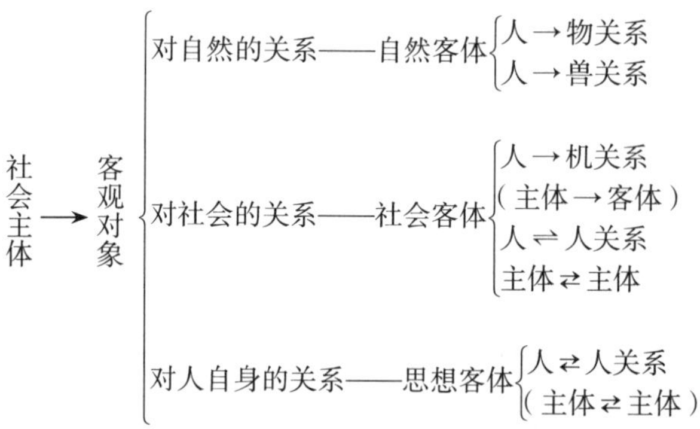

图2-4　社会主体对一切客体的关系

因此，社会主体与作用的客观对象的关系，主要可以概括为两大类：一类是“主体→客体”，作用的客观对象是客体；一类是“主体⇌主体”相互作用，作用的客观对象是主体。教育活动的客观对象是人，是主体，构成“主体⇌主体”相互交往的社会活动。

①夏甄陶．认识论引论[M]．北京：人民出版社，1987：77.

第二节　青年大学生是正在成长中的社会主体

第一节中，我们已经阐明，必须从人的本质上看，把人当作社会主体对待。但是人能够成为社会主体有一个成长过程。

现代科学研究认为，关于人的身体与猿猴类的身体的主要差别是：

1.人的身体能直立行走。

2.人有两只动作灵巧的手。

3.人能讲话。

4.人有一个特别发达的大脑。

个体的人，在成长过程中，什么时期可以称为社会主体，便是我们确定青年大学生的社会地位、社会作用的重要问题。

现在我们以此结构、机能的四项主要区别，再加上意识性（心理能力）、社会性、实践性（主体能力），作为社会主体成长的综合标准，对人的发展进行研究。

一、社会主体的起始时期

根据现代发展心理学研究，新生儿刚出生时，完全是一种自然人状态。什么时候可以称作社会主体？我们这样考虑：

1.个体的人开始能直立行走。一般的婴儿，1岁3个月前后能行走自如；2~3岁学会直立的跑、直立的跳及直立上下梯坎等动作，有别于猿猴，获得了从自然人转变到社会主体的关键一步。

2.人开始能讲话。乳儿满1岁时，已有第二信号萌芽。1岁半以后，作为条件信号的词，可能与有关的新词建立起新的联系，即词与词之间建立起联系，会产生第二信号系统活动。不仅能用语言讲话，进行交往，而且开始用语言进行思维。但是，要到2~3岁，才会使用主语“我”代表主体。

3.人能开始使用灵巧动作的手。拇指与其余四指的对立抓握是人类特有的“对指”能力的标志，用一只手抓握物体，一般的婴儿3岁时才能与成人相似。

4.人的社会性萌芽。一般认为，出生第二个月开始，发生“社会的微笑”，标志着出现了社会需要，情绪初步具有了社会性。2~3岁，开始分辨美、丑，好、坏，萌芽了人类的高级社会情感：美感、道德感的苗头。

5.人的思维、自我意识的萌芽。研究认为，若以条件反射的形成作为心理萌芽的指标，大约在出生后两周人的心理就发生了。但是，人特有的高级心理活动

——思维、意识、自我意识的萌芽，要到2~3岁。经常会说“我”，标志着自我意识真正发生了，自己意识到自己是主体了。

6.人的实践活动的萌芽。婴儿到3岁，初步形成具有目的性的活动。它是原始形态的，但标志着人的实践活动萌芽了，并能克服婴儿可能克服的困难，产生人所特有的意志行动，标志着主体能力萌芽了。

综上所述，以六个方面为综合指标，确认自然人开始转化为社会人，可以称作社会主体。它的萌发时间，可初步确定在3岁的婴儿后期。

确定人的社会主体的起始时限，有利于正确对待婴儿，也有利于正确开展早期教育。

二、青年大学生是正在成长中的社会主体

以可以直接参加社会实践，实际能为社会创造物质财富、精神财富，实现人的价值为主要标准，则可以判断，青年大学生是正在成长中的社会主体。因为青年大学生正处在专业学习阶段，主要任务是学习，主导活动是学习活动，正处在为参加社会实践做准备阶段，属工人阶级知识分子预备队，所以青年大学生只能是处于正在成长中的社会主体。(第二章进一步阐述)真正的完全成熟的社会主体，只能是以主人翁态度为社会创造财富的工人、农民、知识分子。

第三节　把青年大学生当作社会主体对待的德育意义

从本质上看，把青年大学生当作社会主体对待。从发展来看，把青年大学生当作正在成长中的社会主体，有利于从根本上建立科学的教育观点，树立正确的学生观点。马克思曾说：“我们现在假定人就是人，而人跟世界的关系是一种合乎人的本性的关系，那么，你就只能用爱来交换爱，你就只能用信任来交换信任，等等。”“如果你想感化别人，那你就必须是一个实际上能鼓舞和推动别人前进的人。”①

一、确立教育的根本观点

大家知道，教育是教育者培养人的社会活动。教育者是人，当作社会主体对待。被培养的人，受教育者，也是人，也应当作社会主体(当然是正在成长中的社会主体)对待。教育活动实际就是“社会主体⇌社会主体”相互交往、传递——掌握社

①马克思，恩格斯.马克思恩格斯全集：第42卷[M].北京：人民出版社，1979：155.

会历史经验、形成人类智能的社会活动。它不同于社会生产活动，即不同于“主体→客体”的改造客观世界的活动。也就是说，不能把双方社会主体的“主体⇌主体”相互交往的社会活动，等同于“人→物”活动，等同于“人→兽”活动，等同于“人→机”活动。从本质上看，人机混淆是错误的，人兽不分是错误的，人、物等同也是错误的。教育中主体观点是根本观点。

二、确立德育的基本原则

德育作为教育的重要组成部分。从其特有的任务、内容看，德育活动应该是：传递—掌握社会行为规范，促进社会客观要求转化为主体内心需要，促进社会意义（价值）转化为主体意义（人的价值），形成社会主体的个体品德，形成社会群体的新型的实际的人与人的社会关系的社会活动。因此，教育中的启发自觉、积极疏导是基本原则。

三、确立新型的师生关系

在社会主义学校中，基于教师（含教师、领导干部、管理干部）学生双方都是社会主体的观点，因此，在德育中师生双方的新型的社会关系，应该是：尊师爱生、民主平等、教育相长的同志关系。“教师中心论”是不对的，“学生中心论”也是不对的，应该如图2-5所示。

社会行为规范
教育者：传递→　社会需要　←掌握：受教育者
需要的价值（社会意义）
（客体）

社会主体			社会主体
	相互尊重	亦师亦友亦同志	
	相互交往	交流社会信息，交流内心体验	
	相互观察	预测内心活动	
	相互鼓励	产生移情体验	
	相互启发	教育相长	

图2-5　新型的师生关系

四、确立德育心理的研究内容

研究大学生德育活动中的品德心理，主要探讨下列两类人的心理活动规律（见图2-6）。

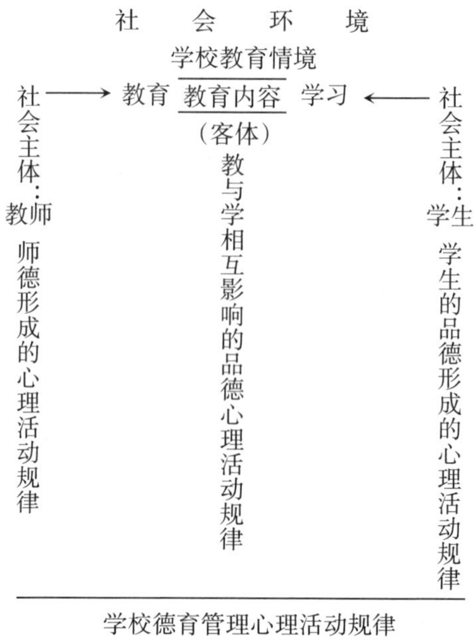

图2-6 学校德育管理心理活规律

研究二　社会主体历史发展的新特点①

社会主体历史发展的新特点，主要是从社会历史发展到社会主义新时期，考察谁是该时代的社会主体。这时期的社会主体有哪些突出的特点，也就是具体地探讨社会主义时代发生历史性变化的人的本性，为进一步研究社会主义宣传的特点，奠定心理科学根据。

一、社会主义阶段社会主体的新特点

社会主义制度的建立，标志着人类社会历史发展进入了新阶段。它是人类历史发展的一次伟大飞跃，是共产主义社会的初级阶段。中国的当代社会主义制度，是中国无产阶级及各族人民在中国共产党的领导下，运用马克思主义理论指导，通过革命斗争，彻底打碎旧的国家机器，实现无产阶级专政建立起来的以社会主义生产资料公有制为基础的新型社会。它具有同任何私有制社会都不可比拟的优越性。相应地，生活在社会主义中的人民群众，真正成了社会主体。它的主要特征，突出的表现是，既有主权地位、主体地位，又逐步形成主体意识，具有社会主义主人翁思想觉悟。这样的社会主体的特征具体表现在：

1. 以生产资料社会主义公有制为主代替了生产资料私有制，劳动者在经济上有了主权，在生产中有了主人地位，劳动者之间建立起民主、平等、团结、友爱、互助合作的社会关系，为劳动者成为真正的社会主体，提供了客观的可能性。

2. 以人民民主专政（即无产阶级专政）代替了资产阶级专政，劳动者在政治上有了主权，在政治生活中当家做主，为劳动者成为真正的社会主体，提供了政治保证。

3. 以“各尽所能，按劳分配”的分配原则为主代替了“按资分配”的原则，劳动者在生活上有了主权，生活消费独立自主，生存需要得到满足，发展需要有基本条件，成为真正的社会主体，有了生活保证。

4. 以建设共产主义思想为核心的、以马克思主义为指导的社会主义精神文明代替封建文化、资本主义文化，劳动者在文化领域内有了主权，思想大解放，满足精神需要、文化需要，有了科学保证。

---

①此文曾欣然撰写，选自曾欣然主编《宣传心理学原理》第二章第二节，四川人民出版社1990年10月出版。该书是中共四川省委宣传部组织编写的宣传干部培训教材之一。

5.劳动者从具有朴素的社会主义主人翁的愿望、情绪开始，逐步形成社会主义主人翁的自觉意识，生发出强烈的社会主义积极性、创造性，成为社会主义建设、社会主义改革的真正主力军。

上述的社会主体历史发展的新特点，体现着人，社会主义新人是真正的社会主体，真正的主人。正如恩格斯所说："人终于成为自己的社会结合的主人，从而也就成为自然界的主人，成为自己本身的主人——自由的人。"①

当然，社会主义制度在我国尚处在初级阶段，劳动者的社会主体地位、作用的完善，尚须不断改革，逐步自我完善，充分发挥其优越性。同时，劳动者对自己已获得的社会主体的客观地位、客观作用，也有一个逐步意识的觉悟过程。这两个方面正是我们社会主义宣传的主要任务——灌输科学的社会主义意识，阐发社会主义社会发展规律，提高人民的社会主义觉悟（社会主义主人翁意识），培养社会主体能力，自觉行动，创造性地建设、完善社会主义制度。

二、社会主义主人翁意识的形成

1.什么是社会主义主人翁意识

社会主义主人翁意识，即社会主义时期劳动者的主体意识。它是社会主体成熟的标志之一。

所谓主人翁意识（主体意识）是社会主体在社会生活实践中，受到教育，通过思维，对自己的社会地位、社会关系、社会历史作用在脑中概括的稳固的超前反映。通俗地讲，就是自己的主体地位、主人翁地位被意识到了，觉悟到了。这种超前反映是一个人相对稳固的心理状态，表现为一个人稳定的政治态度、道德态度、劳动态度、人生态度。从反映的内容看，如工人阶级的集体意识、阶级意识、祖国意识、党员意识等，都是工人阶级的主人翁意识在社会主义时期中的不同层次的表现。

主人翁意识与人的意识的基本特点一样，它的基本特点就是自觉性、目的性、丰富性、深刻性、自控性和创造性，实质上都是人的自觉能动性。毛泽东曾说："思想等等是主观的东西，做或行动是主观见之于客观的东西，都是人类特殊的能动性。这种能动性，我们名之曰'自觉的能动性'，是人之所以区别于物的特点。"②正如列宁所讲的："人的意识不仅反映客观世界，并且创造客观世界。"③

一个人有社会主体意识与没有社会主体意识是极不相同的。也就是说，一个

①马克思，恩格斯.马克思恩格斯选集：第3卷[M].北京：人民出版社，1972：443.

②毛泽东.毛泽东选集[M].北京：人民出版社，1964：445.

③ 列宁.哲学笔记[M].北京：人民出版社，1957：199.

人在社会中意识到自己的社会主体地位与没有意识到自己的社会主体地位是极不相同的。列宁曾经指出："意识到自己的奴隶地位而与之作斗争的奴隶，是革命家。不意识到自己的奴隶地位而过着默默无言、浑浑噩噩的奴隶生活的奴隶，是十足的奴隶。津津乐道地赞赏美妙的奴隶生活，并对和善的好心的主人感激不尽的奴隶是奴才，是无耻之徒。"①

2.社会主义主人翁意识形成的基本心理规律

社会主义的主人翁意识是怎么形成的？它的基本心理规律是什么？从目前的研究成果看，我们初步把它表述为：一个人在共产主义运动的实践中，以新型的人与人的实际的社会关系为基础，逐步掌握共产主义思想体系的内容与个体已形成的意识相互转化，相互促进发展，是社会主义时期主人翁意识形成的基本心理规律。

生活在社会主义社会中的一个健康的人，在成长过程中，他的主人翁意识的发展，主要的表现有三个环节。

第一，从前意识向自我意识的转化、发展。根据现代儿童发展心理学的研究，一般认为，个体乳儿出生，有生理活动，没有科学意义上确定的心理活动。在出生后14天左右，心理才萌芽。2岁前有心理活动，但是没有意识，更没有自我意识。因此，一个人2岁前是处于"前意识"阶段，即没有意识活动的社会生活适应阶段。

头脑健康的婴儿，在正常的社会生活条件下，以经常会说"我"为标志，2~3岁自我意识才萌芽，自我意识是社会主体在脑中对自我、人我及物我关系的反映。自我意识萌芽，幼儿独立性增强，标志着社会主体即由纯生物人，开始转化为社会的人，幼稚的社会主体开始起步成长。

6~7岁儿童渴望上学，想当小学生，表明自我意识中学童意识萌芽。9~10岁儿童，喜欢集群活动，表明自我意识中群体意识萌芽。13~14岁少年，喜欢学成人生活，希望把自己当成人对待，表明自我意识中成人意识、成人感萌芽。18~19岁的青年，迫切要求社会自立，期望立志、立业、立家，表明自我意识中主体意识萌芽。一般的人要到24~25岁主体意识才比较成熟、比较稳定。30岁前后主体意识才真正相对稳定，达到"三十而立"的水平，成为名副其实的社会主体。从某种意义讲，宣传教育的主要任务之一就是培养、完善、坚定社会主体的主体意识。

第二，从无意识向意识（有意识）转化、发展。意识和无意识都是人所具有的心理现象。意识就是"意识到"的意思，是人的心理的最高级的最主要的反映形式。如：有意注意、有意知觉（观察）、有意想象、有意思考、有意体验、有意行动等等。

①列宁.列宁全集：第13卷[M].北京：人民出版社，1987：36.

无意识是未意识到的意思，不是没有意识，是阈限下的意识，没有被意识到的心理活动。如：无意知觉、无意识记、无意体验、无意注意等。

从个体心理发展看，意识与无意识是对立的统一。无意识是意识产生的基础，意识是无意识的最高调节者。社会主义时期的一部分劳动者，特别是劳动者后代中的一些青少年，虽然处在了社会主体地位，发挥了一定的社会主义主人翁作用，但常常未被意识到。日常生活常讲的，“生在福中不知福”“只管埋头拉车，不会抬头望路”，就是对自己社会地位未意识到的内心描绘。怎样促使无意识向有意识转化、发展？一般认为有下列条件：

其一，完成社会实践任务、完成社会认识任务的需要，是无意识向意识转化的根本条件。

其二，人的主观心理状态，是无意识向意识转化的重要条件。

其三，掌握智力技能、动作技能的熟巧程度，是无意识向意识转化的必要条件。

其四，信息的强度的变化，特别是信息的意义强度的变化，是无意识向意识转化的激发条件。

其五，社会地位变化的对比，是无意识向意识转化的客观条件。

第三，从自发意识向自觉意识转化、发展。从意识发展水平看，主体意识有初级水平的自发意识和高级水平的自觉意识之分。

自发意识，亦称生活意识、社会心理，是人在日常生活、日常社会交往中自发形成的经验型的反映形式，主要特点是直接的、不系统的、不定型的心理活动。但是，它是自觉意识的心理基础，是自发行动的主观心理条件。

自觉意识亦称理论意识，是经过系统学习、严格教育，在社会实践基础上形成的理论型的反映形式，是比较间接的、系统的、理论化的反映形式，是人的自发意识。其具有自觉性、目的性、丰富性、深刻性、自控性、创造性的特点，是社会主体自觉按客观规律办事的行动指南。

根据研究，个体的成长从自发意识到自觉意识的发展，主要表现在：反映的范围扩大、反映的程度加深、反映过程的改善、反映速度加快、反映的能动作用更大。

从反映形式看，有三种水平，直觉型—经验型—理论型。

从反映内容看，揭露客观事物的社会意义，有三个阶段：1. 主要揭露事物的自我意义，反映个体自己与客观事物的关系；2. 反映个体所属集体（或所属阶级）的关系，主要揭露客观事物对主体的集体意义（或阶级意义）。3. 反映个体的社会地位与社会历史发展的关系，主要揭露客观事物的社会历史意义。

研究三　研究现代人的特点，探索社会主义新人的本质特征[①]

在前一专题,我们已共同探讨了人的一般本性、人类的本质,现在我们一起研究每个时代历史地发生了变化的人的本性,进一步研究现代人的特点,尤其着重探索社会主义新人的本质特征。

对人的本性、本质的研究,古今中外,仁人志士,一代接一代地进行过多方位的探索,表述了各种学说、观点,积累了许多宝贵资料。但是,“时至今日,我们仍然无法清楚明白地说明。”

对人的本性的研究,西方有的心理学家也极为重视。如:桑代克创立的教育心理学体系就是由三部分内容组成:人的本性、学习心理学、个体差异。并说,研究教育心理学的职责有二:一是弄清人的本性是什么,二是揭示改变人的本性依据什么规律。这种先弄清人的本性,再揭示改变人的依据的规律,对我们开拓德育心理研究思路,颇有启迪。

从西方教育心理学史看,对人的本性探索中,虽有可取成果,却也有这样那样的失误。如:人兽混淆的生物人论、人机不分的机械人论、以病人替代健康人的病态人论、用假设人替代现实人的抽象人论等等,始终未能揭示出人的本质,未能弄清人的本性。以史为鉴,进一步研究现代人的心理、研究教育心理、研究德育心理,更迫切需要对现代人的本质、人的本性有一个正确的基本观点。

2004年,《中共中央国务院关于进一步加强和改进未成年人思想道德建设的若干意见》中指出:“坚持以人为本,努力培育有理想、有道德、有文化、有纪律的,德、智、体、美全面发展的中国特色社会主义事业建设者和接班人。”要求“学校全体教职工要树立育人为本的思想”,做到教书育人、管理育人、服务育人。因此坚持“以人为本”,研究现代人的特点,进一步研究社会主义新人的本质特征,“积极探索新世纪新阶段未成年人思想道德建设的规律”,有极强的现实意义。

社会主义新人的质量标准,在我国已有明确的科学标准:“有理想、有道德、有

①此文选自曾欣然著《德性心理活动规律探索》第二章,西南师范大学出版社2012年2月出版,该书2013年12月入选国家新闻出版广电总局第四届“三个一百”原创图书出版工程。

文化、有纪律”或者是“德、智、体、美全面发展”。这种新人的社会价值和个人价值就是承担中国特色社会主义事业建设者、接班人。但这些新人的本质特征到底是什么？目前研究成果尚属不多，还有待深入探索。

第一节　西方学者对现代人的特点研究的启示

一、马斯洛关于现代人特征的研究

美国人本主义心理学家A.H.马斯洛较早对现代人的特征进行过较系统的研究。他以自我实现论为基本理论的核心，阐发性善论、潜能论、需要论（动机论），推崇中国“道家风范”，使用整体分析法，从发现他崇拜的两位导师（韦特海默、本尼迪克特）的共同人格特点研究开始。后来，他拓展、选择了48人进行研究。这48人中，有他的学生，他的熟人，也有一些历史知名人物。经过他的广泛观察，深入分析，整体综合概括了自我实现人的真实自我的16种特征：1.更加整合（统一、完整、浑然一体）的自我感；2.更能与世界、与非我相融合；3.最佳和最充分地发挥自己的潜能；4.行动轻松自如；5.更富有责任心、主动精神和创造力；6.最大限度地摆脱阻滞、抑制、谨小慎微、畏惧、疑虑、控制、自责；7.行动更具自发性、表达性和纯真性；8.更具有创造性；9.具有别树一帜的独特性；10.具有最强的当下之感；11.具有更纯粹的精神；12.超越一般需要；13.富有诗意；14.主观的终极、圆满或完美的体验；15.存在性愉悦；16.谦卑与高傲并存。①这主要是对生活在当今世界发达国家中的现代人的特征的一种研究成果。

二、英克尔斯等人关于现代人特征的研究

对现代人的特征研究比较系统的是美国心理学家英克尔斯。英克尔斯等人在20世纪60年代对阿根廷、智利、以色列、尼日利亚、巴基斯坦、印度等6个发展中国家的6000人进行过调查研究，从3个角度、24个维度综合测量人的现代性。他没有把现代人等同于西方人，而是力图超越东西方文化的差异和社会制度的差异，找出现代人的一般性的基本素质。他概括了现代人的四个特点：他是一个见闻广阔的、积极参与的公民；他有明显的个人效能感；在同传统的影响来源的关系中，他有高度的独立性和自立性，特别是在他决定如何处理个人的事务时尤为如此；他乐意接

①车文博.人本主义心理学[M].杭州：浙江教育出版社，2003：145.

受新经验以及新的观念，也就是说，他是相当开放的，在认识上是灵活的。他还进一步提出了现代人的基本特征。

1. 乐于接受新的生活经验；2. 易于接受改革变化；3. 开放、富于弹性，理解各种意见、态度；4. 积极获取新知识、新见解；5. 乐于面向现在、未来，时间观念强，守时惜时；6. 讲求实效，应付加快的生活节奏；7. 重视专门技术，有接受技术高低获取报酬的心理基础；8. 趋于有长远计划；9. 要求教育向更有益于人的方向发展；10. 更尊重别人、注重相互合作；11. 了解生产过程；12. 人与人相互依赖、依赖感强烈。[①]这是对生活在当今世界里发展中国家的现代人特征的一种研究成果。从中可以看到，这些现代人的特点和基本特征，对于处在改革开放时期的发展中国家的现代中国人，也都基本上有类似特征。

三、弗洛姆关于“新人”现代性特征的研究

西方马克思主义者、美国著名社会学家弗洛姆，于1981年出版了《占有或存在——一个新型社会的心灵基础》一书。在书中，他对“新人”，即“真正的现代人”的本质特征，“新社会”的本质特征进行了系统论述，提出了“新人”的21种人格特征。

1. 随时准备为了彻底的存在放弃形形色色的占有。2. 沉着、稳重、自信。3. 承认这一事实，即除了我们自己以外，任何人、任何东西都不能赋予生活意义。4. 具有随时随地绝对注重现实的能力。5. 以给予和分享为乐，而不以财富和权力剥削他人为乐。6. 在生命的各种表现中去感受生活的热爱和敬重，并明白，神圣的不是物，不是权力和死亡，而是生命及一切促进生命成长的事物。7. 竭诚努力去减少一个人可能会有的一切贪婪、憎恨和想入非非。8. 有能力不崇拜偶像、脱离幻想而生活。9. 努力发展自己爱的能力，批判地、理智地思考的能力。10. 有能力克服自卑情绪，并接受人类生存的悲剧性局限。11. 懂得自己及他人个性的全面发展是人类生产的最高目的。12. 明白遵守纪律和承认现实是实现这一目的的必要条件。13. 知道唯有在这一种结构内部进行的成长才是健康的，并善于区别生命标志的“结构”和呆滞、死亡的“制度”。14. 发展自我的想象力，但不仅仅是为了逃避种种不可忍受的条件，而是作为各种现实可能性的预见。15. 不欺骗人，也不受人欺骗。16. 认识自我。不仅仅认识显意识中的自我，而且要了解潜意识中的自我。17. 与一切有生命之物息息相通，因而能放弃侵占自然、征服自然、盘剥自然、强迫自然及破坏自然的目的。

①参见阿列克斯·英克尔斯，戴维·H. 史密斯. 从传统人与现代人：六个发展中国家中的个人变化[M]. 顾昕，译. 北京：中国人民大学出版社，1992.

相反，要力争理解自然，与自然共同合作。18.不是将自由理解为任意，而是理解为人的自在之可能。不是做一个放荡、为所欲为的人，而是做一个能随时准确、平衡地做出生长或衰亡、活着或死亡的选择的人。19.知道恶与毁灭是生长受阻时的必然结果。20.懂得只有少数人能在所有这种修养方面达到完美境界，因而没有“达此目的”之虚荣。时刻牢记着，这样一种虚荣心只不过是变相的贪婪与占有。21.不论命运允许我们达到的遥远未来是什么，在这不断生长的生命过程中，都要轻松快乐。这是对现代“新人”特征的又一种研究成果。

上述这些研究成果，对我们了解西方现代人的特征有一定的参考价值。有的成果中体现的维度结构、内容体系、研究思路，对我们研究人的设计也很有参考价值。这些成果对人的心理现象及行为表现进行了细微的描述，但是也仍未明显揭示出现代人的本质。

第二节　中国学者对现代中国人特征研究的进展

研究中国人的现代化特征，可以说，自20世纪初，辛亥革命的客观要求，改变封建社会中旧传统人的心态，迅速培养现代人的品格，就明显地提出来了。孙中山在《建国方略》(1919)中曾说：“中国四万万之人民，由远祖出生以来，素为专制君主之奴隶，向来多有不识为主人、不敢为主人、不能为主人者。”“五四”运动前后，唤起人民觉醒，就“民主”“科学”“民权”为中心，掀起过大论战。陈独秀要求新青年“脱离开奴隶之羁绊，以完成其自主自由之人格，实现自我解放”(《敬告青年》)，希望发扬“相爱、互助、同情心、利他心、公共心”。当时一批学者都主张，用科学精神塑造与现代文明相适应的新型的主体人格。近百年来的革命实践和建设实践，改变了许多中国人的传统型特征，塑造了现代化的新型特征的中国人成千上万，造就了一批又一批现代中国人，体现了中国人的现代特征。英雄辈出，“数风流人物，还看今朝”。但从心理学角度分析这段时期这批人的现代特征的研究成果，极少，极少。

近年来，国内有的学者研究了“国民何时现代化”(解思忠著《中国国民素质危机》，中国长安出版社，2000年版)。从现实的事件，分析了我国国民人格素质之缺陷，主要有三种类型：1.“怕公仆”的奴隶型人格；2.“靠单位”的依附型人格；3.“随大流”的盲从型人格。提出了中国现代人必备之人格素质：不要再“怕公仆”，要堂堂正正地做国家的主人；不要再“靠单位”，要能把握自己的命运；不要再“随大流”，要敢为天下先! 并列举了应有的12项必备的人格素质：独立人格、主体意识、个性解放、自我实现、个人尊严、宽容精神、自由精神、平等精神、民主精神、法治精神、人权意识、公民意识。

有的学者根据我国社会的性质、社会现代化的要求和个人发展目标，提出了个体现代化的特征（郭晓君等著《人学引论》，中国经济出版社，1998年版）：1.有正确的世界观、人生观和价值观，具有高尚的道德修养和情操，追求真善美；2.具有现代知识结构，有较高的科学技术文化素养，注重知识更新；3.具有综合能力，它包括智力、创造力、自然力、社会力、现实力、潜力等，尤其是人的潜能的发挥；4.个性得到相应的发展，如兴趣、爱好、性格、心理、行为等适应现代社会的发展；5.有正确的思维方式和现代观念、思想解放，乐于接受新事物、善于汲取经验教训；6.心理健康，具有强烈的事业心和高度的历史责任感，意志顽强；7.勇于改革、创新、竞争，勇于超越他人和自我，追求卓越的目标；8.适应现代职业的变换，能在多种岗位上创造优异成绩；9.具有良好的身体素质和气质；10.广泛建立、占有和控制社会关系；11.善抓机遇，不轻易放弃任何机会；12.主体性得到相应发挥，具有独立人格；13.为社会做出积极贡献，得到社会认同，个人价值得以实现等。

有的学者直接研究现代化与社会主义新人的关系（叶南客等著《现代化与社会主义新人》，重庆出版社，1991年版），用理论阐述与实证研究相结合的研究思路，对生活在现代江苏省城乡社会的各阶层人员做了广泛的调查，并在全国选择了部分代表性地区的1000多人作问卷调查，进行了定性定量相结合的分析综合，第一位鲜明揭示社会主义新人本质问题，认为“社会主义事业心是社会主义新人的本质特征”。这种本质特征主要表现在下列9个方面：1.认识当前社会主义初级阶段特点和奋斗目标，“三热爱”、有科学信念。2.具有高尚品德，积极进取，严于律己。3.有一定科学文化、专业知识，优化结构、优化生活工作。4.有民主观念。为民作主、由民作主。5.法治观念。依法、懂法、守法。6.健康身体、健康心理、健康社会交往。7.献身精神、建功立业，充实、完善、发展自己。8.创新精神、不守旧，勇于改革、创新。9.时效观念、守时、讲效率。按贡献大小、效益多少进行分配的心理准备。适应生活节奏，会劳动、会生活。

国内学者研究社会主义新人的这些成果，都是以生活在社会主义社会中，实际从事着现实的社会生活实践的人为研究对象，描述了这些现代中国人的特征，陈述了中华民族现阶段中国人的主要特征，又显示了当今世界中现代人的一些特点。其中，特别指出了对社会主义新人本质特征的新问题，对我们进行科学研究工作有借鉴创新的启发，对我们加强和改进育人育德工作有重要的参考价值。

第三节 探索社会主义新人本质特征的思考

我们大家都知道,"社会主义本质是解放生产力,发展生产力,消灭剥削,清除两极分化,最终达到共同富裕"。

从2003年开始,深化改革开放,完善社会主义市场经济体制,逐步建成中国特色的社会主义和谐社会。在此历史阶段中生存、生活,居于社会主人地位,从事正常社会活动的人,都是社会主义中国的公民——社会主义新人。

研究这些新人,可以从不同角度思考。根据我们多年研究的观察、思考,要深入揭示社会主义新人的本质特征,除了人类生存发展的遗传基本素质、民族传统的习性素质以外,似乎应以现实社会中生活着的人的社会地位变化为客观源泉,以人的智能器官中活动着的心理、意识变化为主体内容,以从事现实的社会主义事业建设的生活实践服务活动变化为客观的标志,要进行实证研究,进行综合思考。

一、社会主义新人的本质特征

什么是社会主义新人?在一定意义上可否这样思考:社会主义新人是指生活在社会主义初级阶段历史时期中,客观上已居于社会主义潜在主人地位,经受优生、优育、优教、优境、优良社会生活实践活动的培育,主观上,启动人的智能器官,具有"生理性—心理性—社会性—价值性"多种素质和谐发展,与他人结成团结互助、平等友爱、共同富裕、共同前进的社会关系网络,使用现代文化科学技术工具,从事社会主义社会生活实践的服务活动,共同满足主人的物质需要、精神需要,为人民服务,发展主人意识、情感,实现人生价值的社会主体——社会主义社会当家作主的主人,即现实的社会主人。

这样思考,概括了此时期社会主义新人的社会本质的逐步显示、发展,从潜在主人成长为现实主人。内含了:①历史时代性;②社会地位性;③文化教育性;④素质结构性;⑤社会关系性;⑥实践活动服务性;⑦人生价值性;⑧新人本质性。

这种新型的社会主人,即社会主义新人的性质,既不是过去"一无所有"的穷人、无产者、受人欺压的人,也不是过去田园万顷、富有四海、横行天下的富人,统治他人、压制他人的主子,而是在现实社会主义社会中,依法获得一定范围的权力、利益、财产,享有自主权,具有自主劳动服务的综合素质,共同实现人生价值的新人。现代新人的人与人的社会关系是主人与主人的人格平等的社会关系,不是过去的主奴关系、主仆关系,也不是主雇关系,反映出在社会交往活动中合理满足共同需要、共同富裕、共同前进的人际关系，体现着新人与新人交往互益互惠的价值关系，即现代人的人格核心的德性关系。

社会主义新人的本质特征是否可标示为：社会主义事业的主人服务创新性。社会主义事业是我国当代人民共同的经济基础、政治基础、文化教育基础、日常社会生活基础。“主人”是新人的社会地位变化的根本标志；“创新”是新人的综合素质高水平发展的优秀品质；新人“服务”活动，即“为人民服务”活动，是社会主义事业建设者的新人性质的客观标志。主人服务创新性是人类主体性发展新阶段，是人性发展的社会主义时代特征，不是原始社会人的共生性，不是阶级社会中的人的阶级性，而是社会主义新人的本质特征。

主人性即人民当家作主，是现实社会主义社会中人的社会地位的标志。马克思曾说：“专制制度的唯一原则就是轻视人类，使人不成其为人。”“资产者把无产者不是看作人。”“把人贬低为一种创造财富的力量。”

人民当家作主，是中国特色社会主义政治文明的本质特点。“社会主义民主的本质是人民当家作主”（中共十五大报告）。“一切权力属于人民。人民是国家和社会的主人。这是我国政治制度的核心和本质”（2004年宪法修正案）。“中国是有五千年历史的文明古国。但人民当家作主，真正成为国家、社会和自己命运的主人，只是在我们党执政以后才成为事实，这是中国人民社会政治地位的根本变化”（江泽民，2001年7月）。近年来，我国加快经济制度改革，坚持以人为本，完善社会主义市场经济体制，促进经济社会和人的全面发展。人的全面发展就是培育人的综合素质，最大限度发挥人的本质力量。“作为一个完整的人，占有自己的全面的本质。”（马克思语）。最理想的是恩格斯讲的“人终于地成为自己的社会结合的主人，从而也就成为自然界的主人，成为自己本身的主人——自由的人”。因此，社会主义新人从最初的社会生活，客观上已经是处于社会主义社会潜在主人的地位，现在客观历史事实已经确立、已经实现。但是，要全面占有自己的本质，还必须经过培育、启发、体验、建构，具有新主人特有的主人意识（社会主义主人翁意识），主人需要，主人责任感、义务感、使命感、自尊感、自信感、自豪感，主人意志行为，实践从潜在的主人地位飞跃进入自觉的主人地位。

服务就是为社会或为他人利益办事。孙中山曾说：“人人应该以服务为目的，不当以夺取为目的。”（《民权主义》）

我们讲，服务性实践活动，即为人民服务活动，是社会主义新人本质力量的集中体现，是社会主义新人社会实践活动性质的标志。为人民服务活动是人的主体性活动发展的高级形态，不是统治者压迫人的“治人”活动，也不是“治于人”的被统治者的“驯服”活动，也不是反抗者的“反抗斗争”活动，而是人与人之间平等交往、互利、互惠、共创、共享的社会主义社会主人的实践活动。“为人民服务”是社会主义思想道德建设的核心，社会主义思想道德建设的一切活动，都是以最大多数人民的根本利益为最终目的，也是社会主义思想道德建设区别于、优越于其他思想道德社会意识形态的独特标志。社会主义劳动者、管理者及一切建设者都表现为自觉自愿遵循社会主义社会发展规律和社会主义市场经济规律，体现出社会主义主人的自主性、自为性、自觉性、自律性、创造性，形成人与人相互服务，以及交往活动中的平等性、互利性、合作性。

创新性是指社会主义新人的综合素质、综合价值的优秀品质。它包含新人的德性创新、智性创新、审美创新、自我超越、共同自我实现的价值创新，体现出社会主义新人的尊严性、珍贵性。这既继承、改造、发扬了中国古代的“人贵论”“民贵论”的优良传统，又进一步展示了人民当家作主的新人的本质意义。人民是社会主义建设事业的主体。在服务性的建设实践活动中既是物质文明、精神文明、政治文明、社会文明的创造者、传承者、保护者、革新者，也应是享受者。人、人民是世间第一宝贵的财富，表现出社会主义新人的独特的创造性、创新性人品人格；体现出求改革、求革新、求创新、求共同发展、求共同富裕（含物质财富富裕、精神财富富裕）的新型德性、智性和性格，突出体验到生活幸福感、愉悦感、益寿感。

社会主义新人的本质不是阶级性，是主人性。主人性是人类主体性发展的新阶段，是人性发展的社会主义时代特征，是中华民族优秀品质与中国工人阶级优秀品质完美结合的社会主义新人的本质。

因此，社会主义新人经历社会生活实践的突出特征是：

（一）社会交往中，新人社会地位、人格（做人的资格）的平等性，伴随着和谐愉悦感。

（二）勤奋劳动中，共创共享的权益性，伴随着社会需要满足感、自我实现满足感。

（三）学习、研究、创造活动中发展自我创新与集体创新相结合的创新性，伴随着创新成就感。

（四）竞争与合作相伴的生活中的集体进取性，伴随着自我超越感、自我奋发感。

（五）自愿服务与他人服务配合的服务活动中的互助互惠的服务性，伴随着奉献感。

缘于此，社会生活实践，在新人的智能器官中形成特有的社会性和德性。如：

（一）意识到自我与家、国、民族内在关系的主人意识（主人翁意识）的意识性，含责任意识、义务意识等。

（二）新人自尊心与尊人心融合的尊严性。

（三）新人立己与立人结合的自立性。

（四）新人强己与强人结合的自强性。

（五）新人自爱与爱人结合的自爱性。

（六）新人自益与益人结合的互益性。

（七）新人勤劳致富与他人共富的富裕性。

（八）新人自由、自主、自动与遵循社会规范结合的文明性。特别是善于处理中国共产党的领导、人民当家作主、依法治国的辩证关系的原则性等等。

这些社会性，基于新人勤奋劳动，反映了共创共享共同富裕的中国特色社会主义本质，体现着社会主义特有的伦理原则：继承古代“己所不欲，勿施于人”，发展到现代“己所欲，慎施于人”—“己所不欲，勿施于人”—“人己共欲，乐施于人”。真正实现“己欲立而立人，己欲达而达人”，构成中国现代新人德性核心，调节着新人的社会行为，体现着新人之间“关怀”与“公正”协调发展的心理关系、人际关系。

据此，把握新人社会性、德性发展研究的根本特点是：根据新人是社会主义主人的本质出发，以人为本、育人为本、立人为本（不是“机械人”、不是“动物人”、不是“奴役人”……），深入探索新人的平等互动的社会生活实践、交往活动，探讨新人社会性、德性发展心理规律。

当前，我国正处在社会主义初级阶段、社会主义改革的转型期。完整实现社会主义新人的本质特征，荡涤着旧传统人的奴役性、奴隶性、奴才性、依附性、盲从性。但要真正成为现实的社会主义社会的主人，尚有一个社会改革现代化与人的现代化逐步统一的历史进程。1.具有人的主权与生存权、发展权逐步实现统一的主权地位、主人地位。2.具有社会意识（特别是其中居于主导地位的社会主义意识）与自我意识（其高级阶段即主体意识），逐步实现统一的社会主义主人翁意识。3.身体健康与心理健康逐步实现统一的健康人的体质体能。4.具有用脑探索与动手操作逐步实现统一的创造才能。5.具有社会价值与自我价值逐步实现统一的人生价值。总体趋势是具有自我主体性与社会客体性逐步实现统一的社会主体，成为新社会主人。人已经成为他自己命运的潜在主人，人还只是潜在的主人。这正是我们在德育工作中要改进、要突破、要创新的难点、重点。

大家知道，中国古人综合研究人性，是探求人性区别于神性、物性、兽性，突出人的本质和人在宇宙中的地位。多数人主张人有德性、有智性是人性的核心。在天地间万物中，“人最贵”“人最灵”。近代马克思主义者，研究社会历史发展的客观规律，寻求人的解放，同时研究人的社会性、阶级性，区别人类文明史中人与人的社会地位、社会角色，也便于区别在阶级社会生活的人的阶级性，探索劳苦大众受压迫受剥削的社会根源，寻求被压迫阶级的劳苦大众的解放之路，做新社会的新主人。近年来，我国许多学者全面研究人的本质，重点研究人的主体性，侧重从人的作用、人的自觉能量的角度，阐述人的本质、人的地位，突出人的个性、人格特征的本质，有利于进一步发挥现代人的主体能动作用。我们研究现代人的特性，特别是研究社会主义新人的主人性及其本质特征——主人服务创新性，是从现实世界中存在不同社会制度、经济制度、文化制度的实际情况出发，便于区别现代人的主人性与旧传统人的奴役性或奴才性，区别于当今其他社会制度中的雇佣性，突出新人的社会地位和本质力量，利于人人求解放、解放全人类。这样的层次性研究思路，体现着我们当代研究者对人的本质逐步地层层深入思考的递进顺序。这为我们培育社会主义新人，树立主人观、主体观，掌握现代教育理论基础，改进现代心理科学理论，完善主体性教育理论、主体性学习理论，开拓研究主体德育论等，真正坚持以人为本，充分发挥人的主人主体性，显示了深入思考的未知领域。

我们今天突出探索社会主义新人的本质特征，正如马克思所说的“首先要研究人的一般本性，然后要研究在每个时代历史地发生了变化的人的本性”，显示出人自成一界，从中显示出人的社会本质的意识性和德性相对独立的发展。

第三部分

研究新人的主体活动，探索新人德性心理活动特征

研究一　社会主义新人本质表现的社会活动形态①

心理学是阐述人类的最本质特点的科学。要了解人、教育人,当然要对人进行深入、全面的综合研究、分析研究。但是,最重要的应是研究人之所以为人的本质特征。现在与大家共同探讨社会主义新人的社会生活实践活动,以利进一步掌握新人的本质特征,为国育才。

第一节　人的社会实践活动形态的研究

人的社会实践活动是人——社会主体成长、发展的根本源泉、根本途径,也是社会主体的本质力量的综合体现。社会实践活动是人类主体性形成的根本原因,是人类的本质活动,也是主体作用于客观对象(含主体或客体)的主体的物质力量。现代教育与社会实践活动相结合更是新人的德行养成、发展、变化、完善的根本途径。

日常社会生活中,对"实践"与"活动"常常交替使用或者等同使用。从科学的严格意义上讲,活动的意义太广泛,不够确切。用"实践""社会实践"比较恰当。讲"实践"是有辩证唯物论的方向性的。它的特点是客观物质性、目的性、能动性、服务性、人民性(大众性)。(《潘菽心理学文选》,关于心理与实践关系问题,江苏教育出版社1987年出版,第276页)

从人的整体结构看,人作为社会主体,人的本质功能就在于主体与人合作结成一定的社会关系,运用工具,从事现实社会生活实践活动,创造财富,完善人格。实践或社会实践的基本特性就是客观物质性和能动改造性。社会主义新人从事的社会实践活动的根本性质就是客观物质性与能动改造性相结合的服务活动,为人民服务活动。

社会实践活动的形式是多种多样的。按照社会实践活动的主体层次不同,有个人活动、集体活动、阶级活动、民族活动、国事活动、国际活动;按照社会实践活动的作用对象不同,有生产活动、政治活动、经济活动、文化活动、科学活动、教育活

① 此文选自曾欣然著《德性心理活动规律探索》第三章,西南师范大学出版社2012年2月出版。

动、学习活动、管理活动；按照社会实践活动的性质和意义不同，有进步活动、落后活动、革命活动、反动活动等。所有这些社会实践活动，都体现出人的本质力量、人的主体性。

按照人对客观世界掌握的方式，可以分为实践活动和认识活动。通常情况下两者总是结合组成人的社会活动。

人通过工具启动智能器官主要反映客观世界的观念活动，属认识活动，是人的主观世界的重要组成部分。它的实质就在于借助工具通过智能器官的反映活动，使客观的自在之物转化为被人观念地、理论地掌握的“为我之物”，即把物质形态的东西转化为观念的东西。这种反映物质的东西、创造观念的东西，是人所特有的创造精神产品、文化产品的生产能力。他的意义就在于不仅在观念中复制、再现物质的东西，而且在观念中具有创造物质的超前反映能力及控制能力，这些能力成为人指导、支配、控制社会主体实践活动的定向力。

人通过工具启动智能器官主要改造客观世界的活动，属实践活动，它是人的主观能动力量作用于客观世界，改造客观世界的物质活动，是人的本质的物质力量的表现，是人从根本上区别于其他物质形态的本质功能。“实践能力是人这类物体的本质功能”“或者从本质上干脆说，人类就是一种能动改造世界的实践力量”①。人的社会活动的根本作用，在于完善主观世界、改造客观世界。推动人进行社会活动的动因源泉，一般说来有四个方面：需要、利益、价值、意义。这些客观动因，一旦被智能器官反映，转化为人的社会活动动机，就成为人的社会活动的自觉的内心动力。

社会生活本质上是实践的。人类社会生活实践是人类为自己生存和发展的需要，与人合作，使用工具，能动地改造世界的一切社会性的客观物质活动。它从根本上解决人类社会生存、发展与创新。

人类社会存在、发展的基本的问题大致有四大类基本矛盾，显示出社会生活实践的五类基本形态。

(1)解决人改造自然的矛盾——生产实践或生产劳动，是解决人的社会生活、社会生产与自然客体的物质交换、能量交换的主要矛盾。它的突出特点是生产性，改造自然、保护自然、保护健康、保护人类生存。主体根据社会或自己的需要，有意识、有目的地遵循客观规律，使用生产工具(现代生产使用高科技生产工具)作用于自然客体，改造自然、保护自然，创造丰富的物质财富，显示出人的本质力量。其基

①韩民青.人类论[M].北京：中国广播电视出版社，1988：93.

本模式是：

$$\text{主体}\xrightarrow{\text{生产工具}}\text{客体}$$

（2）解决人与人结合的矛盾——交往实践。突出特点是人与人合作、结合成社会关系，组成人与人的交往性。主要是通过管理活动，使用交往工具协调人与人交往中的信息交换，组织社会关系，改变社会关系，完善社会关系，推动社会历史发展，建设文明社会，实现人的本质力量。其基本模式是：

$$\text{主体}\xrightleftharpoons{\text{交往工具}}\text{主体}$$

（3）解决人类智能再生产矛盾——教育实践。其主要矛盾是解决人类生产、人类社会发展中主体本质力量的传递、传承、更新。突出特点是传递性、育人性。也就是说，人类在生产中，生育解决人口增长繁衍，靠人类遗传完成人口再生产。教育解决人类智能再生产，靠教育教学的传递活动，提高人口质量，提高民族素质，培育人才，培养各行各业的接班人，显示出人的本质力量，表现出教育的战略地位。

教育实践活动是社会生活实践的一种基本形态。它的特殊矛盾、特有功能是培育人，解决人类智能再生产，解决人类社会生产、文化、意识的传递、继承、发展、创新的矛盾。它与生产实践、交往、管理实践同等重要，处于社会发展的战略地位，在我国当前还强调其处于“优先发展的战略地位”。

教育是社会生活中培养新人、解决人类智能再生产的一种社会实践活动。

育人、立人是教育活动的根本特点。育人、立人促进个人的成长、发展，具有开发人的潜能，发展人的个性，培育人的价值，传递人类文化、智能，发挥人的创造力量的作用。传递性、接班性（接力性）是教育的基本功能。其基本模式是：

$$\text{主体（教育者）}\xrightleftharpoons[\text{学习工具}]{\text{传递工具}}\text{成长中的主体（求学者）}$$

（4）解决人生发展的自我矛盾——学习活动。学习是一种社会性活动，是一种新型的动脑与动手相结合的社会性活动（不是过去常说的只读书的知识学习活动）。它是求学者有目的地掌握人类文化，发掘潜能、发展个性、实现人类智能再生产、储备人的价值，准备发挥人的本质力量的社会活动。解决人生的顺利成长、健康成长，实现人的价值，完善自我的矛盾。其他社会活动解决所属的矛盾时，主要指向他人、他物，改变与他人、他物的关系。唯独学习这种社会活动解决人的自我成长、成熟、成才中的主体自身矛盾，指向自我、充实自我、发展自我、完善自我。学习的客体不改变，学习者却改变了主体自己，产生新人。“育己”“立己”是学习活动的根本特点。

学习是一种社会活动，不仅与生活实践、交往实践、管理实践、科学实践、教育实践相伴，而且与人的一生相伴，人生最早出现的社会活动最开始从玩耍中学习，再从教育中学习、从工作中学习，直到退休仍在学习，老有所学。活到老，学到老，是人生最久的社会活动。基本模式是：

$$\text{主体自己}\ \underset{\text{学习工具}}{\overset{\text{（学习客体内容）}}{\rightleftharpoons}}\ \text{发展主体自己、完善自己}$$

$$\text{即现实主体（现实自我）发展}\ \underset{\text{学习工具}}{\overset{\text{发展}}{\rightleftharpoons}}\ \text{未来主体（未来自我）}$$

(5)解决上述四类矛盾中共有的未知、未控的客观对象或人的未来需要与人的掌握规律、应用规律的矛盾——科学实践或科学实验。其突出特点是探索性、创新性，变自在状态成自为状态，尽可能实现人的自由状态，显示出人的本质力量，预见未来发展规律的能动力量。其基本模式是：

$$\text{主体已知、已控}\ \xrightarrow{\text{实验工具}}\ \text{未知、未控的客观对象（含客体或主体，或主客体关系）}$$

第二节　主体学习活动研究

学习理论是德育心理研究的基本理论之一。国外的学习理论主要有：行为派的学习观、认知派的学习观、社会历史文化学派的学习观、人本主义的学习观、建构主义的学习观。我国的新近研究，提出“以学生为主体的学习理论”（主体性学习理论）。联合国教科文组织教育丛书《学会生存——教育世界的今天和明天》提出：“未来的学校必须把教育的对象变成自己教育自己的主体。受教育的人必须成为教育他自己的人，别人的教育必须成为这个人自己的教育。”

一、主体学习活动的表述

根据人的本质特征、实践活动、交往活动原理，总结广大教育工作者在素质教育实践中创造的“学生主体学习”的新鲜经验（如研究性学习、创新性学习、自探自悟新教学、指导学法、主体性德育等等），吸取众多专家、学者关于学习、主体性教育等研究的新成果，可否把主体学习活动可表述为：

主体学习活动是学习者居于学习主人地位，科学启动智能器官，启发学习主体意识，激发内在学习需要，充分开发自身潜能，广泛利用学习资源，使用学习策略，掌握一定的科学知识，形成智能，养成德性，服务社会，充实、发展、完善自己，准备参与实现人生价值的社会活动。

这样表述的要点是：

1. 主体学习活动就其实质看是一种社会活动。即现实自己 $\overset{\text{发展}}{\underset{\text{提高}}{\rightleftharpoons}}$ 未来自己，主体自己与主体自己相互交往，发展自己的社会活动，不是主体自己作用于客体的活动。

2. 学习者是居于学习主人地位的主人，有主人主体性，表现为有主体意识、主体需要，启动智能器官，开发自己学习潜能的人。不是“客人”，不是“仆人”，也不是“奴隶”，更不是“客体”，不是“容器”，不是“机器”，不是“转动较慢的电子计算机”，不是禽，不是兽，学习者是主体，是主人。

3. 学会广泛利用学习资料，学会使用学习策略，发挥学习主体性。

4. 激发内在学习需要，特别是激发培育和实现人生价值的需要，有长久的不断持续发展自己的内在动力。

5. 从学习对象、内容看，掌握一定的科学知识，形成智能，养成德性，能促进主体素质全面和谐地发展。

6. 从学习目的看，是服务社会，完善自己，实现人生价值，育己立己，解决自己身心发展的内部矛盾。

综合以上分析，主体学习活动是伴随人的一生的终身学习活动，也是“学会学习”，可以独立地创造性地自学。其基本特点是主人性（主人主体性）、自授性、自探性、自控性、自得性、自育性、终身性。

主体学习活动，按其主体的学习地位、学习主体性发挥程序，有下列层次：

指导学习、接受学习、指导—发现学习、发现学习、合作学习、独立学习、探索学习、研究学习、创新学习。

二、主体学习活动发展

人生活在社会中，一生都是在社会生活教育中、努力学习活动中发展的。

教育的育人力量基本可以分为教育者施教力量（他人教育）与求学者自育自学力量（自我教育）。一般情况下，教育者的启发施教起主导作用，求学者的自育自学起构建作用。教育者的启发与求学者的构建两者组成教育合力，引导、推动一个人的正常成长。

在人的一生成长过程中，教育者施教、主导作用与求学者自育、自学的构建作用，是一个生长、消失、发展相互作用、曲折消长的动态过程，即教育者施教的主导作用是一个由强渐弱，由有到无的过程，实现了“教是为了不教”，体现出“真正的教育是自我教育”。求学者的自育、自学构建作用是一个由无到有、由弱渐强的动态发展过程，达到的是“学会学习”“终身学习”，如图3-1所示。

图3-1　他人教育力量与自我教育力量曲折消长示意图

据此，主体学习活动发展，大致可分为下列阶段：

1.主体学习活动萌芽期

2.主体学习活动启蒙期

3.主体学习活动奠基期

4.主体学习活动探索期

5.主体学习活动成熟期

6.主体学习活动稳定期

7.主体学习活动衰退期

其中，9~10岁是主体学习活动的第一关键期，13~14岁是主体学习活动的第二关键期，18~19岁是主体学习活动的第三关键期，25~30岁是主体学习活动的第四关键期。

三、主体学习活动心理结构

对学习活动的心理结构的研究，从当代众多学习心理研究成果看，各家表述不一，论述不一。但其共同心理活动，主要涉及以主体学习意识为中心的导向、监控系统，主体学习需要、学习价值为中心的学习动力系统，学习思维为中心的学习智力系统；学习动口、动手操作为中心的学习能力系统，掌握科学知识为中心脑内构建科学知识掌握系统，学习策略系统（含监控策略、动力策略、智力策略、操作策略、科学知识的复述策略），整体学习评价的学习效能感系统（自我效能感）。如图

3-2所示。

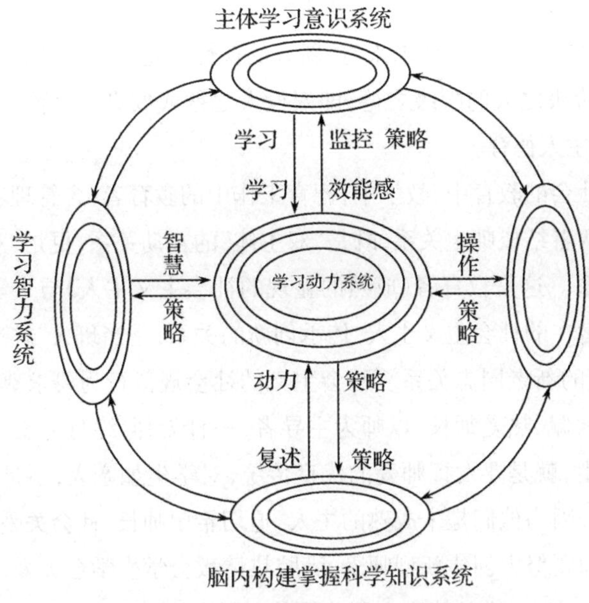

图3-2　主体学习活动心理结构示意图

脑内构建掌握科学知识系统即个体知识系统，来源于社会生活实践与教育，以内部言语或内部形象在人的脑内构建、储存为基础，运作时又指导着人的社会生活实践，有别于存在社会中的社会文化形态的客体知识系统。从其反映的思路及指导人的社会生活作用看，可把脑内知识系统大致分为六类：1.陈述性知识，主要回答"是什么"。2.理论性知识，主要回答"为什么"。3.价值性知识或意义性知识，主要回答"为了什么"。4.程序性知识或操作性知识，主要回答"怎么做"。5.策略性知识或谋略性知识，主要回答"用新办法解决新问题""哪种办法最好""选择最佳方案"。6.评论性知识，主要回答"学习成果成效和价值""做得对不对、好不好、美不美、有用无用""自己行不行"等。脑内构建知识系统形态不同于客观科学知识系统，它的形成、掌握有不同的心理规律性，如已有学习研究成果，分知识学习（即智性学习）、规范学习（即德性学习）、技能技巧学习、运动学习等。脑内知识系统对提高教育、教学质量，有积极指导意义，应深入进行研究。

近来，王建敏著的《道德学习论》首先探讨了道德学习的本质与特点，认为道德学习以社会规范为载体，是一种价值学习；道德学习本质上是一种体验式学习，道德学习的实质是品德建构等；阐述了道德学习的特殊性，对研究德性心理深有启发。

第三节　从新人本质要求改进以德育人的启示

从对社会主义新人的本质要求来看，新人的德性应是主人之德，它从性质上区别于阶级社会中阶级之人的阶级之德，即奴役人之德或奴隶人之德。社会主义学校德育，可称之为主人德育。

在社会主义社会的教育中、教学中，德育工作中的教育者（含管理者）与求学者都是社会主人。两者结成师生关系，既是“双主体”的互动关系，更是“双主人”的平等互育的共进关系。这是教育者（成熟的显现的社会主义主人）与求学者（未成熟或未达到标准的潜在的社会主义主人）传承创新的关系，是当班人与接班人的师缘关系，是志同道合的新老同志关系。社会主义的社会规范行为要求尊师爱生。尊师，就是要崇敬、钦佩、热爱师长，以师为主导者，一日为师，终身为友，凝结忘年交的师生情谊。爱生，就是要发挥师爱的优良传统，对学生如亲人，不是亲人胜似亲人，视学生为主人，因为他们是未成熟的主人，迫切希望师长、社会关爱启迪的成长中的小主人。教师要努力创建新型师爱，满腔热情教会学生学会关爱，养成学生奉献爱。教师教的行为中，绝对禁止人驯兽式的“驯服”行为、压制行为，主子对奴隶的“侵权”行为。当然也要防止“溺爱”行为、“放任”行为，更不能有“厌教”“弃教”行为。

德育工作的基本原则在师生互动教育活动中，应是师生互尊互爱、互信互惠、互学互励、共创共享、共育共进。马克思曾说：“我们现在假定人就是人，而人跟世界的关系是一种合乎人的本性的关系，那么你就只能用爱来交换爱，你就只能用信任来交换信任等等。”教师不能“以势压人”。

在教育中、管理中、德育工作中，把人（含管理者、教育者、求学者）作为社会主人对待，发挥主人主体性，就是要坚持做到：1. 尊重学生的主人地位；2. 尊重学生主人人格；3. 维护学生是主人的心、责、权、利；4. 培育、发展学生主人主体意识，即主人翁意识；5. 培育和激发学生的主人主体需要；6. 发掘学生主人主体潜能，培育主体智能；7. 储存主人主体价值，实现主人主体价值。

掌握社会主义新人的本质特征，对从事现代教育、现代德育工作及探寻教育力量一定会有新启示。以培育现代社会主义公民素质发展为中心，即以人为本，育人为本，立人为本，培养独立发展的社会主体——社会主义新人，至少有七类教育力量组成教育合力：1. 学生自我教育力量；2. 学校教育力量；3. 家庭教育力量；4. 伙伴、朋友教育力量；5. 社会、社区教育力量；6. 视听网络教育力量；7. 社会大众传播教育力量。其中，第1类为自我自育力量，第2—7类都为他人育人教育力量。这样教育的基本力量源泉，可以理解为外源的他人教育力量与内源的自我教育力量组成教育合力。学生的自我教育力量是内在源泉，应一直充分发挥。

教育力量由他人教育力量和自我教育力量组成。在人的成长发展过程中，客观上显示出他人教育力量的作用由强渐弱，自我教育力量的作用由弱渐强（强者，达到自学为主、自育为主、自立为主）。小学二、三年级学生（或八九岁左右）自我教育力量萌发。中学生正处在自我教育力量作用逐渐增强，他人教育力量作用逐渐减弱的“换档”关键期。指导中学生、未成年人既能独立自学，又能自我教育、自我服务、自我监控，是中学生健康成长为社会主义公民的关键之关键。

社会主义新人具有主人服务创新性的本质特征。发掘人的潜能，发挥培育新人的主人主体性的本质力量，对人生全程育德，组成他育力量与自育力量辩证消长的教育合力有重要作用，其中自学力量、自育力量，自始至终是关键。

研究二　新人德性本质的社会心理活动特点[①]

新人的德性是人格核心价值品质，德性活动是伴随人的一生的社会活动，其具有意识为主导的德性导向系统、监控系统，具有满足人已需要实现价值为中心的德性动力系统，具有思维为中心的德性智慧系统，具有动口动手操作为中心的德性能力系统，具有反映客体规律为中心的德性科学知识系统，具有调控、应用规律的德性策略、谋略系统，具有以益人益己两利效益为中心的德性自我评价系统，等等。但它又是以人与人相互的社会交往活动（即主体—主体）为根本基础、为根本源泉的社会活动，因此，在这些人的智能器官中活动的社会心理，显示出表现德性本质的突出特点。为便于理解、思考，现从德性社会心理活动特点与智能心理活动特点进行比较，如表3-1所示。

表3-1　德性心理活动特点与智能心理活动特点的比较

<table>
<tr><th>比较项目</th><th>德性心理活动特点</th><th>智能心理活动特点</th><th>注明</th></tr>
<tr><td>标示人的本质</td><td>德性是人格核心价值品质，做人的主要标志，标示人的本质的善良度</td><td>智能是人格品质，做事的主要标志，标示人的本质的聪明度</td><td></td></tr>
<tr><td>基本心理结构</td><td>以自我实现人的德性价值为中心的德性心理结构</td><td>思维活动为中心的智能心理结构</td><td rowspan="2">现实中，德性心理结构与智能心理结构在活动时总是互动的、互补的，最终构成人格心理结构，在智能器官中统一地实现德、智融合</td></tr>
<tr><td>本质特征</td><td>德性主要调节人己精神需要的“内得”与“外得”的互得关系，实现人己，人群精神需要相互的共同满足度</td><td>智能主要调节人对物的认识、改造、利用关系，实现人对物的规律认识，利用的符合度</td></tr>
<tr><td>主要心理功能</td><td>规范判断、价值判断为主，主要调节人与己交往中利益矛盾的价值关系。实现人生价值，和谐为优，满足求善的需要</td><td>事实判断为主，主要解决已知与未知的矛盾。解决问题，创新为优，满足求真的需要</td><td></td></tr>
</table>

①此文选自曾欣然著《德性心理活动规律探索》第四章第三节，西南师范大学出版社2012年2月出版。

续表

比较项目	德性心理活动特点	智能心理活动特点	注明
心理活动运行程序	自我实现人的价值为核心: 1.是谁(什么人)—做了什么事—对谁有益—现有什么困难 2.我是谁(什么身份的人)—该不该参与此事—为了谁 3.我有哪些办法解决。哪种办法最好,为什么。哪种办法最不好,为什么 4.我具体实现的步骤有哪些,应组织哪些社会力量参与 5.我做得好不好,对谁有益,值不值得	解决问题为核心: 1.是什么(什么东西或什么问题) 2.为什么(根据何在) 3.怎么办(有哪些策略、办法) 4.怎么办得最好(选择最优方案) 5.做得对不对(问题解决了没有)	
习得的社会智能	习得社会智能,主要是在人与人交往中,习得德性意识和德性智慧的社会智能 德性意识是主体意识与社会主流意识融合的德性意识系统 德性智慧主要是人对人交往中的智慧,含社会知觉——社会观察力,社会记忆——人物、事件记忆力,社会价值判断力,社会需要调控力,社会力量组织能力,管理能力,社会智慧谋略力,策略力,创新力,善恶荣辱评价力等;相反,则是或者社会的知觉错觉,或者角色错位,或者社会思维紊乱	习得的智能主要是解决问题的智能,含感知力、观察力、记忆力、想象力、思维力、创新力等等。相反,则是感知迟钝,或观察力差,或记忆力紊乱,或想象力贫乏,或不会思维,更不会创新。总之解决不了问题	
习得的社会情感	紧密伴随社会智能活动的社会情感体验,集中体现荣辱、爱憎的德性情操。主要有以下四类。 有益己——健康成长需要的满足感:自我安全感、成人感、自我责任感、义务感、自尊感、自信感、自豪感。相反,不利己——成长需要的失落感:欠安感、困惑感、自卑感、内疚感、耻辱感 有益人——人己共进共荣需要满足感:依恋感、同情感、互尊互爱感、互信互助感、合作竞争感、共益共荣感、友谊感。相反,不利人——人己共进共荣需要的失落感:厌恶感、疏远感、妒嫉感	紧密伴随智能活动的理智感,主要有好奇感、新颖感、疑惑感、奋发感、确信感、创新感、成就感	

续表

比较项目	德性心理活动特点	智能心理活动特点	注明
习得的社会情感	有益群——群己共生共存需要的满足感:归属感、纪律感、秩序感、集体责任感、集体义务感、集体使命感、集体荣誉感、爱父母、爱家乡、爱祖国、爱民族等等。相反,不利群——群己共生共存需要的失落感:孤独感、异己感、逆反感等 有益物——己物共存需要的满足感:占有感、保护感、珍惜感、永存感。相反,则是侵占感、贪婪感、损坏感		
习得的社会知识	主要以习得人文、哲学、社会科学知识为主。构成脑内德性知识形态,主要体现是:德性陈述性知识(回答是谁)、德性论理性知识(回答为了什么)、德性价值性知识(回答为了谁)、德性谋略性知识(组合什么力量、什么办法最好、预测什么结果)、德性程序性知识(回答按什么规律运行,按什么程序办事)、德性评价性知识(回答做得对不对,对谁有益,值不值)	主要以习得科学、技术知识为主,构成脑内知识、技术操作形态。知识形态体现有陈述性知识、程序性知识、策略性知识、评价性知识、创新性知识。技术操作形态,主要有动作形态、技能形态、技巧形态等	

通过以上对德性心理活动特点与智能心理活动特点的九个方面的比较,的确可以看出德性表现人的本质的社会心理活动的特殊性。对德育工作实践有利于按照德性本质、德性心理活动规律开展德育活动,区别于"知性德育",有利于冲出现代德育困境(高德胜著《知性德育及其超越——现代德育困境研究》,教育科学出版社2003年版)。在理论上它更便于探讨德性心理活动特有规律。

当然,现实社会中社会主义新人的德智是协同发展,德、智、美、健发展应是全面的、协调的、融合的,如果缺了某个方面的素质便似乎是不完全的"怪人"了。福泽谕吉曾说:"本来智德二者是缺一不可的,有智慧而无道德如同禽兽,叫作人面兽心,有道德而无智慧则如同石刻菩萨,是石面无心。"(《福泽谕吉教育论著选》,人民教育出版社2005年版,第71页)

本组未列文章题目:

《创造(创新)实践活动发展研究》选自曾欣然编著《教育发展心理研究》第八章,西南师范大学教育科学研究所,2002年内部打印。

《学习心理的基本原理》曾欣然撰写,选自张大均主编《教育心理教程》第四章,四川民族出版社1992年出版。

《幼儿从游戏活动为主向学习活动为主转化的心理发展趋势》,刊载于《四川幼教》(教育理论)1986年,1、2、3、4连载。

《大学生学习心理》曾欣然撰写,选自刘兆吉主编《高等学校教育心理学》第四章,北京师范大学出版社1995年出版。

第四部分

研究德性心理活动运行结构

研究一　新人德性本质研究[①]

基于新思考的启示，重新审视我们已有的研究资料，我们可以这样理解现代德性的新含义：

德性的地位是人性的主要标志，人的本质的体现，人的整体素质结构的最重要的素质。德性是人的个性心理结构或人格心理结构中综合的、深层次的、稳定的核心价值品质。

德性的实质是"自我实现精神价值"，即人面临社会交往情境中的矛盾，以德性意识为导向，启发德性智慧谋略，运用德性规范、原则，调节德性需要为动力，融合德性情感、德性意志力量，组成德性意向，选择、调控德性行动，实现德性价值。德性价值即人的本质、人格的核心价值品质，是一个人自觉努力奋斗，创造精神财富（含物质财富、精神财富）满足他人精神需要、社会需要，又充分发挥自己潜在价值，满足自我精神需要。实现德性精神价值，显示出人的德性力量——人的主体性价值的一种表现，显示出人的本质力量。"人的思想道德也是一种力量，一种精神动力。相对于体力、脑力，可称之为德力。"（袁贵仁，2006）这种德力，可以表现为人的行动的推动力、调控力、创新力、导向力。贝塔朗菲曾说，与物理技术的威胁比，人们往往忽视心理学技术的危险。然而，心理力量甚至可能比原子弹这种实物更可怕，它会引导人们去扔原子弹。我们要致力于和平地使用原子弹，然而更为迫切的是理智地使用行为科学所揭示的心理机制。[②]

中国人的现代德性是指已依法自立于社会主人地位的人，面临现实社会生活情境的矛盾，启动智能器官中已学习、体验、构建的做人之道的规范、原则、意义，发挥德性智慧的行动力量，满足人、己（群、己）的共同的合理的精神需要的人格核心品质。即，新人现代德性的本质是憎恶益善，满足人—己共同的合理的精神需要的人格核心品质。

新人的这种人格核心品质的根本特点是满足人—己（群—己）的共同的合理的精神需要。这种共同的合理的精神需要的满足指双方获得共同满足，如：求生共

①此文选自曾欣然著《德性心理活动规律探索》第四章第二节，西南师范大学出版社2012年2月出版。

②冯·贝塔朗菲，A.拉威奥莱特.人的系统观[M].张志伟，译.北京：华夏出版社，1989:13.

存、求乐同欢、求真共识、求善同得、求美同赏、求创新共享受、求自由共和谐。精神需要的满足是人类都有的,需要即人的本性。精神需要的满足表现了人的本性的高级形态。精神需要的"共同满足"则是社会主义新人的根本特点。这个根本特点源于社会主义的本质,是对社会主义本质要求的反映。共创共享,共同富裕,共同全面发展。

这种精神需要的"共同满足"的根本特点,表现在德性心理活动中,如:

德性认识,含德性观察、德性形象、德性判断、德性推理等,反映德性社会情境中"双方需要共同满足"的事实。其中,德性智慧,则主要反映实现"精神需要共同满足"的规范、谋略、策略。

德性情感,主要心理形态是爱与恨等德性态度,集中反映了"精神需要共同满足"是否实现和实现的满足度。

德性意志,主要反映了"精神需要共同满足"的实现与调控实现条件的关系。

德性行动,主要表现了"精神需要共同满足"是否能实现和实现的力量强度。

德性自我评价反映了"精神需要共同满足"实现的目的性的符合度、满意度。

德性意识则主要是意识到了"精神需要共同满足"的实现度,是自我意识、主人翁意识的一种形态,是新人人格的核心品质。

由于人的智能器官中德性心理活动对于"精神需要共同满足"的反映程度不同,表现了社会主义新人德性的层次性,如:

在社会交往中,人与己实现"精神需要共同满足"的程度不同,似乎有:

益己利人的共享层。

先人后己的谦让层。

舍己为人的善良层。

助人为乐的优秀层。

毫不利己、专门利人的精英层。

在社会交往中,人与群实现"精神需要共同满足"的程度不同,似乎有:

公私兼顾层。

先公后私层。

克己奉公层。

公而忘私层。

大公无私层。

德性心理活动的基本功能是发挥德性力量,引导、推动、协调、控制人与己合理精神需要相互满足的互益互惠互助互励关系。引人惩恶,导人向善,实现人生价值,达到内得于己,外得于人,内外融合,共同受益,人、事、物、己和谐发展,协调人际关系、社会关系、身心关系、权益关系。

德性心理活动的基本特点是交往性、意识性、体验性、习惯性、动力性、愉悦性、自评性。

现代中国社会主义新人德性的实现还有独特的特点:自尊自立的主人意识导向性,益人益己的互利互助性,合作服务共创共富的效益共享性,惩恶导善维护和谐的坚定性,精神需要自我超越的愉悦性。

这样研究思考有利于揭示德性活动的特殊性:

德性不仅仅是心理特征、心理倾向,而是有"德"的心理活动,更主要是有"德"支配、调节着"行"的活动,成为德行活动。它是心行联动、情理交融、知行合一的主体德行活动,是人的精神力量转化为人的物质力量的实践活动。道德区别于其他社会意识的根本特征就在于它是一种实践精神。道德作为实践精神不仅是价值,而且是实现价值的行动。①

德性价值是主体的德性需要同满足这种需要的人与人之间的价值关系。德性需要是人的一种高级的精神需要,是人的精神需要的满足。它促使人类结成相互满足的价值关系,推动人们改善这种关系,调节人与人的交往、协作,完善人的人格,形成人类特有的实践精神。道德作为一种实践精神,是特殊的意识信念、行为准则、评价选择、应当、理想等的价值体系,是调节社会关系、发展个人品质、提高精神境界诸活动的动力。②李时权在《邓小平伦理思想研究》一书中指出从道德领域来说,主体建设有中国特色社会主义的实践活动,是为实现理想目标的道德价值活动。主体的道德本质,只有在价值活动中才能够物化或对象化,才能够获得现实的价值。③因此,德性价值就是完善人格,组成人的本质结构的价值特征。简而言之,德性是人的本质结构中实现价值的特征,表现人的本质的人格核心品质。

理解德性是人的本质结构中实现价值特征的这一新含义,与以往品德含义比较,除了都是反映现实社会关系,都是人脑机能等相同点之外,不同点主要是:1.定位在人的本质。从人的本质思考,不仅仅把德性限于心理倾向或心理特性,而且要深入到人的本质。2.德性是人的本质结构中实现价值特征,表现人的一种特殊价

①罗国杰.伦理学[M].北京:人民出版社,1989:54.

②罗国杰.伦理学[M].北京:人民出版社,1989:57.

③李时权.邓小平伦理思想研究[M].广州:广东人民出版社,1998:90.

值。3. 自主实现德性价值，体现人的本质力量的德性的实践功能："内得于己，外得于人。"当然，根据现代化的要求还应做到"终得于类""广得于物"。也就是要求社会主义新人对人、处世、做人，一定要有益于他人，有益于人类，有益于自然万物，也有益于自己身心健康，完善人格。体现人的主体力量，表现人的价值性质和水平，标示人的善良度，体现人的"质"。智性价值标志人的聪明度，体现人的"能"。这种人之行，有得于人，共同满足双方合理需要，是有德之人，善德之人，有价值的人，为人楷模，受世人赞誉，流芳千古不朽之人。然而，有种人，行之无益于人，无益于己，空活一生；有种人，行之有害，害人、害物、害社会、害人类、害己之人，是无德之人，缺德之人，是恶德之人，丧德之人，世人贬责，遗臭万年之人。古人曾说："好人之所恶，恶人之所好，是谓拂人之性，灾必逮夫身"（《大学》十一章）。潘菽曾说："要了解人，当然必须对人进行全面的综合研究，但最重要的就是要研究人之所以为人的本质特征。"

研究二　个体品德形成的几个问题[1]

党中央领导着全国各族人民，以登泰山、攀高峰的奋发精神，一手抓高度的社会主义物质文明的建设，一手抓高度的社会主义精神文明的建设，对于加速建成四个现代化的社会主义强国，对于培养有社会主义觉悟的有文化的一代新人，对于人类社会历史的发展，都有着直接的现实意义和深远的历史意义。

大家知道，精神文明的范围很广，它的主要内容必须包括两个方面，一方面是教育、科学、文化、艺术、卫生、体育事业的发展规模和发展水平，这是一个社会文明与否和文明程度高低的标志；另一方面是社会政治思想和伦理的发展方向和发展水平，这是由社会制度的性质所决定，并且强烈地反作用于社会制度的性质。这种在个体人脑之外的社会政治思想和伦理，怎样转化为个体头脑之中的品德？这对于思想政治工作、宣传教育工作的科学化，无疑是一个迫切需要解决的重要问题，对于深入地持久地开展"五讲四美"活动，也有直接的现实意义。现在，从德育心理学的角度先谈三个问题。

一

社会政治思想、伦理与个体品德应该是有区别的。根据马列主义、毛泽东思想的基本原理，社会的政治思想、伦理（或叫道德）与个体头脑中的品德、动机等心理活动，都属于精神现象，它对物质本体而言，是第二性的，两者之间有许多相同点。日常生活中、教育工作中它们也常常作同义语使用，不会引起误解。从目前德育心理学研究的资料看，两者应该是有区别的。我国心理学工作者认为[2]："道德是一种社会现象""道德是一种分辨善与恶的尺度，它随着社会的发展而发展，随社会基础的改变而改变""道德是伦理学与社会学研究的对象""品德，即道德品质，是一种个体现象。品德是指个人依据一定的道德行为准则行动时所表现出来的某些稳固的特征，它是个性中具有道德评价意义的核心部分""品德的形成、发展除了受社会制约之外，也依赖于人的心理活动的规律""品德则是心理学与教育学研究的对象"。

①此文刊载于《西南师范大学学报》（哲学社会科学版）1982年第3期。内容曾在中共四川省委党校学术会上报告。承蒙时任学校宣传部部长吴应发同志鼓励，修改成文，谨致谢意。
②潘菽．教育心理学[M]．北京：人民教育出版社，1980：155-156.

国外有些心理学工作者也认为:应该区别阶级的(或整个社会的)世界观和属于这个阶级的个人的世界观。阶级的世界观表现在意识形态或系统的概括的社会意识上。个人的世界观是他的倾向性,他对社会生活各方面的态度的核心。阶级的社会意识和个人意识在本质上是一致的,但可以按范围、深度和它们的功效程度加以区别。[①]

从这些心理学工作者的研究可知,他们对道德与道德品质、对阶级的世界观与个人的世界观、对社会意识与个体意识是有区别的。结合我们的观察和研究,对我国社会主义的政治思想、伦理与觉悟人的个体品德的基本区别,可以总括为:

我国社会主义的政治思想、伦理作为社会主义社会的社会意识,继承了中华民族的优良传统,概括了工人阶级及广大人民群众正确处理社会关系的优秀实践经验,以社会主义的政治原则、共产主义道德规范、马列主义人生观、世界观的原理,反映着社会主义社会中占主导地位的人与人的社会关系。同时,通过人们按这些原理、原则、规范支配的言行,转化成社会物质力量,调整着人们的社会关系,促进社会主义社会向高级阶段发展。它的发生、发展与变化同社会主义经济发展规律相适应。这些政治原则、道德规范,人生观、世界观原理,不能"独立存在",而是借助于人的活动、人的语言及"人造物",组成"物化"体系存在于社会成员个体的头脑之外,对个体来说是客观存在的东西。它同社会主义社会中人与人的实际关系一起,成为社会主义生活环境的主要内容,构成社会成员个体品德的客观源泉。此外,还有一些非社会主义的人与人的实际关系和非社会主义的社会意识,也影响着个体品德的性质和发展方向(见图4-1,觉悟人个体品德与社会政治思想、伦理相互促进发展示意图)。

觉悟人的个体品德是人脑中活动的稳固心理特征。它是人脑对该个体所交往的社会关系、所处的社会地位的反映,构成人的社会本质的核心。它在人脑中借助于言语(特别是内部言语)支配着人的言行,使个体的精神力量转化成个人物质能量或社会物质能量,调节着人与人的关系、调节着人与己的关系。它的性质和内容决定于个体所处的人与人的实际社会关系和社会政治思想、伦理的性质和内容,具有明显的时代特征。它的发展方向、形成速度、丰富程度、完善程度、稳固程度、能动作用发挥程度,则直接受人的心理活动规律的支配。

这样,把社会政治思想、伦理与个体品德加以区分,在理论上,可以防止误用心理现象去说明社会政治思想、伦理的发展动力,违反社会存在决定社会意识的科学

①B.B.波果斯洛夫斯基,等.普通心理学[M].魏庆安,等,译.北京:人民教育出版社,1979:76.

原理，有利于识别社会学中的心理学派的错误。在教育实践上，可以防止“一刀切”“一般化”，克服忽视人的心理活动规律作用的倾向，有利于政治思想工作科学化、规律化。

二

社会成员个体头脑中的品德，是一个有中心的、有层次的、完整的心理结构。根据我们对雷锋做好事的心理活动分析，对我国一部分中小学生做好事的心理活动分析[①②③]，综合起来，初步认为，我国有社会主义觉悟的人的个体品德的基本心理结构由下列心理活动组成（见：图4-1，觉悟人个体品德与社会政治思想、伦理相互促进发展示意图右侧）：品德认识、品德情感、品德动机、品德意志行动、品德社会效果反馈联系效应。

品德认识是指社会成员个体头脑中对人们交往活动中的人与人的社会关系及其社会意义的反映。这种反映由表及里、由浅入深，由几种心理活动按层次组成：社会知觉——由知觉形式直接反映人们交往活动中的个人外貌形象、人与人交往的外表联系。品德表象——由表象形式概括反映个人外貌形象的常见特点、人与人交往的共同联系。品德判断——由思维形式依靠言语反映人的社会本质及人与人交往的内部联系。品德意识——依靠语言，概括人类社会经验，反映人与人交往的社会意义。

紧密地伴随着品德认识的是品德情感，相应的按层次由品德情绪、品德情景、品德情感、品德情操等心理体验组成。

品德意志行动则由品德动作、品德模仿行动、品德意志行动、品德行为习惯等个体的有物质能量的动作、行动组成。伴随着品德意志行动的情感是实践感、创造感[④]。

品德社会效果反馈联系效应，是指由个体通过自身的意志行动改变着客观事物的社会效果，被个体直接意识到，呈现自我评价的心理活动。伴随着自我评价的情感，便是自我体验。由于社会效果有正、负之分，反馈联系效应在头脑中有两种

---

①曾欣然．小学生学习英雄榜样的心理活动分析．1963年中国心理学会资料．

②参见曾欣然．从雷锋的阶级觉悟的发展，探讨共产主义品德的形成［J］．科学研究资料，1980(1)．

③参见曾欣然．从少年英雄何运刚的英勇事迹看品德形成的两个问题．1979年中国心理学会资料．

④彼得罗夫斯基．普通心理学［M］．朱智贤，等，译．北京：人民教育出版社，1981:417．

情况:一种情况是正效果反馈与主体原有的期待评价相符合,产生肯定的自我评价、自豪感。一种情况是负效果反馈与主体原有的期待评价不相符合,产生否定的自我评价、内疚感。

品德动机则由品德愿望、品德榜样、品德理想、品德信念等组成。伴随着品德动机的情感主要是义务感、责任感、贡献感。

品德动机居于品德心理结构的中心,对品德的其他各种心理成分起调节作用、支配作用。

品德动机是“我”的意识,即自我意识的主要表现。马克思说:“我对我的环境的关系是我的意识。”①我的环境的关系,当然有人与自然环境的关系,更主要的是人与社会环境的关系。实际上,可以把品德动机看成以自我意识形式对主体自己的人生需要及人生的社会意义的反映。

觉悟人的品德动机反映人生需要及人生社会意义的设想,是从我国教育工作者、宣传工作者、心理学工作者近期研究得到启示的。湖北省心理学会大学生心理研究组的同志,在1981年对武汉地区7所高等院校9个系、77级与79级共536名大学生的心理倾向做了调查,其中需要的种类大约有65种。从需要的内容看,围绕学习的需要是大学生的主要需要;从需要的性质看,精神上的需要是当前大学生主要的需要。②根据成都市中共成都机车车辆工厂委员会思想政治工作研究小组1981年的调查③,他们深入了解职工的需要,126人共提出各种需要96种、344条。其中,政治上的需要16种82条、物质上的需要36种125条、工作上的需要21种85条,文化上的需要23种52条。这表明我国工人的需要也是以社会需要、精神需要为主的。此外,根据我们自己的调查,雷锋做好事的动机都是由客观事物变动的社会意义引起的。④小学生爱护公物的品德行动,除了认识以外,主要也是社会意义引起。⑤因此我认为我国觉悟人的品德动机是以人生需要社会意义为客观基础的。

---

①马克思,恩格斯.马克思恩格斯全集:第3卷[M].北京:人民出版社,1960:34.

②湖北省心理学会大学生心理研究组.大学生的心理倾向的初步调查[J].湖北心理学通讯,1981(1):21—24.

③参见中共成都机车车辆工厂委员会思想政治工作研究小组.企业思想政治工作科学化探索[J].社会科学研究丛刊,1981.

④参见曾欣然.从雷锋的阶级觉悟的发展,探讨共产主义品德的形成[J].科学研究资料,1980(1).

⑤参见曾欣然.小学生爱护公物的品德心理结构的模拟调查的初步分析[J].四川心理学动态,1981(3).

不同于美国心理学者马斯洛提出的以人的生理需要为基础的“需要层次论”，也不同于苏联心理学者提出的需要是个性积极性的源泉的“动机圈”理论。事实证明，我国有社会主义觉悟的人，不仅是按人生需要去行动，而且在选择是否采取满足某种社会需要的行动时，最后总要考虑“为什么满足这种需要”“为什么实现这种需要”“实现这种需要有什么意义”，特别是考虑到人生需要社会意义。

所谓人生需要社会意义，就是指社会成员生活在一定社会关系中，处于一定的社会地位，应该完成一定的社会职责、任务、发挥自己的社会作用，为社会做出一定的贡献。实质上就是一个人生目的和人对社会的关系问题……人怎样生活才有意义的问题。[①]在现实社会中，社会成员的人生需要的社会意义客观上大约可以分为：自己独立社会生活的切身需要意义；自己所属的集体需要意义，自己所属民族需要意义；自己所属阶级需要、国家需要意义（包括：政治意义、经济意义、教育意义、科学意义及国际意义等）；自己所处社会历史发展阶段的社会历史发展需要意义。这些人生需要社会意义，对个体来讲是客观存在着的。

这种客观的人生需要社会意义，只有反映在个体头脑中，成为自我意识的主要内容，才能构成品德动机，成为人的品德意志行动的真正内心动力。国外有的心理学家提出：正是这种情况，迫使心理学必须区别所意识到的客观意义和这种客观意义对主体的意义。[②]通过交流，意义变成了个体意识的财富。[③]结果，社会上形成的意义开始在个体意识中似乎过着双重生活。在个体意识系统中又产生了意义的一种内部关系，意义的一种运动。[④]

由于社会成员对自己人生需要社会意义反映的范围、深度不同，从而显示出层次性，表现社会成员的真正觉悟水平的不同。如，在对待公与私、个人与集体、阶级、国家的关系上，似乎有下列层次：最基本的一层是个人利益、集体利益、国家利益三者兼顾；第二层是先公后私；第三层是克己奉公；第四层是公而忘私；第五层是大公无私。再如，对待人我关系上，即正确处理个人与个人的关系上似乎有下列层次：最基本的层次是平等待人，团结互助；第二层是先人后己，他人第一；第三层是舍己为人，助人为乐；第四层是毫不利己，专门利人。

①罗国杰.试论马克思主义伦理学的价值观[J].哲学研究，1982(1)：14.

②阿·尼·列昂节夫.活动　意识　个性[M].李沂，冀刚，徐世京，等，译.上海：上海译文出版社，1980：103.

③阿·尼·列昂节夫.活动　意识　个性[M].李沂，冀刚，徐世京，等，译.上海：上海译文出版社，1980：102.

④阿·尼·列昂节夫.活动　意识　个性[M].李沂，冀刚，徐世京，等，译.上海：上海译文出版社，1980：102.

个体对人生需要社会意义的反映，由客观存在转变为主观的品德内容，构成品德动机，成为品德心理结构的中心，却要有一个漫长的教育和实践过程，在这个过程中显示出个体品德心理结构发展的阶段性。初步划分为：品德萌芽期结构、品德形象期结构、品德独立判断期结构和品德稳定期、坚定期结构（见图4-2，个体品德心理结构发展示意图）。

三

社会政治思想、伦理与个体品德是相互转化、相互促进发展的辩证关系。相互转化主要表现在四个环节上。

（一）转化——社会政治思想、伦理向个体头脑中转化，简称为个体品德化（国外有人总称为个体社会化，有人称为内化），这是个体品德内容来源的客观基础。人生活在现实的社会生活环境中，首先处于现成的一定的社会关系中，同时，也接受着现成的一定的社会政治思想、伦理影响。特别是通过与其他社会成员（主体）的交往活动，将一定的社会政治思想、伦理，"灌输"在个体（也是有意识的主体）头脑中，客观的头脑之外的"物化"体系，转化为主体头脑中主观的品德结构。这种"物化"体系的社会政治思想、伦理，作用于个体的头脑时，总是将信息落在个体的一定心理状态上，表现出个体接受这种社会政治思想、伦理的态度。由于社会政治思想、伦理本身有正确与错误的区别，以及与个体已有的态度、已有社会需要是否符合的情况，显示出个体接受教育的不同态度和不同的情感。符合个体已有社会需要者，个体则表示赞成的态度、乐意的情感。不符合个体已有社会需要者，个体便表示反对的态度、抵触的情感。若与个体已有社会需要关系不大者，个体则表示无所谓的态度、冷淡的情感。有的内容，一部分符合个体已有社会需要，一部分不符合个体已有社会需要，个体则表示观望的态度、矛盾的情感。因此，在"灌输"的过程中，教育者一定要摸准需要，动之以情。受教育者则应端正态度，调整需要和情感。

（二）转化——这是新接受的社会政治思想、伦理在个体头脑中与已有品德"融合"，简称个体品德结构稳固化。包括：由具体到抽象、由形象到概括、由个别到一般的概括化；由反映社会政治思想、伦理内容到反映社会政治思想、伦理内容与个体本身的关系，组成自我意识，形成品德动机；由简单的品德动作到形成品德意志行动，熟练化、习惯化。因此，教育者一定要相应地使用"物化"体系的各种形式，树之以模、立之以规、晓之以理、明之以义。受教育者则应效法榜样，遵循规矩，学习理论，明确意义。

(三)转化——可称个体品德物质能量化。它由头脑中作为心理活动的品德,支配、调节品德行动,转化成个体的实际物质能量。在更多情况下,常常是组织和邀约其他社会成员一起参加的共同行动,转化成社会的物质力量。克服诸种困难,反作用于社会,调整人与人的关系,人与己的关系、影响社会政治思想、伦理的传播和发展。普通社会成员不仅是精神文明的执行者,也是创造者。因此,教育者一定要导之以行,炼之以志。受教育者则定要躬行实践,刻苦锻炼。

(四)转化——由主体品德行动的社会效果,通过返回联系,产生"双效效应"(双效者指:直接影响主体自身,既影响社会,又影响主体自身),简称反馈联系双效应调节自动化。由于社会效果有正效果与负效果之分,直接反作用于主体,引起肯定的或否定的自我评价,相应的自我体验产生自豪感或内疚感。正效果或负效果反馈作用于社会,引起社会生活环境、教育环境中不同的社会成员产生不同的社会评论:对正效果,多数社会成员高兴、赞扬,拍手叫好,有的社会成员则讽刺;对负效果也是一样,多数社会成员同情、劝导,伸出援助的友谊之手,有的社会成员则是嘲笑,甚至落井下石。这种自身品德行动的社会效果引起不同的社会评论,又必将间接反馈作用于主体自身。这样社会评论与主体的自我评价及主体的原有全部品德结构,在头脑中构成各式各样的心理矛盾,形成不同心理力量的对比。这种心理力量的对比变化,多次往返,由量变到质变,就直接影响着主体的品德结构发展的方向、速度,影响着品德行动的维持、巩固,或者是矫正、消失。这时个体品德结构到底向什么方向发展,取决于心理矛盾诸方面力量斗争的对比。毛泽东同志在《矛盾论》中说:"这是依靠事物发展中矛盾双方斗争力量的增减程度来决定的。"这时教育者一定要分析效果,及时奖评,增强正确方向的力量,促进其向正确方面转化。

由于心理矛盾诸方面斗争力量的增减程度不同,外界影响力量不同,呈现出个体品德形成过程的各种类型。如:各种正确力量一致,形成坚定型;各种错误力量一致,造成失足型;自身正确力量占优势的自强型;自身错误力量占优势的自弃型。此外,由于正确力量与错误力量势均力敌,争夺激烈,或反复转化,则会出现各种的曲折型。如,正误力量长期相当,造成徘徊、彷徨型;虽有正确力量,但在较长时期内,没有战胜错误力量的,出现悲观苦闷型;正确力量由少增多,由弱变强,终于战胜错误力量的,出现"浪子回头"的矫正型;等等。从上述诸种类型发展变化的力量源泉看,的确是"外因是变化的条件,内因是变化的根据,外因通过内因而起作用"。只不过品德结构发展的内因,是在社会生活实践活动中,由外因的转化、积累而来,不是先天遗传而来,也不是生长成熟自然而来。因此,一定要坚持启发原则,贯彻疏导的方针，提倡自我锻炼，独立成长，持之以恒，“习与性成”（程颐之言：“习与性成，圣贤同归”）。“立竿见影”显然是违反品德形成规律的，反科学的。打、骂、压的威胁法，袒（护）、纵（容）、迁（就）的溺爱法，同样不能形成觉悟人的完善的品德心理结构。相反，常常会在无意中、无形中造成品德心理结构的缺陷，严重者，甚至使品德心理结构出现畸形发展。

※ ※ ※

本文仅就觉悟人的个体品德形成的客观的社会政治思想、伦理与个体品德的区别、个体品德的心理结构及社会政治思想、伦理与个体品德的辩证关系等三方面谈了极不成熟的看法，抛砖引玉，就教同志们。觉悟人的个体品德形成有些什么心理活动规律可循？我国优秀教育经验有哪些德育心理学依据？将向同志们学习，继续探讨。

1982年3月

*本文使用“觉悟人”一词，意思是指对社会主义政治思想、共产主义道德、马列主义人生观、世界观及人类社会历史发展规律有一定觉悟，构成稳固心理特征的人。以此有别于国外管理心理学中的实利人、社会人、自动人、复杂人。

*本文使用“个体品德”一词，是指个体通过实践活动、交往活动及教育学习活动，在头脑中已掌握了一定的政治思想、法制思想、道德、人生观、世界观的基本原理，构成主观世界的重要内容。不只是包含道德品质的一个方面，同时包含有政治品质、人生观、世界观品质。

*承蒙唐宗富同志，在百忙中为本文赶制图表，谨此致谢。

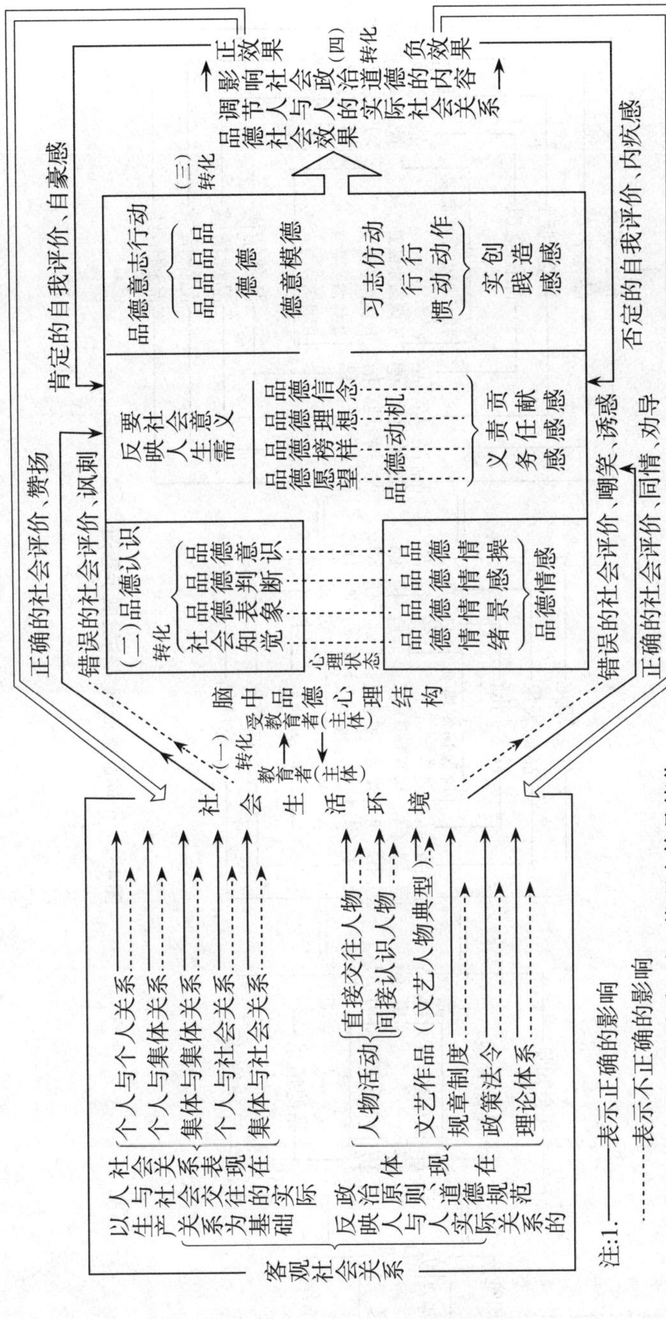

注:1.——表示正确的影响

……表示不正确的影响

2.(一)转化——社会政治思想、伦理个体品德化

(二)转化——个体品德结构稳固化　(三)转化——个体品德物质能量化

(四)转化——反馈联系双效效应调节自动化

图4-1　觉悟人个体品德与社会政治思想、伦理相互促进发展示意图

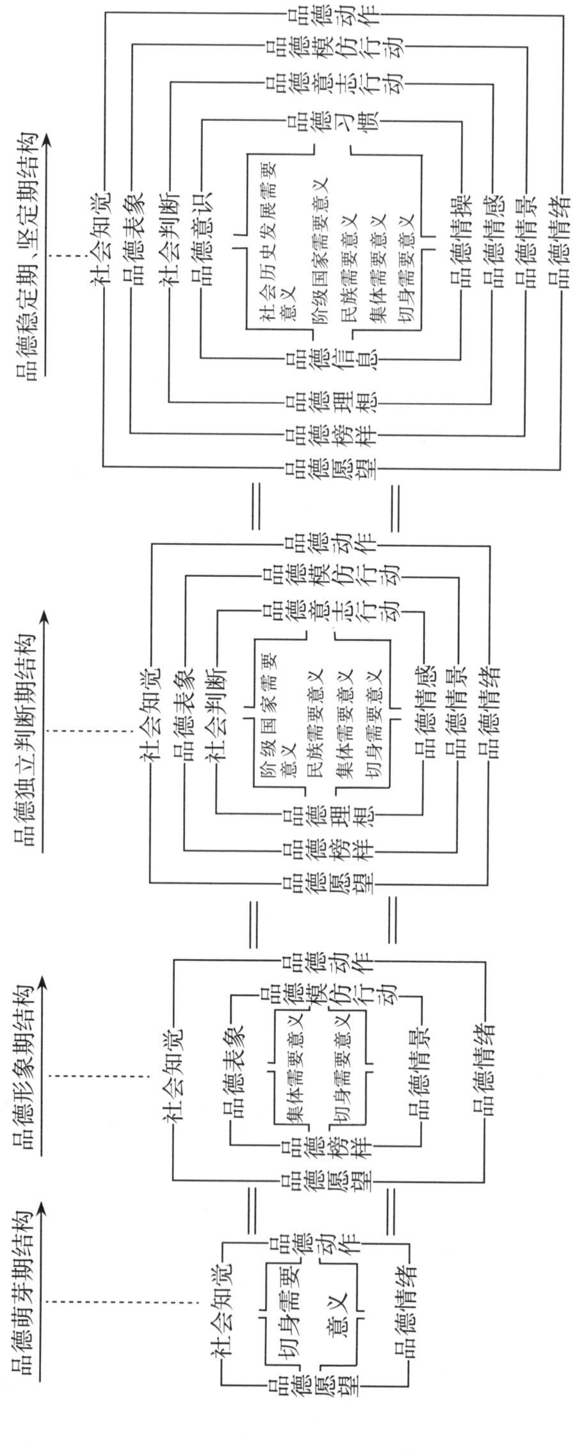

图 4-2 个体品德心理结构发展示意图

研究三　我们对品德心理结构的设想①

个体品德心理成分的功能之间有什么内在联系？这就涉及个体品德的基本心理结构问题。从上述的助人为乐的实际品德行动的心理功能分析，可以看出其涉及三个方面、十二项维度，且每项维度又有不同层次。

第一，品德心理智能。即品德认识、品德情感、品德动机、品德意志、品德行动、品德自我评价。

第二，构成品德心理的内容，品德行动涉及的内容，按性质，是雷锋式的助人为乐的共产主义精神。实际反映内容包括：1.品德行动遵循的社会行为规范，如帮助这位农民等。2.品德行动作用对象的内心需要。实际上调节了与农民交往的人与人的社会需要，人与已的社会需要，改善了人际关系。3.品德行动效果的社会意义、社会价值。

第三，品德意识，或叫品德的意识性。1.意识到自己的社会地位、社会责任，如意识到自己是大学生、共青团员。2.意识到自己做好事过程中的心理活动。3.意识到自己的态度，有选择性地进行回答行动，如有意询问、有意表达、有意内隐、有意自控等。

一、品德心理智能

潘菽在《人类的智能》一书中阐述了人类智能的理论。具体内容在第一章中扼要地引述过了。现在分析品德心理结构，引入智能理论是合适的。

根据智能结构观点分析，"认、情、动、意、行、评"六种心理成分，从品德智能作用看，可以分为：

1.导向系统。主要是品德认识的作用。品德认识是人们对社会行为规范和执行的社会意义的认识，含社会知觉、品德表象、品德判断、品德意识等形式，可总括为品德智的方面。品德认识对人的品德行动有导向作用，它是行动的指南。它与认识自然物的不同点，主要是应有社会观察力，人物形象记忆力，行为规范记忆力，是非、美丑、善恶判断力（鉴别力），行为社会效果预见力，辩证思维力，敏锐觉察力。

①此文曾欣然撰写。选自曾欣然、张大均合著《大学生品德心理》第三章第二节，四川教育出版社1990年6月出版。该书是四川省哲学社会科学"七五"规划的一个重点课题研究成果，1992年12月获四川省社会科学优秀科研成果三等奖。

2.动力系统。主要是品德动机的作用。品德动机是人的高级社会需要、精神需要的表现，是智能结构的核心——意向活动的主要形式，含品德愿望、效法榜样形象、理想、信念、人生观、世界观等形式，对人的品德行动有动力作用。

3.能力系统。主要是品德行动的作用。它含品德动作、品德模仿行动、品德意志行动、品德行动习惯。品德行动是一个人脑中的精神力量转化为实际的物质力量的关键，它对改造客观世界、改善人际关系有实际能量作用。在品德行动中，精神力量是否转化为物质能量，特别是能否转化为社会的物质力量，除一般的行为、动作外，特别要提高宣传表达能力（含口头表达能力、书面表达能力、动作表情表达能力等）、组织能力（含计划能力、协调能力、指导能力、社会交往能力、管理能力等），同时也要提高动手操作能力（含设计能力、制作能力、使用工具能力、实验能力等）。按水平分，包括模仿能力、迁移能力、再造能力、创造能力。

4.控制系统。主要是品德意志的作用。品德意志是人实现内心品德需要与掌握客观规律、控制客观条件的程度的关系的反映。既要调整主体力量，战胜内部困难，战胜外部困难，还要经受得起挫折、抵制得住诱惑和社会压力。因此，特别要注意培养决策果断力、自制力、毅力、抗挫折力、抗诱惑力等，品德意志具有明显的调整、控制作用。

5.自动反馈调节系统。主要是品德行动的社会效果反馈引起的品德自我评价的作用。它是对主体已掌握的社会行为规范、品德需要与当前品德行动的社会效果的社会意义的关系的衡量。含自我分析、自我对比、自我鼓励等，具有反馈的自动调节作用。

品德情感则紧密伴随上述五种系统，具有信号作用及增力、减力作用。实际是主体品德态度的表现，主要是爱憎分明、喜恶鲜明的责任感、贡献感、自尊感、自信感、创新感等等。

二、构成品德心理的内容

主要是指客观的社会行为规范、社会关系及社会意义被反映为主体品德的心理内容。

1.反映并调节人的社会行为规范。一般包含有：社会生活的简要共同规则，道德行为规范、法律行为规范、经济行为规范、政治行为规范和人生行为哲理准则等。此外，还有职业操作规程、职业纪律、职业道德等。这些社会行为规范，本质属于社会精神领域，是第二性的，是不能独立存在的。但它借助于一定的物质载体，如口头语言、书面语言、电磁波、人造物等又可相对地独立存在于人脑之外，是构成人的品德的重要源泉。它本身是伦理学研究对象,它一旦被人掌握,便转化为主体品德的心理内容。相应的,主体品德便呈现为:伦理道德观念、法纪观念、经济法规观念、政治思想觉悟、人生观、世界观理论观。这种客观的社会行为规范转化为主体的品德心理内容,正是德育心理学研究的对象,也是衡量思想政治教育效果的标志之一。

2.反映品德行为能动指向的对象。主体品德发挥能动作用指向对象,主要是指处理、调节人与人交往的实际的社会需要。这是主体品德能动作用的特殊性所在。现实的实际的人与人交往的社会需要,以人的社会地位为基础,以人的社会身份为核心,以"义"与"利"的关系为标准,又可分为:

(1)调节个人与个人的社会关系和社会需要。如,个人与亲、友、师、长的关系和需要。

(2)调节个人与集体的社会关系和社会需要。如,个人与家庭、与学校、与工作单位、与邻里、与街坊、与同龄人群体的关系和需要。

(3)调节个人与社会的社会关系和社会需要。如,个人与家乡、与民族、与阶级、与政党、与祖国的关系和需要。

(4)调节个人所属集体与其他集体的关系和需要。

(5)调节个人所属集体与全社会的关系和需要。

(6)调节个人所属社会、国家、政党与不同的社会、其他国家、其他政党的关系和需要。

反映这类社会关系,一方面是认识自己在这些社会关系中的社会地位;另一方面,便是人与人交往中相互满足需要,影响心理距离、亲疏强度、形成和谐的人际关系。

3.品德行动效果的社会意义。品德行动效果是品德行动的物质能量产生的客观的社会效果。社会效果有好、坏,大、小,有、无之分,赋予不同的社会意义。根据社会行为效果的社会意义,一般可分为:①生活意义;②道德意义;③法律意义;④经济意义;⑤政治意义;⑥人生社会历史意义。按其调节人与人交往的社会关系、满足需要效果的社会意义,一般可分为:①符合切身需要的意义;②符合集体需要的意义;③符合民族需要的意义;④符合阶级需要、国家需要的意义;⑤符合社会历史发展需要的意义。

这些社会意义在品德行动之后才能实现,是"未来"的,因而也是客观的。它可以预见,但必须经过相当努力,才能变为现实。

这些客观的社会意义转化于人脑中,变成主体意义,构成人的品德行动的真正内心动力。它决定着内心需要的取舍，左右着内心需要与不需要之间的最后选择。但是，这些社会意义怎样被反映到人脑中，怎样调节人的行动，至今仍是研究的薄弱环节，也是青少年思想政治教育中心理学研究的难点之一。

三、品德意识

主要是指意识到自己的社会地位、社会身份、抉择自己的品德行动的自觉心理状态。

品德意识是社会行为规范、社会关系和社会意义转化为主体品德的关键。客观的社会意义一定要被主体自己意识到，进入自我意识领域，才能转化为主体意义，成为品德行动的真正动因。一般认为，自我意识萌芽后，它的发展大致有生理的自我意识阶段、人物形象的自我意识阶段、心理的自我意识阶段、社会主体的自我意识阶段。品德自我意识发展大致与之同步。自我意识萌芽时期，标志着品德启蒙教育应该从小开始。人物形象的自我意识阶段，标志着一定社会人物形象行为为榜样教育奠定基础。心理的自我意识阶段，意味着独立性开始、成人感产生、人生意识萌芽，标志着人生观教育应该及时抓紧进行。社会主体的自我意识阶段，标志着政治觉悟基本成熟，社会责任感形成，社会主体成为有觉悟的人，表现出社会主义主人翁精神。因此，研究品德心理结构，一定要考虑品德自我意识。

由于社会主体自我意识对人生需要、社会意义反映的范围、深度不同，显示出层次性。它表现了我国当代社会主体的真正不同的觉悟水平。如在对待公与私，个人与集体、阶级、国家的利益上，似乎有下列层次：最基本的一层是个人利益、集体利益、国家利益三者兼顾；第二层是先公后私；第三层是克己奉公；第四层是公而忘私；第五层是大公无私。相反的，错误程度，则是个人利益第一、斤斤计较、唯利是图、损公肥私。再如，对待人我关系上，即正确处理个人与他人的关系上，有下列层次：最基本的层次是平等待人，团结互助；第二层是先人后己，他人第一；第三层是舍己为人，助人为乐；第四层是毫不利己，专门利人。相反的错误程度，则是不关心人，损人利己、利己主义，他人就是地狱。由于自我意识对品德行动的自我控制强度不同，或控制的方向不同，表现的水平有：1.克服困难，坚持遵守；2.自觉遵守；3.有人提醒，基本遵守；4.有时违反，有时遵守；5.经常违反；6.明知故犯。

综上所述，三个方面、十二项维度及多层次关系，综合成品德整体。可以认为，人的品德心理结构是人通过社会生活实践及社会交往活动，在人的智能器官中形成的以主体意义为核心，以社会行为规范为内容，以人与人的实际社会关系为基础，以智能活动的形态，以品德自我意识的发展为线索的完整的环状心理结构。

研究四 再论品德心理结构[①]

关于个体品德心理结构，在1982年，我曾有过初步论述[②]，当时设想：社会成员个体头脑中的品德，是一个有中心、有层次的完整的心理结构。心理结构的成分有：品德认识、品德情感、品德动机、品德意志、品德行为、品德自我评价，简称由“认、情、动、意、行、评”组成。

客观实际情况是否如此，当然有待调查、实验、实践证明。为此，除了试用品德模拟调查法[③]证实外，同时使用个体实践活动经历分析法，进行验证，即以我国现实的活生生的人的实际的品德行为进行验证。为此，我曾利用给学生讲授德育心理的机会，公开向听课学生征求“做好事的日记”。从1979级起至1981级止，连续三届，得到19位同学的慷慨支持，提供个人日记27篇（许诺的条件是，对人名一律保密）。现取其中一篇，分析如下。

△△大学生日记

1982年8月7日

今天，我和表弟、表姐到土坡子郊游。（分析：青年及青年群体活动的内心目的）我们三人都骑着自行车，一路欢歌一路笑，好不畅快。（分析：当时的心理状态——欢乐的心理状态）到沙河岔路口时，远远看见路边蹲着个农民，正在修自行车。车架上驮的化肥撒落了许多在地上，看来是车坏了。（分析：他人的意外行为，引起注意的选择与指向，产生了人对人的社会知觉、直觉判断——品德认识）我们停了车，问他出了啥事？他说：“我是从曹屯来买化肥的。车胎没气了，东西也驮不走了。”（分析：从社会交往的口头交谈中，获得信息，了解了原因）我们几个人相互看了一下，很同情农民。（分析：信息交流的同时，随伴着移情体验。此事符合几位青年的品德需要，表明态度，引起了同情——品德情感）可惜，去曹屯的方向和去土坡子的方向正相反。如要送他回去，来回两个小时，我们心里有点儿矛盾。（分析：客观的来往方向相反的矛盾，反映在头脑中，新的品德需要“同情”“送他回去”，与原拟去

① 此文刊载于《四川省教育学会通讯》（季刊），1986年第3、4期。

②《个体品德形成的几个问题》刊载于《西南师范学院学报》（哲学社会科学版），1982年第3期。

③《模拟品德行动产生的情境——试探小学生的品德心理结构及其发展趋势》刊载于《发展心理·教育心理论文选》，1985年8月号。

土坡子郊游的内心目的不符,引起了内心需要的矛盾,激起了品德动机的斗争)这时,我忽然从农民求助的眼光里,感到一种责任感。(分析:再一次的社会知觉,从眼神中领会了农民内心求助的需要,从同情心过渡到了责任感)我想起了自己写的一首歌颂农民的诗。眼前这位农民紫铜色的皮肤、多皱的面孔,使我深深记起了人民对我们的哺养,记起了党和老师给我们的教育。(分析:热情状态下,容易引起有选择性的联想。从眼前这位农民的形象引起回忆,自觉记起了人民的哺养恩情,党和老师的教育内容,从内部增强了品德动机斗争的正确力量)一个有知识、有教养的大学生,一个共青团员,(分析:由此情此景,引申联想,自我意识到自己的社会地位、社会责任,唤起了头脑中已储存的处于潜伏状态的社会需要呈现——品德动机)在这样的时刻还要犹豫啥?我此时虽然表面上很平静,(分析:青年人自控性及内隐性表现之一)可内心十分惭愧,我决定要帮助这位农民。(分析:自觉回忆,唤起了已掌握的正确的道德规范和道德要求,促进了品德动机斗争的迅速胜利。下决心,表现了品德意志的产生)我用开玩笑的口气对表姐、表弟说:"看来老天爷有意让咱来改变郊游地点,可能到曹屯那边,将有新的重大发现。"(分析:用青年人乐观的诙谐的口吻,巧妙地表达内心的意愿,邀约同伴,组织社会力量)他们笑了,当然明白我的意思。于是,我们三人立即帮助农民,把化肥袋子卸下来,把撒落的化肥装好,让农民推着他的空车,表姐和表弟轮流骑那辆驮着化肥的车子,我就用车子驮我们郊游的东西,同农民一起,把化肥运到曹屯。(分析:这是助人为乐的品德行动。实现了助人为乐的共产主义精神力量转化为社会的物质力量,解决了客观存在着"农民求助"与"今天郊游"的矛盾,体现了社会主义的新型的实际的人与人的社会关系)

虽说郊游计划被打乱了,但帮助了别人,我们心里都挺高兴。(分析:以"郊游计划被打乱了"与"帮助了别人"两者的社会意义、社会价值作为衡量处理个人利益、群体利益与他人利益、社会利益的标准,内心产生了肯定性的自我评价和自我体验的自豪感,"挺高兴")特别是当我们告别农民时,他说:"一些人说,现在的青年人不行。我看现在的小青年就是中用!大学生还帮俺农民的忙,是国家好,老师教得好!你们将来都是有出息的人啊!"(分析:品德行动实际改善了人与人的社会关系,取得了肯定的社会效果,引起了正确的客观的社会评价)一席朴素的话,反映出人民对我们的信任与期望,给我们留下了深刻的印象。我心里既高兴,又有点儿不安。(分析:对他的社会评价,反馈入脑,又引起内心的自我评价)虽然我们没说什么,但心里却有一种激情在涌动。(分析:由于社会评价与自我评价完全一致,符合自己的品德需要，反馈的效应，引起了“激情在涌动”，增强了自豪感的自我体验。这是助人为乐的新的内部动力，下一次助人为乐的真正内因）我忽然意味深长地说：“我将来争取做个好老师！”（分析：由于当前现实人民的赞扬，进一步激起内心未来实现的理想）表姐、表弟先是一愣，接着，会心地笑了。

晚饭，吃烧烤蟹，很有滋味。全家喝啤酒，姨父举杯，祝贺我们郊游成功！我们三人全笑了，但谁都没有把路上改去曹屯的事告诉家里人。（分析：做完好事不说，不声张，不望“报答”，不取“报酬”，体现了雷锋式的助人为乐的共产主义精神）

以上的实例分析，我们有两点启示：

第一，再次证明有社会主义觉悟的人的品德的基本心理成分的确是由品德认识、品德情感、品德动机、品德意志、品德行动、品德自我评价组成。

第二，研究品德心理结构的思路有新的启发。上例助人为乐的实际品德行动的分析，明显地涉及了三个方面、五项维度。即：（一）品德心理的智能形态。如品德认识、品德情感、品德动机、品德意志、品德行动、品德自我评价等。（二）品德心理反映的内容。这次行动的内容按性质分，是雷锋式的助人为乐的共产主义精神。实际包括：1.品德行动遵循的社会行为规范，如帮助这位农民等。2.品德行动能动作用的对象。实际调节了与农民交往的人与人的社会关系，改善了人际关系。3.品德行动效果的社会意义、社会价值。（三）品德心理自我意识，或叫品德的意识性。1.意识到自己的社会地位、社会责任，如意识到自己是大学生、共青团员等。2.意识到自己做好事过程中的心理活动。3.意识到自己行动的社会意义，选择性进行回答行动，如有意询问、有意表达、有意内隐、有意自控等。因此，本研究觉得进一步研究品德心理结构，似乎应这样思考：

现实的人实际品德行动
- 品德心理的智能形态
- 品德心理反映的内容
  - 反映社会行为规范
  - 反映人与人交往的社会关系
  - 反映品德行动效果的社会意义
- 品德心理自我意识

一、品德心理智能

潘菽在《人类的智能》一书中指出：“人类的智能就是人类认识世界和改造世界（包括自己在内）的才智和本领。实践活动充分地表现了人类所特有的才智和本领，包括‘智’和‘能’两种成分。”“智”，主要是指人的行动对事物的认识能力：“能”，主要是指人的行动能力（包括正确的技能、习惯）。并且说：“‘智’与‘能’的活动一刻也离不开自己的意向的主导，意向是人对待客观事物的一种心理活动。”“人类的劳动、学习和语言交往等活动，都是‘智’和‘能’的统一，是人类独有的智能活动。”因此，分析品德心理结构，引入智能理论是合适的。

从智能结构观点分析，“认、情、动、意、行、评”六种心理成分，从品德智能作用看，可以分为：

1. 导向系统。主要是品德认识，它是人对社会行为规范和执行的社会意义的认识，含社会知觉、品德表象、品德判断、品德意识等形式，可总括为品德智慧的方面。对人的品德行为有导向作用，可称行动的指南。但与认识自然物有不同点，主要应有观察力、人物形象记忆力，是非、美丑、善恶判断力（鉴别力），行为社会效果预见力，辩证思维力，锐敏觉察力。

2. 动力系统。主要是品德动机的作用，它是人的高级社会需要、精神需要的表现。含品德愿望、效法榜样形象、理想、信念、人生观、世界观等形式，对人的品德行动有动力作用。

3. 能力系统。主要是品德行动，含品德动作、品德模仿行动、品德意志行动、品德行为习惯，都是使一个人脑中的精神力量转化为实际的物质力量的关键，对改造客观世界、改善人际关系有实际的能量作用。在品德行动中，精神力量是否转化为物质能量，特别是能否转化为社会物质能量，除一般的行为、动作外，特别要提高宣传表达能力（含口头表达能力、书面表达能力、动作表情表达能力等）、组织能力（含计划能力、协调能力、指导能力、社会交往能力、管理能力等），同时也要提高动作操作能力（含设计能力、制作能力、使用工具能力、实验能力等）。按水平分，包括模仿能力、迁移能力、再造能力、创造能力。

4. 调整、控制系统。主要是品德意志，它是人实现内心品德需要与掌握客观规律、控制客观条件的程度的关系的反映。既要调整主体力量，战胜内部困难和外部困难，还要经受得起挫折、抵制得住诱惑和社会压力，因此，特别要培养决策果断力、自制力、毅力、抗挫折力、抗诱惑力等，具有明显的调整、控制作用。

5. 自动反馈调节系统。主要是品德行动的社会效果反馈引起的品德自我评价，它是对主体已掌握的社会行为规范、品德需要与当前品德行动的社会效果的社会意义的关系的衡量。含自我分析、自我对比、自我鼓励等，具有反馈的自动调节作用。

品德情感则与上述五种系统相互间紧密伴随着，具有信号作用及增力、减力作用，实际上是主体品德态度的表现。主要是爱憎分明、喜恶鲜明的责任感、自尊感、自信感、荣辱感、创新感等。

二、品德心理内容

主要是指客观的社会行为规范、社会关系及社会意义被反映为主体品德的心理内容。

1.调节人的社会行为规范，一般包含有社会生活的简要共同规则、道德行为规范、法律行为规范、经济行为规范、政治行为规范，人生行为哲理准则等。此外，还有职业操作规程、职业纪律、职业道德等。这些社会行为规范的本质是社会精神领域，是第二性的，是不能独立存在的。但它借助于一定的物质载体（如口头语言、书面语言、电磁波、人造物等）又可相对地独立存在于人脑之外，是构成人的品德内容的重要源泉。它本身是伦理学研究对象，它一旦被人掌握，便转化为主体品德的心理内容。相应的，主体品德便呈现为：伦理道德观念、法纪观念、经济法规观念、政治思想觉悟，人生观、世界观理论观点。这种客观的社会行为规范转化为主体的品德心理内容，才是德育心理研究的对象，也是衡量思想政治教育的教育效果的标志之一。

2.品德行为的能动作用指向的对象。主体品德发挥能动作用指向对象，主要是指处理、调节人与人交往的实际的社会关系，也就是人、己需要的社会意义、社会价值的关系。这是主体品德能动作用的特殊性所在。现实的实际的人与人交往的社会关系，以人的社会地位为基础，以人的社会身份为核心，以“义”与“利”的关系为标志，又可分为：

（1）调节个人与个人的社会关系，如，自己与亲、友、师、长的合理需要的满足关系。

（2）调节个人与集体的社会关系。如，自己与家庭、学校、工作单位、邻里、街坊、同龄人群体等合理需要满足的关系。

（3）调节个人与社会的社会关系。如，个人与家乡、民族、阶级、政党、祖国等合理需要满足的关系。

（4）调节个人所属集体与其他集体合理需要满足的关系。

（5）调节个人所属集体与全社会合理需要满足的关系。

（6）调节个人所属社会、国家、政党与不同社会、其他国家、其他政党合理需要满足的关系。

反映这类社会关系，一方面是认识自己在这些社会关系中的社会地位，另一方面便是人与人交往的心理亲疏距离、亲疏强度，形成人际关系，都是品德行动能动作用的指向的对象。

3.品德行动结果的社会意义。品德行动结果是品德行动的物质能量产生的客观的社会效果。社会效果有好、坏,大、小,有、无之分。社会意义也可称社会价值。根据社会行为规范的社会意义,一般可分为:(1)生活意义;(2)道德意义;(3)法律意义;(4)经济意义;(5)政治意义;(6)人生社会历史意义。按其调节人与人交往的社会关系效果的社会意义,一般可分为:(1)符合切身需要的意义;(2)符合集体需要的意义;(3)符合民族需要的意义;(4)符合阶级、国家需要的意义;(5)符合社会历史发展需要的意义。

这些社会意义需要在品德行动之后才能实现,是"未来"的,因而也是客观的。它可以预见,但必须经过努力,才能变为现实。

这些社会意义是在人脑中构成人的品德行动的真正内心动力,决定着内心需要的取舍,左右着需要与不需要之间的最后选择。但是,这些社会意义怎样被反映在人脑中,怎样调节人的行动,至今仍是研究的薄弱环节,也是青少年思想政治教育中心理学研究的难点之一。

三、品德意识

品德自我意识主要是指能意识到自己的社会地位、社会身份,抉择自己的品德行动,它是社会行为规范、社会关系和社会意义转化为主体品德的关键。客观的社会意义一定要被意识到,并进入自我意识领域,才能转化为主体意义,成为品德行动的真正动因。一般认为,自我意识萌芽后,它的发展大致有生理的自我意识阶段、社会的自我意识阶段、心理的自我意识阶段和社会主体的自我意识阶段。

品德自我意识发展大致与之同步。自我意识萌芽时期,标志着品德启蒙教育应该开始。社会的自我意识阶段,标志着一定榜样模式的品德教育应该奠定基础。心理的自我意识阶段,独立性开始,成人感产生,标志着人生观教育应该抓紧进行。社会主体的自我意识阶段,标志着政治觉悟基本成熟,社会责任感形成,成为有觉悟的人。因此,研究品德心理结构,一定要考虑品德自我意识。

综上所述,三个方面、五项维度,综合成品德整体,可以认为,人的品德心理结构是人在社会生活实践及社会交往活动中,在人的智能器官里形成的以主体意义为核心,以社会行为规范为内容,以人与人的实际社会关系为基础,以智能活动的形态、以品德自我意识的发展为线索的完整的环状心理结构。

这样的设想是否符合实际,欢迎同行们批评指正。按这样的思路研究品德心理,是否有实际意义,当然有待实践检验。

第五部分

探索新人立德的心理活动规律

研究一　新人德性活动的基本心理素质系统①

——实现德性价值的心理活动规律之一

根据现实的社会主义新人的真人、真事、真思想的显示②，德性心理活动相当丰富、极其复杂，每个人之间又有一定的差异。但其中也有共同之处，就是明显地显示出每个人的德性心理行动都是社会主体自始至终有意识地实现德性价值、人生价值为中心的德性活动。真正实现了“内得于己，外得于人”的德性价值。

从性质看，有的属先人后己、助人为乐的行动，有的属公而忘私、爱护人民财产的行动，有的属忠于职责、爱憎分明、英勇机智斗坏人的行动，有的属舍己救人、舍家救乡亲的行动。这些行动都是中华民族优良传统的体现，也都是社会主义性质的主人德性，受到人民的钦佩与赞扬。

从德性主体看，具有主人性、主体性、意识性、情感性、自觉性、自择性、自控性、自评性、德性实践活动发挥物质能量性的特点。

从德性心理素质和运行功能看，其中在人的智能器官中活动，显示的基本的德性心理素质有德性系统意识、德性系统规范、德性系统智慧、德性系统需要、德性系统价值、德性系统情感、德性系统意志、德性系统才能、德性系统行动习惯、德性系统自我评价等等。这些德性基本心理素质（或心理成分）齐全，运行功能协调，显示出新人实现德性价值的心理规律。每一个系统又有不同层次的德性心理素质，显示出人的德性的内容丰富性、个性多样性、觉悟水平层次性。

对于德性心理素质组成成分的研究，由于分析角度不同，根据资料不同，大致有“二因素说”“三因素说”“四因素说”“五因素说”“六因素说”“八因素说”等之别，但都是为了探索德性心理素质的组成成分，揭示德性的基本心理规律。

一、德性系统意识

德性意识即德性自我意识，也就是人在做出德性行动的全过程中，涉及的客观

①此文选自曾欣然著《德性心理活动规律探索》第五章第二节，西南师范大学出版社2012年2月出版。

②新人的真人、真事、真思想“原型”内容，请查阅《德性心理活动规律》第五章第一节。

社会情境、主观心理活动，自始至终都是被社会主体自己“意识到”“体验到”。显示出社会主体以行动目的（实现品德价值）为中心的内心觉醒状态。(1)意识到当时的社会情境。(2)意识到自己的社会地位、社会责任。如意识到自己是少先队员、大学生、共青团员、人民解放军、营业员、教师、共产党员等从而有意识地履行职责，实现价值。(3)意识到自己做好事过程中的心理活动，有意识地调控。(4)意识到自己的态度，有选择性地进行回答行动。如有意询问、有意表达交流、有意内隐、有意自控等。(5)意识到德性行动效果的社会意义、社会价值。有意识地预测，有意识地自我评价、自我体验。(6)意识到德性行动作用引起当时具体社会情境的变化、意识到当时社会情境中交往人员的内心需要，有意识地调节人与人、人与己的需要关系、利益关系、价值关系，实现德性价值、人生价值。

德性意识发挥能动作用，主要是指德性意识调控德性行动，直接处理、调节人与人交往的社会实际需要。这是德性意识能动作用的特殊性所在。现实的人与人交往的社会需要，以人的社会地位为基础，以人的社会身份为核心，以“义”与“利”的关系为标准，满足双方合理的心理需要、精神需要。又可分为：

(1)调节个人与个人的社会关系和社会需要。如自己个人与亲、友、师、长的关系和需要。其中主要是双方共同满足的心理需要、精神需要。(下同)

(2)调节个人与集体的社会关系和社会需要。如自己个人与家庭、学校、单位、邻居、街坊、同龄人群体等的关系和需要。

(3)调节个人与社会的社会关系和社会需要。如自己个人与家乡、与民族、与阶级、与政党、与祖国等的关系和需要。

(4)调节自己所属集体与其他集体的关系和需要。

(5)调节自己所属集体与全社会的关系和需要。

(6)调节自己所属社会、国家、政党与不同的社会、其他国家、其他政党的关系和需要。

反映这类社会关系，一方面是意识到自己在这些社会关系中的社会地位、责任、利益；另一方面，便是意识到人与人交往中相互满足需要，构成价值关系，影响心理亲疏距离、亲疏强度，形成和谐的人际关系。这些都是德性意识指导行动能动作用的直接表现。

二、德性系统规范

德性系统规范即德性知识的认识系统。它是社会主体对人们交往活动中的人与人、人与己的客观的社会关系的规范在人脑中的反映。其客观源泉是指客观的社会关系和社会行为规范，被反映为社会主体德性的心理内容，在内心调控德性心理、德性行动的方向、标准。社会上客观地调节人的社会行为规范，一般有社会生活的简要共同规范、道德行为规范、法律行为规范、经济行为规范、政治行为规范和人生哲理行为规范等。此外，还有家庭道德规范、职业道德规范、少年儿童日常礼仪行为规范等。这些社会行为规范本质是属于社会文化精神领域的，它借助于一定的物质载体（如人物形象、人物行动、口头语言、书面语言、电磁波、人造物等），又可相对地独立存在于人脑之外，是构成人的德性心理内容的重要源泉。它一旦被人掌握，便转化为主体德性的心理内容。相应的，主体德性心理便呈现为伦理道德观念、经济法规观念、政治思想觉悟、价值观、人生观、世界观的理论观点。它的“物化”体系常常表现为榜样人物言行，日常行为规范，职业行为规范，民俗、民约、格言、箴言，理论体系等。其内容反映人类社会历史的社会意识，富有人类性、民族性、传统性、时代性。反映内容主要是社会意识形态。阶级社会中含有阶级性，体现出人的德性性质。这种客观的社会行为规范转化为主体的德性心理内容及自觉能动作用，正是德育心理学的研究对象。在“转化”上讲效果，正是衡量思想政治教育效果的标志。

三、德性系统智慧

德性智慧主要是社会主体运用已掌握的社会行为规范，处理、解决人与人、人与己交往关系中矛盾的智慧，其高层次水平，可称为德性谋略。其表现形态有社会观察力、人物形象记忆力、是非善恶判断力、社会信息选择力、社会思潮鉴别力、社会行为效果预测力。其核心是社会行为决策和谋略的辩证思维力和创新力。根据我们的测查资料显示，这种决策性的辩证思维力，有单向型、双向型、三向型、多向型、特异型及创新型等多种层次，体现出人的德性智慧水平和谋略水平的多样性、丰富性。

四、德性系统情感

它是紧密地伴随着德性意识、德性智慧、德性行动的内心体验的心理活动。它是社会主体从已掌握的社会政治标准、道德规范及人生需要出发，对认识、处理各种社会关系时所产生的态度的体验。它的实质是对各种社会关系变化与自己已有德性需要是否符合的关系的反映。体验，实际上是心理上战胜情境失调，恢复精神平衡的内心动力状态。相应的,德性情感按层次由德性直觉情绪体验、德性表象情感体验、德性想象情感体验、德性情操等心理体验组成。按内容分,有爱祖国、爱人民、爱劳动、爱科学、爱社会主义、爱公共财物、热爱共产党、愤恨坏人、厌恶坏事以及责任感、成就感、同情感、友谊感、同志感、义愤、爱情等。

五、德性系统意志

德性意志则是社会主体实现内心德性需要、德性价值的自觉能动性表现。它是社会主体智慧与反映客观规律、控制客观条件程度的关系反映。对人的德性情感、德性行动有调节作用和控制作用。主要表现为战胜困难过程中有承受力、抗险应急力等,常规情境中自控力、坚持力、果断力、抗诱惑力等。我们从测查资料中发现,由于德性意识的自我控制强度、德性情感体验强度不同,表现出德性意志力的不同层次和水平:(1)克服困难,坚持遵守;(2)自觉遵守;(3)有人提醒,基本遵守;(4)有时违反,有时遵守;(5)经常违反;(6)明知故犯。

六、德性系统才能

德性才能由一系列德性能力组成。德性能力是指社会主体实现德性价值的德性活动中的个性心理特征。它紧密地与德性行动的顺利完成任务、实现德性价值相联系,是由德性意识的主体精神能量转化为主体的实际物质能量,特别是转化为社会群体的物质能量中关键的个性心理特征。主要表现为礼貌待人的能力、自尊自卫的能力、宣传表达能力(含口头表达能力、书面表达能力、表情表达能力、姿态动作表达能力)、组织管理能力(含动员号召能力、计划能力、指导能力、协调能力、社会交往能力)。

七、德性系统行动习惯

德性行动由社会主体的动作、模仿行动、德性意志行动、德性行动习惯等有物质能量的动作、行动组成。它是德性意识指导、支配、调节控制下实现品德价值的有物质能量的社会活动,是主观见之于客观的关键环节,是个人德性心理功能转化为社会效果,实现德性社会意义、德性价值的唯一的客观标志。

德性行动是使一个人脑中的精神力量转化为实际物质力量的关键。它对改造客观的社会关系、改善人的价值关系、改善人际关系、改善人—我德性关系、改善心理健康关系,都有实际能量作用,显示出德性行动效果的社会意义。

德性行动效果是德性行动的物质能量产生的客观的社会效果。社会效果有好、坏，大、小，有、无之分，赋予不同的社会意义。根据社会行为效果的社会意义，一般可以分为：(1)日常生活意义；(2)道德意义；(3)法律意义；(4)经济意义；(5)政治意义；(6)人生社会历史意义。

按其调节人与人交往的社会关系、满足社会需要效果的社会意义，一般可分为：(1)符合切身需要的意义；(2)符合集体需要的意义；(3)符合民族需要的意义；(4)符合阶级需要、国家需要的意义；(5)符合社会历史发展需要的意义。体现出“内得于己，外得于人”的德性价值的实现水平。

内心需要是德性动力的初始动因，内心社会意义(即主体意义)才是动力决定性关键动因。德性需要是表现“为了什么”行动，德性社会意义是表现德性需要到底“为了谁”。

这些社会意义要在德性行动之后才能被实现，是未来的，因而也是客观的。它可以预见、预测，但必须经过相当努力，才能变为现实。

这些社会意义在人脑中，构成人的德性行动的真正内心动力系统，决定着内心需要的取舍，左右着需要与不需要之间的最后选择。但是这些社会意义怎样被反映到人脑中，怎样调节人的行动，至今仍是研究的薄弱环节，也是青少年思想政治教育中心理学研究的难题之一。

八、德性系统动机

德性动机是社会主体已形成德性需要、德性社会意义、德性价值的自觉能动性的动力表现。

属于德性意识支配德性行动过程的中心环节，起着原动力的推动作用。德性动机的形态，常表现为做好事的愿望、效法榜样、德性目标、德性理想、德性信念、人生价值等。其实质是社会主体的人生价值、人生的社会意义在脑中系统稳定的反映。

所谓人生需要的社会意义、人生价值，就是指社会主体生活在一定社会关系中，处于一定的社会地位，完成一定的社会职责、任务，发挥自己的社会作用，为社会做出一定的贡献，是人格核心品质。

这种客观的人生需要的社会意义，只有反映在个体头脑中，成为自我意识、德性意识的主要内容，才能构成德性动机，成为人的德性意志行动的真正内心动力。

由于社会成员的自我意识中的德性意识对自己人生需要的社会意义反映的范

围不同、深度不同,显示出其具有层次性。它表现了我国当代社会主义新人的真正不同的觉悟水平。如在对待公与私,个人与集体、阶级、国家的利益上,有下列层次:最基本的一层意义是个人利益、集体利益、国家利益三者兼顾;第二层意义是先公后私;第三层意义是克己奉公;第四层意义是公而忘私;第五层意义是大公无私。再如对待人我关系上,即正确处理个人与他人的关系上,有下列层次:最基本层次的意义是利人益己平等待人;第二层意义是先人后己,他人第一;第三层意义是舍己为人,助人为乐;第四层意义是毫不利己,专门利人。

九、德性自我评价

德性自我评价是指由个体通过自身的德性意志行动改变客观社会情境中人与人、人与己的关系变化的社会效果,呈现反馈效应,被社会主体直接意识到,在脑中与自己德性意识中的期望目标相比较的评价性心理活动。伴随着自我评价的情感,便是自我体验。由于社会效果有正、负之分,反馈联系效应在头脑中有两种情况:一种情况是正效果反馈与主体原有的期待目标相符合,产生肯定的自我评价、自豪感;一种情况是负效果反馈与主体原有的期待目标不相符合,产生否定的自我评价、内疚感。它是人的德性行动的内部自动调节环节,德性的自我效能感。

在实际生活中,每一位社会主体的德性意识、德性智慧、德性需要意义、德性动机、德性意志、德性行动、德性自我评价等,都是紧密联系的,组成了以反映、调节人与人的社会关系为内容(含物质的社会关系、思想的社会关系、人际关系、价值关系),以德性价值为中心,知行一致、情理交融,以德性行动为客观标志的德性心理活动。

研究二　新人德性运行的基本心理功能结构①

——实现德性价值的心理活动规律之二

德性行动的众多心理素质，组成德性心理素质系统，显示出德性行动的整体性、多样性、多层次性。这些德性心理素质在德性行动运行、操作的过程中，各有什么功能，各功能间有什么必然的或稳定的相互联系、相互作用，便构成德性行动的基本心理功能协调结构。这种基本心理功能结构从心理运行、操作程序过程分析，揭示出以实现德性价值为中心，自我调控德性运行心理功能协调结构，这是新人实现德性价值的心理规律之二。

德性共同心理活动功能，主要有以主体意识为中心的德性导向、德性监控系统；以主体德性需要、德性价值为中心的德性动力系统；以德性思想为中心的德性智慧系统；以学习动口、动手操作为中心的德性能力系统；以掌握德性科学知识为中心的脑内德性科学知识掌握系统；德性策略系统（含监控策略、动力策略、智力策略、操作策略、科学知识的复述策略）以及整体德性行动效果评价的德性效能感系统（德性自我效能感）。

这种德性心理功能协调结构，是指实现德性价值为中心的心理活动运行程序功能协调结构。研究它，主要是分析新人实现德性价值的心理运行的功能协调结构，它不同于德性心理成分组成结构，不同于德性发展的心理结构，也不同于培育德性形成德性心理的心理结构。

这种德性运行心理结构，在社会主体与客观社会情境相互交往、相互作用的启动下，基本程序有以下七步。

第一步是激发德性意识。即激发社会主体的主体意识也就是激发新人的主人翁意识，使他由无意识状态或指向其他事物意识状态转化为德性意识状态，并自觉指导德性行动全过程，自主调控、自立统率德性心理的统一活动，集中显示出社会主体的德性态度，即新人的主人翁态度。它不仅表现德性心理反映功能，而且表现德性心理的对待功能。其明确回答：（1）当前发生了什么事（事实性判断，即明晰的

①此文选自曾欣然著《德性心理活动规律探索》第五章第三节，西南师范大学出版社2012年2月出版。

“情境意识”)?(2)当前发生的这件事与我有什么关系,对“我”或“我”代表的群众、集体、民族、阶级、国家有什么意义(价值性判断、意义性判断,显示出明显的“价值意识”,即社会主体的德性价值意识)?(3)对这件事我需不需要,应不应该参与解决(态度判断、主人翁态度意识)? 表现出鲜明的自主选择的“主人德性态度”。自觉进入德性活动准备状态。紧密地伴随着的情感也进入情感状态,或平静、或惊奇、或同情、或愤怒等等,显示出社会主体已有觉悟水平。

第二步是在脑中重现已掌握的德性规范。自主选择、对待、处理当前发生这件事情中的人与人、人与己的社会关系的社会行为标准。发挥原有定向功能、标准功能。脑中呈现榜样人物形象,或者记起常规准则,或者记起格言、箴言、警语,或者记起理论、观点等等,判断是非,鉴别善恶,表现出社会主体对社会行为标准的掌握水平(含:生活常识水平、政策水平、理论水平),明确意识到德性行动的方向。紧密地伴随着德性情感的是是非感、善恶感、遵从感、敬佩感、确信感。

第三步是以积极思考为核心的德性智慧。德性智慧是指人处理人与人、人与己的社会关系的智慧。其核心是德性谋略思维。德性谋略思维的突出特点是以有效地实现德性价值为中心,选择“优化”方案,确定创新方案,把当时社会情境发生的事实与自己的社会地位、与已掌握的社会行为标准进行辩证的综合思考(含:纵向、横向、交叉,过去、现在、未来,对人、对己等关系及实现条件的思考)。寻找最佳最有效的德性行动方案。发挥择优功能、创优功能。按层次表现有单向型思路、双向型思路、三向型思路、多向型思路、特异型及创新型思路等水平。紧密地伴随的德性情感是进取感、创优感、探索感、创新感,显示出社会主体已有的德性智慧谋略水平。

第四步是德性能力的组合,构成实现德性价值的才能。这种才能表现为:一方面是启动已有经验,形成德性行动计划步骤,施展自身的德性交往的技能,实际操作,保证德性行动顺利进行,转为个体物质能量,有利于改变社会关系;另一方面是表达内心德性需要和心中计划,组织、动员他人一同参与,转化、扩充为社会、人群的社会物质力量。发挥统一力量、统一行动的功能。切实改变社会关系,实现德性价值、人生价值。这些才能主要是礼貌待人才能、自尊自卫才能、助人救人才能、宣传鼓动才能、社会交往才能、组织管理才能、动手操作才能等等。紧密地伴随着的德性情感是实践感、创造感。

第五步是组合德性意向。这是内心准备实现德性价值的情智融合的心理状态。集中表现社会主体对待当前人、事、物及其关系的德性态度。内心德性意识更加清晰,动机鲜明,选择方案已订。行动计划、步骤、策略也在内心呈现“蓝图”,指向要解决的实际问题,发挥行动导向功能。

第六步是有意识地支配德性行动实现德性价值,使主观见之于客观,把内隐的德性精神力量转化为外显的德性实践物质力量,改变当时的社会情境中的人与人、人与己的社会关系,实现德性价值。发挥人的本质力量,改变情境、改造环境的功能。由于主体、客体事物的复杂性,对条件控制的水平不同,实际的物质力量对比不同,促使此德性行动的社会效果不同,有的成功,实现预期的德性价值;有的可能失误、失败,未能实现预期的德性价值。紧密伴随的德性情感是奋发感、确信感。

第七步是实现德性价值的自我评价。这是社会主体在实现德性价值的过程中,特别是对实现德性价值的客观效果、主观效益的内心评定。不仅使人体验到“外得于人”,有益于他人、有益于社会,也体验到“内得于己”,心满意足,乐意再做。或者效果不佳,有违初衷,内心惭愧、悔恨,决不再干,或改进之后再干,大大影响今后实现德性价值的自我效能感。这不仅对当前社会效益有自评功能,而且对自己今后的德性行动有自我效能感、预测功能。紧密伴随着的德性情感是自豪感、荣誉感,或内疚感、悔悟感。

这些德性心理素质在实现德性实践行动中,既发挥各自的独特心理功能,又协同活动,显示出新人的现代德性运动心理功能协调结构,即一次完整的德性实践行动。其运行顺序,可参阅图5-1现代德性运行心理功能协调结构基本程序示意图。每个活动环节又有多层次、多水平的德性心理,显示出主体德性心理结构的多样性、复杂性。可参阅图5-2中小学生“爱人民”德性心理素质层次表。

每个活动环节在运行中,从启动、进行、结果、反馈结束的全过程中,都是有意识的。根据一定的德性规范,以实现德性价值为中心,紧密地伴随着德性智慧、德性情感、德性意志、德性才能,组成不同深度、不同水平的动态的德性心理功能协调结构。当然现实生活中,每个人的德性行动,并不是每个环节都明确、都能被意识到。由于人的德性成熟程度不同,被意识到的环节更显差异。

这种德性心理运行功能结构是对我们过去已有调查资料的重新认识、重新概括,是对我们自己过去关于品德心理结构研究①②③的深化,也是我们从德性角度探讨德性心理功能协调结构,揭示德性心理活动规律的新尝试。

---

①曾欣然.个体品德形成的几个问题[J].西南师范学院学报(哲学社会科学版),1982(3).

②曾欣然.再论品德心理结构[J].西南教育论丛,1986(1,2)(合刊).

③曾欣然.德性培育心理学[M].北京:警官教育出版社,1998:36.

思索这种德性心理运行功能协调结构，有利于深化德育改革，科学组织德育活动，以实现德性价值为中心，改变单一的以“知识灌输”为中心的误区。该行为有利于德育科学研究的测查、实验设计的操作，也便于观察、分析人的德性行动。可参阅图5-1现代德性运行心理功能协调结构基本程序示意图。

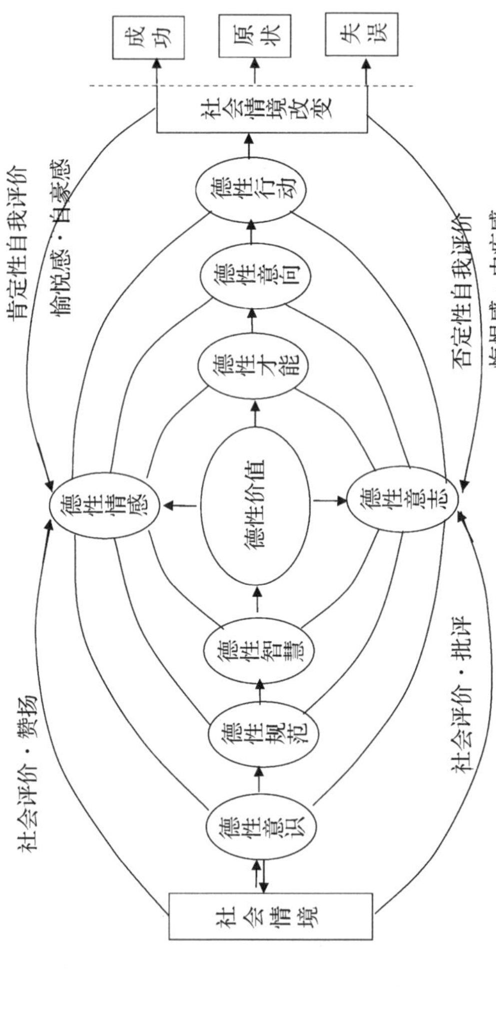

图5-1 现代德性运行心理功能协调结构基本程序示意图

阅读“现代德性运行心理功能协调结构基本程序示意图”提示：

1.图中箭头“→”，示意德性心理活动运行方向趋势、程序。

2.图中小椭圆“⬯”，示意德性心理活动运行的基本德性心理素质系统。

3.图中大椭圆“⬭”，示意德性心理活动运行层次：

（1）中心正圆“德性价值”显示核心层。（2）外表一层显示“知、情、意、行”层次。（3）外表二层显示“知、情、信、意、行”层次。（4）外表三层和最外层半圆，显示“认、情、动、意、行、评”层次。

4.全图显示现代德性运行心理协调功能基本结构。即新人实现德性价值的心理运行功能协调结构律。

现代德性心理协调功能运行结构，都显示出以实现德性价值为中心的动力，德性意识为主导，德性规范为标准，德性行动为关键，融德识、德能、德情、德意、德评为一体，组成人的整体德性运行心理功能协调结构，发挥人的德性的整体功能。

- 德性心理素质层次
  - 德性意识
    - 态度意识
      - 参与
      - 不参与
      - 未决定
    - 情境意识
      - 自觉主动解决
      - 需要矛盾陈述
      - 道德关系陈述
      - 情节解释
      - 情境复述
    - 意义意识
      - 多元意义
      - 三元意义
      - 二元意义
      - 一元意义
  - → 德性思维
    - 多向思维
    - 三向思维
    - 双向思维
    - 单向思维
  - → 德性动机
    - 利国利集体选择
    - 利他人选择
    - 利他利己选择
    - 利己选择
    - 工具性选择
    - 量力性选择
    - 价值—工具—条件综合选择
  - → 德性行动
    - 组织行动
    - 协作行动
    - 计划行动
    - 个人行动
    - 依赖行动
    - 旁观行动
  - → 德性自我评价
    - 满足常规需要
    - 满足个人需要
    - 满足他人需要
    - 满足集体需要
    - 满足他人—个人需要
    - 满足集体—他人需要

图 5–2　中小学生“爱人民”德性心理素质层次表

研究三　新人德性运行快速应急的心理活动机制[①]

——实现德性价值心理活动规律之三

前面我们共同探讨了现代德性运行的基本心理功能协调结构。实现德性价值的心理运行的基本程序有七步之多。这是依据社会主义新人做好事,对实现德性价值的概括,也是对实现德性价值心理运行结构的基础性研究成果。但在现实社会生活情境中,特别是在紧急、危急的情境中,常常有一种高精、高速、高效的,熟练的,自动习惯的德性行动,实现了德性价值。初步研究,它的有效的运行的心理机制只有"一个中心两步"。一个中心即以实现德性价值为中心。两步是:1.客观紧急、危急情境,突然激发德性意识(明确意识到,是谁、何事,什么矛盾,伴随着社会惊异感、紧张感、怀疑感、责任感)。2.立即实施德性行动(明确意识到,为了谁,为谁奉献力量,伴随着进取感、英勇感、奋发感、有为感)。实际上这是显示了德性心理运行的二因素,简称"现代德性心理活动的精密、快捷运行应急机制"。此类德性心理应急机制,许多英模人物在应急情境中都有类似心理活动。如抗震救灾英雄少年(20人),抗震救灾优秀少年(30人),可作实证。现以陈渝舍己救人的英雄行为的心理活动分析为例。

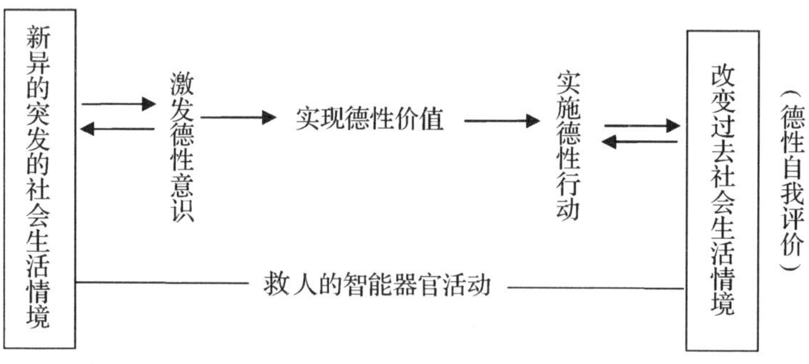

图5-3　陈渝舍己救人的英雄行为的心理活动分析

①此文选自曾欣然著《德性心理活动规律探索》第五章第四节,西南师范大学出版社2012年2月出版。

陈渝舍己救人的英雄行为的心理活动

（1999年分析资料）[①]

一、研究英雄少年陈渝的成长道路，探索社会主义新人从小养成德性素质的成功经验。

研究英雄人物的成长是理论工作者的职责之一，也是教育工作者、学生家长常论的话题之一。

邓小平曾经指出："要努力使我们的青少年成为有理想、有道德、有知识、有体力的人，使他们立志为人民作贡献，为祖国作贡献，为人类作贡献，从小养成守纪律、讲礼貌、维护公共利益的良好习惯。"（《邓小平文选》第二卷，369页）并且说过："革命的理想，共产主义的品德，要从小开始培养。我们党的教育事业历来有这样的优良传统。"（《邓小平文选》第一卷，105页）"法制教育要从娃娃开始。"（《邓小平文选》第三卷，163页）我体会，可否简称"四有、三贡献、从小养成"？这里讲的"四有"，是根据青少年立志的人生价值取向的标准和立志三级发展水平的要求。从小养成——良好习惯是一条规律，一是指出了德性要从娃娃开始教育，从小启蒙；二是要坚持养成；三是要达到良好习惯，成为人的性格的德性特征。这是历代优秀人物孩童时期成长的基本经验，这对我们应用邓小平教育理论观察、分析陈渝的成长道路，有根本的指导意义。

陈渝，独生女，15岁，共青团员，重庆市沙坪坝区西永镇农村中学初三学生。她是一位舍己救人、勇于献身的少年英雄，与我国其他少年英雄一样，品质高尚，事迹感人，可歌、可敬，是值得学习的英雄榜样人物。但是，她与其他少年英雄也有不同，最主要的不同是，她生在改革开放的新时代，长在改革开放的新时代，是在顺境（含和平生活环境与开始奔小康的富境）中健康成长的独生子女，并在平静的日常社会生活环境中作出了英雄行为，表明她是较小较早成熟的英雄典型人物。分析、研究她的优秀德性和成长道路，对我们培育21世纪的社会主义新人的好苗，具有迫切的现实教育意义。

二、陈渝的舍己救人、勇于献身的英雄壮举的德性心理结构的特点。

当时的实际情境：1999年5月23日，星期天的早晨8点多钟，陈渝与景春燕同学一同去西永镇赶集。正当走在梁滩河铁路桥上时，迎面飞驰开来一列电气火车，陈

①根据陈渝发言稿（摘要），1996年6月。

渝立刻让开，且已经走过铁道桥，处在绝对安全的位置。就在此刻，她突然想起，刚才他俩超过了一位70多岁左右的老爷爷，一点儿也没有发现火车从背后来了。在这生死攸关千钧一发之际，陈渝转身冲上前去，伸出右手，拼命地把老人往外拉，拽出铁轨。老人得救了，陈渝自己身负重伤，显示出陈渝舍己救人、勇于献身的英雄壮举。

这个英雄壮举中，陈渝的心理运行活动是突然发现老人（社会观察）—不好，肯定跑不过来（事实判断与价值判断）—立即转身，冲上前去，伸出右手拼命地往外拉（实际行动）—老人得救了（社会效果）。显示出她的德性心理活动的运行结构，可简示为：

客观危急情况 列车→老人 → 主体居于安全位置作出英雄壮举的心理活动…… → 社会观察 忽然发现 → 价值意识 应激状态 → 意志行动 实现价值 → 救了老人 自己负重伤

图5-4　陈渝的德性心理活动过程结构

这种德性心理结构是德性成熟的精密型，突出特点是：以实现“救人”价值为中心，德性意识鲜明、德性观察敏锐、德性智慧判断精确、德性意志行动迅速敏捷、德性情操强烈，伴随着应急的德性行为惯性化、自动化，体现了德性心理结构精密化、自动化、惯性化、高速化的成熟境界。

据观察，现实社会生活中频频显示，抗诱惑、拒贿赂、防蜕变，可能是新人实现德性价值、保持德性品质、坚持晚节的德性心理活动的根本规律，有待探索研究。

附：陈渝发言稿（摘要）

我叫陈渝，是沙坪坝区西永中学初三(3)班的学生。我是一名普通的中学生，共青团员，出生在一个家境比较贫困的农民家庭。在学校里我的学习成绩一般。平常生活中，就是爱管点儿闲事儿，谁要是有了点儿难处，我倒喜欢去帮个忙。

今年5月23日，是个星期天。上午我跟同学景春燕一起到西永镇去赶集。从我们家到西永镇有两条路可走。一条是公路，但走那条路要绕一个弯儿；另一条就是襄渝铁路。铁路很直，走铁路就近便多了。这些年来，乡亲们到镇上赶集，同学们去学校上课，都喜欢走铁路。那天，我和景春燕也是走的铁路。我俩一路说说笑笑，走得挺快，超过了好几个在铁路上行走的人。当我俩走到梁滩河铁路桥上的时候，我听到了火车开来的声音，我和景春燕赶紧跳下了路基，走在路基下的供行人行走的小道上。当时火车声越来越近，我突然想起，刚才我俩超过了一位70岁左右的老爷爷。他看起来反应有些迟钝，走路也慢腾腾的，不知他从路基上下来没有。我就回转身去，一看，那位老爷爷就在我身后十来米远的路基中间慢悠悠地走着，一点儿也没有发现火车从背后来了。我当时也没顾得多想，马上朝老爷爷跑过去，等我到老爷爷身边，火车也开到跟前了，我就赶紧伸过手去，抓住老爷爷拼命地往外拉。以后的事情，我就不知道了。

等我醒来的时候，我发现我躺在洁白的病房里，房间里摆满了鲜花。我听人说，我救的那位老爷爷很安全，我心里挺高兴的。守在病床边的妈妈告诉我，我受伤后，满身都是血，叔叔伯伯和阿姨们马上把我抬上汽车，飞快地把我送到铁路医院。医院的医生护士千方百计地抢救我，没日没夜地守护我，把我从死亡边缘拉了回来，给了我第二次生命。我真感谢这些抢救过我的、帮助了我的叔叔阿姨们。如果说我救了那位老爷爷的话，他们也救了我呀！我们这个社会，就应该是一个充满爱心和真情，人与人之间互相关心、互相帮助的社会。

后来，重庆市委、市政府、沙坪坝区委、区政府和教育局、学校的领导都来看望我。报纸、电台、电视台的记者也来采访我。我这个普普通通的农村女学生，一下子出了名，人们还把我称作“小英雄”。共青团中央、教育部和共青团重庆市委都给我授予了荣誉称号。这倒叫我感到很不安，我做了那么一件很平常的事，又算得了啥？

事后，有人问我，救老爷爷时我想了些什么？当时情况那么危险，我没有想那么多，只是觉得老爷爷还在铁路中间，有生命危险，得把他拉出来。在危急情况下见死不救，那就算不上一个好人，算不上一个有良心的人。

5月23日那天，我只是做了一个共青团员应该做的事，却得到了社会的关爱。现在伤愈出院了，我唯一的愿望就是早日坐进明亮的教室里，多学一些科学文化知识，把因负伤住院耽误的时间补回来，成为一个对社会有用的人。

此组未列文章题目：

《德性结构的素质和运行程序》，载于曾欣然著《德性培育心理学》，警官教育出版社1998年出版。

《探索新人德性心理活动“原型”》，载于曾欣然著《德性心理活动规律探索》，西南师范大学出版社2012年2月出版。

第六部分

探索新人积德的终身发展 探索德性心理规律

研究一　探索新人德性终生发展心理规律①

第一节　国内研究个体品德发展的启示

我国心理学工作者近30多年来对个体品德发展进行了创造性研究，显示了新的发展。

李伯黍教授及其弟子们，研究在教育影响下儿童道德品质的形成过程及其规律性时，从研究儿童青少年的道德认知入手，提出儿童青少年的道德发展阶段是按一定的顺序进行的。②儿童青少年的个性与道德发展不是自发的，但也不是强制儿童青少年顺从道德规范的结果。儿童青少年在每一发展阶段的道德成长，都是在成人与儿童青少年之间以及儿童青少年与儿童青少年之间的社会交往和社会合作中完成的。李伯黍这一综合论述，提示了个体品德发展阶段的顺序性、连续性、源泉性与各阶段品德特征形成的综合性。他和他的弟子陈会昌、岑国桢等人研究了我国儿童道德观念的发展，分别对中小学生爱祖国观念的发展、中小学生爱劳动观念的发展、中小学生爱科学观念的发展、儿童公有观念的发展、儿童与青少年集体责任感的发展等进行了研究，取得开拓性的成果。

林崇德在《品德发展心理学》③（1989年8月）一书中研究了儿童与青少年品德发展的规律，集中论述了品德发展的年龄特征。他强调了遗传与生理成熟是儿童与青少年品德发生、发展的生物学前提。环境、教育、实践活动对个体品德发展起决定作用。儿童与青少年品德内产生的矛盾是品德发展的动力。他将个体品德发展分为6个阶段。(1)0至1岁，主要是适应性时期；(2)1至3岁，品德萌芽时期；(3)3至7岁，情境性品德发展时期；(4)6、7岁至11、12岁，品德发展协调时期；(5)11、12岁至14、15岁，动荡性品德发展时期；(6)14、15岁至17、18岁，品德发展趋于成熟时期。该书认为适应性、两义性、情感性、协调性、动荡性、成熟性反映了儿童青少年品德发展6个阶段的重要特征，即一般的、典型的、本质的特征，并提供了新资料，提出了新见解。

---

①此文选自曾欣然著《德性心理活动规律探索》第六章，西南师范大学出版社2012年2月出版。

②参见李伯黍．品德心理研究[M].//品德心理研究新进展．上海：学林出版社，1999.

③参见林崇德．品德发展心理学[M].上海：上海教育出版社，1989.

曾欣然、张大均在《大学生品德心理》一书中(1990年6月),在研究大学生的品德心理活动规律时,也对个体品德心理结构发展阶段趋势进行过研究,认为个体品德心理结构萌芽之后,在一个人漫长的成长过程中,由于社会主体掌握了新的人类社会历史经验,在品德心理结构中出现了新的品德心理因素,构成了内心中新的内部矛盾,显示出品德心理结构发展的阶段性特征。

我们使用品德模拟调查法,对小学生、中学生、大学生、进修教师进行了调查,初步认为,品德心理结构的发展,除萌芽前的适应期、品德萌芽期外,大致有下列阶段的特点。

第一阶段的主要特点是:品德动机反映社会意义的个体性、品德思维判断的单向性、品德行动的独自性、品德自我评价的简单性。品德意识性极弱,主要是激情性。

第二阶段的主要特点是:品德动机反映社会意义的群体性、品德思维判断的双向性、品德行动的集群性、品德自我评价的榜样形象性。品德意识性稍强,主要是模仿性。

第三阶段的主要特点是:品德动机反映社会意义的集体性、品德思维判断的三向性、品德行动开始有组织性、品德自我评价有初级概括性。品德意识有明显主动性,但互动性有相当影响。

第四阶段的主要特点是:品德动机开始反映社会意义的阶级性、民族性、品德思维判断的多向性、品德行动的组织性、品德自我评价的规范性。品德意识明确,具有明显的有意性。

第五阶段的主要特点是:品德动机开始反映人生的社会历史意义、品德思维判断全面性、品德行动的组织严密性、品德自我评价的系统性、品德意识的自觉性。

当前在校大学生,一般属于第四阶段水平,正在向第五阶段过渡。

在校大学生的成才意识、参与意识、社会责任意识、历史使命感都比较强烈。因此,大学生德育内容,应强化爱国主义意识,使其系统地坚持人生观教育,形成共同理想,提高社会主义主人翁感。其中,已有一批人初步形成共产主义人生意识,即初步形成共产主义人生观。

俞国良、辛自强[①](2004年11月)运用品德与社会性有区别、有联系又有统一的原理,根据我国儿童青少年身心发展的特点,吸收国内外学者在该领域的研究成果,提出了我国儿童青少年品德发展的五阶段和社会性发展四阶段。在每一阶段

①俞国良,辛自强.社会性发展心理学[M].合肥:安徽教育出版社,2004:258—259.

赋予适当的发展任务，进行相互比较，以利更好地反映出个体品德和社会性两者的相互关系，显示了“把品德与社会性发展统一为德性”的研究思路（见表6–1）。

表6–1　儿童青少年不同阶段品德、社会性发展比较表

年龄（岁）	品德发展		年龄（岁）	社会性发展	
	阶段	主要任务和特点		阶段	主要任务和特点
0~3岁	适应和萌芽阶段	特点：1岁以内没有道德认识和道德行为。1~3岁能作出一些符合成人要求的道德行为，但极不稳定，尚不可能掌握抽象的道德原则。主要任务：适应社会现实	0~3岁	婴幼儿期	1.学会走路、吃固体食物；2.养成大小便好习惯；3.初步的认知能力、语言发展；学习辨别脾气的好坏；4.社会性依附；5.亲子关系，与家庭成员建立感情
3~7岁	情境品德发展阶段	特点：道德行为的动机往往受当前的刺激（情境）制约，道德认识还带有很大的具体性、情绪性和情境性、暗示性。主要任务：理解好与坏，作出一些符合成人要求的道德行为	3~6岁	儿童早期	1.形成有关适应关系及事物的观念；2.学习区别好坏、善恶；3.自我意识发展；4.获得生理上的安定；5.学习一般游戏中所必要的动作技巧；6.理解日常生活中所必需的概念
6~12岁	品德发展协调阶段	特点：道德知识系统化，并形成相应的道德行为习惯。言和行、动机和行为较为一致。随着年龄的增长和道德动机的发展，言行的一致和不一致逐渐增大。主要任务：发展道德信念，提高道德行为的思想境界	6~13岁	儿童后期	1.和同伴建立良好的关系，学习男孩或女孩的角色；2.自我概念与自尊得到发展，发展人格独立性；3.理解道德和价值判断标准；4.明确对社会各群体的态度；5.培养对于自身有机体的健康态度
11~15岁	品德动荡性发展阶段	特点：是道德信念和道德理想形成时期，也是心理发展跟不上生理迅速成熟的时期，是幼稚与成熟、冲动与控制、独立与依赖错综并存时期。主要任务：处理好过渡时期的各种矛盾	13~20岁	青春期	1.学习男性和女性的社会角色；2.两性关系建立，学习与同龄男女新的交往；3.从别人那里独立地体验情绪；4.准备选择职业；5.有信心实现经济的独立；6.发展作为一个公民必须准备的知识和态度；7.追求有社会价值的行为；8.学习作为行动指南的道德标准和价值标准；9.认识自己的生理结构，有效地保护自己的肌体
14~18岁	世界观、人生观形成阶段	特点：较自觉地运用一定的道德观点、原则、信念来调节行为；世界观、人生观逐步形成。主要任务：形成道德行为的观念体系和规划，并促使发展进取和开拓精神			

朱小蔓根据他们在实验学校的实践探索研究青少年儿童的情感发展的年龄特点和自身运行的轨迹，并提出了关注要点和教育策略的建议。[①]（见表6-2）

表6-2 青少年儿童的情感发展关注要点和教育策略

年龄特点	关注要点	教育策略
依恋的0岁	依恋感	重视关注性的满足
好动的1岁	安全感	重视安全性的保护
可爱又“可怕”的2岁	信任感	重视支持性的参与
“听话”的3岁	秩序感	重视尊重性的引导
模仿的4岁	自主感	重视榜样的示范
好问的5岁	探索感	重视积极的鼓励
合群的6岁	认同感	重视合作性的互动
规范的7岁	成长感	当一名小学生自豪感的教育
好学的8岁	勤奋感	培养学习兴趣、鼓励刻苦学习，进行磨砺教育
友谊的9岁	友爱感	培养相互交往中的友爱感
上进的10岁	进取感	培养天天向上的进取感
迷惘的11岁	自爱感	培养自我认同的自爱感
冲突的12岁	自尊感	培养自我肯定的自尊感
闭锁的13岁	自立感	培养自我要求的自立感
重义气的14岁	自强感	培养自我激励的自强感
幻想的15岁	美感	培养自我欣赏的美感，进行追求真善美的教育
花季的16岁	责任感	培养学会负责的责任感，进行自我要求教育
憧憬的17岁	成人感	培养学会关心的成人感，进行追求理想的教育
成熟的18岁	使命感	培养学会反思的使命感，进行崇高使命的教育

第二节 德性心理结构终生发展的根本规律

综合学习各家研究成果之长，我们得到启示，研究个体德性心理结构发展，应坚持现代科学发展观，以人为本，以人的全面发展为目标。综合考虑：一是以个体德性价值和实现德性价值的发展为中心，即人的价值的积累，从量变到质变为中心；二是以个体德性心理全程发展为纵线，即从出生到死亡的终生发展为纵线；三是以个体各年龄阶段的德性结构心理特征变化为横线；四是以个体生活的社会情境变化为主要源泉；五是以他人育德与自我育德构成德育合力，相互激荡的、自我建构互动机制为发展动力，主导人的德性发展方向。初步揭示以德性价值发展为

① 朱小蔓.情感德育论[M].北京：人民教育出版社，2005：75-76.

中心,纵、横统一的个体德性心理结构多阶段的全程发展的根本规律。人生德性心理结构全程发展共划分为9个阶段。每个阶段的德性心理结构又有各自的基本特点,显示德性心理结构发展的基本规律(见图6-1)。

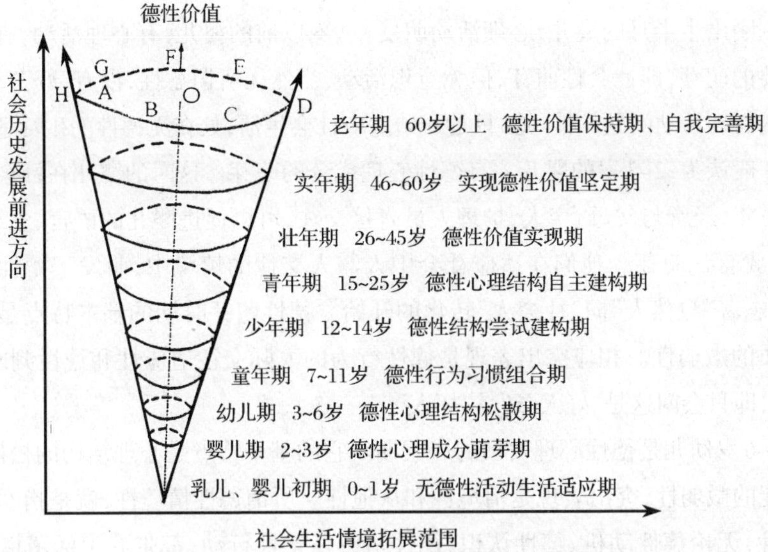

图6-1　个体德性心理结构全程发展示意图

如图6-1所示,整个倒立圆锥体,标示一个人从出生到老年的生命全程发展。由下至上,表示个体乳儿、婴儿初期无德性活动生活适应期发展到老年德性自我完善期,由单纯德性因素发展到内容丰富、结构完美的全程发展。全程可粗略划分出9个年龄阶段8个德性心理发展时期。每个阶段用各个横切面圆形表示,分别代表个体德性心理结构发展的阶段。横圆切面上的O、A、B、C、D、E、F、G、H分别表示出该年龄阶段的德性心理结构因素,显示出该年龄阶段的德性心理结构特征。贯穿于各个阶段的发展主线是德性价值,提示"内得于己,外得于人"的德性价值的多阶段、多层次的全程发展,显示德性发展核心健康、正常、顺利发展。

个体生命全程发展应与社会历史发展前进方向同向(图6-1竖轴)。发展的内容源泉,随年龄的增长,实践活动的扩大,社会生活情境范围逐渐拓展(图6-1横轴)。

在个体德性心理发展全程过程中,由于客观原因、主观原因以及主客观原因互动的机制变异,有的人的德性发展可能出现超越发展或滞后发展,或变态发展等曲折前进的复杂情况,尚需要进一步探索。

第三节 德性心理结构终生发展的基本规律

一、德性心理全程发展阶段"特征律"

刚刚出生半月的乳儿,心理活动萌发。1岁以前的婴儿,有心理活动,有人际交往需要的萌芽,即社会性萌芽,但无意识活动,当然无所谓德性,没有"好""坏""善""恶"的心理活动问题。他(她)只是开始适应社会生活,处在无德性的生活适应期。

一般认为,2~3岁的婴儿才有德性心理成分的萌芽。这时的婴儿在社会中生活了两三年,经常与父母、亲人、护理人员直接交往,可以促进婴儿的语言、思维、社会性、自我意识萌芽。他们在适应社会中人与人交往的情境中,萌发了德性心理成分,标志着"自然人"向"社会人"转化的开始。德性萌芽时期的基本特点是德性心理素质的嫩弱性。相应突出表现是德性行为的人际交往适应性和德性判断的"两义性",即只会问这是"好人"还是"坏人"。

3~6岁幼儿是德性心理发展的启蒙期。它的基本特点是心理结构的松散性、德性功能的微弱性,突出表现是情境性和从他性。所谓德性情境性,就是指幼儿时期的德性,无论德性动机、德性认识、德性情感及德性行动,都带有生活情境的具体性、情节性,受着直接的、具体的、外在的情感及成人评价的情境的制约。德性的从他性是指幼儿德性判断的标准跟从成人、护理人员,以成人、护理人员的标准为标准。同时,此时期的幼儿只注意德性行为的外表效果,不会考虑行为的内心动机。幼儿经过4~5岁品德发展的转折期,在6岁的幼儿晚期,开始出现了自律性德性的萌芽,幼儿能初步调节自己的德性行为。

7~11岁的儿童是德性行为习惯的养成期。童年期德性发展的基本特点是德性心理结构的组合性,发挥德性功能的初步协调性,突出表现是德性形象性和德性过渡性。所谓德性协调性是指小学生品德心理成分之间的发展比较协调,主观愿望与客观要求之间的发展比较适应、比较一致。尽管小学高年级学生的德性在言行方面开始出现了言行、情智的分化,但协调仍占优势。所谓德性过渡性,主要是指小学生德性是从人际交往生活适应性水平向伦理性水平过渡,从依附性向独立性过渡,从外在监督向自我监督过渡,从服从性向遵从性过渡,从他律型向自律型过渡。但这个时期德性发展的过渡,虽然有多种矛盾组合,常常有"未规范行为""过失行为",但是改正、矫正也快,因此仍是比较协调的。

12~14岁的少年是伦理性德性结构既独立发展又有动荡的尝试建构期。少年期(主要是初中学生)德性心理发展的基本特点是德性结构的重组性(德性结构心理成分部分质变的重新组合),突出表现是德性意识的独立性和德性行为的动荡性,通过自主选择,进行新的组合与调整。具有了德性意识独立性,产生成人意识感,积极求上进,是这时少年特有的德性心理特点。有的少年,德性心理和社会行为易于动荡,表现"过错行为",经过启发、培育,仍会自我组合健康成长。其中少数少年,社会行为动荡过度、失范,有的触及刑律,表现出少年犯罪行为,为始犯行为的高峰期。

15~25岁的青年期(再分为青年初期、青年中期、青年晚期),是伦理性德性心理发展自主建构期、成熟的关键期。青年期的德性心理结构发展的基本特点是自主性(自我教育、自我选择、自我组合为主),突出表现是德性自立性和成熟性并做出一定贡献。但在青年初期和青年中期的德性心理结构发展,更多的表现是德性内心冲突性(已超越了德性行动的动荡性,主要是内心选择的冲突性)、发展的迅速性。即迅速发育成熟,又未真正完全成熟,显示一定的波动性。德性心理结构的基本特点是迅速发育成熟,又未真正完全成熟和未完全自立在服务中学习,顺利成长。有的青年自主性差,极不成熟,时时显露少年行为。新近调查显示,15~17岁是不良行为高发期。其中,有的青年在"毒""赌""钱""色"的毒害下,成为罪犯。

26~45岁的壮年期是德性心理结构发展的德性功能成熟期,是实现德性价值、人生价值的最佳实现期。这个时期德性结构的基本特点是德性结构成熟的稳定性、德性功能的显效性,既"内得于己",又"外得于人",发挥着德性功能的创造性。由于壮年期进入职业道德、社会公德、家庭美德三大道德活动领域,人的社会地位变化,实际担任着多种社会角色,处于人生第一创造高峰期内,实现多种德性价值,呈现出多种现实冲突。要合情合理、合德合法地妥善处理这些冲突,实现交融,不仅要有创造性的德性智慧、充沛的德性情操,更要有创造性的德性行动。它的突出表现是德性结构成熟性(自立、自觉、自动、自择、自律、自评),社会交往中实现共同合理需要冲突的交融性,具体表现在:从接班人进入当班人的角色,要在已有基础德性的价值理想性与职业实践需要冲突中实现交融;要在已有基础德性的政治理想性与现实政治实践需要冲突中实现交融;要在已有基础德性的家庭美德理想性与成立新家生活实践需要冲突中实现交融。特别是由原属子女的地位,只承担孝敬父母的责任义务,到现在自己处于父母地位,不仅是孝敬父母,还要承担养育子女的责任,等等。其中多数人较顺利地实现多种社会交融,实现人生价值,为社会服务,做出奉献。其中有的人,由于价值观、人生观突变,在"权""钱""情"的战场中,失足、失败、失德、失范,成为罪人。

46~60岁的实年期是德性心理结构发展继续全面发挥德性功能的时期。这个时期的德性心理结构发展的基本特点具有坚定性。继壮年之后事业有成,家业完满,处于人生第二创造高峰期。继续承担着更多种更重要的社会角色的责任,完善、优化已成事业,美满家业,全面实现德性价值,发展德性价值,缔结人生成果。它的突出表现是处理好德性坚持性与现实突变性的矛盾、冲突,顺应社会发展方向,以适应时代潮流。坚持原有结构,完善德性结构,丰富德性内容,表现出德性的自觉性、坚定性、顽强性、创造性。有的人滞后于时代潮流,表现出德性的僵化性。有的人,随波逐流同流合污,失去明确的方向,忘掉已成事业,丢掉原则,表现出德性的脆弱性、趋利性,失去基础德性。有的人在"趁机抓一把"非法的权、色、利的驱使下,出格违规、违法、犯罪。

60岁以上的老年期是德性心理结构发展的保持期。这个时期老年人的德性心理结构的基本特点主要是自我完善性。60岁以上老人(有的是70岁以上老人)都已离休、退休,没有硬性的社会职务,主要是欢度幸福的晚年生活,"老有所养""老有所医""老有所教""老有所学""老有所为""老有所乐";保持晚节,发挥"夕阳热",谱着"夕阳颂",老有所为完成事业,进入人生第三创造期,有一定潜力可开发的"银发工程";力争更完美地实现德性价值、人生价值。实际上,这时的老年人,既无权,又无力,属于社会中的一种弱势群体。一般地说,除少数老年人外,一般老年人都难于创造更大的价值。其中多数老年人能做到的,一是靠一生的德性积累,实现德高望重,有示范的榜样性;二是回顾自己一生成长道路,总结德性发展经验,富有育德性。有的老年人德性品质堪称崇高风范,具有传世性。爱因斯坦曾说:"现在这代人往往注意我们发明什么,实际上我们这代人的道德行为,对世界的影响从某种意义来讲更大。"并以居里夫人为典例说:"第一流的人物对于时代和历史的进程意义,在其道德品质方面,也许比单纯的才智成就方面还要大。"

二、德性心理结构萌芽期的"多时律"

德性心理结构的萌芽,至今仍然是研究极少的难题,但又是探索个体德性发展的第一步,也是早期教育中德育应从何时开始的关键问题。

研究德性早期启蒙的经验,我国古代《易经》的"蒙"卦就有记载。"蒙"卦的蒙,象征山下有泉,混沌萌芽。蒙也,物之稚也,人之初也。"蒙"卦记录的育人、育德的经验是"匪我求童蒙,童蒙求我。初筮告。再三渎,渎则不告",并进一步总结说:

“蒙以养正，圣功也”。这提示人们应用“蒙”卦的变化道理，要想到“山下出泉，蒙”，应做到“君子以果行育德”，并对各种童蒙的特点进行了分析总结，如对发蒙、包蒙、渎蒙、困蒙、童蒙、击蒙等，都提出了相应的启蒙之策。当前，我国要培养和造就千千万万的合格建设者和接班人，应强调“从未成年人抓起”“共产主义品德教育应该从小开始”。

研究德性心理结构的萌芽，有三个主要问题：(1)萌芽的客观指标是什么？(2)萌芽的起始时限在何时？(3)萌芽的教育、心理条件是什么？

现代心理科学研究已经基本证实，个体新生儿(出生至1月左右)是心理现象的发生时期，是个体心理活动的起点。根据反映论，运用条件反射既是生理现象又是心理现象的原理，以人脑第一次实现信号机能，即第一次揭示刺激物的意义为客观指标，判定个体心理发生时间是在新生儿出生后两周左右。它的实验依据就是，在自然条件下，新生儿14天左右产生条件反射。人工实验条件下，新生儿则在第一个月末至第二个月初形成条件反射，即心理活动萌芽。

人的意识的发生已初步判明，是在2~3岁的婴儿期。著名心理学家朱智贤教授在所著的《思维发展心理学》一书中明确指出：“儿童意识发生的标志有两个：一个是思维的发生，一个是自我意识的发生。”基于对思维的产生和自我意识的产生的分析，儿童思维的产生和自我意识的产生是相辅相成的。思维的产生，特别是间接的、概括的，对事物关系和联系的反映的出现；自我意识的产生，特别是区分“我”与“你”“他”的关系，这是人类(个体)意识起源的两个重要指标。这两个指标的出现及发展在时间上也存在着一致性，即都在2~3岁。也就是说，儿童到了2~3岁，在个体意识发展上出现了一个明显的质变阶段。因此我们认为，在正确的社会环境影响下，在正常的社会活动中，大脑发育健全的儿童到了2~3岁时，就明显地出现了人类特有的意识，2~3岁可以说是人类(个体)意识产生的关键年龄。此外，婴儿到了3岁，初步具有目的性活动，这标志着人的实践活动的萌芽。婴儿生长5周开始，出现社会性微笑。4个月前后，出现有选择性的微笑。1.5岁开始，由自然行为出现系列的亲社会行为，如分享、同情、合作、助人等。这些活动为德性萌芽准备了主观条件。

(一)德性心理萌芽的标准及时限

关于德性心理结构萌芽的标准及时限，国内尚很少研究。至于个体社会主义德性心理的萌芽，虽然已有一些调查材料及经验总结，但比较零星，实验材料更少见到。朱智贤教授在所著《儿童心理学》中提道：“在婴儿期儿童个性特征的萌芽表现上，自我意识的形成和初步的道德判断和道德行为的开始出现，是值得特别注意的”，但对社会主义德性尚未见叙述确定的指标及确切时限。

根据我们的初步调查及品德心理实验初步的研究证明，个体的社会主义德性的萌芽时限，可确定在3~4岁的幼儿初期。

我们认为，确定品德萌芽的标准，既要有心理学标准，也要有伦理学标准。应该综合这两个标准：一是幼儿在简单的实际德性行动中，初步具有品德认识、品德情绪、品德动机、品德行动等等的心理结构成分；二是表现在幼儿处理个人需要与他人需要的人际关系中，这是伦理学的基本问题之一。正如马克思和恩格斯在《神圣家族》一书中指出的既然正确理解的利益是整个道德的基础，那就必须使个别人的利益合乎全人类的利益。

我们的品德心理教育实验是在重庆市渝中区人民幼儿园小（三）班进行的。[①]实验对象35人（其中独生子女34人），最大年龄4岁1个月，最小年龄3岁2个月，平均年龄3岁5个月。实验原则是主体性原则、情境典型性原则、整体性原则、循序渐进原则及品德迁移原则。实验结果如下。

1. 教育前幼儿对父母工作意义的认识，共有六种情况，实际是三类（未答、错答、回答），四级水平。多数幼儿不能认识父母工作的意义，只能简单地重复讲述父母的具体工作，属第四级水平，占55.9%。三级水平是从自身受益认识的，占5.9%。第二级水平是从他人受益认识的，占11.8%。第一级水平是从社会受益认识的，该种水平为零。未答、错答者占26.5%。经过一系列实验教育，幼儿对父母的工作意义的认识水平大大提高。第四级水平降到29.9%，第三级水平无增长，第二级水平无增长，但内容丰富。第一级水平从社会受益认识的占73.5%。未答、错答占12.5%。

2. 教育前幼儿爱父母的动机是五种情况，实际是三类，三级水平。其中幼儿以生活、生理、情绪等自身受益的需要为动机者占61.6%，以别人赞扬父母的体验为动机者占20.6%，以父母对社会贡献的体验为动机者则一个也没有。说明入园前，幼儿爱父母的动机水平，主要是自身受益需要的体验。教育后，幼儿爱父母的动机从自身受益的需要转向他人赞扬行为体验的需要，其水平有所提高，占59.3%。

3. 教育前幼儿爱父母的行为未答者（或答不出，或不知者）占52.9%，错答者占14.7%，有行动者仅占32.4%。教育后幼儿爱父母的行为未答者降低到11.8%，有行动者已占88.2%，并且行为具体多样，情感真挚，充分体现小班年龄的幼儿在他们力

①黄娅，张萍.3~4岁幼儿在家爱父母，在园爱小伙伴的相互关系的教育实验报告[M].教育科研论文选集（下集）.成都：四川科学技术出版社，1992：589-603.

所能及的范围内，爱父母的行为达到了较好水平。

总的回顾"在家爱父母，在园爱小伙伴的相互关系"的教育实验的全过程，促进3、4岁幼儿的社会主义德性从小从早萌芽，显示下列特点。

1.向3~4岁幼儿进行初步的"五爱"教育，可以爱祖国为中心。爱祖国教育应该从爱自己身边的护理人员开始，即从爱爸爸、爱妈妈开始。爱爸爸、爱妈妈的教育活动中，渗透社会主义德性因素，关键是使幼儿从对父母的自发同情心转化到从对父母工作给大家的好处（劳动的社会意义）去爱父母。既不是生理需要，也不是自身受益，而是从父母做事"给大家的好处"去热爱。列宁曾说："这些产品不归劳动者本人及其近亲所有，而归他们的'远亲'，即归全社会所有——这也就是共产主义的开始。"①我们取其精神，用以衡量我国现代儿童爱父母的出发点，这也许是社会主义德性萌芽的标准。

2.对幼儿爱父母的品德心理结构的层次性的认识有了新的启迪，可以初步确定萌芽时限。幼儿关于父母工作对大家有什么好处的认识（对父母劳动意义的认识），除未回答或答错外，正确认识有四个层次：①重复讲述父母具体工作；②自身受益的好处；③他人受益的好处（达11.8%）；④社会受益的好处（73.5%）。③、④两种水平共占85.3%。幼儿爱父母的动机（为什么喜欢爸爸妈妈）除未回答、错答外，有三个层次：①符合自身受益的需要体验；②符合赞扬他人行为的需要的体验（达59.3%）；③符合对社会做贡献的需要的体验。"他人受益的好处""符合赞扬他人行为需要的体验"的水平，都是正确处理了个人利益与他人利益、个人利益与社会整体利益的关系，在被试幼儿中分别达到了85.3%、59.3%的比例。因此，初步确认幼儿3~4岁是个体品德萌芽的起始时期。是否如此，仍需进行验证实验。

（二）德性萌芽的教育心理条件

3~4岁幼儿在实验教育前，绝大多数被试未出现社会主义德性萌芽的心理活动。实验教育后，多数被试出现了社会主义德性心理结构的萌芽。从实验的经验分析，有效的教育心理条件是：

1.直接体验亲人对自己的爱，诱发幼儿对父母的同情心，以及爱父母的教育从何着手，根据幼儿品德的具体性、情境性的特点。小班前期幼儿，刚刚才从直觉行动思维向具体形象思维过渡，其思维活动总离不开感知的具体对象。对三岁孩子，单凭书本知识、口头说教是不实际的，是无效教育的。同时，社会主义德性必须以新型的社会主义的实际的人与人的关系为基础，以人际关系的直接交往为关键，在

① 列宁．列宁选集：第4卷[M]．北京：人民出版社，1995：16.

欢乐的典型情境中，产生直接的亲身愉快体验。根据摸底调查分析，教育前多数幼儿对爱父母的认识模糊，大多数幼儿只体验到父母对自己的爱，习惯地接受来自父母的爱。三分之一的幼儿都不知道自己怎样去爱父母。父母每天为其操劳，他们却“视而不见”，习以为常，甚至觉得“该做”，否则就哭、就闹、就撒娇。为此带领幼儿在典型情境、典型人物的实际中，让幼儿亲自观察父母的家务劳动，直接体验父母对自己的爱，从激发幼儿对父母的同情心开始。

在教育实验中进行了以下活动：

（1）观察本班幼儿兰珊的妈妈家务劳动。到幼儿兰珊家做客，亲自观察父母对小朋友的爱，启发幼儿联想父母对自己的爱。

（2）回家观察自己父母的家务劳动。老师明确交给任务，指导幼儿回家仔细看看自己父母的家务劳动，直接体验父母对自己的爱。观察后回园进行谈话，巩固、提高。突破“视而不见”的定式。

（3）组织幼儿叙述父母对自己的爱。在游戏活动中，启发幼儿谈过节、过生日的时候，父母为自己做了些什么，父母是怎样爱自己的，扩大、迁移父母爱幼儿的体验。

例如：指导幼儿观察妈妈的家务劳动后，幼儿真正看到了“爸爸妈妈下班回家，还要煮饭、洗衣服”“还要来接我”，直接体验到了“爸爸妈妈很辛苦”。幼儿初步感受到了父母的辛苦，体验到了这是父母对自己的爱，从而激发了幼儿对父母的同情心。

2.体验亲人对祖国、对人民的爱，激发幼儿爱祖国情感的萌芽。幼儿经过一定教育，一般都会诱发起对父母的同情心。但是幼儿爱父母、爱祖国不能仅仅停留在同情心上，必须从小尽早结合社会主义德性的因素。因此，因势利导、循序渐进，在幼儿同情父母之爱的基础上，引导幼儿直接观察、直接体验对祖国的爱、对人民的爱。也就是引导幼儿能从父母工作给大家带来的好处（即父母工作的社会意义）去爱父母，进而激发幼儿爱祖国情感的萌芽。在教育实际工作中，我们进行了以下活动：

（1）带幼儿参观同班小朋友陈磊妈妈的工作单位——玩具厂。观察陈磊妈妈的劳动，领会父母劳动对大家的好处（即父母劳动的社会意义），体验父母对祖国、对人民的爱。

（2）举办“我的爸爸妈妈”照片展，具体认识父母劳动的光荣形象，激发幼儿体验父母劳动的自豪感。

(3)组织“夸爸爸、夸妈妈”表演赛。运用自编儿歌,夸爸爸妈妈“能干”,巩固幼儿对父母劳动意义的认识。运用表演形象,体验父母爱祖国的劳动形象。

玩具是幼儿生活中必不可少的陪伴物,是幼儿最感兴趣的玩物。于是,活动选择了玩具厂,由老师带领幼儿前往参观。幼儿亲眼看到了玩具的生产过程,五彩缤纷的玩具,激起了幼儿的快乐之情,都说:“阿姨,了不起! 给小朋友做了那么多玩具”“阿姨对大家的贡献真大啊”。通过参观玩具厂,幼儿形象地领会了成人的劳动所带来的社会意义,为进一步领会父母工作的社会意义打下了基础。在“我的爸爸妈妈”照片展览会上,幼儿一个个站起来,指着自己爸爸妈妈的照片告诉大家,爸爸妈妈是干什么工作的,他们的工作对大家有什么好处。有的说:“妈妈把外国书翻(译)成中国书,让叔叔阿姨能看懂。”有的说:“别人的窗子玻璃烂了,妈妈修,修好了不飘雨。”有的说:“爸爸煮饭、煮菜,小朋友吃了长得高、长得胖。”“爸爸妈妈多了不起啊! 他们的工作对大家有那么多好处。”“我的爸爸妈妈就是好,他们的工作人人夸。”父母的爱祖国、爱人民的形象在孩子心中构成了最可爱的形象,成为孩子心中最可爱的人。幼儿爱父母之情,不仅仅是同情,而且是跃然而升华,从父母劳动对大家的好处出发,更爱父母,使社会主义的爱国主义情感开始萌芽。

3. 在交往活动中,体验爱亲人之乐,模仿爱亲人的行动。德性行动是衡量社会主义德性的客观标志,“言行一致”的社会主义风格是我们必须坚持的标准,而且应从小播下优良的幼芽。针对三分之二的幼儿不知怎样爱父母的情况,我们在实验中努力创设情境,给幼儿提供表达爱父母的情感的机会。在幼儿园与家庭之间搭起一座爱父母之桥,相互迁移、相互促进,有利于幼儿爱父母情感的培养,初步教会了幼儿爱父母的德性行为。在教育实验中我们进行了以下活动:

(1)幼儿亲自动手制作礼物,给家长送请帖,初步学习爱父母的行为。

(2)元旦举行幼儿园—家庭联欢会。幼儿与父母同乐,进一步学习爱父母的行为。

(3)为妈妈庆生日活动。将父母给自己庆生日的欢乐行动,反馈迁移到为妈妈庆生日的行动上,体验爱父母之乐。

在联欢会上,幼儿拿着自制的礼品与爸爸妈妈交换,幼儿和父母的情感真实流露,与父母的爱子情感自然地交织在一起。接着又以幼儿熟悉的兰珊的妈妈为典型代表,为大家一起她庆生日。幼儿通过回忆父母怎样为自己庆生日的情境,迁移到怎样为兰珊的妈妈庆生日的活动中去。幼儿领会了爸爸妈妈怎样爱我,我也要怎样爱爸爸妈妈,模仿了爱父母的行为,体验爱父母的欢乐。

(4)夸奖亲人爱祖国、爱人民的事迹,初步加深爱祖国、爱亲人的情感。

小班的幼儿爱父母的情感与行为之间有差距。因为他们的行为往往受当时情境的影响,常常会不定向。同时,他们的自我控制能力也较差。为了使幼儿爱父母的情感、行为播下的种子能够稳定,我们采用寓教于乐、寓教于美的形式,用儿童的优美语言巩固它,开展了以下活动:

①幼儿讲述《我可爱的家》系列图片。

②教幼儿歌曲、舞蹈《小板凳》《我的好妈妈》《不再麻烦好妈妈》。通过讲述图片,幼儿进一步明确了爱父母的行为和方法,牢牢地记住了:"妈妈下班回家,我请妈妈快坐下。""请妈妈喝茶!""爸爸妈妈晚上学习的时候,我在一边玩,不去打扰。"测验时,88.2%的幼儿都具体生动地讲述自己爱父母的行为。通过教育,把幼儿爱父母的情感引向了爱父母的行为。

这些教育与心理条件的动态结合,体现着客观的社会关系、人际关系与主体自主建构德性相互转化、相互促进发展的原理。

从近年的研究成果来看,对待社会主义基础德性萌芽时限(除在婴儿时萌芽的起始期间具有同时性外),由于德性内涵扩大,含心理、道德、思想、法纪、经济、政治的品质,对德性萌芽时期显示有异时性。如:3岁婴儿自尊心萌芽,4岁、5岁幼儿责任心萌芽,6岁幼儿自律德性萌芽,从5岁起已无"自我中心"现象,7岁起集体意识已经开始出现;6.5岁已出现了公益劳动的道德意识;13岁、14岁萌发人生意识、成人意识;17岁、18岁人生主体意识萌芽;3岁、4岁公有观念开始萌芽;5岁能根据公私财物的损坏作出好与坏的判断萌芽;等等。德性萌芽有异时性、多时性,启示着我们思考,启蒙德育也应有多层次。具体育德操作有待深入研究,扩大德育心理实验。

三、德性心理结构发展关键期的"两易律"

关键期概念自1937年从习性学引入心理学领域之后,迅速得到了广泛的研究和应用。对于品德关键期或品德是否存在关键期的问题也引起一些学者的研究。20世纪30年代,瑞士著名的心理学家皮亚杰采用"对偶故事法"研究儿童的行为责任公正观念和惩罚问题,认为儿童的道德心理发展存在着关键期。此后,美国的巴斯等人认为儿童道德判断存在着转折期,并进行了验证性的研究。

20世纪70~80年代,国内以李伯黍为首的儿童道德发展协作组运用科学实证的手段在全国范围内进行了系统研究,也考察了儿童品德关键期的问题,该研究发现我国儿童在分辨公利关系上做出成熟判断的转折年龄在7~9岁之间。选择为集体的行为动机，大约在9岁前后；形成公益劳动观念的重大变化在7.5~9.5岁；责任感选择的正确率在7~9岁的儿童最高。小学生的小一、小三之间，小五到初中的初一之间，初一到高中的高二之间是学生爱祖国观念发展较快的几个转折年龄。林崇德研究认为"每一个心理过程中或个性心理特征都要经过由量变引起的几次质变与飞跃，并表现出一定的年龄特征。这种年龄特征的形式，叫'关键年龄'"。并说："我们自己研究材料表明：2.5~3岁，5.5~6岁，小学三年级（9~10岁），初中二年级（13~14岁）是儿童青少年个性发展，特别是品德发展变化的关键期"。

所谓德性发展关键期，是指某种德性心理品质、德性结构功能、德性行为习惯出现转折或飞跃的时期。或者说，良好的德性特质是最容易形成和培养的时期。同时也是不良德性出现频率最高的多发期。对待德性发展关键期，显示有"两易性"特点，即优良德性易形成，不良德性易产生的"两易性"。

经研究，我们初步认为，婴儿期社会性、德性发展的关键期在2.5岁前后，幼儿期德性发展关键期在4.5岁前后，童年期的德性发展关键期在9~10岁，少年期的德性发展关键期为13~14岁，青年期的德性发展关键期是19~20岁。壮年期、实年期与老年期德性发展是否有关键期，未见报导，尚有待研究。在整个个体德性心理结构发展的全程中，少年期、青年期是个体德性心理结构进入成熟的前期，是社会角色发生变化的重要时期。少年期、青年期是个体德性心理结构全程发展中的关键，个体13~14岁和20岁左右是德性发展全程中的关键之关键期。研究掌握关键期的突变和转折，是改善德育工作、提高德育效果的重点，预防德性心理发展不良、预防犯罪的难点，也是现实德育改革工作中的议论热点。

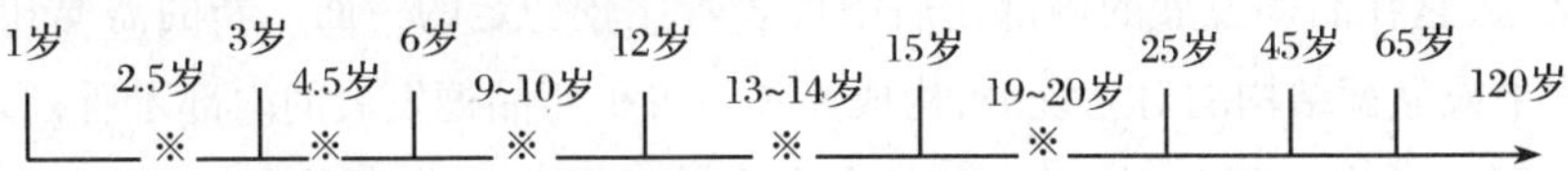

图6-2　个体德性心理结构发展阶段的关键期示意图（※表示德性发展关键期）

四、实现德性价值"两变律"

人的德性心理发展，从德性萌芽期起步，几经德性量变积累和德性发展质变的飞跃期、转折期，大约要18年到20年的时间培育。德性发展大多达到成熟水平（少年英雄例外，属德性发展超常）。

德性发展成熟期与智能发展成熟期基本上同步。进入成熟期后，智能发展由智能建构型为主转入智能实用型为主，主要是常规的或创造性地解决问题。与此同步，德性发展也由德性养成型为主进入德性实现型为主，主要是实现德性价值。在完成人生发展任务过程中主要是自学、自育，自我实现德性价值。这个时期以人的已有基本德性为基础，或扩大，或迁移，或加深，或创新，贯穿于自我德性修养，实现家庭美德，实现职业道德，实现社会公德，实现人生德性价值。

人的德性价值实现期在人的生命全程中时间最长。其中，现实矛盾也最多，心理压力也最大，德性价值冲突也最激烈。多数人历经生活波涛，基本实现德性价值，发展德性结构，完善人格。有少数人在此发展过程中发生突变，出现德性变异，失德、丧德，呈现恶德。

在德性价值实现期，德性既已成熟，显示有稳定性、坚持性、难变性，同时，也有突变性、易变性的可能，这种突出的“两变律”，在现实生活中常见，是我们研究中需要深入思考、认真探索的问题。

五、德性心理结构发展的动力“两向律”

人的德性结构从出生之后德性心理成分萌芽之时起，一生都处于发展变化之中。这种德性结构发展的动力是什么？由于人的心理发展、动力的复杂，在我国从20世纪50年代末就开始进行研究，虽经多次讨论，至今仍未取得统一的意见。对德性结构发展动力的研究则更少了。

林崇德认为：儿童与青少年品德发展的动力，正是儿童与青少年在实践活动中产生的新需要和原有品德结构的矛盾。新需要在人的品德内部矛盾中代表着新的一面，它是品德发展的动力系统。原有心理水平和原有的品德结构是过去反映活动的结果，它在品德发展的内部矛盾中代表着比较稳定的一面。新的需要和原有心理水平或品德结构的对立统一，构成儿童与青少年品德发展的内部矛盾，形成其品德发展的动力。同时，他提出了教育在内因外因相互作用关系中，发挥主导作用。① 唐凯麟、龙兴海提出：主客体之间的相互作用或互动以及它所构成的推动力量，从一定意义上讲，也可以视为个体道德发展的动力。客观的道德必然与道德自由之间的矛盾（互动）可视为个体道德发展的动力。②

根据我们的研究思考，人的德性结构发展动力可否这样表述：人在社会交往的德性行动中，激起人的智能器官中满足他人需要（含他人、集体、国家、社会）的社会

①参见林崇德．品德发展心理学[M]．上海：上海教育出版社，1989.

②参见唐凯麟，龙兴海．个体道德论[M]．北京：中国青年出版社，1993：122-126.

意义与满足自己头脑中已掌握的德性需要的社会意义，构成对待、处理、实现德性价值的对立统一的内部矛盾，是人的德性结构发展的动力。即意识到自己已有德性价值与新实现的德性价值构成对立统一的德性心理内部矛盾是人的个体德性发展的根本动力。基于人的德性价值取向矛盾，显示德性结构发展动力的功能有“两向性”——向善、向恶，向前进步、向后退步，向先进、向落后，即德性心理结构发展动力“两向律”。

按照这样的表述，对德性内部心理矛盾理解要注意以下几点思考。

(一)德性心理结构发展的内部矛盾的根源在于人与人之间的社会交往

实践中的德性行动。因为人的社会存在必然是个体性与社会性统一体的存在，总是要处理人—已交往的物质的社会关系、思想的社会关系、心理的人际关系和价值关系，体现出实现德性价值的德性行动。

(二)德性心理结构发展的内部矛盾反映的内容

德性意识到的深层次的核心的内容就是满足他人需要(含他人、集体、国家、社会)的社会意义与满足自己已有需要的社会意义。我国社会当前的主要矛盾是人民日益增长的物质文化需要同落后的社会生产之间的矛盾。这个主要矛盾贯穿于我国社会主义初级阶段的整个过程和社会生活的各个方面。这种客观的日益增长着的社会物质文化需要，以物品、利益、文化、价值的物化形式存在，被社会生活中人们所认识、接受、体验、转化成社会成员自己的内心需要；以欲望、愿望、目标、理想、信念等心理形态转化为德性动机，支配着人的德性行动，推动着人的德性行动。但这种社会行动的客观效益，必然影响到共同交往的人们(含他人、集体、国家、全社会)的物质文化需要的满足度，这就是满足需要的客观的社会意义。正是这些社会意义反映在头脑中，决定着内心需要的取舍、取向，左右着需要与不需要之间、多种需要之间的选择，成为人的社会行动的真实心理动力，体现出社会行动的德性价值，真实的觉悟水平、德性水平，人格的价值水平。

满足人的社会物质文化需要的社会意义，一般的可分为：(1)满足个体生存、生活需要的社会意义；(2)满足集体物质文化需要的社会意义；(3)满足民族物质文化需要的社会意义；(4)满足一定阶级、一定阶层物质文化需要的社会意义；(5)满足国家的物质文化需要的社会意义；(6)满足全球社会共同的物质文化需要的社会意义；(7)满足人类社会历史发展的物质文化需要的社会意义。现实社会生活中，这些客观的社会意义，总是综合地交叉地并存于社会情境中。人们反映它的深度、广度、协调程度，体现着人的德性意识水平，觉悟水平。体现着“内得于己”的充实、丰富、完善的自我。

(三)人的德性心理结构发展、转化的方向,必须有利于实现德性

价值,即实现人生价值。转化的关键条件:(1)引导自觉自愿,亲自参与德性行动,获得成功的经验和体验,受到社会的认可和赞扬;(2)接受他人教育与自我教育组成的优化教育合力的支持和启发,获得肯定的愉悦的自我评价、自我体验。

(四)人的德性心理结构发展以实现德性价值为中心

德性心理结构包含德性意识、德性规范、德性智慧、德性情感、德性意志、德性才能、德性行动、德性自评等德性整体结构的和谐发展,这样才能顺利实现德性价值,一贯地长期坚持实现德性价值。真正做到人的一生"以善念存储于心中,使身心互得其益",又能够"以善德施之于人,使众人各得其益",成为可靠的接班人和建设者,一辈子做好事。

六、德性心理结构发展动态类型差异律

在德性心理结构发展全程中,显示出有关育德合力的育德力量对比的增减变化,即一个人一生中德性心理结构发展,都是教育合力综合作用的结果。其中按教育力量源泉看,主要是他人教育力量与自我教育力量两大类。按教育力量育人作用,呈现下列变化:最早他人教育力量最强—他人教育力量较强,自我教育力量较弱—他人教育力量渐弱,自我教育力量渐强—他人教育力量渐弱,自我教育力量较强—自我教育力量最强,达到自我修养境界。

同时,一个人德性心理结构发展,由于所处环境不同,即顺境、困境、逆境、恶境的不同,加之自我教育力量不同,显示出德性心理结构发展的不同动态类型。我们把这种情况称为德性心理结构发展动态类型差异律,图6-3所示。这种从动态观察、分析人的德性心理结构发展,对因人施教、因德育人有现实的意义。

总体来讲,大家共同探索了我国公民德性心理结构全面和谐发展与全程持续发展的已有成果,初步阐述了德性心理结构终身发展的基本规律:德性心理结构发展阶段"特征律"、德性心理萌芽"多时律"、德性养成关键期"两易律"、实现德性价值"两变律"、德性心理发展动力"两向律"及德性心理结构发展动态类型差异律的研究思路,尝试揭示德性心理发展的对立统一的矛盾性与和谐性发展的规律。

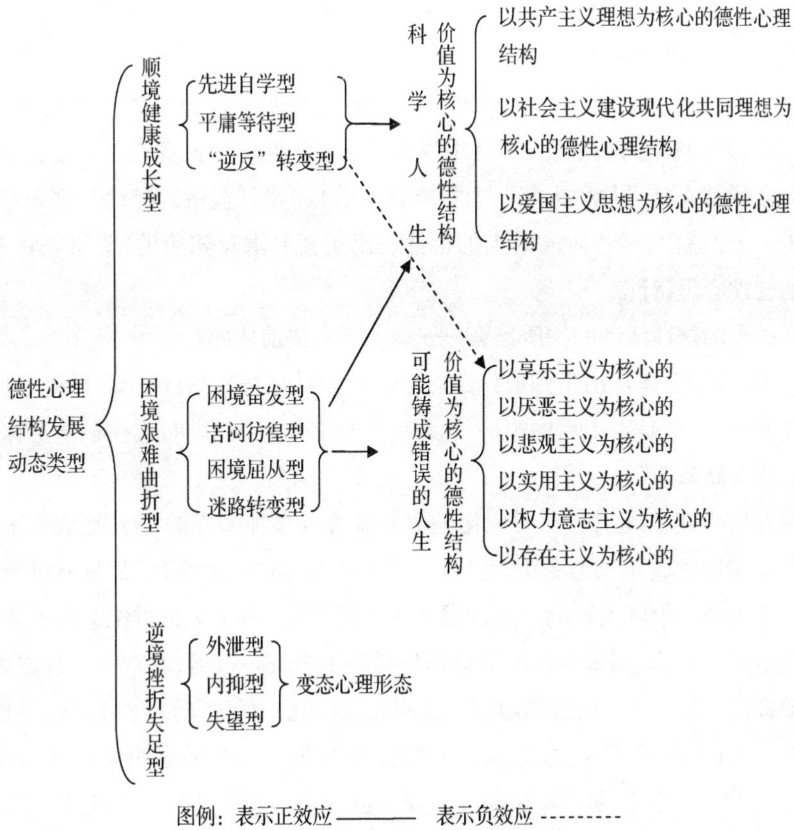

图6-3　德性心理结构发展动态类型

面对当前的新情况，更宜从新的角度再思考，探索新问题。

(一)人的德性心理内容反映的源泉在迅猛发展

我国当前正处于社会主义社会的初级阶段，正在完善社会主义市场经济，构建社会主义和谐社会，奔向小康社会，实现共同富裕(含物质财富、文化财富、精神财富的全面富裕)。这时，育德资源更丰富，信息更繁多，矛盾也更深刻。我们既要总结研究过去困境中的育人、育德心理活动规律，更要研究顺境、富境中育人、育德的心理活动规律，特别是要研究用人、立德，实现德性价值，自觉抵制诱惑，坚决抗拒腐蚀的德性心理活动规律。这里，似乎初步显示，自幼能抗诱惑、长大能拒腐蚀是社会主义新人保持德性健康、保持新人晚节的一项关键规律，请大家进一步探索、研究。

(二)人生寿命延长，人的德性全程发展过程越来越长，人生成长

阶段有新的特点，人的德性发展阶段应有新的特征。世界卫生组织(WTO)曾对全球人体素质和平均寿命测定，认为44岁以前称青年人，45~59岁称中年人，60~

74岁称年轻老人,75~89岁称老年人,90岁以上称长寿老人。新近,我国环球百岁养生研究中心(由吴阶平等8位院士牵头,组织12个学科、100多位专家参与研究),报导了10年研究成果之一,认为:1~25岁为少年儿童期,26~50岁为青年期,51~70岁为中年期,71~95岁为初老期,96~120岁为成熟老年期——长寿老人。按此研究,人的生命之树常青,应尽享"天年",力争康健欢乐120岁(《黄帝内经》)。德必寿,大德必大寿,当今盛世,对各阶段的人的德性提出了新要求。相应地,要研究新人各年龄段的德性心理特征。

(三)人的德性活动的物质器官——智能器官提前成熟

大家知道,个体从出生到成熟,其生理发育时快时慢。有两个阶段处于增长速度的高峰期,一个是出生后的第一年,另一个就是青春发育期,这在科学上称"人生发育的两次高峰期"。

青春发育期生理上的发展变化是十分显著且多种多样的。主要是身体外形、内脏机能和性的成熟三类变化,总称"三大变化"。这"三大变化"都具有可塑性,对人的心理成熟产生巨大影响。新近报导的研究成果显示:以20世纪90年代和60年代研究指标相比,我国青少年的身高不仅提高了2.1厘米,男、女青少年性成熟的平均年龄提前了近2岁。而且脑电波α波的发展(即脑电频率每秒8~13次,平均频率约10次,显示与智商正相关,显示大脑机能成熟的标志之一)也明显超过60年代的水平。就平均频率看,90年代的6岁被试α波的平均频率达到了60年代10岁被试的发展水平;90年代的9~10岁的被试则达到了60年代的12~13岁被试的发展水平。可见,随着社会的进步、经济的发展、生活水平的提高,文化、教育的丰富多彩,儿童青少年的各项生理指标含大脑机能成熟都表现出发育超前的趋势。这种成熟超前趋势对人的德性发展可能有哪些影响,又是一项当前尚未探索的新课题。至于新人智能器官功能,对认识神经机制已有较深、较细的研究成果,但对德性心理机制,未见报导,至今仍是未探索的空白领域。

(四)人的德性发展的德性养成渠道、实现德性途径猛然增多

"要按照实践育人的要求,以体验教育为基本途径,区分不同层次未成年人的特点,精心设计和组织开展内容鲜活、形式新颖、吸引力强的道德实践活动。"目前,从德育心理学角度研究的成果,尚少见报导。网络育德,更是应用新兴的科技成果育德的新领域,更需德性心理活动研究,揭示其有效的育德心理活动规律。

总之,"紧密结合全面建设小康社会的实际,针对未成年人身心成长的特点,积极探索新世纪新阶段未成年人思想道德建设规律",刚刚起步,有许多研究课题要探索。

研究二　我对幼儿爱祖国教育的几点看法[①]

重庆市的同志们开展“幼儿爱祖国教育”的研究足足有五年了。五年的辛勤探索积累了宝贵的经验和资料。现在，我想在学习大家的经验的基础上，就同志们的经验中所涉及的一些带规律性的问题谈一些看法，供大家参考。

社会主义的爱国主义教育的客观要求如何转化成幼儿头脑中的爱国主义品德？这一套爱国主义品德结构又如何再转化到客观上来，推动社会发展，丰富爱国主义内容？总的讲这个客观到主观，再从主观到客观的循环，作为爱国主义教育的基本矛盾，即：“客观→主观→客观”这是我体会到的德育心理的基本观点。具体落实到幼儿爱祖国教育上，必须处理好三个方面的矛盾。

一、爱国主义教育客观内容的无限丰富跟3~6岁幼儿之间的主观接受信息有限性的矛盾。客观内容的丰富性有好多呢？上午，同志们已经提了很多。按照中央的文件，爱国主义教育宣传有“十大内容”。用通俗的话来讲，叫作“上下五千年，纵横几千里”。

二、我国优秀历史的长远古老与幼儿实践时间短的矛盾。

三、有体、智、德、美的全面发展跟发展内容的系统化、系列化间的矛盾。要在全面发展的基础上把这个问题有机地结合起来。

这是简单谈的几个大矛盾。还有领导关系、教材内容，那些问题就不讲了。单是这样就提出了对幼儿进行爱国主义教育的几个问题。一是如何防止小学化、成人化的问题。二是幼儿爱国主义教育，总是在教师的启示帮助下进行的，要肯定教师的主导作用。幼儿园搞“发现法”，总是在教师启发下进行的。三是德、智、体、美是在生动活泼、全面发展这个前提下进行的。具体的好经验，可从这样七个问题来考虑。

第一是典型事物情境化。由北碚区的“五个一”开始，发展到沙坪坝区的典型环境、典型人物、典型榜样。在这一点上，是可以肯定的。这首先应该好好选择典型。关键是典型的情境化。我们在幼儿园进行爱国主义教育，一定要情境化。因为爱国主义教育的东西，好多都是物，人造物、革命纪念物、不会动的。但它的爱国

①此文刊载于《爱的启蒙》，《重庆教育科研通讯》——幼儿爱祖国教育经验专辑，1987年6月增刊，重庆市教育科学研究所主办。

主义的社会意义却寓在其中。进行教育时,就得想办法让它“动”起来。如果你做不到这个“动”的话,那么幼儿就体验不到其中的意义。因此在选择典型当中,就应该进一步考虑:作为一个典型,它总是有人、有物、有境以及人与人的交往活动。只有做到典型化且情境化,才能够使教育富有生动性、形象性,有人有境、富于感染性,同时也才能让幼儿有可接受性。“上下五千年,纵横几千里”就可以通过“典型”的办法来解决。从认识论来讲,总的规律应该是从个别到一般,然后由一般再到个别。如果说这是个好办法,是个好经验的话,我们对幼儿进行爱国主义的教育,内容就相当广泛、北碚区可以搞“五个一”,那么沙坪坝区可以提出其他几个典型。既然重庆幼师幼儿园可以用如何尊敬革命老前辈为主来进行教育,那么在烈士墓附近的幼儿园,是不是可以通过烈士墓来对幼儿进行教育呢?那么处在两江大桥附近的幼儿园可不可以以大桥为主对幼儿进行教育呢?可以!这样一来,地方性的特点就显示出来了。据此,再扩大到市区以外去。到了铜梁可不可以以邱少云为主?到了大足可不可以以艺术石刻为主?仔细想想,材料可多了,解决了材料来源的问题。这是一个普遍经验吧!这是第一条。选择的典型分析到底到什么深度?我赞成“多”“大”“美”“好”“新”的提法。“多”就是内容多,祖国优秀人物多,物产多。“大”就是地方大。还有“美”“好”“新”。只要幼儿说,祖国好、家乡好、就行了。不要再问为什么好。这些内容到底是客观的东西,怎么跑到幼儿脑壳里去?仔细分析,有物、有情境,有象征物,关键在于参加活动。

第二是主体活动游戏化。这里没有用儿童活动游戏化,是因为儿童活动自然就要游戏化。根据我们的经验,老师们谈体会、谈到教育思想转变的关键,是你把你教授的儿童是不是当主体看待。我觉得这是主要问题。我们强调,儿童有了自我意识后,就要把他当作主体看待。当然,这是成长过程中的主体。幼教“纲要”提出的主动性、积极性、创造性,根本基础就在于以儿童为主体。主体的实践活动必须游戏化。在我们山城总结活动经验中,我觉得是有成套的经验。最早的就是王玉兰老师的那篇文章,讲了游戏活动、游览活动、文艺欣赏活动、社会的交往活动,还有王老师组织的绘画活动。过去对社会的交往活动认识不够,理论上过去就不敢提或者不强调,过去讲实践论就是基础,这是最基本的。现在我们还是这样看。所谓实践,就是一定要改变客观物质。科学实验要改变那个具体东西,生产斗争更是创造物质财富,阶级斗争实际是改变社会。不改变客观物质的活动是什么呢?比如,我在这里讲,同志们在听,怎能说马上就改变了客观物质?这算什么呢?这就是社会交往活动。社会心理学的基本概念之一就是社会的人的交往活动。我们应该把这个概念引进来，幼儿园的很多老师在这方面运用了人际交往活动进行教育，在这几种活动中，我想应强调人际交往这个活动。其他那些活动，有传统的经验，继续总结。只是在这些活动中要强调游戏化。如果你不强调游戏化，你开展的活动就跟少先队开展的活动一样了。小朋友就是要带着去游览，你坐车去也可以，走路去也可以，就是要这样带着他去走，去耍。我们一是强调了主体，二是强调了活动。幼儿教育的艺术就要在主体活动如何游戏化上做文章，这是关键。

第三是品德结构整体化，品德结构系列化。"爱国主义情感"这是普遍的提法。文件的准确提法是"爱国主义"。在教育中常见的情况，讲爱国主义情感，就只在情感上做文章。当然情感是重要的，中心的一个部分，不能少，但是不能只是情感。到底有没有真正的爱国主义情感，达到哪个水平呢？那就要看行动。我赞成衡量品德的指标，要以行动为主。爱国主义品德应该包括有认识、有情感、有意志、有动机，另外就是行动。

爱国主义品德的每一个部分，应有层次。根据各位学者的研究，可以看到，有这样几个序：大的序当中，第一是从爱物的角度来看，从爱家到爱园，扩大到爱家乡，再扩大到对首都、祖国的热爱。这一条线如果抽象来讲，都是抽象的。什么叫"家"，如果讲概念，对幼儿就说不清楚。首都，什么叫首都，对幼儿也说不清。但是，这一条线都有实际的物质体现。只要用形象的办法、游戏的办法是可以使幼儿了解的。总的来讲，在教授过程中要有形象、具体的东西。第二是爱人民这一部分：爱父母、爱老师、爱小伙伴、爱解放军、爱兄弟民族、爱全世界的人民。这一系列的内容都是有血有肉的，有人的事迹及交往活动。这一系列是从爱自己的父母开始，还是从爱同班小朋友的父母开始？我们有一部分调查，是从爱自己的父母开始，再扩大爱的范围。沙坪坝区的经验是从爱阿姨开始，再爱自己的父母。从这个经验看，不一定从爱他自己的妈妈开始。但事实上，绝大多数儿童还是从爱自己的妈妈开始。第三是爱祖国的象征物。爱国旗、爱国徽以及爱国歌这一个系列。很明显，这一个系列和前面两个系列都不相同。按照认识的难度看，那就难得多。但这是幼儿教育的纲要里提出的要求。去年上半年市中区调查的时候，其他爱都有一定的基础，唯独爱祖国象征物很弱。人和街幼儿园选择了这个内容进行实验，实践证明是可行的。

第四是在进行过程中，都有个情感问题，有个激发需要问题。好奇心也好，新颖性也好，总之，要激起幼儿有这个愿望。在这个基础上，再用"多""大""好""美""新"这些具体内容引起他的好奇心，引起好奇感，这样去动之以情，激发他爱这个典型,爱这个人物。从爱一个人物迁移到爱其他人物,对此,心理学叫"移情体验",或者叫情感迁移。在这个基础上,再进一步地把它真正变为自己的需要,再发展到热爱、珍惜、维护。

从认识角度看,总要让他有实际感受,要让他亲自去做。在这个基础上,他真正认识到祖国是"多""大""好""美""新",具体的东西他能说出来。得到那个印象,都是他直接地去看、去听、去活动得到的。人和街幼儿园实验的经验值得推广。要使幼儿有这个感受,就有一个"动静结合,远近对照"。通过感受的具体东西无限大,再用模象东西,又概括成无限小,对比之下,真正相信的确是"多""大""好""美""新"。这是我们同志们的好经验。重庆有个解放碑,北京有个天安门。重庆这里有个大礼堂,那么北京有个人民大会堂。把它对照起来,迁移对比,他就加深了印象。动的要静起来,静的要动起来。这样,他就确确实实相信。这个方面我们老师已经很有经验了。利用家长、旅游、小朋友通信来往以及录音磁带等,让小朋友亲身感受。幼儿接受这些东西,回到家中就给爸爸妈妈讲。在这个基础上才进一步用有声语言来概括,形成他的"多""大""好""美""新"的初步印象。不能讲给概念,也不能讲给观念,有个印象就是了。幼儿爱国主义教育,在认识上达到这个标准就可以了。这几条系列,或者这几条序,可以这样讲,我们大致摸了一下,比起我们原来看到的材料更具体了。这方面的内容,各位学者是不是可以进一步研究,还有些什么序?具体总结,有哪些具体规律?这样就可以具体丰富内容了。总之,品德结构整体化,横的结构是个整体,竖的结构也是个整体,通俗讲是系列化、层次化。

那我们社会主义国家的特点怎么体现呢?它的突出特点是:社会意义形象化,共产主义因素情感化。爱父母,按照家庭为基本单位,有经济依赖关系,有血缘关系,一般来讲,他都是首先爱他父母,即使他挨了他父母的骂还是要爱他的父母。但是要幼儿进一步认识父母到底是干什么的有什么社会意义?不同社会制度,不同阶级的标准,就不相同了。二十世纪五十年代也有儿童比哪个父母的"官"大,谁坐的什么牌的汽车,就"得行",我们当时就教育儿童了,那个比法不对,应该比父母的贡献。夸父母能干,做了哪些贡献。要跟幼儿讲比贡献,就必须具体形象化。爸爸是修理工,他会修理东西,就是很得行。妈妈是织布工,你穿的衣服就是你妈妈织出来的,外面买的都是她们织出来的。班上幼儿二三十个,父母在各行各业的都不少了。大家都夸自己的父母能干。他长大了是不是要做他父母的工作,那倒不一定。总的来讲,进行到这一步就行了。从这个角度来讲叫共产主义因素的萌芽。我们的娃娃开始爱父母，就爱父母的贡献，爱父母劳动的意义。幼儿有了这个萌芽，这个社会意义在幼儿头脑中怎样形成一个稳固的情景？这里，就有个层次、有个系统问题。幼儿到底有几个层次呢？市中区调查里提了八层。总之，萌芽一开始，就要渗透共产主义因素。

第五，语言表述儿童化。特别是沙坪坝区用文艺作品总结出来的经验，是把王玉兰老师的经验大大发展了一步。跟幼儿讲爱国主义根本不能用小学教科书，更不能按中学教科书上的提法。必须用儿童懂的语言来讲，幼儿语言来表述。当然，用美术作品也好，用小说、儿歌等文学作品也好，反正要儿童化，用娃娃语。

第六，爱家、爱园、爱国、行动习惯化，习惯成自然，态度和行动都习惯化，才真正标志着品德形成了。

第七，教师言行的榜样化。

第八，家、园、教育一体化。家庭跟幼儿园的教育一体化。家庭跟幼儿园的教育要配合起来，以幼儿园为主，或市妇联为主，或有关方面为主搞的家长学校是很好的经验。

希望继续再探索以下几个问题。

第一，爱父母，到底有多少级水平？西安某幼儿园用谈话法调查，概括了六级水平。我们重庆市还没有人概括。山城幼儿爱父母到底有多少级水平？产生水平原因何在？怎样采取有效措施，才能促使幼儿脑中共产主义因素的萌芽？这些问题，就有必要反复实验。运用筛选法，在总结自己优秀经验的基础上再重复实验，总结出规律性的经验，已有成功经验，就有普遍性了，就更有价值了。

第二，怎样组织幼儿爱父母的行动，这是我们几次调查里面最薄弱的一个环节。爱父母，但是到底爱父母的行动表现在哪里？怎样来组织训练？他是小娃娃，你不组织、不教育，不成套怎么会形成习惯呢？幼儿在家有了爱父母的基础，在学校又怎样迁移去爱老师呢？怎样迁移去爱小伙伴呢？这里，爱的基础很不同。爱老师，除了要教育幼儿尊敬老师的师生关系以外，其他没有经济关系，没有血缘关系，也没有生活依赖关系。到底应该用什么当作爱的基础？有了这个爱，当然它可以反馈。来，更爱父母。但是，现在没有这一类的实验。可以实验“在家爱父母，在园爱伙伴”，探索“母爱、师爱、友爱”的迁移规律。

第三，爱祖国的象征物。

第四，热爱中国共产党，幼儿教育“纲要”上已提出这个要求。但有人觉得这个概念比祖国这个概念还要抽象些，还要难些，在幼儿中进行教育，到底行不行？实际中已经提出了这个问题，同时，又有了争论，对这种情况我们考不考虑？现在的十二篇材料没有提到。总结里面没得哪一篇谈到这个经验。如果有人先做点儿小型的实验，用实验的结果来回答最好。

第五，现在的实验材料中，爱国主义教育的总结经验，都只是讲了爱的一面。有极少数材料即使讲了恨、丑、恶的方面，那也是顺带谈了一下，没讲到厌恶、仇恨一面。这个问题到底怎么解决？幼儿看了电影、看了电视，也会恨坏蛋。但我们现在没从这个角度来研究过。总之，教育幼儿既有爱又有恨。不然，他一接触到社会上一点儿不良的东西、不正之风，或者遇上坏蛋，他就爱憎不分，那多危险！这些可以先在小型范围内调查、实验。

最后，我们要有坚定的信心。我们向幼儿进行爱祖国教育是有根据的。第一，教育体制改革决定中要求培养："四有两热爱两个精神"的人才。"两热爱"是热爱祖国、热爱社会主义事业，围绕这个内容要求选择题目是符合教育体制改革精神的。第二，历史根据。从祖国的历史，从我们党的优良传统经验，都要求重视从早从小抓品德教育。第三，根据现实的政策，进行初步的"五爱"教育。爱祖国、爱人民、爱科学、爱劳动、爱社会主义。第四，幼儿教育"纲要"要求"五爱"教育落实到具体教学中，早期教育的内容里，应该有从小从早培养共产主义品德萌芽问题。

粗浅之见，不妥之处，敬请指正！谢谢同志们。

研究三　谈谈对幼儿品德教育中的情感教育的理解[①]

《幼儿园工作规程(试行)》(以下简称《规程》)第二十五条规定:“幼儿园的品德教育应以情感教育和培养良好行为习惯为主,注重潜移默化的影响,并贯穿于幼儿生活以及各项活动之中。”在学习、贯彻《规程》的过程中,关于什么是情感教育,为什么应以情感教育为主,怎样科学地进行情感教育……广大幼教干部、幼教工作者都有深刻体会,进行了热烈探讨,提出许多有益的见解,给我们许多启发。现在,仅就学习的粗浅收获,谈谈我们对幼儿品德教育中的情感教育的理解,供同志们思考。

一、什么是情感教育

“情感教育”目前还没有确切定义或解说。在近年出版的德育学和德育原理等书籍中,虽然写了情感陶冶法,但不能把情感教育等同于情感陶冶法。大家探索什么是情感教育,本身就是一件既有理论价值,又有现实教育意义的科研课题。

什么是情感教育？我们体会,可否这样理解:情感教育是指教育者根据教育目标,满怀师爱,有意创设动人情境,选用形象方法,触发受教育者的内心需要,引起情感体验,形成品德的一种教育。它的要素有五个方面:

1.教育目标。教育目标是情感教育的核心。它以品德教育为出发点,也是品德教育的预期结果。

2.教师。教师是情感教育的实施者、启动者。在情感教育中起主导作用的是充满师爱的教师。只有具有强烈责任感、使命感的教师才能对自己从事的教育事业、对自己的学校、对自己的学生充满爱心,才能成功地进行情感教育。

3.情境。进行情感教育的场所必须是教师有意创设的动人情境。这种有意创设的动人情境,可能在室内、园内,也可能在室外、园外,但它都必须体现教师的育人情操和育人智慧,有景、有情、有人、有物,呈现出一派生动的动人情境。

4.形式。用形象的方法是情感教育的主要形式,有典型人物,或有动人情节,或

①此文与王纬虹共同完成,刊载于《学前教育研究》1992年6月号,中国学前教育学会、湖南省长沙师范学校联合主办。

有生动语言描绘，等等。

5.受教育者的发展。受教育者的发展是情感教育的效果，也是衡量情感教育质量的客观指标，也就是要把社会提出的德育的客观要求，内化为受教育者的内心需要，引起受教育者的情感体验，特别是引起愉快体验，获得精神满足，形成良好品德。

这五种要素相互联系，相互制约，相互促进，构成情感教育的整体。

二、情感教育有哪些特点

情感性和形象性是情感教育的两个显著特点。

首先，情感教育从目标出发，通过教师创设情境，运用形象方法，到取得效果都贯穿着、充满着情感。情感教育是情理交融，寓理于情，以情动人，以情育人的教育。

其次，情感教育突出形象。它以典型的感人形象、动人情境贯穿始终，使受教育者动之以情。典型形象、动人情景是情理融合的物质载体，较之枯燥的说教，更易进入受教育者的内心世界，收到较好的教育效果。

情感性和形象性是美育的主要特征，因此，情感教育实质上也就是德（育）美（育）结合的教育。

三、情感教育有什么作用

从发展德育理论的角度看，研究情感教育有助于明确它的特殊功能。在品德教育中既要纠正道德认知论者片面强调认知的片面性，也要纠正道德行为论者片面强调行为的片面性。因为，没有情感的认知德育是一种“冰凉”的德育理论，效果有限；没有情感，只有行为的德育是“无头脑”的行为教育。正如苏霍姆林斯基曾经说过的：没有情感的道德就变成了干枯的语句，这种语句只能培养社会上的伪君子。①

从幼儿品德教育实践的角度看，情感教育的作用更是不可低估。情感教育具有情感性的特点，德美结合，寓教于乐，符合幼儿以游戏为主的活动特点，能够满足幼儿对活泼、愉快、欢乐和交往的内心需要，为幼儿喜闻乐见。

根据德育经验分析，成功的情感教育作用于幼儿，在心理方面可能产生以下正效应，收到良好的教育效果。

1.沟通情感，使幼儿初步接触新型的人际（心理）关系。充满团结、友爱、互助、合作的新型社会关系，发展了幼儿与教师、幼儿与幼儿、幼儿与家长之间的友好交

①李丹.儿童发展心理学[M].上海：华东师范大学出版社，1987：530.

往关系,有利于促进幼儿的社会性发展。

2.激发情感,产生需要,为幼儿的行为活动增添动力,发展幼儿能力。

3.丰富情感,发展个性。尽管情感教育不只是“培养情感的教育”,但情感教育确实能丰富和培养幼儿健康的情感,并在体、智、德、美全面发展的基础上发展符合各个幼儿特点的个性品质。首先,在情感教育中,教师的爱心、动人的情境、感人的形象、广泛的交往、愉快欢乐的气氛潜移默化地影响幼儿使之形成愉悦、稳定的心境,养成活泼开朗的性格,丰富情感色彩。其次,正确的道德规范要求、良好的人际关系、欢快的教育环境、合理需要的满足、健康情感的体验,有助于奠定幼儿健康个性心理结构的基础。

相反,忽视情感教育,也会给幼儿心理带来一些负效应,削弱品德教育的效果。

1.情感饥饿,形成冷漠性格。情感“剥夺”实验启示我们,作为社会的人,在成长过程中如果缺乏正常的人际交往,缺乏母爱、师爱、友伴爱、同志爱以及成人后的恋爱、夫妻爱,不仅会影响智力因素的发展,而且会影响非智力因素的发展。幼儿长期处于情感饥饿状态,是形成幼儿冷漠、孤僻、不合群、不喜交往等不良性格的主要原因。

2.情感压抑,形成焦虑心理。焦虑是一种紧张不安、带有恐惧的情绪状态。幼儿长期生活在缺少友爱、生活单调、枯燥的环境中,既得不到温暖、友爱,也不会表达关心和友爱,日久则会产生紧张、恐惧及不安全感,形成焦虑心理。如果幼儿再受到虐待、歧视,甚至遗弃,则必然产生病态心理,阻碍幼儿身心健康发展。

3.情感障碍,导致逆反心理。逆反心理是客观环境与主体需要不相符合时产生的一种心理活动,具有强烈的抵触情绪。当教师的教育内容、方法和手段与幼儿的内心需要相反时,如简单、生硬、空洞的说教,往往在师生之间形成情感障碍,导致幼儿的逆反心理,并表现为行为的抵触。例如,一些幼儿拒绝教育,脾气暴躁,以对抗情绪对待老师和同伴,甚至采取报复性、对抗性行为。

四、怎样进行情感教育

情感教育是一个新鲜概念,但情感教育实践却由来已久。广大的幼教工作者在实践中创造了大量的、优秀的情感教育经验。成功的情感教育要把握好四个环节。

1.满怀师爱,以爱引人

这是情感教育的起始环节,其目的在于:根据德育目标,吸引幼儿亲师、信师、尊师,“尊师信道”,以情育人。教育者是否满怀师爱,是情感教育成功与否的首要的、关键的环节。

师爱与母爱相联系,但又不同于母爱。首先,师爱具有无私性。它是教师对教育事业的责任感和对幼儿真诚热爱的结果,不同于爱自己亲生骨肉的母爱。其次,师爱具有社会性。师爱根源于社会需要,符合社会教育的总目的、总要求,不同于溺爱、偏爱。再次,师爱具有普遍性。师爱的对象是全体儿童,对正常儿童、缺陷儿童、调皮儿童一视同仁,不厚此薄彼是师爱普遍性的表现。

是否满怀师爱,关系到情感教育的成败。只有教师对幼儿具有熟悉感、期望感,信任和热爱幼儿,幼儿才会对教师产生亲切感、信赖感,并进而奋发向上,才能亲其师,信其道。相反,教师对幼儿的生疏感、轻视、歧视和愤恨,则会使幼儿产生焦虑感、厌恶感、遗弃感并产生反抗对立感,形成情感障碍,削弱德育效果。

2.创设情境以境动人

创设动人情境必须把握三性:其一,情境的教育性。即是说,创设的情境必须符合教育的目标、任务和要求,必须具有鲜明的教育性,不能为创设情境而创设情境。其二,情境的审美性。情境要动人,当然要为人喜闻乐见,要具有审美价值,使幼儿在体验美、欣赏美和创造美的过程中受教育。其三,情景的共建性。创设情境当然要以教师为主,但也不可剥夺幼儿参与的机会,使其成为旁观者。师生共建、共创的情境,更易产生动人效果,更能激发幼儿的亲切感、欢乐感和自豪感。

情境按性质不同可分为物质情境和精神(心理)情境。前者主要指师生共建的幼儿游戏、学习、劳动、参观的物质环境,后者主要指幼儿与教师、幼儿与其他成人、幼儿与伙伴之间的人际关系、心理沟通渠道及其内心体验等。

情境按操作不同又可分为四类:(1)现场情境,如,幼儿游戏、生活、学习的真实场景。(2)模拟情境,如,幼儿的角色游戏、表演等。(3)重现情境,如,影视等对某一情境的再现。(4)言语情境,如,语言文字,口头故事所展示的有人、有物、有情、有景、有情节的情境。这些情境的共同特点就是要使幼儿有身临其境之感,能激发他们的内心情感,从而有效地引发出积极行为。

3.运用形象以形感人

这是运用形象方法,进一步激起幼儿的情感,充分感染幼儿情感的环节。榜样形象具有真实信、可信性,现实性强。故事和文艺形象主要靠语言(口头或书面)描述、渲染来强化其感人效果。影视形象具有视听同步、动静结合、情景交融等特点,给人身临其境之感。但是,无论运用什么形象,情感教育中的形象都应该是典型化的、可接近的，并能使幼儿产生爱慕、敬仰、愉快等体验，使幼儿愿意效仿、学习。

4.触发需要体验育人

这是情感教育实现教育目的的环节，是德育效果内化的关键环节，也是后继教育的起始环节，起承上启下的作用。

需要是人的心理活动与行为的基本动力，表现为人的愿望、意向、兴趣、理想、信念等动机形态。人脑中的品德需要是品德心理活动与品德行为的基本动力。情感教育的效果、质量就在于通过触发品德需要，促使幼儿产生情感体验，形成相应的态度，转化成新的品德需要，构成一定品德的核心。

把握这一环节有三个步骤。首先，要满足幼儿的合理需要，矫正、抑制不合理需要。其次，使用的教育手段要与幼儿的需要相吻合，使之能激发幼儿情感，触动幼儿内心需要。再次，要使已产生的情感升华、迁移，转化、促进移情体验。例如：在幼儿爱祖国教育中，满足幼儿对父母之爱的需要，使其直接体验亲人对自己的爱，诱发其对父母的爱；使幼儿体验亲人对祖国、对人民的爱，激发其爱祖国的情感；通过交往，让幼儿体验爱亲人之乐，学习爱亲人的行动；进而概括爱祖国、爱亲人的感情，逐渐形成爱祖国、爱人民的品德。

重视情感教育已成为现实急需。我们希望广大幼儿教育工作者、心理工作者、德育工作者对此课题进行更深的研究，总结情感教育的优秀经验，发展幼儿思想品德教育的理论，为幼儿教育的理论建设做出更多的贡献。

研究四　幼儿德育心理学原理探索①

自从《谈谈对幼儿品德教育中的情感教育的理解》一文在《学前教育研究》1992年第6期发表以后，不少幼教研究者和工作者先后向我们提出了对幼儿进行情感教育有哪些心理规律的问题。本文拟从德育心理学原理的角度，谈谈我们的思考，供同行及广大幼教工作者共同研究、探索。

学习国内外情感教育理论研究成果，初步总结我国广大幼教工作者实施情感教育的丰富经验，我们认为在幼儿情感教育中，蕴含有八项德育心理原理。

一、社会主体双向交往的原理

根据马克思的观点，人的本质是一切社会关系的总和。人具有社会性、意识性、情感性和实践性。从本质上看，人是社会主体。因此，新生儿一旦出生、生活在人世间，从自我意识萌芽开始，在本质上就应把他视为社会主体。从发展的观点看，新生儿同婴幼儿和青少年一样都还只是发展中的社会主体。由于幼儿的自我意识刚刚萌芽，幼儿的社会实践活动也刚刚发起，因此他仅仅是刚刚起步成长的社会主体。客观上，幼儿尚未取得社会主体的主权地位；主观上，主体意识——社会主义主人翁意识尚未萌芽。

在幼儿情感教育中，既不能把幼儿视为活动着的“机器”，也不能把幼儿视为不谙人事的“动物”，当然也不能把幼儿当作“成熟的社会主体”，当作“成人”。从本质上对待，幼儿和教师具有平等的地位，都是社会主体。从教育者作用上看，无疑的，教师在幼儿的情感教育中居于主导地位，起着激发、培育、引导、调控的主导作用。

由是，我们认为品德情感教育的基本模式应该是：教师通过与幼儿的相互交往，以德育人，育人之德。这是两个社会主体之间平等的双向交往的社会活动。德育是传递—掌握人类社会历史经验的一种特殊的交往活动。德育目标是品德情感教育的中心。在这个基本模式中，不是以“教师为中心”，也不是以“幼儿为中心”，更不是以“长官意志”为中心，而只能以德育目标为中心。

①此文与王纬虹共同完成，刊载于《四川幼教》1995年第三期。此刊由四川省基教处、重庆幼儿师范学校合办。

二、幼儿社会活动是基础的原理

在日常生活中，幼儿经常参与的社会活动主要有四类，即：游戏、学习、劳动和社会交往活动。幼儿正是通过参与这些社会活动，促进了身体发育、心智发展、品德形成、情感丰富，获得了社会化。在幼儿的这些社会活动中，比较而言，游戏是主导性活动，历来为广大幼教工作者所重视。但是，社会交往活动则是情感教育的基本活动。

因此，可以说，建立在情感教育的基础上的社会主体双向交往的社会活动，以情动情，以心换心，"用爱来交换爱""用信任来交换信任"，是情感教育的基本特征。实施情感教育必须以幼儿日常社会生活为基础，在幼儿的社会交往活动中进行。这正是《幼儿园工作规程（试行）》中所要求的："幼儿园的品德教育应以情感教育和培养良好行为习惯为主，注重潜移默化的影响，并贯穿于幼儿生活以及各项活动之中。"

三、社会活动幼儿化原理

在幼儿园的品德教育中进行情感教育，要符合幼儿身心发展的特点和规律，力戒枯燥说教，假、大、空。一方面，要在幼儿日常的生活和社会活动中进行情感教育；另一方面，社会活动要符合幼儿童心的特点。

社会活动幼儿化原理就是根据幼儿的特点，组织、创设教育情境和社会活动，开展情感教育的原理。在这方面，我国广大幼教工作者创造、积累了大量的新鲜经验，比如，将教育内容化大为小，化远为近，化静为动，化抽象为形象，德美结合对儿童进行爱父母、爱亲人、爱劳动者、爱祖国的教育。又比如，在精心创设的教育情境和社会活动中，让幼儿从被动旁观到主动参与，从间接了解到直接感知，亲身体验，激发、培养幼儿积极、健康、向上的情感。由于这些做法符合幼儿生理特点、心理特点，在情感教育和品德教育实践中取得了显著的效果。

四、社会交往活动情境化原理

苏联著名的情感心理学家雅科布松指出，进行情感教育的正确方法之一就是在情感教育过程中，根据教育计划，将受教育者置于能引起他的某种体验的情境之中，"引导"他去体验。他认为："这种有意'引导'人去感知一个激动人心的情境，以期使人克制一种情感，而激发另一种情感的做法，可以作为情感教育的手段。"

应用社会交往活动情境化原理，在幼儿园中要强调师生共建教育情境，积极促进教师同幼儿的情感交流。教育情境要尽可能充分展示社会交往活动中人与人之间的相互关系和道德意义,切不可见物不见人,或者重形式,轻内容,本末倒置。正如雅科布松所说:“为了对人,对人的情感给予必要的感化,有重要意义的是教育者与受教育者之间的个人接触。”

五、育人情境典型化原理

为了在情感教育中实现育人的目的,增强育人效果,在应用幼儿社会交往活动情境化原理时,还必须遵循育人情境典型化的原理。这其中包括情境自身的典型性、情感性和教育性。

典型性,就是说情境中的主要事件、人物、情节和主题具有典型意义和代表性,符合人们由个别到一般的认识规律,以及以典型性和形象特征为主要性的美的规律。典型化的育人情境有助于幼儿理解、接受其中的道德因素,有助于幼儿道德认识的发展和道德情感的形成。

情感性,就是指育人情境要突出其中典型的情感因素,寓理于情,情理交融,要创造一种触景生情的教育氛围,进而达到以情感人、以情动人、以情育人的情感教育效果。

教育性,主要指育人情境应有鲜明的育人性、客观的针对性和明确的目的性,遵循幼儿道德认识发展规律和美的规律,从情感教育入手对幼儿进行品德教育和个性教育。

六、文学艺术形象、艺术语言童心化原理

艺术形象、艺术语言生动形象,感染力强,既对人的认识、人的情感有影响,又具有动力作用和榜样效应,是情感教育和美育不可或缺的内容和手段之一。但是,并非所有的艺术形象和艺术语言都为幼儿所理解,所接受。因此,在幼儿的情感教育中,要体现文学艺术形象、艺术语言童心化的原理。这主要表现在两个方面:其一,文学艺术形象、艺术语言从形式到内容要反映、体现幼儿的日常生活和内心世界。比如,《小猫钓鱼》《龟兔赛跑》《分苹果》《三个小伙伴》这些童话故事就是属于这类作品。其二,艺术形象、艺术语言要能为幼儿所理解、所接受。要利用作品中生动直观的艺术形象和榜样人物,发挥其拟人化和对比的暗示效应以及情感的共鸣引导幼儿的情感体验和道德判断。在接触、理解、接受这些艺术形象和语言的时候,其中所蕴含的道德榜样、道德观念、道德规范和道德情感就会直接或间接地为幼儿所理解、所接受,从而激发幼儿新的情感体验,产生强有力的情感教

育和品德教育效果。

七、幼儿品德心理结构整体化的原理

关于个体品德心理成分的组成，国内比较流行的说法主要有两种：一种叫"四要素说"，认为品德应由"知""情""意""行"组成；一种叫"五要素说"，认为品德应由"知""情""信(念)""意""行"组成。我们通过长期分析和研究，初步认为个体品德组成的基本心理成分有：品德认识、品德情感、品德动机、品德意志、品德行动、品德自我评价等六要素，即个体品德由"认""情""动""意""行""评"六种基本心理成分组成。并据此提出，人的品德心理结构是人通过社会生活实践及社会交往活动，在人的智能器官中形成的以主体意义为核心，以社会行为规范为内容，以人与人的实际社会关系为基础，以智能活动的形态，以品德自我意识的发展为线索的完整的环状心理结构。个体品德心理成分六要素的发展是不平衡的，但是，品德心理结构的构成、发展和功能的发挥则是整体的。

八、培育幼儿品德需要，发展个性的原理

情感是个体人脑中对现实事物和内心需要之间关系的体验和反映。在幼儿品德教育、情感教育中，重要的是要触发幼儿的情感体验，促进幼儿品德需要的发展。一方面，要满足幼儿的合理需要、抑制不合理的需要；另一方面，要创造条件，激发、培养幼儿新的品德心理需要，满足他们新的情感体验。幼儿内心品德需要与客观现实之间的矛盾和解决，是幼儿品德心理结构发展的主要动力。这是情感教育的实质，是提高情感教育效果的关键。

人的个性发展贯穿人的一生，不能一蹴而就。在人的不同发展阶段，个性发展的重点不完全相同。在幼儿期，个性发展主要是幼儿性格、兴趣和能力的发展，重点是培养幼儿稳定的态度和良好的行为习惯。由于人的情感是他的个性最本质的表现，因此个性的心理发展的任务与人的情感发展的任务是不可分的。所以，对幼儿的情感施以影响，培育幼儿的品德需要，通过鼓励扬长和补短训练以及良好行为习惯的养成教育能够有效地促进幼儿个性的发展。

上述八项原理可能不全面、欠准确，但的确是幼儿情感教育中带规律性的原理，其中前六项是从教育者方面总结的，是对教育者的要求；后两项则是从受教育者的方面概括的，针对幼儿的发展方向提出来的。这八项原理是否能切实提高幼儿情感教育效果，促成《幼儿园工作规程(试行)》的贯彻，还有待广大幼教工作者和幼教理论研究者实践的检验、发展、丰富或改正。

研究五　大学生的人生意识特点①

根据心理科学研究成果表明，少年期是人生意识萌芽期，在青年中期基本稳定。大学阶段是人生意识形成的关键期，因此，人生意识问题在大学生品德心理研究中是根本性的问题，也是大学德育目标的核心问题。

人生问题是多种学科研究的课题之一。如人生观教育、人生哲学等。品德心理学主要探讨个体的人生观形成、发展中的心理活动规律。

从品德心理学研究看，人生意识有两个层次。初级层次的人生意识，即人生心理，是指个体在生活中对人生问题的自发的反映。高级层次的人生意识，即人生观，是指个体接受一定社会中一定阶级的人生观教育，对人生问题的自觉的反映，形成了人生观体系。人生意识的发展水平是社会主体的社会性成熟的主要指标之一。

从品德心理学现有的研究成果看，人生意识是指社会主体通过社会生活实践及理论学习，在大脑中借助内部语言，以理论型思维对人生目的、人生态度、人生价值、人生道路高度等概括的稳定的反映。它是人的高层次的精神需要。个体的人生目的、人生态度、人生价值是人生意识的基本结构。个体的幸福观、荣辱观、苦乐观、生死观、公私观、婚恋观、道德观、审美观则是人生意识的具体表现。

人生意识产生的源泉主要来自社会生活实践活动，其次来自一定的社会意识，特别是来自一定的社会意识形态对个体意识的影响。个体已有的心理水平是人生意识产生的主观条件。人的需要及其社会意识是个体人生意识发展的动力源泉。个体的人生意识是一定社会意识形态的人生原理在自我意识中的体现。因而个体的人生意识与一定社会的人生原理本质上是一致的，即个体人生观与阶级人生观在本质上是一致的。但在表现形式和发展水平等方面，尤其在形成过程方面，个体人生观与阶级人生观是有区别的。从总体看，两者相互区别，相互联系，相互转化，相互促进。

此外，人生意识与世界观也是紧密联系的，世界观包括人生意识。人生意识是个体世界观的核心组成部分，是世界观在人生问题上的表现。

---

① 曾欣然《大学生的人生意识特点》，联合国开发计划署、联合国教科文组织研究项目(UNDP CPR/88/030)的研究成果之一。载刘兆吉主编，杨宗义、曾欣然副主编《高等学校教育心理学》，北京师范大学出版社1995年版，第210-217页。

一、大学生人生意识形成的阶段

关于人生意识形成的阶段，目前心理学界的研究还没有取得一致的认识。有的研究者根据人生意识的发展水平，把人生意识的形成分为萌芽、发展和稳定三个阶段①，或准备、形成和稳定三个阶段②。这些分法，优点是简单明了，不足之处是没有把人生意识放进个体的整个意识发展历程中去考察，不利于树立人生意识教育从小抓起的观念。我们认为，研究青年学生的人生意识的形成，不仅应该研究人生意识从萌芽到稳定这一关键期，也应该从个体意识的发展历程中去寻找人生意识的“源”。有人曾经对报刊上公开发表的100多份青年学生人生意识形成的自述文章进行过分析，结果发现，个体人生意识的形成是一个动态渐进的过程。③青年期固然是人生意识形成的关键期，但早期生活的影响，也是不可忽视的。因此，我们以个体对人生问题的自觉意识的程度为指标，对青年学生人生意识形成过程进行动态考察，初步将其划分为：被动模仿期、情境观察期、有意探索期、明确定向期、自觉确立期和巩固完善期。这六个时期又分别处于前人生意识阶段和人生意识阶段。

人生意识形成的动态过程
- 前人生意识阶段
  - 被动模仿期
  - 情境观察期
- 人生意识阶段
  - 有意探索期
  - 明确定向期
  - 自觉确立期
  - 巩固完善期

第一，被动模仿期。从年龄上界定，相当于小学阶段。儿童在这个阶段里，虽然没有直接涉及人生问题，但从人的社会属性来考察，他们的社会活动(如求学)、社会交往(如处理与老师、同学的关系)，就已经开始发生了。只是这些活动不像青年那样，受个体意识的调节，而是被动地模仿成人的行为举止。研究表明，儿童在模仿成人的行为时，也会不自觉地形成一些对生活问题的肤浅看法。例如，声称“我今后”要成为什么样的人等。虽然儿童的这些看法是零碎的、表面的和片面的，但它能为其以后的人生意识的形成留下“痕迹”。在这个阶段，家长和教师应特别重视儿童的良好的心理品质和行为习惯的培养，从小就激发他们的求知欲、自尊心和自信心。

---

①参见张增杰.论大学生心理[M].重庆：西南师范大学出版社，1986.

②参见王淑兰，杨永明.青年心理学概论[M].西安：陕西师范大学出版社，1986.

③参见张大均.试析青年人生观的形成问题[J].西南师范大学学报(人文社会科学版)，1982(3).

第二，情境观察期。从年龄界定，这一时期相当于初中阶段，大体在13~14岁。这个时期的青少年，独立意识已开始出现。他们在与父母师长要“独立”的过程中，不自觉地观察到一些与人生意识有关的问题。随着知识的积累，他们开始把视野从家庭、学校渐渐地转向社会。大千世界的各种事物对他们有很大的吸引力，这些情境为他们提供了感受自然、感受社会的可能。现实生活问题已悄悄地进入少年的心理空间。但这个时期的少年，对社会生活的感受，一是无意的，二是还没有触及自身与社会关系这一人生意识的根本问题。但他们在感受社会、自然时，会自觉或不自觉地受到各种因素的影响，同时他们自己也在不断地更新认识，使原有的对人的关系的看法，涂上现实生活的色彩。这个时期有“染于苍则苍”的特点。因此，当时的社会政治道德水平和个体对未来生活的憧憬程度，对其以后探索人生意识将起着重要的作用。

第三，有意探索期。这个时期相当于高中一二年级了。年龄一般在15~18岁之间，属于青年初期前半段。这个时期的小青年，接触社会现实的机会日益增多。当他们感到一些社会现象与头脑中已有的“理想”(实际是一些被动的愿望)存在着某种距离时，就会对新的生活感到束手无策，产生心理矛盾，这就要求青年认真思考、独立探索、寻求人生意义的真谛。研究表明，在这一时期，青年在探索中，多数人的心理矛盾通过理智的思索和思想磨炼，能够逐步得到解决，从而在人生的道路上奋起进击。但也有少数人沉沦落伍，产生模糊的人生认识。这个时期生动的理想教育，及时的人生引导，就显得十分重要。因此，中学教育中忽视人生理想教育有百害而无一利。

第四，明确定向期。这个时期相当于高中三年级到大学一年级，属于青年初期的后半段，年龄一般在17~18岁。他们在上述时期的发展水平上，能够有意识，比较系统、全面地认识社会与自我的关系，形成比较稳定的人生认识和鲜明的人生态度，基本上确立了人生意识的发展方向。在这个阶段，加强马列主义理论学习与积极的专业思想教育，进行具体的前途引导，培养共产主义的远大理想，树立坚定的事业心等，对正确人生观的形成具有非常重要的作用。

第五，自觉确立期。在上述人生意识发展的水平上，青年学生通过“社会生活 $\rightleftharpoons$ 个体认识”这样多次反复，个体自我意识的分化与统一达到了高度的一致性，就能自觉摆正个体与社会的关系，这就标志着人生意识的真正确立。但也有少数人自我意识分化与统一的矛盾对立，导致了错误人生意识的确立。在这个时期，对青年学生人生意识的教育应从具体内容抓起，诸如幸福观、道德观、恋爱观、职业观,并注意培养高尚的情操和坚强的意志品质,这些对于进一步巩固完善其人生意识是十分重要的。

第六,巩固完善期。这个时期相当于大学高年级(三四年级),年龄一般在21~23岁之间,属于青年中期末,这是人生意识形成的最关键的时期(有的人,可能延缓到青年晚期)。人生意识的有关问题进入个体意识领域所必须具备的心理条件,到青年中期时已经获得充分的发挥和发展。所以,青年中期末是人生观巩固和完善的时期。

上述六个时期是统一的整体——人生意识发展的全过程。因此,虽然各时期的作用不同,但各时期内部/各时期间都存在着有机的联系。

二、大学共产主义人生意识的特点

当前,在校大学生绝大部分是共青团员,并且正处在青年初期后半段或中期,不仅处在学习成才的黄金年华,而且是个体人生意识形成的关键时期。因此研究大学生共产主义人生意识的特点,加强共产主义人生意识的教育,促进大学生共产主义人生意识形成,使其中一批人早日成为共产主义者,是高校德育工作的重要任务。

共产主义人生意识是个体共产主义世界观的核心部分,是人类人生意识的最高层次。马克思主义认为,以集体主义原则对待个人与社会的关系是共产主义人生意识的核心,全心全意为人民服务是共产主义人生意识的主要标志。

当代大学生共产主义人生意识具体表现在哪些方面,有什么样的特点?我们曾经用开放式问卷和平时考察相结合的方法,调查了西南师范大学1985级学生新党员62人,业余党校学员220人,共计282人,并对其成长过程进行了心理学分析。结果表明,大学生新党员及争取入党的积极分子,从总体上看,已初步确立了共产主义的人生意识,因为这是作为一个共产主义者首先应该具备的。所以,我们认为,研究大学生共产主义人生意识的形成,首先应该研究大学生先进分子共产主义人生意识的特点。

下面根据我们的调查研究,就大学生共产主义人生意识的形成问题做一些探讨。

(一)大学生共产主义人生意识的萌芽期

弄清大学生共产主义人生意识的萌芽期,有利于我们探明大学生共产主义人生意识形成的关键期,把握对大学生进行人生观教育的最佳时期。下表是我们对282名大学生调查的结果。①

①曾欣然,张大均.八十年代大学生党员成长过程的心理学研究[A].全国第六届心理学术会议文摘选集,1987:172.

表6-3 大学生共产主义人生意识的萌芽时期

时　限	人数	百分比	占 位
大学阶段(一、二年级)	127	45	1
高中阶段	62	22	2
初中阶段	23	7.9	3
小学阶段	19	6.7	4
其 他	7	2.4	
不清楚	44	16	

从表6-3可见，大学生共产主义人生意识的出现，从小学阶段到大学阶段，比重呈上升趋势，但小学—初中阶段变化不大，且多数反应是从外界“灌输”获得的，是被动不自觉的。高中—大学阶段比例快速上升，绝大多数是在内外因素的共同影响下形成的，是主动自觉的，尤其是大学阶段比例最高。这表明，人生意识正式萌芽(主动自觉性)在青年初期(高中阶段)，关键期在大学低年级。但初中、小学阶段的教育也有一定影响。此外，尚有16%的学生对自己从什么时候开始考虑共产主义人生问题还不清楚，原因何在？有待研究。

(二)大学生共产主义人生意识的心理结构

在本章的第一节中，我们探讨了大学生人生意识的一般心理结构。大学生共产主义人生意识是其人生意识发展的最高层次，它的结构如何，是一个应该探讨的问题。

从表6-4可知，当代大学生共产主义人生意识的心理结构，主要由对共产主义理想、信念的认识，共产主义人生态度(包括学习、生活、人际交往、工作等方面的态度)，共产主义品德，共产主义情操，智能，性格、意志品质等心理要素构成。

表6-4 大学生共产主义人生意识心理结构

心理结构要素		人次	百分比
共产主义人生认识	对共产主义人生理想、信念的认识	118	41.8
	对共产主义人生目的的认识	128	45.4
	对社会现实改革的认识	90	31.9
共产主义人生态度	学习态度	101	35.8
	生活态度	69	24.6
	人际交往态度	33	11.5
	工作态度	32	11.4
共产主义品德		236	93.7

续表

心理结构要素	人次	百分比
共产主义情操	68	24.5
智　能	183	64.7
性格、意志品质	137	48.6
其　他	17	6

从表6-4分析，可以看出以下特点：

1. 大学生共产主义人生意识是共产主义意识形态在个体脑中的反映。

2. 共产主义人生意识的形成与大学生的成才意识、主导活动有密切的关系。如把智能因素作为共产主义人生意识心理成分者占64.7%。此外，把学习、生活态度作为共产主义人生态度的主要内容等。

3. 十分重视共产主义品质是大学生共产主义人生意识的显著特点。

4. 比较注重个性品质在人生意识中的地位。

(三)影响大学生共产主义人生意识的形成因素

大学生共产主义人生意识的形成是一个复杂的过程，既受客观因素(主要包括宏观环境、微观环境和教育)，也受个体心理品质的影响。据调查主要有以下诸项。

表6-5　影响大学生共产主义意识的主要因素

主要因素		人次	百分比	占位
客观因素	党的教育感召	105	37.2	1
	英模事迹	57	20.2	2
	书刊影响	31	10.7	4
	师长表率	39	13.8	3
	社会现实	37	13	5
主观因素	对共产主义的认识	62	22	1
	内化榜样形象	55	19.5	2
	理想、信念	37	13	3
	责任感	36	12.7	4
	人生理想目标	34	12	5
	上进心	18	6.4	6

表6-5概括反映了影响当代大学生共产主义人生意识的主要因素。

大学阶段既是个体人生意识形成、发展和巩固完善的关键期，也是进行共产主义人生意识教育的重要时期。因此，根据大学生的身心特点和共产主义人生意识形成的特点，及时加强对大学生共产主义人生意识的教育，是高校思想政治教育的根本任务之一。

本组未列文章题目：

《学生品德心理的发展》，曾欣然撰写，选自张大均主编《教育心理学教程》第十章，四川人民出版社1992年9月出版。

《中学生德育心理》，刊载于《西南师大成人教育》1989年1—4期(连载)。

《未成年人德性发展新特点研究》，选自曾欣然编著《德育心理学研究》，西南师范大学教育科学研究所2004年内部打印。

《老年知识分子再创造自我效能感的调查研究》，此文由冯春与曾欣然共同完成，刊载于《中国老年学杂志》2004年7月第24卷。

第七部分

探索新人育德习德的心理活动规律

研究一　探索德性培育心理规律[①]

培育适应社会主义现代化要求的新人、新德性，必须有相应的现代德育。构建现代德育理论，在国内新近的著作主要有：鲁洁、王逢贤主编的《德育新论》（1994年），张龙光著的《现代德育学》（1994年），魏贤超著的《现代德育原理》（1993年）和他主编的《现代德育理论与实践》（1994年），詹万生著的《德育新论》（1996年），戚万学、杜时忠编著的《现代德育论》（1997年）等。这些著作从社会主义文化建设的理论高度，运用新观点，总结新经验，从不同的角度论述了现代德育。

根据现代德育要求，培育社会主义新人的德性品质（或称思想品德素质）必须全方位、全程性地探索德性培育的心理规律（简称育德心理规律）。

从现有研究资料分析，除研究社会规律、教育规律及生理规律外，培育德性的心理规律，大致可以从以下六种教育情境中显示育德心理规律（如图7-1所示）。

①此文选自曾欣然著《德性培育心理学》引言及结束语，（北京）警官教育出版社，1998年8月出版。

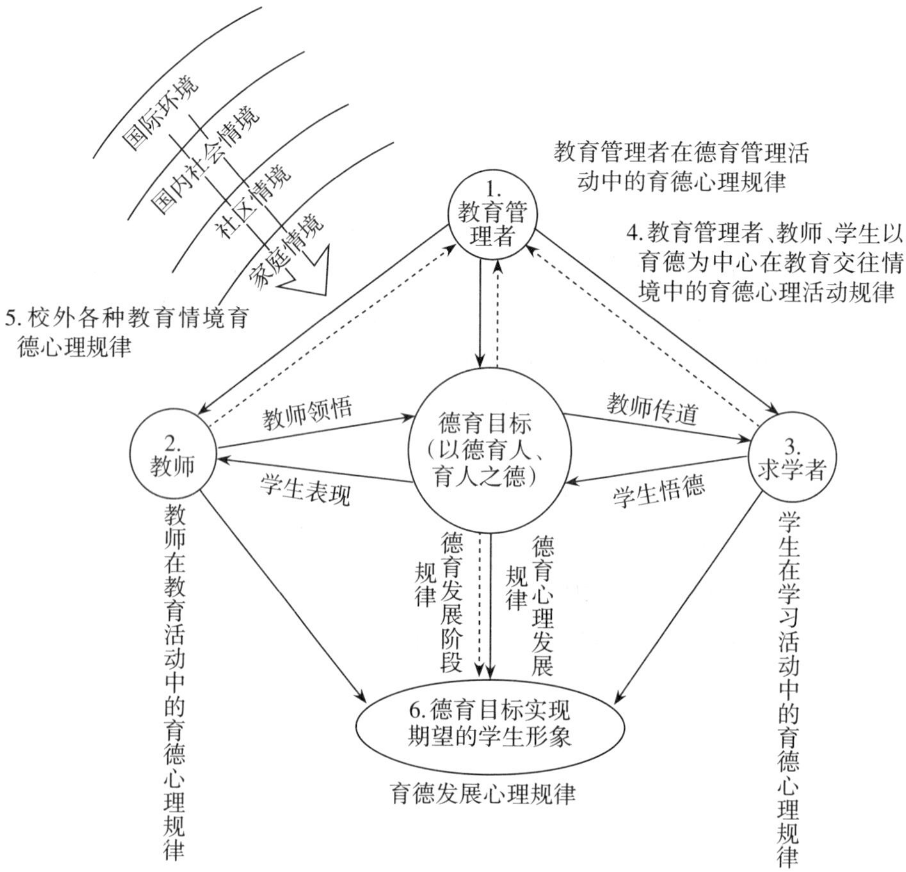

图7-1　德性培育心理规律构成示意图

（一）教育管理者在德育管理活动中的育德心理规律。现在已开始有德育管理心理的研究。

（二）教师在教育活动中的育德心理规律。这是指广大教育工作者教书育人，或专职德育教师、德育工作者，使用德育课程（含德育学科课程、德育活动课程以及德育隐性课程），创设德育情境，“以德育人”的心理规律。

（三）学生在学习活动中的育德心理规律。这是指学生作为育德主体，主动参加德育活动，通过“内化”“融化”“优化”“外化”“习惯化”的过程，形成德性的心理规律。

（四）教育管理者、教师、学生三方主体，在教育交往情境中，培育德性的心理规律。

（五）校外各种层次的社会情境中，学生参与活动，既接受德育信息、德育因素，影响德性形成，又主动实践，处理人与人交往中的社会关系，实现德性价值、人生价值的心理规律。

（六）育德发展心理规律，是指人从出生到终生的生命全程的德性发展的心理规律。

综上，探索人的德性发展、培育人的德性、遵循人的德性价值、人生价值的心理规律，应是全方位的、人生全程的综合研究。研究的核心，就是教育者“以德育人”⇌“育人之德”相互转化、相互作用、终身发展的心理规律。其中孕育有中国特色的德性发展培育心理学。

本书综合我国当代德育心理、美育心理、智育心理、发展心理、社会心理研究的相关成果（国外研究未做引述），用“以德育人”⇌“育人之德”为主轴，从应用理论的角度，尝试阐述德育心理规律，以便广大教育工作者、德育工作者、教育管理者参考、使用。

书中第一部分（一至三章），主要是阐述德性心理研究的根本观点：人的本质、德性心理整体结构、德性心理发展的终身历程。第二部分（四至八章），主要阐述现代德育专业性的育德活动的心理，如榜样育人的心理活动，规范育人的心理活动，理论（主要是德育学科课程）育人的心理活动，集体活动育人的心理活动、自我教育的心理活动。第三部分（第九章）是阐述德性发展培育的测评心理。

最后是结束与起步。把培育社会主义新人的德性心理规律，初步归纳为“十律”，便于记忆，便于应用，也便于受到启发，便于进行实验，进行新的探索。

全书论述结束，实际应用，深入探索，又是新的起步。

本章根据国内德性心理研究新成果（国外研究资料未评介），从应用理论角度，以培育人的德性、实现人的德性价值为核心，围绕“以德育人”⇌“育人之德”相互转化、相互促进发展为主轴，尝试阐述了社会主义新人德性发展培育心理规律（简称育德心理规律），为了读者便于记忆，便于灵活选择，便于综合地创造性应用，暂归纳育德心理原理为“十律”：

一、德性主体同德律。

二、德性意识融和律。

三、德性动力递进律。

四、德性情境观摩律。

五、德性智能共识律。

六、德性体验共鸣律。

七、德性行动协调律。

八、德性评价共誉律。

九、德性价值同享律。

十、育德力量消长律。

应用这些规律性原理，广大德育工作者积累了丰富的优秀的新鲜经验。在德育学科课程、德育活动课程的教育教学活动中，都可有序操作使用，继续总结、实验、创新。

施之以爱，动之以情，
启发需要，激发动力。
授以德知，培育智能，
树之以模，立之以规，
晓之以理，明之以义。
锻炼意志，导之以行，
自我教育，及时奖评。
科学管理，规范做人，
持之以恒，“习与性成”。

研究二　德性结构形成的基本心理规律①

人的德性结构怎样将客观的人与人的实际社会关系、社会行为规范反映在人脑中，在人脑中怎样组成德性的功能结构，这是德性结构研究的首要问题。德性形成的具体的心理规律是很多的，这里着重研究德性结构形成的基本心理规律。社会主体在科学社会主义运动的交往实践中，以人与人的新型的物质的社会关系为基础，掌握社会主义文化体系的新内容与个体脑中已掌握的德性结构构成内心矛盾，促进相互转化，促进相互发展，是社会主义德性结构(社会主义觉悟)形成的基本心理规律。这项规律显示，德性结构形成，不仅有“内化”过程，也不仅有“外化”过程，应该是“内化”与“外化”结合，“内外交相成”。社会交往实践，即人与人的交往实践是第一位的，根本性的。

理解这条规律，主要从以下三个方面进行思考。

一、社会关系是德性心理内容的客观源泉

心理是人脑对客观现实的反映。德性心理反映客观现实的什么呢？

人生活在一定社会中，除形成人与自然的关系以外，还形成各种各样的社会关系。在所有这些社会关系中，主要包括两大类。列宁在分析马克思、恩格斯的世界观时指出：他们的基本思想是把社会关系分成物质关系和思想关系。②物质的社会关系，即不通过人们的意识而形成的社会关系：人们在交换产品时彼此发生生产关系，他们甚至没有意识到这里存在着社会生产关系。思想的社会关系，即通过人们的意识而形成的关系。③

在这些社会关系中，最基本的是与物质生产活动直接联系，不通过人们的意识所形成的生产关系或经济关系。与此相适应，人们之间还形成一定的政治关系、法权关系、道德关系等思想的社会关系。

思想的社会关系是由思想家、知识分子在社会生活实践中，经过专业的训练和职业实践，总结人们实际处理各种社会关系的经验，创造性地研究，系统化、理论化

①此文选自曾欣然著《德性培育心理学》第二章第四节，警官教育出版社1998年8月出版。
②参见列宁.列宁选集：第1卷[M].北京：人民出版社，1995.12.
③参见列宁.列宁选集：第1卷[M].北京：人民出版社，1995.8.

地构建社会意识，特别是创建社会意识形态的思想体系。作为社会意识形态的各种形式，政治思想、法权思想、道德、哲学观点等，各有各的特点，各有不同的作用。但是又都借助于物质载体，组成“物化”体系，客观地储存于社会中，流传于社会上，构成社会中的思想社会关系。

这些物质的社会关系和思想的社会关系，都体现了个人与个人、个人与集体、个人与社会、集体与集体、集体与社会在交往实践活动中的交往关系。在交往实践活动中又产生了人与人的心理距离、亲疏好恶，形成人际社会关系，即心理关系。这三者构成社会情境的关系结构层次，即社会关系（深层）、交往关系（中层）、人际关系（表层）。外现则以客观的情境事实、情境关系、情境社会意义展现在人们面前。

这样，社会上的物质的社会关系，以及反映这种物质的社会关系的各种思想的社会关系（以“物化”形式），相互交流的交往关系，以及人际社会关系，都客观存在于个体人脑之外，按各自的客观规律发展，不以人们的主观意志为转移，构成人的德性内容的客观源泉。

我国当前正处在社会主义初级阶段。作为思想的社会关系的社会主义意识形态，它主要是继承中华民族文化的优良传统，概括了我国当代工人阶级及广大人民群众正确处理社会关系的优秀实践经验。以社会主义的政治原则，社会主义的法制准则，社会主义的道德规范，马列主义价值观，人生观、世界观的原理等形态，反映着社会主义社会中占主导地位的新型的人与人的社会关系。同时，通过人们的内心活动，按这些原理、原则、规矩、规范支配人的言行，转化成社会物质力量，调整人们的社会关系，促进社会向高级阶段发展。它的发生、发展与变化是与社会主义经济发展相适应，受社会主义社会中的社会发展规律的制约。

社会的政治思想、法制思想、道德规范、人生观、世界观原理都是精神现象。唯物主义观点认为，精神现象是不能独立存在的，它必须寓于人的行动、人的语言及“人造物”、电磁波等物质载体之中，组成“物化”体系，才能存在于个体的头脑之外。组成“物化”体系，这对个体来说，在个体头脑之外，也是客观存在的。它同人与人的物质的社会关系一起，成为社会主义生活环境的主要内容，构成个体德性心理内容的客观源泉。从性质上看，在社会主义初级阶段，在社会上，还有一些非社会主义的人与人的实际关系和非社会主义的意识形态，也影响着个体德性的性质、内容和方向，构成德性心理活动中的矛盾斗争。

个体德性作为人的完整的心理结构，则是社会主体在德性行动中表现的稳固心理特征，是社会政治思想、法制思想、道德、哲学观点等社会意识形态在社会成员个体身上的体现。它是人的社会本质的核心。它在人脑中借助于言语(特别是内部言语)支配着人的言行,使个体的精神力量转化为个人物质力量或社会物质力量,调节着人与人的关系,调节着人与己的关系。它的性质和内容,决定于个体所处的人与人的实际社会关系和接受的社会政治思想、法制思想、道德及哲学观点的性质和内容,具有明显的时代特征。在当前社会主义社会中,德性的性质和内容,处于主导的地位应是具有工人阶级的阶级性和人民性。它的发展方向、形成的速度、丰富的程度、能动作用、发挥程度,则直接受人的心理活动规律支配,显示出德性心理结构形成过程中的心理规律的作用。

这些客观源泉的内容,在人的社会实践、社会生活中,以综合组成的社会情境对人的德性内容、性质发生源泉性(根源性)的决定作用。但人在社会实践、社会生活中,接受、认识、领悟、体验、对待这种影响时,却是渐进的、有序的,显示出德性结构的层次性。主客观结合的发展过程中,决定着人的德性既有情境性,又有阶段性。

二、德性心理结构与社会关系的相互联系与转化

个体出生在社会情境中,最先接触到的是社会上早已形成的、现成的社会关系。这种客观的存在于个体头脑之外的物质的社会关系、思想的社会关系及人际关系,怎样映入人脑,怎样体现在人的德性行动中,这就是德性心理结构与社会关系相互联系、相互转化的问题。

经研究,我们初步认为社会的物质关系、思想关系与个体的德性联系是互相转化、相互促进发展的动态关系。这二者之间的相互转化,主要表现在德性心理活动转化的五个关键环节上。

第一个德性心理活动转化环节是德性意识的"启动"过程。人在交往实践活动中,直接作用于面临的客观的社会情境。社会情境以情境中的社会事实、情境中的社会关系、情境的社会意义,综合地反作用于人,引起人的注意,"启动"人的德性意识,使人立即进入清醒的意识状态,显示出人的情境意识(意识到情境事实的真伪)、关系意识(意识到情境中人与人的需要关系、利益关系等)、意义意识(意识到当前情境中的事实、人与人的关系的社会意义、人生意义),迅速地在脑中盘旋,联系自己的社会地位、社会角色以及自己的社会权利、社会义务等,集中表现出态度意识(意识到自己应该不应该、需要不需要参与解决的态度),成为或准备接受信息或准备行动的内心状态。因此激发德性意识,明确态度,是德性心理结构形成的第

一关键环节。

第二个德性心理活动转化环节是社会关系入耳入目入脑的“接受”状态。这是个体德性内容来源的第一步,即第一道门户。人生活在现实的情境中,首先处于一定的社会关系中。同时,总是主动地或被动地,有意识地或无意地接受着现成的一定的社会政治思想、道德、法制思想、哲学观点等,“灌输”到个体头脑中。这种客观的头脑之外的政治思想、法制思想、道德、哲学观点的“物化”体系,经耳闻目睹多次反复接受,逐步转化成主体头脑中的德性结构的内容。由客观内容变成了主体的主观内容。由于“物化”体系的社会政治思想、法制思想、道德及哲学观点本身有正确的与错误的区别,以及与个体已有的态度意识,与已有的社会需要、社会利益、价值观念是否符合的情况,进而显示出个体接受教育的不同态度和不同情感。符合个体已有的社会需要者,个体便表示赞成的态度、乐意的情感,呈现顺应心理状态,“接受”了。不符合个体需要者,个体便表示反对的态度,呈现出“逆反”的心理状态,抵触的情感,不愿“接受”。若与个体已有社会需要关系不大者,个体则表示“无所谓”的态度、冷淡的情感,呈现无动于衷的心理状态,其实也未入耳,未入目,更未入脑,没有“接受”。有的客观内容,一部分符合个体已有的社会需要,一部分不符合个体已有需要,个体则表示观望的态度,呈现徘徊的心理状态,矛盾的情感,选择的接受。因此,在“灌输”过程中,教育者一定要摸准需要,动之以情,使受教育者喜闻乐见,愉快接受,是第二关键环节。

第三个德性心理活动转化环节是个体新接受的社会政治思想、法制思想、道德、哲学观点在个体头脑中与已有的德性心理结构结合,呈现“融和”状态、优化“状态”,使个体德性心理结构组成稳固化。它包括由形象到抽象、由具体到概括、由个别到一般的德性认识结构概括化,从简单的德性行动到德性意志行动熟练化、习惯化。这些都是人在千百次社会交往中,在头脑中反复思考才实现的转化,处处体现着社会主体的能动性。因此,教育者一定要相应地使用“物化”体系的各种形式,树之以模,立之以规,晓之以理,启发思考,明之以义,以形成个体富有个性特征的德性心理结构。

第四个德性心理活动转化环节是个体德性实践行动转化成物质能量,呈现“外化”的状态。它由头脑中作为心理活动的德性,能动地支配和调节德性行动,转化成个体实际行动的物质能量。在更多情况下,常常是邀约一些社会伙伴一起参加共同的群体活动,或组织成集体行动,转化成社会、人群的社会物质力量,并在转化过程中,按主体需要,克服诸种困难,以行动作用于社会,调整人与人的关系,调节人与己的关系。同时,它影响着社会政治思想、法制思想、道德、哲学观点的传播和内容的发展。因此,教育者一定要导之以行、炼之以志,变主观为客观,成功地实现德性价值,“内得于己,外得于人”。

第五个德性心理活动转化环节,是由主体德性行动的社会效果通过反馈联系产生“双重德性心理效应”,呈现“内导自动化”的状态。“双重效应”是指:(1)社会效果直接影响主体自我评价,影响主体本身德性的形成、发展、巩固或矫正;(2)社会效果先影响社会,由社会评价再影响主体德性的形成、发展、巩固或矫正,简称“反馈联系双重德性心理效应”。它对人的德性具有自动化调节作用,组成人的德性行动自动调节的环状结构,形成自我教育、自我修养的内部心理机制。由于社会效果有正效果与负效果之分,且直接反馈于主体,因此能引起肯定的或否定的自我评价,及相应的自我体验,产生自豪感或内疚感。正效果或负效果反馈作用于社会,引起社会生活环境、教育环境中不同的社会成员产生不同的社会评论。对正效果,多数社会成员高兴、赞扬、拍手叫好;有的人则讽刺。对负效果也是一样,多数社会成员同情、劝导、伸出援助的友谊之手;有的人则是嘲笑、诱惑,甚至落井下石。这种由于自己德性行动的社会效果引起不同的社会评论,又必将同时反馈作用于主体自己进行自动调节。经过多次成功的德性实践,终于形成环状的稳定的德性心理结构。“习与性成”,成为人的德性,即性格、人格的德性特征,人的社会本质的德性表现。

三、德性结构形成的心理动态类型

根据对德性心理结构与社会关系相互转化的全过程分析,对实现德性价值由于社会评价不同,主体的自我评价不同,以及与主体原有的全部德性心理结构相同或不一致,德性价值实现不同,在头脑中构成各式各样的德性心理矛盾。诸如真与假的矛盾,信与疑的矛盾,是与非的矛盾,善与恶的矛盾,对与错的矛盾,等等。由此组成不同德性心理力量的对比。这种德性心理力量的对比变化、德性心理矛盾的转化,自动调节、自觉控制、自我选择,多次往复,由量变到质变,就直接影响着主体的德性心理结构发展的方向、速度,影响着德性行动的坚持、巩固,或者是矫正,逐步形成完善的德性心理结构。

关于学生德性结构形成中的心理矛盾,有各种不同的描述和概括。从德性反映内容的性质看,当前主要的德性心理矛盾有三类。

第一类,反映工人阶级意识与非工人阶级意识的矛盾斗争构成的心理矛盾。

第二类,反映科学社会主义意识形态与民主社会主义意识形态的矛盾斗争构成的心理矛盾。

第三类,反映个体自身成长过程中德性成熟与德性不成熟的矛盾斗争构成的心理矛盾。

这些心理矛盾,在个体头脑中构成经常的、复杂的、曲折的德性心理矛盾斗争。这时,个体德性心理结构到底向什么方向发展,有多大进步速度,则取决于德性心理矛盾诸方面的力量融合的增减程度。这时,教育者一定要分析实现德性价值的效果,及时讲评,增强正确的力量,促进受教育者向正确方向转化,使受教育者坚定正确的立场、原则,进行自我评价、自我衡量,自觉努力向上。

由于德性心理矛盾斗争力量增减程度不同,外界影响力量不同,呈现出个体德性形成过程的各种德性心理动态类型,每种类型又因各自主体的自我努力情况不同,显示出各种亚类型以及发生类型转化。如综合教育管理,组成教育合力,各种正确力量一致,处于"顺境"中,容易形成坚定型即顺境健康型,其中,由于自我的实际觉悟水平不同,又有先进自觉型、平庸等待型、"逆反"转变型等。如教育合力未形成,处于复杂的或困难的环境中,或教育失误,放弃阵地,各种错误力量一致,处于逆境中,则容易铸成挫折失足型。其中的失足表现,又分外泄型、内抑型、失望型等。自身正确力量与错误力量势均力敌,常引起内心激烈的心理矛盾斗争,或反复转化,则会出现各种的艰难曲折型:如正误力量争斗长期相当,造成徘徊、彷徨型;虽有正确力量,但在较长时间内没有战胜错误力量,出现苦闷型;正确力量由少增多,由弱变强,终于战胜错误力量,出现"浪子回头"的矫正型(迷路转变型);等等。从上述各种类型发展变化的力量源泉来看,的确"外因是变化的条件,内因是变化的根据,外因通过内因而起作用"。只不过德性心理结构的内因,是在社会生活实践中,由外因转化、积累而来,不是先天遗传的,不是自然成熟的,也不是"类似本能的潜能"。因此,教育者首先要依靠社会教育力量,形成教育合力,组成顺境,克服困境,防止逆境。其次,教育者一定要按德性形成的动态类型,因人施教,启发学生自我努力,引导学生持之以恒,养成良好习惯,形成德性性格。可以说,绝大多数人经过较长时间的实践和学习,就会"习与性成",习惯成自然,形成内容健康、结构完善的德性。

研究三　探索新人德性培育的心理规律[①]

第一节　全方位研究育德心理规律

关于人的思想道德建设的规律，有多门科学进行了研究。20世纪以来，我国的学者进行研究，提出了以下各种表述。

王海明从伦理学原理角度阐述了品德规律：1.品德—经济律；2.品德—政治律；3.品德—道德律；4.品德—科教律。也阐述了幸福规律：1.体验律；2.价值律；3.实现律；4.德福律。（《伦理学原理》，北京大学出版社，2001年）1994年，他还曾提出过品德规律有德富律、德福律、德识律、德道律。（《寻求新道德》，华夏出版社，1994年）

陈秉公从思想政治教育学原理角度，阐述了思想政治教育过程的基本规律：1.社会适应律；2.要素协调律；3.过程充足律；4.人格行为律；5.自我同一律。（《思想政治教育学原理》，辽宁人民出版社，2001年）

朱小蔓从情感德育论角度，阐述了德育情感规律，提出了：1.感情充裕律；2.情动感受律；3.移情体验律；4.意义享用律；5.定向孕育律。同时，提出了德育工作者可以把握的4种情感活动规律：1.文化输给律；2.迁移泛化律；3.强化定势律；4.情绪转化律。

对现代德性培育的心理规律，我国德育心理学工作者开始了开拓性研究。章志光教授采用现场教育心理实验法，开展学生品德形成实验，历时4年研究，收到21篇实验报告。他在总结时，发现和再认了学生品德形成的德育心理规律的事实：1.品德的形成是内外多种因素交互作用的结果；2.价值取向是决定品德发展方向与水平的关键因素；3.教育的针对性可以提出青少年品德培养的效能等。李伯黍教授、岑国祯教授通过对大量研究成果的分析综合，总结了实证性德育模式、经验性德育模式，并将其分为5大类：1.提高道德认识的德育模式（内含3个子模式）；2.培养道德情感的德育模式（内含3个子模式）；3.形成道德行为习惯的德育模式（内含3个子模式）；4.促进道德社会化的德育模式（内含1个子模式）；5.导引价值取向的德育模

①此文选自曾欣然著《德性心理活动规律探索》第七章，西南师范大学出版社2012年2月出版。

式(内含3个子模式)。[①]

1998年初,应张楚廷、母庚才之约,笔者参与编写教育心理学丛书,撰写了《德性培育心理学》。[②] 当时,综合我国当代德育心理、美育心理、智育心理、发展心理、社会心理研究的相关成果,用"以德育人、育人之德"为主轴,从理论角度,尝试阐述育德心理规律。

(一)探索人的德性发展、培育人的德性,实现人的德性价值、人生价值的心理规律,应是全方位的、人生全程的综合研究。研究的核心就是研究教育者"以德育人、育人之德"相互转化、相互作用、终身发展的心理规律。

(二)初步设想学校培育德性的心理规律,大致有6种教育情境中显示的育德心理规律。即:教育管理者在德育管理活动中的育德心理规律;教师在教育活动中的育德心理规律;学生在学习活动中的自我育德心理规律;管、教、学三方主体以育德为中心在教育交往情境中的育德心理规律;校外各种德育情境中育德心理规律;学生德性发展的育德心理规律。

(三)初步阐述了德性结构形成的基本心理规律。

(四)尝试归纳育德心理原理十律,即育德活动的共同心理规律"十律":1.德性主体同德律;2.德性意识融会律;3.德性动力递进律;4.德性情境观摩律;5.德性智能共识律;6.德性体验共鸣律;7.德性行动协调律;8.德性评价共誉律;9.德性价值同享律;10.育德力量消长律。

(五)初步阐述了现代德育专业性的育德活动中特有心理活动规律性,如:榜样育人的心理活动、规范育人的心理活动、理论育人的心理活动、集体活动育人的心理活动、自我教育的心理活动。

总之,我们认为德性培育心理学是基于育德育人的客观要求,使用科学方法,研究现实社会中教育者以立人之道,启发求学者启动智能器官功能,实践体验建构做人之德,实现德性价值、人生价值的心理活动的规律的科学(德性运行机制、德性发展特点、形成德性品质、健全人格素质),简称传授"立人之道" $\rightleftharpoons$ 学会"做人之德"的相互转化心理活动规律的科学。转化如图7-2表所示:

①参见李伯黍,岑国祯.道德发展与德育模式[M].上海:华东师范大学出版社,1999.

②参见曾欣然.德性培育心理学[M].北京:警官教育出版社,1998.

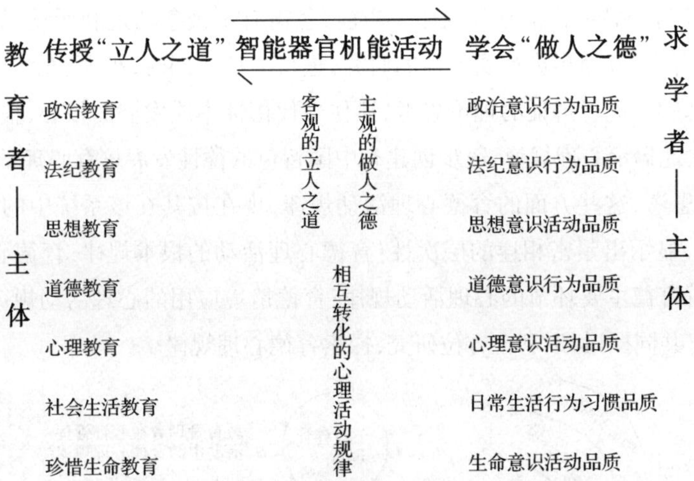

图7-2　"立人之道"与"做人之德"的相互转变

从现有研究资料分析,除综合应用研究社会规律、教育规律及生理规律外,研究德性培育心理规律,以学校教育工作为例,大致可以从以下教育情境中显示育德心理规律。

(一)教育管理者在德育管理活动中的育德心理规律。现在已开始有德育管理心理的研究。

(二)教师在教育活动中的育德心理规律。一是指广大教育工作者教书育人的育德心理规律。二是指专职德育教师、德育工作者,使用德育课程(含德育学科课程、德育活动课程以及德育隐性课程),创设德育情境,以立人之道,育做人之德。

(三)学生在学习活动中的育德心理规律。这是指学生作为育德主体,主动参加德育活动,通过学习、体验、实践,在智能器官中进行"内化""融化""优化""系统化""外化""习惯化"的体验过程,形成德性、实现德性价值的心理规律。

(四)教育管理者、教师、学生三方主体,在教育交往情境中,互动互育,培育德性的心理规律。

(五)校外各种层次的社会情境中,学生参与活动,既接受德育信息、德育因素,影响德性形成;又主动实践,处理人与人交往中的社会关系,实现德性价值、人生价值的心理规律。

(六)育德发展心理规律,是指人生命全程中实现德性价值为中心全程德性发展的心理规律。

这些初步设想和尝试有待进一步改进。随着近10年科研的发展,不断取得的新成果,有利于揭示育德心理规律。当前,急需有不被急功近利所动,静得下来的科研工作者,一方面再进行实证性的研究,进行验证。同时,扩大、充实原创性的成果,在此基础上进行辩证的理论思考,抓住现代德性本质发展的核心,整体地、全面地、分层次地揭示心理规律,逐步创建有中国特色的德性发展培育心理学。

综合思考,这些方面的育德心理活动规律,现在按其在该系统中的地位不同、作用不同,显示出紧密相连的层次性:育德心理活动的根本规律;育德心理活动的基本规律;育德主要环节的心理活动规律;育德情境应用的心理活动规律。是否合适,请大家共同探讨,以利全方位研究,探索育德心理规律。

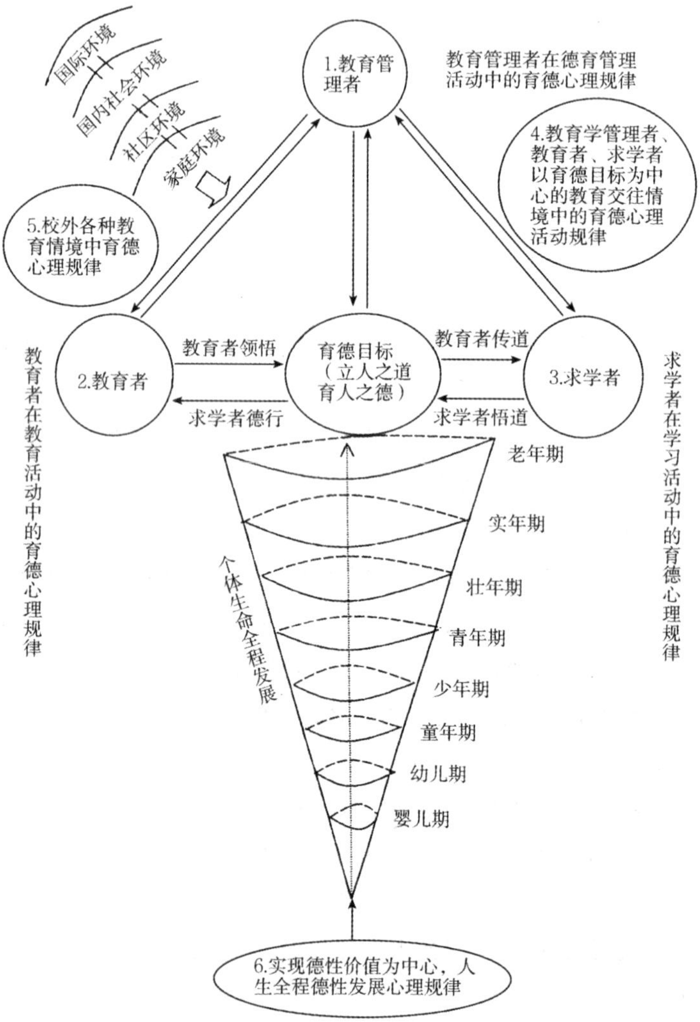

图7-3　探索德性培育心理规律示意

第二节　育德心理基本规律

人的德性结构怎样将客观的人与人的实际社会关系、社会行为规范及其社会意义反映在智能器官中，在智能器官中怎样建构德性心理素质系统，又怎样发挥德性心理结构的协调功能，实现人的德性价值，这是形成德性心理结构研究的首要问题。德性形成的具体的心理规律是多层次的，这里首先共同研究德性心理结构形成的基本心理规律。

德性心理结构的形成过程实际上是育德的过程，是一种学习。这种德性学习活动又明显不同于知识学习活动。王健敏认为“道德学习是以社会规范为载体的价值学习。它区别于一般意义的知识学习与技能学习，是以体验为核心的知、情、行整合学习”，给人新的启发。

对德性学习活动可否进一步认为是：以人与人社会交往的社会情境为载体，以社会生活实践为基础，以体验德性价值为核心，掌握社会行为规范及其社会意义为内容，启动智能器官综合建构社会认知、社会情感、社会需要、社会意识、人生价值及实现价值的社会智慧和社会行为，形成德性结构的学习活动。

社会主义新人在科学社会主义运动的交往实践中，以人与人的新型的物质的社会关系为基础，学习先进文化体系的新内容、新意义与新人已掌握的德性心理结构的原有内容、原有意义，在智能器官中构成实现人己德性需要融合的内心矛盾，促进相互转化、促进相互发展，是社会主义德性心理结构形成的根本心理规律。

这项规律显示，德性心理结构的形成，包含了客观的人与人的社会关系（内容源泉）、人的智能器官活动（人脑活动机能）、人的社会交往活动性质（根本活动途径）、人的德性心理发展的内部矛盾（内部动力）运行。全过程中，不仅有“内化”，有“外化”，还有“内化”与“外化”相结合的“内外交相成”的融合建构的心理矛盾统一过程（有内心建构—行动实现过程）。其中，社会交往实践活动，即人与人的交往实践活动是第一位，反映的客观的内容是根本性的。主观反映客观的构建德性、调节德性改造客观情境，完善人格价值核心品质是关键性的。

理解这条规律，主要从育德心理内容的源泉、育德心理建构的运行过程（即德性学习心理活动运行过程）两方面进行思考，即育德学习心理活动两项基本规律。

一、德性心理反映社会关系、社会意义源泉律

德性心理是客观现实的反映，其社会关系及社会意义是德性心理内容的客观

源泉。明确提示人的德性不是“神源”，不是“脑源”（遗传），其内容源泉应是客观现实的。德性心理反映客观现实的什么呢？反映客观现实中的社会关系，特别是反映社会关系的社会意义，显示人的德性与人的智能、人的审美心理反映内容明显不同。

人生活在一定的社会中，除了形成人与自然的关系以外，必然形成各种各样的社会关系。在所有这些社会关系中，主要包括两大类。列宁在分析马克思、恩格斯的世界观时指出：他们的基本思想是把社会关系分成物质关系和思想关系。①物质的社会关系，即不通过人们的意识而形成的社会关系。此社会关系为人们在交换产品时彼此发生的生产关系，他们甚至没有意识到这里存在着社会生产关系。思想的社会关系，即通过人们的意识而形成的关系。②

在这些社会关系中，最基本的是与物质生产活动直接联系，不通过人们的意识所形成的生产关系或经济关系。与此相适应，人们之间还形成一定的政治关系、法权关系、道德关系等思想的社会关系。

思想的社会关系是由思想家、知识分子在社会生活实践中，经过专业的训练和职业实践，总结人们实际处理各种社会关系的经验，创造性地研究，系统化、理论化构建的社会意识，特别是创建社会意识形态的思想体系。作为社会意识形态的各种形式，即政治思想、法权思想、道德、哲学观点等，各有各的特点，各有各的表现形态，各有不同的社会作用，但是又都借助于以语言及物品等物质为载体，组成“意识物化”体系，客观地储存于社会中，流传于社会上，构成社会中的思想社会关系。

这些物质关系和思想的社会关系，都体现在个人与个人、个人与集体、个人与社会、集体与集体、集体与社会的交往实践活动中的生活交往关系和价值关系。在生活交往实践活动中又同时产生了人与人的心理的距离远近、情感的亲疏好恶及体验的强弱，形成人际社会关系，即人与人的社会心理关系。这四者构成社会情境的关系结构层次，即价值关系（核心层）、社会关系（深层）、交往关系（中层）、人际关系（表层）。综合为社会情境展现在人们面前时，这四者则显示出客观的情境事实、情境关系、情境社会意义的层次。

这样，社会上的物质的社会关系、价值关系以及反映这种物质的社会关系和价值关系的各种思想的社会关系（以“物化”形式），相互交流的交往关系以及人际社会关系，都以社会情境的形态，客观存在于人脑之外，按各自的客观规律发展，不以

①列宁．列宁选集：第1卷[M]．北京：人民出版社，1995:12.

②列宁．列宁选集：第1卷[M]．北京：人民出版社，1995:8.

人们的主观意志为转移，构成人的德性内容的客观源泉。

社会关系的含义是许多个人的合作关系。这种人与人的合作是多层次的、多结构的、多取向的关系结构，它构成了人的社会情境中的社会关系网络。1993年，郭民良在《社会主义人际关系指要》一书中，全面分析我国现实的9种人际关系：党政机关人际关系、工矿企业人际关系、商业服务业人际关系、学校人际关系、文体卫生人际关系、军队人际关系、农村人际关系、家庭人际关系、公共生活人际关系。这种分类有助于探讨社会主义社会中的社会关系网络。

社会主义的社会关系在社会主体与社会主体的交往活动中，基本特征是团结互助、平等友爱、共同前进、共同富裕的关系。人与人交往构成了社会主义的社会关系网络。生活在社会主义社会中的人，总是处在这种社会关系网络之中，处理、协调自己与他人的社会关系，成为自己德性心理建构反映内容的客观源泉。社会关系层次网络以社会主体与社会主体（主体与主体）相互交往活动为基础，权益满足关系即此德性价值关系为中心，如图7–4所示。

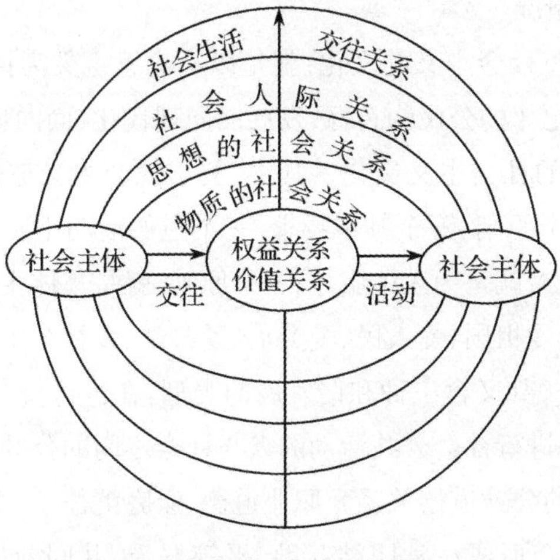

图7–4　社会关系层次网络图

社会生活的交往关系，含人与人交往中的亲子关系、族缘关系、戚缘关系、地缘关系、业缘关系、趣缘关系等。

社会人际关系，含人与人交往中相互作用的自立与互助的关系、合作与竞争的关系、冲突与和解的关系等，体现着人的心理距离的远近、情感好恶、体验强弱的心理关系。

思想的社会关系即社会意识与意识理论形态关系，其内容含政治关系、法律关系、道德关系、信仰关系等。它的表现形态有：社会心理、社会舆论、社会思潮、社会科学理论体系等。

物质的社会关系即社会生产关系、经济关系(在阶级社会中,突出表现是阶级关系),含生产资料占有关系、分配关系、交换关系、消费关系等。

社会主体与社会主体在交往活动中,双方各自都以权益关系为交往基础。这种双方各自都以满足自己需要构成人与人交往中核心层次的价值关系,即人的合理需要相互获得满足的矛盾关系。实际上,显示出人人都以实现价值为中心,构成人的德性的核心内容、本质内容。

当前,我国正处在社会主义初级阶段,建设中国特色社会主义的经济、政治和文化。在社会主义条件下发展市场经济,发展生产力,坚持和完善社会主义公有制为主体、多种所有制经济共同发展的基本经济制度,坚持和完善按劳分配为主体的多种分配方式,允许一部分地区一部分人先富起来,带动和帮助后富,逐步走向共同富裕。这种客观的现实社会的基本经济制度,体现着多元发展与一元主导并存的现实情况,从客观源泉上决定着人们思想意识、德性价值取向的多元取向与一元取向主导的复杂情况。

建设中国特色社会主义的文化,就是以马克思主义为指导,以培育有理想、有道德、有文化、有纪律的公民为目标,发展面向现代化、面向世界、面向未来的,民族的、科学的、大众的社会主义文化。其中,关于社会主义道德建设,罗国杰教授提出:一个核心、一个原则、五个基本要求、三个道德活动主要领域、一个总目标的体系结构。一个核心,就是为人民服务;一个原则,就是集体主义原则;五个基本要求(基本规范),就是爱祖国、爱人民、爱劳动、爱科学、爱社会主义;三个道德活动主要领域,就是社会公德(又含三种和谐发展的类型:在进行公众交往的人与人之间的公共道德关系;在进行社会公共活动的人与社会之间的公共道德关系;在与所生存的自然环境之间的公共道德关系)、职业道德、家庭美德;一个总目标,就是培育“四有”新人,在全社会形成一种团结互助、平等友爱、共同前进、共同富裕的人际关系。这个结构体系集中体现了社会主义精神文明的性质和方向,并且指出了社会主义道德三个层次的境界:1. 无私奉献、一心为公,即全心全意为人民服务的层次。2. 先公后私、先人后己的层次。3. 顾全大局、遵纪守法、热爱国家、诚实劳动的层次。除了社会主义道德的这三个层次之外,还有一个不合时宜、不符合社会主义道德的层次,即自私自利、损人利己的道德层次,这是我们社会主义道德建设所要坚决反对的。

现代的中国人,客观上就是立于上述的社会关系网络和道德层次之中,并以

《公民道德建设实施纲要》为指导，进行着人与人的社会交往，储存、实现、创造各自的价值，构成个人德性，显示出人的德性水平。

二、德性心理结构学习体验建构律

德性心理结构学习体验建构律，这是反映社会关系及社会意义与主体建构德性心理结构在学习活动中相互转化环节的心理规律，实际上包含德性学习体验建构律和德性学习心理障碍律。

个体出生，生活在社会情境中，总是生活在社会上早已形成的社会关系网络之中，从小烙上时代特征、民族特征、地域特征、家庭特征，在阶级社会中烙上阶级特征。个体自己最初没有一点选择性、自主性，完全自发地学习，获得社会先赋的社会性。这种客观地存在于个体头脑之外的物质的社会关系、思想的社会关系、交往关系及人际关系、价值关系，怎样有指向、有选择地映入人的智能器官，人又怎样启动智能器官功能活动，自主地、独立地调节人的德性行为，实现人的德性价值，这就是德性心理结构与社会关系通过交往、相互作用、相互转化，实现主体建构德性的关键问题。这是主观与客观相互转化、相互促进发展的学习心理动态进程。其主要表现在德性心理活动转化与建构的5个关系环节上。

德性心理活动第一个转化环节是德性意识（自我意识的形态之一）。人在交往实践活动中，直接作用于自身所面临的客观的社会情境。社会情境以情境中的社会事实、社会关系及情境中的社会意义，综合地反作用于人，引起人的注意，"启动"人的智能器官中原已习得的德性意识，使人立即进入清醒的意识状态，显示出人的情境意识（意识到情境事实的真伪）、关系意识（意识到情境中人与人的需要关系、权益关系）、意义意识即德性价值意识（意识到当前情境中的事实、人与人的关系的社会意义、人生意义），激起人迅速地瞬间地在智能器官中思考，根据自己的社会地位、社会角色以及自己主体地位的社会权利、社会义务等，集中表现出态度意识（意识到自己应该或不应该参与，需要或不需要学习掌握的态度），成为准备接受新信息或准备行动的内心意识状态。

此环节中的心理障碍，常见的是"视而不见"，或"见物不见人"，或"见利忘义"等愿与不愿学习的德性心理的意义障碍，即德性学习心理意义障碍律。因此，运用情境、选择情境、创设情境，造声势，引人注意，激发人的德性意识，改变或清除心理障碍，明确德性态度这是第一关键。

德性心理活动第二个转化环节，是社会关系入耳、入目、入脑的社会观察—社会情绪体验状态。这是个体德性心理内容客观地映入智能器官中的第一道门户。人生活在现实的社会情境中，首先参与社会生活的交往关系，总是面对现成的一定的物质社会关系，一定的思想关系，一定的社会人际关系、权益满足关系。这些客观内容的社会关系，时时耳濡目染，映入个体头脑中。对这种客观的头脑之外的社会关系，有选择地多次反复，从入耳、入目到进入智能器官，便“接受”“内化”，逐步转化成为主体头脑中的德性心理结构的内容因素。

此环节突出的心理障碍主要是合不合适的心理障碍，即德性学习心理内容异己障碍律。由于德性“物化”体系的社会政治思想、法制思想、道德及哲学观点本身有正确的与错误的区别以及与个体已有的态度意识，与已有的社会需要、社会权益、价值观念是否符合的情况，显示出个体“接受”的不同态度和不同的情感。适合个体已有的德性需要者，个体便表示赞成的态度、乐意的情感，呈现顺应心理状态“接受”了。不适合个体德性需要者，个体便表示反对的态度，呈现出“逆反”的心理状态，抵触的情感，不愿“接受”。若与个体已有德性关系不大者，个体则表现“无所谓”的态度、冷淡的情感，呈现无动于衷的心理状态，实际上未入耳，未入目，更未入脑，没有“接受”或“事过即忘”。有的客观内容，一部分适合个体已有的德性需要，一部分不适合个体已有的德性需要，个体则表现观望的态度，有惊有喜、有疑有信的复杂情感，呈现徘徊的、彷徨的心理状态。因此，此时一定要摸准接受者的德性需要，以生动性、形象性、趣味性，动之以情，使受教育者喜闻乐见，产生移情体验，愉快接受，是第二关键。

德性心理活动第三个转化环节，是脑中的辩证思考—信奉情感体验状态。即个体对新接受的社会关系，社会政治思想、法制思想、道德、哲学观点，人际关系在个体头脑中辩证思考，与已有的德性心理结构有选择地结合，呈现“融合”“优化”状态，使个体德性心理结构内容因素相互融合，按需择优，优化组合，建构结构稳固化。具体内容包括由人物形象到思想观点的思维概括化，由具体化到抽象化，再到德性认识结构概括化。德性情感从迁移体验到融合体验，再到信奉的体验，由抽象化、概括化再到情境化、具体化的德性意向。从简单的德性行为到德性意志行为熟练化、习惯化，最终形成人的德性智能、德性才能，构成人的德性意义结构。这些都是人在社会交往中，在头脑中有选择地反复思考才实现的。

此环节，既有知与不知的心理障碍，也有有感与无感的体验障碍，更主要的是信与不信的向善与除恶的心理障碍，即德性学习心理规律缺失障碍律。因此，相应地使用德性“物化”体系的各种形式，树之以模，立之以规，晓之以理，启发思考，明之以义，伴随着坚信不疑的信奉体验，形成个体富有个性特征的德性心理结构。

德性心理活动第四个转化环节，是德与行组合的学会谋略—创新体验状态，即个体德性意识调控德性实践行动，使自己的整体精神能量融入自己行动的物质能量，呈现“外化”状态。它由智能器官作为心理活动的德性意识、情感，需要的精神能量，能动地支配调节德性行动，进而转化成个体实际德性行动的物质能量。以精神能量与物质能量结合的德性行动改变着当时的社会情境。在更多情况下，个体常常邀约一些社会伙伴一起参加的共同的群体德性活动，或组织成集体德性行动，转化成为社会、人群的社会物质力量，并在转化过程中，按主体需要，选择谋略、策略，克服诸种困难，以人的整体行动作用于社会情境，调整着人与人的关系，调节着人与己的关系，实现人的德性价值。同时，又影响着社会政治思想、法制思想、道德、哲学观点的传播和内容的发展。

此环节外部表现是知行不一的心理障碍，会与不会的行为障碍。深层次的心理障碍实际是意志行动中的愿与不愿的动机障碍，敢与不敢的人格障碍，即德性学习心理意志习惯障碍律。因此，此环节，一定要创设情境导之以行，使之身临其境，触发实现价值的体验，以之炼志，变主观为客观，成功地实现德性价值，“内得于己，外得于人”，满足人、己共同的合理需要，共享创新体验。

德性心理活动第五个转化环节，是自我评价—愉悦体验的“内导自动化”状态。即由主体德性行动的社会效果，通过反馈机制联系，立即产生“双重心理效应”，呈现“内导自动化”状态。“双重心理效应”是指：(1)社会效果直接影响主体自我评价，影响主体本身德性形成、发展、巩固或矫正；(2)社会效果先影响社会，由社会评价再影响主体德性的形成、发展、巩固或矫正，合称“内导反馈联系双重心理效应”。它对人的德性具有自动化调节作用。不仅是行动自如技能自动化，主要是需要启动自动化，情意交融自动化，形成德性的行动习惯化的自动机制，是人的德性发展的真正的内心动力。这样便组成了人的德性行动自动调节的环状结构，形成自我教育、自我修养的内部心理机制。由于社会效果有正效果与负效果之分，直接反馈于主体，引起肯定的或否定的自我评价，及相应的自我体验，产生自豪感或内疚感。正效果或负效果反馈作用于社会，引起社会生活环境、教育环境中不同的社会成员产生不同的社会评论。对正效果，多数社会成员高兴、赞扬、拍手叫好；有的人则讥讽。对负效果也相似，多数社会成员同情、劝导、伸出援助的友谊之手；有的人则是嘲笑、诱惑，甚至落井下石。这种由于自己德性行动的社会效果引起不同的社会评论，又必将再同时反馈作用于主体自己进行自动调节。经过多次成功的德性实践,终于形成环状的稳定的德性心理结构。“习与性成”,成为人的德性,即人格的德性特征,人的社会本质的德性表现。

此环节的心理障碍不仅是对与不对的心理障碍、行与不行的心理矛盾。其深层次的心理障碍是亏与不亏、值与不值的心理障碍,即德性学习心理价值亏损障碍律。因此,此时一定要引导受教育者,善于总结成功经验,吸取失败教训,积累、充实、丰富德性谋略、策略,创造性地实现德性价值,时时产生愉悦体验,终生无悔、无怨,增强德性效能感,增强德性自我效能感。

第三节　教与学德性心理互动互融律教育者与求学者育德活动中的教育社会心理规律

根据育德心理活动根本规律,应用育德心理活动的基本规律,在教与学交往、构建德性心理结构过程中,必然产生教与学共同协调的心理活动效应,直接影响育德的进程和效果。从育德过程的进展,初步概括教与学共同协调的教育社会心理效应有7律。

1.德性主体同德律。这是教的德性主体与学的德性主体,对“德”的选择必然是德的性质相同,育德目标相同,同心同德,具有同德感,共同建构主人之德。

2.育德情境观摩律。这是教育者按照育德目标,针对学生内心德性需要,选择、创建育德情境,引导、激发求学者认真观察,直接体验,择善而从,见恶生厌,真的体现“相观而善”。

3.德性意识融合律。这是教育者与求学者对待德性情境内容有共识,有同感,意识融合,心心相印。

4.德性智慧同思律。这是教育者与求学者对德性情境中的问题,求同解,共同寻求合适的谋略、策略。

5.德性体验共鸣律。这是教育者与求学者对育德情境中的问题,有相同的、相近的需要,获得共同满足,产生共鸣感。

6.德性行动协调律。这是教育者对求学者采取的德性行动。指引方向协调一致,始终抱着鼓励、支持、指点或矫正的态度,让求学者内心感到行有所依,行有所望,行有所获。

7.德性评价共誉律。这是教育者对求学者学有所得、行有所得受到赞誉,有共同的荣誉感;对求学者自我实现的德性价值有同享感。

※※※※※※※

根据我们多年与中小学第一线教师的共同学习、探讨，明白他们在育德过程中积累了、创造了不少宝贵经验，即基础德性心理结构养成的育德新鲜经验。

从上述诸种德性心理发展变化的力量源泉看，“外因是变化的条件，内因是变化的根据，外因通过内因而起作用”。“内因”体现出德性心理结构的建构的主体性，简称德性主体性。这种德性结构的“内因”，是在社会生活实际活动中，由教育这种“外因”转化、积累而来。不是生理成熟的，也不是先天遗传而来。他人教育的作用，是源泉性的，也是外在条件性的，要有足够重视，千方百计创设人才成长的顺境，优化教育合力。自我教育作用在人的一生之中，总是由弱到强，显示出人在成长中主体性的发展，是内在的根本动力。因此，社会主义学校德育，一定要根据德育素质目标为中心的客观的统一要求，也要因人的德性类型发展施教。坚持疏导、启发自觉的根本原则，发挥主体性，形成优良德性。相反，一切违反疏导，违反启发自觉原则，则是错误的、不科学的、有害的，诸如：

打、骂、罚的威逼法；

粗（暴）、简（单）、急（躁）的爆炸法；

调（走）、离（开教育场所）、赶（出教育集体）的剥夺法；

放（任）、纵（容）、袒（护）的溺爱法；

等等，都是违反德性心理形成的基本原理。

总的来说，德育在我国有好的光荣传统，在贯彻疏导、启发自觉的根本原则方面积累了不少新经验。“动之以情、晓之以理、导之以行、持之以恒。”“动之以情，情要深；晓之以理，理要透。”“动之以情、晓之以理、喻之以义、施之以爱、导之以行”，关键在“知心”——童心、少男少女之心、青年之心、成人之心、老人之心。育人要有爱心、诚心、热心、耐心、信心、细心。德育的艺术，就在于以言引人、以情感人、以形动人、以理服人、以行育人。这里把我国一些优秀教育工作者的优秀德育经验，根据德性心理结构形成的原理，初步归纳概括为（参见图7-5）：

施之以爱，动之以情。

启发需要，激发动力。

授以德知，培育德智。

树之以模
立之以规 } 明之以义。
晓之以理锻炼意志,导之以行。

自我教育,及时奖评。

严格管理,规范育人。

养成训练,持之以恒。

倾注师爱,"习与性成"。

内得于己,外得于人。

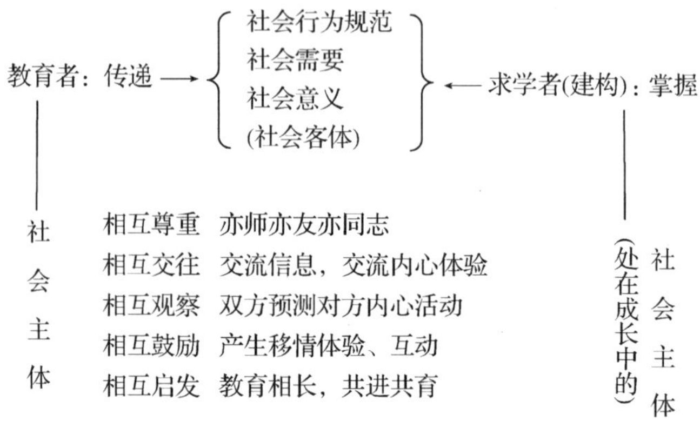

图7-5 尊师爱生是社会主义的师生关系

※ ※ ※ ※

本组未列文章题目,主要是育德习德的实际操作文章。请参阅《德性心理活动规律探索》第8~13章:

生活实践育人的育德心理活动

榜样育人的育德心理活动

规范育人的育德心理活动

理论育人的育德心理活动

学科教学育人的育德心理活动

自我教育的育德心理活动

第八部分

新探美育心理，探寻育德育美融合的心理活动规律

研究一　学习刘兆吉美育心理学思想，攀越美育心理科学研究新峰①

摘　要：以刘兆吉一生创建美育心理学的创新研究实践活动全程为主线，以刘老美育心理研究的创新性的标志性成果为客观根据，从揭示美育心理活动规律，对培育社会主义新人的科学价值、理论意义进行综合思考，初步提出了刘兆吉美育心理学思想，探寻规律，培育审美素质，全面育人服务的思想；探索"以美育人、育人之美"的心理活动规律，构建"五结合"美育心理学的思想等12项内容。攀越美育心理科学研究新峰，交流三点思考：古今融和，中西荟萃，探寻现代美育心理规律，培育新人审美心理素质，为全面育人服务；梳理审美心理活动的基础素质，分类、分层次逐步系统揭示审美心理活动规律；厘清审美心理内涵，尝试揭示审美心理结构，以利基础性研究和应用性研究。

关键词：刘兆吉　美育心理学思想

刘兆吉先生，著名的现代心理学家、教育心理学家、文艺心理学家，美育心理学开拓者、创始人。我们衷心敬佩、永远怀念的好老师，永远尊敬的"刘老"！

刘老（1913—2013）今年诞辰100周年，从教68周年（1933—2001）。他一生爱国育英才，桃李满天下，享誉中华大地，后生敬仰。一生勤奋科研，古今融合，中西荟萃，探索创新，成果丰硕，存下了宝贵的精神财富。

学习刘老的创新、奉献精神，我们曾撰写过《美育心理学创建八阶段及创新启示》（《刘兆吉美育心理文艺心理研究文选》，西南师范大学出版社2003年出版，共652页。本文中，以下简称《文选》），分析了刘兆吉创建美育心理学、发展文艺心理学的创新全历程（1936—2001年），展示了创新八阶段，创新经验23项。现在，仅就学习刘老美育心理学思想初步体悟，与大家交流共享，共同再思考。

我们以刘老创建美育心理学的创新研究实践活动全程为主线（1936—2001），以美育心理研究的创新性的标志性成果为客观根据，以刘老关于美育心理研究的科学论述为思索依据，主要从揭示、探究美育心理活动规律，对培育社会主义新人

①此文于2013年4月送"美育与心理美学中外论坛"交流大会报告。刊载于刘兆吉主编《美育心理研究》（选编本），344-352页，北京师范大学出版社2016年10月出版。

的科学价值、理论意义进行综合思考,有一些初步的发掘和领悟。现对刘老美育心理学思想,做如下表述。

一、刘兆吉美育心理思想

(一)探寻规律,培育审美素质,全面育人服务的思想

在刘老首创的“五结合”的《美育心理学》中明确提出:“美育心理学的首要任务是揭示美育过程中人的心理活动规律,为我国社会主义精神文明建设服务,为培养社会主义建设人才服务。”[①]本书(即《美育心理学》)体现科学性与思想性的统一,理论与实际相结合,以培养德、智、体、美、劳全面发展的人才为目的[②],按照美的规律,全面育人。[③]“人也按照美的规律来塑造”的观点,这是刘老美育心理学思想的根本思想、根本理念,刘老创建美育心理学的根本动力,也是识别研究探索美育心理活动规律为谁服务的根本标志。

(二)探索“以美育人、育人之美”的心理活动规律,构建“五结合”的美育心理学的思想

美育心理学是以辩证唯物主义为指导,以心理学为核心,与美学、文学艺术、教育学四结合的一门应用心理学。经过近两年来的探索,我想增加适合社会主义精神文明建设的伦理学,成为五结合的心理科学了。[④]美育心理学是心理学、教育学、美学、文艺学、伦理学多学科结合的新学科。[⑤]美育心理学是研究美育过程中受教育者心理活动规律和心理品质的形成问题。[⑥]美育心理学的主要内容探讨如何以音乐、美术、文学艺术美和大自然、社会生活中的现实美为教育手段,发展受教育者的美感和欣赏美、创造美、评价美与识别美的能力,培养他们高尚的情操和文明习惯,促进他们智能和身体的健康发展。[⑦]美育心理学是素质教育的金钥匙,可以把

①刘兆吉.美育心理学[M].重庆:西南师范大学出版社,1990:13.

②参见《刘兆吉文集》编委会.刘兆吉美育心理文艺心理研究文选[M].重庆:西南师范大学出版社,2003:8-11.

③《刘兆吉文集》编委会.刘兆吉美育心理文艺心理研究文选[M].重庆:西南师范大学出版社,2003:217.

④《刘兆吉文集》编委会.刘兆吉美育心理文艺心理研究文选[M].重庆:西南师范大学出版社,2003:108.

⑤刘兆吉.美育心理学[M].重庆:西南师范大学出版社,1990:31.

⑥《刘兆吉文集》编委会.刘兆吉美育心理文艺心理研究文选[M].重庆:西南师范大学出版社,2003:39.

⑦《刘兆吉文集》编委会.刘兆吉美育心理文艺心理研究文选[M].重庆:西南师范大学出版社,2003:39.

美育心理学比做全面发展素质教育多功能的金钥匙。[①]美育特有功能的独立功能，则是以形感人，以情动人，以美育人，实现以美育人、育人之美的要求，使人能按照美的规律建造世界。[②]这是刘老美育心理学思想的核心思想、核心结构，是刘老美育心理研究中首创性、开拓性、创新性的独特思想。

（三）艺美融合育人，怡情养性典型美的思想

文艺心理与美育心理结合育人，以典型美导向，培育典型美的新人，是刘老改建文艺心理学的创新，是刘老美育心理学思想中的一贯思想。1936年，刘老青年时就萌发了创建文艺心理学新体系的设想，认为《文艺心理学》不应只包括文学、美学、心理学的内容，也应包括教育学的内容[③]，并率先把美、心、育结合起来。1990年，阐述创建三足鼎立的文艺心理学[④]，阐明研究人在文艺创作活动中的心理现象……促进德、智、体、美全面发展，为美育心理学提供资料，使美育更有效果。[⑤]1991年出版从心理学家角度撰写的专著《文艺心理学纲要》。2000年系统总结了70年来文艺心理学与美育心理学的创建与发展概况，进一步创新思考，明确提出了"将文艺心理学、美育心理学融合起来，形成一门新学科——文艺美育心理学"，并说：这对于社会主义精神文明建设，全面提高人民素质有重大意义，从科学性、逻辑性、实践效应性分析，都是切实可行的，目前虽然难度很大，但前景是光明的。[⑥]文艺美育心理学正是从心理学的角度将文艺美育融为一体，发挥寓教于乐，寓教于美，以美育人的心理机制[⑦]显示着文艺美育融合育人的前景，艺美融合育人思想的发展方向。

（四）以美寓德，德、美融和人格美的思想

以美寓德，德美融和，改进德育，培养良好品德，形成人格美是刘老首倡的美育

①《刘兆吉文集》编委会．刘兆吉美育心理文艺心理研究文选[M]．重庆：西南师范大学出版社，2003：122.

②《刘兆吉文集》编委会．刘兆吉美育心理文艺心理研究文选[M]．重庆：西南师范大学出版社，2003：13.

③《刘兆吉文集》编委会．刘兆吉美育心理文艺心理研究文选[M]．重庆：西南师范大学出版社，2003：2.

④《刘兆吉文集》编委会．刘兆吉美育心理文艺心理研究文选[M]．重庆：西南师范大学出版社，2003：279.

⑤《刘兆吉文集》编委会．刘兆吉美育心理文艺心理研究文选[M]．重庆：西南师范大学出版社，2003：223—224.

⑥《刘兆吉文集》编委会．刘兆吉美育心理文艺心理研究文选[M]．重庆：西南师范大学出版社，2003：302.

⑦《刘兆吉文集》编委会．刘兆吉美育心理文艺心理研究文选[M]．重庆：西南师范大学出版社，2003：302，311.

心理科学内涵之一。发扬中华“寓德于乐”的优良传统与现代结合,培育人格美,是刘老的美育心理学思想的基本思想。刘老1989年曾撰写《中学思想政治教育与美育心理》,1997年专论《美育与学生道德品质发展的研究》[①]明确提出以美寓德,以文艺激发道德感,美育可以使青少年舒舒服服接受道德品质教育[②],主张德、美相得益彰,德、美融和,共同构成人的素质,完善新人的本质。刘老曾指导“美育心理研究”课题组成员开展了德育与美育结合的实验。四年中,在大、中、小学和幼儿园,开展了在小学思品课教学中把德育与美育结合的心理实验,试唱《中学学生日常行为规范歌》的实验研究,以音乐、美术的艺术美为教育手段进行《小学生日常行为规范》教育的实验等。这种将德育与美育相结合的实验……两者结合,相得益彰,收到了‘良药不苦口,忠言不逆耳’的明显效果。”“课题组进一步综合了国内学者关于德美结合的论述,提出了美育与德育结合的美育心理的基本原理。[③]刘老亲自作歌词,与课题成员合作谱曲,分别写成了大、中、小、幼的学生试唱的八首学生行为规范歌曲。[④]经过多年探索,有“德育审美化课程结构理论与实践研究”(周鸣鸣),有“育德与育美结合的心理研究”[⑤]等,随着研究的深入、资料的积累,有可能发展成“德性美育心理研究”。

(五)以美启智,发展智能智慧美的思想

“以美启智,发展智能”是美育与智育相结合的重要内容,是美育心理内涵之一,也是美育、智育育人的智慧素质的共同功能。1999年,刘老明确阐述了“以美启智,以美感激理智感,增强智能”。认为美育与智育,人文科学与自然科学是相辅相成的。”“现代脑科学的研究,明确了大脑两半球既有分工,又密切协作。[⑥]在“美育心理研究”中,指导课题组成员进行了“中小学美育与智育、德育学科成绩相关的调查研究”[⑦],并且亲自撰写《中学语文教学中的美育心理学问题》《中学化学教学中美

---

①《刘兆吉文集》编委会.刘兆吉美育心理文艺心理研究文选[M].重庆:西南师范大学出版社,2003:133.

②《刘兆吉文集》编委会.刘兆吉美育心理文艺心理研究文选[M].重庆:西南师范大学出版社,2003:214.

③《刘兆吉文集》编委会.刘兆吉美育心理文艺心理研究文选[M].重庆:西南师范大学出版社,2003:14.

④刘兆吉.美育心理研究[M].成都:四川教育出版社,1993:777-791.

⑤曾欣然.德性心理活动规律探索[M].重庆:西南师范大学出版社,2012:244-272.

⑥《刘兆吉文集》编委会.刘兆吉美育心理文艺心理研究文选[M].重庆:西南师范大学出版社,2003:155.

⑦刘兆吉.美育心理研究[M].成都:四川教育出版社,1993:517.

育心理学问题》等文章，从1989年起至1993年在《西南大学成人教育》月刊上分期发表。1993年2月撰写专著《中学美育心理12讲》，由四川民族出版社出版，深受中学各学科教学教师的欢迎。其弟子们经过大量实证研究，已发展成“教学美育心理”的专项研究。①

(六)体美结合，身心愉悦健壮美的思想

体美结合，促进身体、心理健康发展，是刘老首创的“美育心理”内涵要点之一。刘老在主编的第一本“五结合”的《美育心理学》中，就列有专章“体育与美育心理”(《美育心理学》第十三章)，认为“体育是美的源泉之一”“体美结合是社会主义精神文明的特征”“健康状态是审美的要求”。“区分‘运动环境’和‘生活环境’是体育中审美的特点”“体育中的美育心理主要表现在对人的内心世界的美的教育”“体育中美育心理教育的特点在于‘寓教于乐’，‘形象动人’，即应用形体美、动作美、精神美、心理美与行为美，发挥体育美的魅力，获得美的享受，文明精神的满足。”

(七)劳动育美，审美求新创造美的思想

刘老主编的《美育心理学》列有“劳动教育中的美育心理”专章(第十二章)，认为“劳动创造了美，美又丰富了劳动”“劳动不仅创造了美，劳动也创造了审美的人”，“劳动是审美情感的源泉之一”“通过劳动美育培养新型的劳动者——即能用审美观点去对待劳动的人”“劳动是最伟大的美”，初步探讨了劳动活动中的审美活动、劳动活动前的希望之美、劳动过程中的节奏愉悦感、劳动创造的快乐、劳动丰收的喜悦感、劳动环境的审美体验，阐述了劳动美育与劳动审美心理的培养。

(八)科技活动育美，愉悦体验科学美的思想

“学校科技活动中的美育心理”，是刘老主编《美育心理学》一书中的专章(第十七章)，突破了传统美育限于文学艺术美、社会现实美、自然现实美的局限，专列科技活动育美、实现科学美、体现科学与美学结合新趋势；认为“科学活动和审美活动的产生同源”“人类的科学创造实质上也是一种美的创造”“艺术创作是美的创造，科技活动也是一种美的创造”；预见了“科学与美学的再次交臂、融合”；分析了“学校科技活动中美感陶冶的美育心理功能”——动力功能、认识功能、创造功能、自我教育功能、乐学功能；阐述了科学美的本质、科学美的作用、科学美的特征；总结了科技活动中美感陶冶的新鲜经验。

(九)以美育己、以美育人，尊师爱生人际美的思想

刘老认为，美育过程和一般教育过程一样，都是进行美育和接受美育者双边协

①郭成，赵伶俐.美育心理学[M].北京：警官教育出版社，1998:166.

调活动的过程,美育教师在美育过程中起主导作用。因此,美育教师自身方面的审美意识问题,也是美育心理学研究的一个特殊领域①。刘老对教师心理进行过大量研究,分析过120名优秀教师和模范班主任心理特点②,专文阐述过建立良好的师生关系的心理学问题③,认为社会主义的师生关系,是民主平等、尊师爱生的新型师生关。尊师爱生最健康的师生关系。④《美育心理学》中亦列专章(第十五章)“教师的心灵美、言行美的形成和培养”。

(十)管理育美,人本管理和谐美的思想

管理育美,人本管理和谐美是刘老美育心理学思想的重要内容。1990年,他主编的《美育心理学》一书,就是用“学校管理中的美育心理”一章结束全书。他认为“学校管理存在美,学校管理需要美”,并分析了学校管理中的审美因素——管理目标链的美、管理职能的美、管理结果的美、人际关系的美、管理者的形象美,环境美。探讨了学校管理中的审美心理结构,审美心理定式结构、审美能力结构。1995年发表《张伯苓的美育心理思想》⑤,主要通过研究南开学校戏剧、音乐和校园环境等方面,展现了张伯苓全面育人的学校管理思想,突出分析、发掘了张伯苓美育心理思想——戏剧美育心理思想、音乐美育心理思想、学校环境美育心理思想,显示了张伯苓学校管理中的美育心理思想。这实际上就是刘老当年在南开大学、西南联合大学读书时的所见所行的亲身体悟,也是刘老在南开中学从教11年,担任中学主要领导之一(教务主任、教导主任),亲身领导学校管理实践经验的总结追述,体现着管理育美、人本管理和谐美的美育心理思想。

(十一)研究美育心理的特殊矛盾,揭示美育心理规律,探索研究美育心理特有方法的思想

在《美育心理研究》中他明确提出,要探索美育的实质,揭示美育规律,必须深入研究美育心理”“美育中的教与学,有智育、德育、体育方面的共同心理规律,但也

①《刘兆吉文集》编委会.刘兆吉美育心理文艺心理研究文选[M].重庆:西南师范大学出版社,2003:41.

②《刘兆吉文集》编委会.刘兆吉美育心理文艺心理研究文选[M].重庆:西南师范大学出版社,2003:350.

③《刘兆吉文集》编委会.刘兆吉美育心理文艺心理研究文选[M].重庆:西南师范大学出版社,2003:389.

④《刘兆吉文集》编委会.刘兆吉美育心理文艺心理研究文选[M].重庆:西南师范大学出版社,2003:339.

⑤《刘兆吉文集》编委会.刘兆吉美育心理文艺心理研究文选[M].重庆:西南师范大学出版社,2003:200.

具有美育本身的特殊性。[①]在美育心理研究总结的理论创新中，他提出"揭示了美育心理研究的特殊矛盾，奠定了美育心理学科作为科学存在的基础"，认为在这些教育活动中，德育、智育、体育、美育、劳动教育，各有独特的育人功能。美育承担着的渗透育人功能，就是以美启智，以美育德，以美保健，以美促进劳动创造。美育特有的独立功能，则是以形感人，以情动人，以美育人，实现以美育人、育人之美的要求，使人能按照美的规律建造世界。这种"以美育人，育人之美"转化过程中的矛盾就是美育心理的特殊矛盾，它们明显不同于品德心理结构的矛盾，不同于学习心理结构的矛盾，不同于劳动、创造心理结构的矛盾[②]。为美育心理学能作为独立的科学，从理论上进行了开拓性论证[③]，为探寻美育心理学特殊的研究方法，提出了科学根据。这是刘老美育心理学思想中深层地确立美育心理学的科学地位的思想。

（十二）中华美育心理思想源远流长的思想

中华美育心理思想源远流长，内容丰富，这是刘老美育心理学思想寻根溯源、扎根中华民族优秀文化传统的思想。美育心理学虽然是初次创建的学科，但是美育心理学思想古已有之。中国有悠久的文化史，美育心理学思想特别丰富。"中国是世界心理学思想的策源地之一，美育心理学思想也不例外。他认为中国是世界心理学思想最早的"策源地之一并亲自研究中国心理学思想史，撰写了"中国美育心理思想"（《美育心理学》第三章），开拓性地分别发掘撰写了"先秦美育心理学思想""两汉魏晋时期的美育心理学思想"。

综上所述，显现出刘老美育心理学思想，博大精深，方向鲜明，具有育人性、突破性、开拓性、创新性。"美育心理""美育心理学"具有原创性、首创性，闪烁着中华现代东方精神文明的光辉，对我们进一步深入思考，拓展研究，广泛应用，攀越美育心理研究新峰有积极的启发意义。

二、攀越美育心理科学研究新峰的思考

受刘老美育心理学思想的启迪，笔者参阅近年来国内学者有关美育心理研究、有关当代中国公民审美心理素质的实证研究、有关培育审美心理素质实验研究等新成果，进一步激励攀越美育心理科学新峰，有下列思考。

①刘兆吉．美育心理研究［M］．成都：四川教育出版社，1993：7-9.

②刘兆吉．美育心理研究［M］．成都：四川教育出版社，1993：13-16.

③《刘兆吉文集》编委会．刘兆吉美育心理文艺心理研究文选［M］．重庆：西南师范大学出版社，2003：13.

（一）古今融合，中西荟萃，探寻现代美育心理规律，培育新人审美心理素质，为全面育人服务

进一步发掘中华古代美育心理学思想的精华，坚持应用“人最贵”“人最灵”“人本朴”“人向善”“人爱美”“美育材”等宝贵思想，与现代教育、现代美育、现代心理科学新成果综合思考，进一步坚信理念：以育新人为中心，树人立人为本，服务于中国公民的健、心、德、智、美、新等多种素质，全面、自由、和谐发展。

（二）梳理审美心理活动的基础素质，分类、分层次，逐步系统揭示审美心理活动规律

1. 审美心理活动运行规律（简称：美心运行律）。

2. 审美心理结构建构规律（简称：美心建构律）。

3. 审美心理结构发展规律（简称：美心发展律）。

4. 审美心理结构学习规律（简称：美心学习律）。

5. 审美心理培育规律与育人素质诸育协同应用规律（简称：美心培育协同律）。

（三）厘清审美心理内涵，尝试揭示审美心理结构

1. 爱美态度为中心的审美意识系统。

2. 鉴美形象体验为中心的审美智慧系统。

3. 求美境界为中心的审美需要、审美价值系统。

4. 口、手、脑协同创美活动为中心的审美能力系统。

5. 识美生活经验为中心的审美常识、知识系统。

6. 赏美效能感为中心的审美欣赏系统。

审美心理结构的基本特点表现为：审美意识选择自由性、审美需要满足情趣性、审美智慧形象体验性、审美价值实现超越性、审美创建能力精湛性、审美欣赏效能愉悦性、审美心理整体结构和谐性。

最后，请允许我引用刘老的教导、展望，结束我的交流：《美育心理学》只相当于“半坡文化”中的茅草小屋，将来耸入云端的百层大厦，还需要更多富于创造精神的学者，凭几代的接力来完成它！①

谢谢大家！

2013年4月

①刘兆吉. 美育心理学[M]. 重庆：西南师范大学出版社，1990：前言4.

研究二　美育心理学的地位和作用①

美育是培养学生认识美、爱好美和创造美的能力的教育。实际上,它就是施教者按照社会历史发展的审美意识,借助一定的审美媒介,使受教育者陶冶性情,完善审美心理结构,培养个性全面发展的人的教育。以美育人、以情动人、以形象感人是美育的特有功能。在人的全面发展的教育中,美育与德育、智育、体育、劳育一样,有着重要的地位和作用,这些在第一章的"什么是美育"一段中,已经阐述过了。美育心理学应有什么地位?有哪些作用?则是我们本章要进一步论述的问题。

美育心理学是研究美育过程中心理活动规律的科学。实际上,美育心理学主要是研究美育过程中施教者、受教育者的审美心理活动规律的科学。它是教育心理学的一部分。现正在发展成为一门新兴科学,是心理学领域内的一门独立的分支学科,是教育学领域中美育学的兄弟学科。周扬同志曾说:"良好的审美活动,可以使人的情绪饱满,积极向上,对促进人们身心健康和智力的发展都有很大的益处。科学地深入地研究、说明和宣传德、智、体、美的关系,是一项很重要很有意义的课题。它们是相辅相成的,又是不可相互代替的。马克思说:人类是按照美的规律改造世界的。可见,人们在改造世界的实践活动中,总是把自己的意志、道德和审美理想,以及对事物运动规律的认识统一在一起进行的。因此,我们要实现人类最崇高的理想——共产主义,要培养自觉地建设社会主义的新人,就不能不发展美学,不能不发展审美教育。"这里,显而易见,周扬同志从良好的审美活动的作用、德智体美的关系、人类按美的规律改造世界、实现崇高理想、培养自觉地建设社会主义的新人等方面,强调了"不能不发展美学""不能不发展审美教育",是很有启发的。但怎样发展美学,怎样发展审美教育?研究美育心理学当然提上日程了。

本章着重谈美育心理学对培养自觉地建设社会主义新人的作用。

大家知道,社会主义初级阶段的教育,必须根据"教育三个面向"的客观要求,按照培养有理想、有道德、有文化、有纪律的社会主义新人的目标,培育大量的合格人才,提高整个民族的素质。在完成这样的教育任务中,美育心理学探索的以美育

---

①此文曾欣然撰写。选自刘兆吉主编《美育心理学》第二章,西南师范大学出版社1990年出版。该书1992年获重庆市社科优秀成果一等奖,四川省哲社科学优秀成果二等奖。

人的心理活动规律,便有一定的特殊作用。

第一节　美育心理学对提高民族素质的作用

民族素质是指一个民族的物质要素和精神要素的总和。它包括民族的遗传素质、生理素质、心理素质、道德素质、政治素质、文化素质及审美素质。

遗传素质、生理素质是该民族的祖先一代又一代的遗传、适应、改善、再遗传、再适应、再改善所积累的民族的自然属性。它是民族生存、发展的自然基础。

心理素质、道德素质、政治素质、文化素质及审美素质则是该民族在社会历史发展的漫长过程中,一代又一代的传递、教育、发展、再传递、再教育、再发展所积累的该民族的社会属性及意识属性。它是民族兴旺发达、强盛繁荣的社会基础。

民族的审美素质是民族素质的重要内容。马克思说:"社会的进步,就是人类对美的追求的结晶!"黑格尔曾说:"美的形象是丰富多彩的,而美也是到处出现的……人类本性中就有普遍的爱美的要求。"梁启超则说:"我确信'美'是人类生活一要素,或者还是各种要素中之最要者。"[①]足见,审美素质是民族素质中不可缺少的。

通过美育提高民族的审美素质是一项庞大的涉及亿万人民的系统教育工程,要从小从早抓起,做好奠基性工程,同时贯穿在教育的全过程之中。当其以美育人,提高民族的审美素质,有哪些审美心理活动规律,则须借助于美育心理学原理去把握。滕守尧把美育的目的概括为美育不应仅仅着眼于美的领域,它还应对智力的开发和道德领域产生深远的影响,最终落实为审美心理结构的成熟。[②]这是很好的启示。

提高民族的审美素质要遵循哪些规律?目前研究,认为主要的规律有:

一、审美活动是在人类改造自然的社会劳动实践中产生的。

二、人类在劳动实践中,先求实用,后求美观;产品既能满足实用,又能满足审美要求;产品专门满足审美要求。

三、人们要发现美、欣赏美,必须摆脱被统治于自然的状况。不感到生命安全有威胁,不焦愁于温饱,不束缚于实用功利欲求,有优裕的欣赏的处境和心情,又有审美能力,有美的可感形象。

---

①参见梁启超.饮冰室文集:39卷[M].上海:中华书局,1936:22.

②滕守尧.审美心理描述[M].北京:中国社会科学出版社,1985:341.

四、人们发现美、欣赏美，受他们的生产方式、生产力、科学知识、文化修养等社会条件的制约。人们最先是欣赏与他们生活直接有关的事物的美，特别是与他们的生产直接有关的事物的美，然后扩大，逐步形成丰富多彩的审美要求，欣赏更广阔更多样的美。

五、审美对象要能创造成为真正美的对象，必须遵循美的规律，根据材料本身的特性和尺度，根据要创造的审美对象的特性和尺度，根据进步人类符合社会发展的美学思想，运用正确的创造方法、熟练的技巧，使创造得到成功，符合人类的审美要求。

六、生活中常发生以丑为美的错误的审美现象。要进行正确的审美活动，要发现和欣赏真正的美，就必须有正确的审美意识，具备较强的审美能力。

等等。[①]

上面引述的审美规律，尽管是研究的初步成果，但对于指导提高民族的审美素质是有益的，同时，也可以看到，进一步研究和运用审美心理规律，对提高民族的审美素质是有重要作用的。

第二节　美育心理学对培养合格人才的作用

培养合格人才，必须通过德育、智育、体育、美育和劳育的综合培育，才能使受教育者成为有理想、有道德、有文化、有纪律的全面发展的新人。从教育心理学研究角度看，这样的全面发展的新人，在脑中相应地形成了品德心理结构、智能心理结构、健美心理结构、审美心理结构及劳动创造心理结构。德育、智育、体育、美育、劳育，相互渗透，相互促进发展，其中，美育有着特殊的作用。以美育人、以情动人、以形象感人是美育的特有功能。它的渗透功能，则是以美启真，以美储善，以美促健，以美发展劳动创造。但是，怎样形成人的审美心理结构，怎样以美促进人的全面发展，有哪些心理活动规律？根据现有研究材料，拟从审美意识的形成、美感的发展、审美能力的培养及审美境界的成熟分析探讨。

一、研究审美意识形成的作用

审美意识就广义而言，包括一切审美心理现象。如审美感受、审美态度、审美情感、审美趣味、审美观念、审美理想等。它是客观存在的美丑属性在人脑中的反

①王世德．审美学[M]．济南：山东文艺出版社，1987：80-82.

映，与道德意识、科学意识并列，是社会意识的一种形态。它是在社会历史发展的长期进程中逐渐发展、丰富的。除了全人类所拥有的一些共同的审美意识之外，它的内容具有明显的历史性、时代性、民族性。在阶级社会中，有相当一部分内容具有阶级性。审美意识又指导人们自觉地欣赏美、创造美，进而反作用于客观存在的美。

进步的健康的审美意识，是人类宝贵的精神财富。掌握社会审美意识、形成个体审美意识是美育的重要任务之一。社会审美意识怎样转化于个体头脑中形成个体审美意识，这便是美育心理研究的任务。

美育心理研究认为：个体审美意识的形成是审美教育的一个效应，它不是施教者理论说教的产物，而是施教者凭借丰富的审美媒介，为受教育者提供大量的审美经验材料，从而引起受教育者产生相应的审美感受、审美经验。[①]正是这种审美经验的一再发生、一再重复，才为他的审美意识的形成提供了经验。

个体审美经验的过程，就是接受陶冶、培育的过程。每次审美经验的发生，都是个体情感和心灵的一次塑造。

个体审美经验的积累，是怎样的心理过程？有的研究认为：审美经验也同其他人类经验一样，大体要经历三个主要阶段，即初始阶段、高潮阶段、效果延续阶段。[②]这三个阶段不仅有时间上的先后顺序，而且在逻辑上也互为因果关系。概括起来，审美经验的三个阶段是这样组成的。

1.初始阶段，亦称准备阶段。这时，整个心理机制进入一种特殊的审美注意状态。伴随这种注意状态，是情感上的某种期望。注意和期望共同构成一种特殊的审美态度。

2.高潮阶段。这一阶段分为两个主要环节：一是审美知觉以及由这种知觉活动造成的感性上的愉快；二是审美的特殊认识（情感、想象和理解等共同展开）以及由这种认识造成的精神上的愉快。

3.效果延续阶段。包括审美判断以及由这种判断造成的更高的审美欲望（需要），更高雅的审美趣味和更丰富的情感活动。

全过程如图8-1所示。

①杨思寰.审美教育学[M].沈阳：辽宁大学出版社，1987：340.

② 滕守尧.审美心理描述[M].北京：中国社会科学出版社，1985：81.

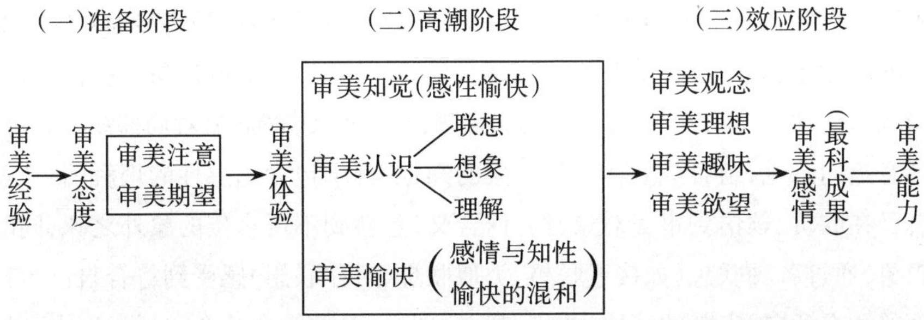

图8-1　审美经验的三个阶段

二、研究美感发展的作用

美感是由客观对象的审美属性所引起的人的感情上愉悦的心理状态。它是包括感受、知觉、想象、情感、思维等心理功能在审美对象刺激下交织活动形成的心理状态。[①]王世德进一步解释美感是有审美观点、趣味、要求、能力的人对客观事物形成及其体现的内容相统一的形象中符合自己审美要求的审美属性直接感知所产生的愉悦的感觉和感情状态。[②]

美感有很多层次。最初步的是对外形式的悦目悦耳的色、线、音引起的生理快感(也交织着对这一部分形式美规律有所理解的心理美感)，进一层是对完美体现内容的形式结构(匀称、和谐、统一、呼应、丰寓多样变化等)的生理快感(也交织着对这一部分形式美规律有所理解的心理美感)，更进一层是对形式体现内容的趣味、情调符合自己心意情趣的心理美感，再进一层是对形式体现的内容的崇高优美的格调符合并能促进自己崇高的胸怀抱负、广深高洁的情志、操行的升华，感到情投意合、心情无比舒畅的高级的心理美感。

美感在人脑中是怎样产生的？王世德的研究认为：美感是多种心理功能综合交织运动的产物，是主客观多种条件的产物。审美过程是感知、表象、想象、联想、理解、情感等心理功能复杂交织的综合运动过程。

审美主体在具备安全优裕的物质环境和精神心境的条件下，对审美客体采取一种审美态度(不是追求物质实际利益)，能与审美对象保持一种心理上的距离(超脱日常的实际利害关系、占有欲望、探求其本质规律等，而采取聚精会神的观赏态度)和空间上的距离(既不太近，又不太远，便于观赏的地位，不被挡住视线与听路

①王世德.美学辞典[M].北京：知识出版社，1986：62.

②王世德.审美学[M].济南：山东文艺出版社，1987：143.

的角度)，对客体有集中的审美注意，以感觉器官(主要是耳目)直接面对客体的可感知的具体形态，充分感受对象的线、形、色、音及它们组成的形象、内含的多样变化，和谐统一的韵律、节奏、气势、情调、意味，产生审美知觉，将对局部线、形、色、音及其意蕴的感觉，组合成立体完整对象的知觉，其中包含超感性的理解因素，意识到自己在欣赏、领悟到审美对象时有何含义，意会到不可言传的象外之味，同时展开想象，通过各种联想(如接近联想、类似联想、对比联想)感受到符合自己生理和心理的欲求意向，审美的感情、趣味、观点、理想、要求符合社会、时代、历史、民族、地域的某种审美要求的内涵意义，从而产生一种生理、心理、精神上的愉悦感，这就是美感。

这种美感是在自己原有生理、心理的审美能力的基础上，在原有的审美理想、趣味、观点的指导下，面对事物美的信息刺激而产生的。产生以后，又有助于提高自己的审美能力、观点、理想、趣味，能反过来促进对美的事物的创造。

三、研究审美能力提高的作用

审美能力是人发现、感受、评价和欣赏美的能力，即对自然界和社会生活中各种事物、现象的审美价值进行分辨、评定时所必须具备的感受力、理解力、鉴赏力和创造力。审美能力是人类独有的能力。它的形成与发展固然与人的生理素质进化有关，但更重要的是人的社会实践。就个体来说，主要靠审美教育来培养与提高。有效地培养和提高审美能力有哪些心理活动规律，则要美育心理研究回答，当前仍是研究中的薄弱环节。

如审美感知能力的培养，有人总结了几种途径，认为：(1)培养审美感知能力的重要途径是引导儿童去亲身体验和感受现象世界，从而使自己的感觉活动逐渐适应对象世界中对称、均衡、节奏、有机统一等美的活动模式，最后形成一种对这样一些模式的敏感选择能力和同情能力。(2)敏感的感受力最容易在对宇宙中最活跃、最复杂和最有秩序性和多样统一性的生命活动的观察中获得。因此，有意识引导学生去弄清什么样的形式是生命特有的形式，就成了培养审美感受力的重要途径。(3)按照特定的艺术规律，让儿童从小就大量接触艺术品，并有意识地指导他们从中感受生命力的种种模式，是审美感知教育的另一个有效的办法。并且指出：在审美教育中，有意识地引导学生领会和体验生命运动的特有模式，逐渐将其特有的活动模式和构成结构，内化为自己的感性认识、自身的倾向或习惯，是增强他们敏锐的审美感受力的关键所在，也是审美培育之本质所在。[①]这些都是宝贵的经验总结。但在这些途径中，有哪些具体的心理活动规律，却需要美育心理学的深入研究。

四、分析审美境界的作用

审美境界，本质说来就是心灵自由的状态、境界。在审美境界中，个人摆脱一切强迫，感性与理性和谐交融，个体与社会、与自然和谐交融，这种心灵状态，就是审美境界。它标志着审美教育和审美修养的成熟程度。[②]

审美境界是一个综合结构体，是受各种因素渗透交融的审美心理结构的组合。渗透交融在审美心理结构中的因素很复杂，有审美观念、审美趣味、审美理想这类审美意识成分的渗透，有科学、道德因素的渗透，还有一定社会经济、政治、文化的影响，乃至个性的影响。

为了掌握审美境界形成的成熟程度，可以采用纵向分析，揭示审美境界的高低层次。每一次，都显示着人性完整自由程度。按照审美教育、审美修养所达到的审美经验状态，大致可分为三种审美境界。

（一）感性愉快的审美境界，也被称为悦耳悦目的审美境界。这些审美境界，偏重于感性能力对审美对象形式、样式、结构、节奏、旋律的直观感受，直觉性很强。处于这种审美境界，感知因素较为突出，往往不用通过对对象内容意味的深入领会，便进入感性愉快的审美经验状态。当然，感性愉快的审美境界，虽以感性为主，却仍是多种心理功能的共同活动，只是理性功能隐而不显，含而不露。

感性愉快的审美境界，由于感性突出，往往缺乏持久性，多有变异性，多与生理欲念相联系。就是说，感性愉快，易疲劳、厌倦，它总是要求新鲜、变化，要求审美的多样。形式、色彩的更新、变化，对培养审美感官有好处。同时，可以使审美境界有更大的包容性。

感性愉快的审美境界是较低层次的，经过努力一般可以达到，但它仍是一种自由感，表明进入自由境界。感性愉快的审美境界，标志着感性能力培养的成果，它是进入较高层次审美境界的基础。

（二）领悟愉悦的审美境界，也被称作悦心悦意的审美境界。这种审美境界，偏重于审美对象蕴含的内容意味的领悟，从而产生的一种精神愉悦。

在这种精神愉悦的审美境界中，理解和想象因素相对突出，由此而生的情感愉

---

①滕守尧．审美心理描述[M]．北京：中国社会科学出版社，1985：368-374.

②杨恩寰．审美教育学[M]．北京：辽宁大学出版社，1987：375-376.

悦相对稳定、持久和深刻。由于想象不归结于确定的理解，理解也不归结于不确定的想象，因而作为审美领悟的审美境界，总是具有朦胧多义的特点，常令人反复玩味、兴起、愉快。这是一种较高级的心灵自由的感受。

领悟愉悦的审美境界，是较高层次的，需要经过一定的审美教育和审美修养以及一般文化修养才能达到。它表明审美感已进入心灵自由的境界，标志着审美理解和想象的成熟，是进入更高层次审美境界的前提。

（三）精神愉悦的审美境界，也被称为悦志悦神的审美境界。这种审美境界包括两个相互联系的环节。一个环节是伦理情感与哲理思索的交融而形成的道德精神的高扬、奋进，属于“悦志”，一个环节是超道德本体的人与自然的交融，属于“悦神”。

在“悦志”的审美境界中，审美愉悦表现为伦理精神高扬而激起的奋发进取之情。

“悦志”的审美感受是激荡的、振奋的，又是愉快的。它是由极为复杂矛盾的心理因素交织而成的情感网络：有畏惧与无畏，有惊叹与奋起，有自卑与自尊，有渺小与伟大，有脆弱与坚强等矛盾心理，乃至相反的情感浑然一体。但是，总的倾向却是在矛盾激荡的情感中去摆脱、克服、净化消极的心理，如渺小卑琐、平庸，从而向上飞跃，达到精神力量的高扬，引起满足和喜悦。

在“悦神”的审美境界中，审美愉悦表现为超道德精神力量而走向人与自然、个体与社会和谐交融而引起的从容的愉悦。大自然是感性存在、感性时空，在审美中，人投入大自然，与大自然合而为一，就在这感性时空求得伦理精神的超越与不朽。这是由“悦志”转向“悦神”的审美境界，由于不舍弃、不脱离感性（大自然），而又求得主体精神力量与自然同在、永生，因而是审美的，这是审美的极致，是最高的审美境界。一旦进入这个审美境界，人们将会不考虑个人得失，通过实践去创造这个现实的审美境界。

第三节　美育心理学对提高教学质量的作用

在我国当前学校教育制度条件下，学校教育是以教学为主的。可以说，美育的大量任务是在教学过程中实现的。同时，我们可以看到，教学中贯穿了美育及美育心理原则，将会更迅速地、更有实效地提高教学质量。实际上，良好的教学过程，其实质就是审美教育过程，就是美的欣赏、美的陶冶的过程。苏联著名教育家赞可夫在批评传统教育法时，曾经指出：“传统教育法的很明显的毛病，就是没有向学生展示出艺术的，也只有艺术才具有的那些宝藏。一切被归结为内容和情节，而艺术形象——即正是艺术所独有的特征性的东西，却被置于学生的注意范围之外，因为似乎这是他们所不能接受的。"因此研究美育心理，深入地全面地进行教学改革，提高教学质量具有直接的现实意义。

在教学过程中贯穿美育及美育心理原则是全过程的、全方位的。在教学内容、教学结构、教学方法、教学用具、教师教学态度、教学仪表、教学语言、教学姿态以及课外活动、校外活动等方面，都应考虑美的教育因素，考虑美的心理效应。总体来讲，就是考虑典型性、形象性、情感性及创造性。

在我国已有一批教师，在教学中自觉地或不自觉地运用了美育及美育心理原则，积累了一些宝贵经验。其中，比较典型、比较系统、比较完善的经验，是江苏省特级教师李吉林老师的"情境教学"的实验与研究。[①]

李吉林老师在回顾她的小学1~5年级语文教学实践与认识过程时，把她的"情境教学"的形成过程分为四个阶段：1.片段语言训练；2.提供作文题材；3.进行审美教育；4.促进整体发展。叙述"进行审美教育"阶段时，是这样说的，小学语文教学，因其本身饱含美感的特点，使它成为审美教育中的一门重要课程。现行小学语文教材中，那些可歌可泣的英雄人物故事、那些优美的诗篇、有趣的童话、蕴藏着哲理的寓言，描写了许多美的人和事。它们以优美的语言反映了自然之美、社会之美乃至艺术之美。可以说小学语文课文，既是学生学习语言文字的好教材，又是帮助小学生进行审美教育的良师益友。美，或表现为形象，或存在于情感，或蕴藏于理念。而一般说来，都是通过具体的情境使人感受到的。在前一阶段的教学实践中，已显示出情境教学形象鲜明、美感丰富的特点，运用情境教学，教学上述各类教材，对儿童进行美育，不正是理想的途径吗？就这样，情境教学迈出了它的第三步，试着运用情境教学，有目的地进行审美教育，培养学生的审美能力。[②]

李吉林老师总结的情境教学，以促进儿童整体和谐发展为主要目标。她认为，情境教学是将情境作为一个心理场，一个整体，作用于学生意识。[③]情境教学的特点就是"形真""情深""意深""理念寓于其中"。[④]

从对学生心理的作用不同，概括为五种情境：实体情境、模拟情境、语表情境、

①参见李吉林.情境教学实验与研究[M].成都：四川教育出版社，1988.

②李吉林.情境教学实验与研究[M].成都：四川教育出版社，1988:14.

③李吉林.情境教学实验与研究[M].成都：四川教育出版社，1988:66.

④李吉林.情境教学实验与研究[M].成都：四川教育出版社，1988:20.

想象情境及推理情境。[①]并且提出了六种创设教学情境的途径:生活展现情境、实物演示情境、图画再现情境、音乐渲染情境、扮演体会情境、语言描述情境。[②]

在总结运用情境教学进行审美教育时,她认为,运用创设情境的方法,培养审美能力,主要是凭借语文教材和作文题材,创设有关的情境。其情境必须是有形、有境、有情,让学生从中感受美,学会鉴赏美,练习表达美,从而逐步提高审美能力,并且提出了一套办法:(一)带入情境,感知美的表现。(1.带入图画描绘的情境,静中有动;2.带入生活的情境,有声有色;3.带入想象中的情境,可见可闻。)(二)分析情境,理解美的实质。(三)再现情境,表达美的感受。(四)驾驭情境,诱发审美动因。[③]

这样的情境教学,效果如何?杜殿坤同志说:“我也曾有机会去听她的课,听她的‘徒弟’的课,给我的印象是课上得生动活泼,能促进儿童的语言和思维的发展,特别是能促进儿童的情感、意志、品德的发展。这时,我的认识深化了一步,觉得她的情境教学在开发情、意方面的确有了突破。”“进一步说,‘情境’这个概念,带有教育者有意识地为儿童的心理全面发展创设一种最佳场合的意思。至此,这个概念的内涵就比较充实了。而更重要的,是作者经过长期实践,提出了一套具体的教学方法和方式,来有力地支持她的理论概括。可以说,‘情境教学’已经到了承认它的时候了。”[④]

从以上引述的材料可以看到,情境教学在小学教坛上的确是独树一帜的。在运用美育及美育心理原理与语文教学的结合上,走出了新路子,提高了教学质量,也为我们进一步研究美育和美育心理原理与各科教学结合,提高教学质量,做出了新的示范。

①李吉林.情境教学实验与研究[M].成都:四川教育出版社,1988:32.
②李吉林.情境教学实验与研究[M].成都:四川教育出版社,1988:44.
③李吉林.情境教学实验与研究[M].成都:四川教育出版社,1988:117-132.
④李吉林.情境教学实验与研究[M].成都:四川教育出版社,1988:序1-2.

研究三　美育心理研究的现状与展望[①]

美育心理是当代教育心理学研究中的空白领域。研究美育心理是一项前无借鉴、中外无人探索过的开创性的新课题。美育心理研究由我国现代心理学家刘兆吉教授1981年首倡，迄今也仅仅10年左右的历史。“十年来的实践证明，美育心理学虽然还未达到完美无缺的境地，但它正在蓬勃发展，不断壮大。”[②]

一

美育心理学思想，中国古代早已有了，它的内容丰富，论述精深，是中华民族优秀文化宝库中的财富之一，它散见于中国古代学者撰写的经、史、子、集、礼、乐、书、画之中，却未见使用美育、美育心理等词，更未见专论的文章和典籍，至今仍是有待深入发掘的领域。[③]

到了中国近代，美育思想、美育心理学思想则更为丰富多彩。表现在内容的深刻性、范围的广泛性、线条的复杂性、色彩的丰富性、争论的尖锐性。[④]

但在中国教育史上，第一位公开提倡美育者则是清代晚期学者王国维。他主张德育、智育、美育并列。1906年在《论教育之宗旨》一文中，他提出完全之人物不可不备真善美之三德。欲达此理想，于是教育之事起。教育之事亦分为三部：智育、德育（即意志）、美育（即情感是也）。[⑤]并说美育者，一面使人之感情发达，以达完善之域，一面又为德育与智育之手段，此又为教育者不可不留意也。[⑥]可以看出，王国维公开提倡美育，并对美育给以心理学论证，是难能可贵的。

中国近代美育体系的主要创建者是近代著名教育家“学界泰斗，人世楷模”蔡

---

① 此文曾欣然撰写，选自刘兆吉主编《美育心理研究》总论，四川教育出版社1993年4月出版。该书是全国哲学社会科学“七五”规划重点项目成果，1993年获四川省哲社科学优秀成果一等奖。

②参见李红．论美育心理学的产生、发展及现状[J]．心理学探新，1990(3,4期)．

③刘兆吉．美育心理学[M]．重庆：西南师范大学出版社，1990:56-141.

④参见姚全兴．中国现代美育思想述评[M]．武汉：湖北教育出版社，1989.

⑤王国维．论教育之宗旨[M]//舒新城．中国近代教育史资料．北京：人民教育出版社，1961.1008.

⑥王国维．论教育之宗旨[M]//舒新城．中国近代教育史资料．北京：人民教育出版社，1961.1009.

元培。他是第一位把美育列入教育方针的人。蔡元培担任中华民国临时政府教育总长时，于1912年2月11日发表了《对于教育方针之意见》[1]，针对清代所谓钦定教育宗旨“忠君、尊孔、尚公、尚武、尚实”，提出了把军国民教育，实利教育、德育、美育、世界观教育列入教育方针，并且论证说：“以心理学各方面衡之，军国民主义毗于意志；实利教育毗于知识；德育兼情感意志二方面；美育毗于情感；而世界观则统三者而一之。”[2]1917年蔡元培在北京神州学会讲演，阐发了“以美育代宗教说”。[3]1919年12月1日蔡元培在《北京晨报副刊》撰文呼吁“文化运动不要忘了美育。”[4]1920年讲普通教育的宗旨之一要养成健全的人格。认为“所谓健全的人格，内分四育，即：(一)体育，(二)智育，(三)德育，(四)美育。”[5]“为要特别警醒社会起见，所以把美育特提出来，与体智德并为四育。”[6]1922年在《美育实施的方法》中，认为“照现在教育状况，可分为三个范围：一、家庭教育，二、学校教育，三、社会教育。我们所说的美育，当然也有这三方面。”[7]1931年发表了《美育与人生》一文[8]，从情感、意志、人生价值论述了美育与人生的关系。等等。正如蒋冰海所说：“蔡元培一生倡导美育，还提出过许多具体的美育实施设想，不愧为我国近代美育体系的创建者。”[9]从《蔡元培美育论集》《蔡元培美学文选》中，可以看到蔡元培就美育与心理学的结合上，发表了许多有益的见解，闪烁着更丰富、更充实、更具体的美育心理学思想。但他却一直没有使用过美育心理一词。

“美育心理”[10]这一科学新概念，是现代心理学家刘兆吉教授经过多年的思考、研究提出来的。1979年秋，在北京师范大学参加潘菽教授主编《教育心理学》编写大纲讨论会中，鉴于有“品德心理”“学习心理”“教学心理”“体育心理”等内容，也有

①蔡元培.对于教育方针之意见[M]//高平叔.蔡元培美育论集.长沙：湖南教育出版社，1987：1.
②蔡元培.对于教育方针之意见[M]//高平叔.蔡元培美育论集.长沙：湖南教育出版社，1987：6.
③蔡元培.以美育代宗教说[M]//高平叔.蔡元培美育论集.长沙：湖南教育出版社，1987：43.
④蔡元培.文化运动不要忘了美育[M]//蔡元培.蔡元培美学文选.北京：北京大学出版社，1987：85.
⑤蔡元培.普通教育和职业教育[M]//高平叔.蔡元培美育论集.长沙：湖南教育出版社，1987：115.
⑥蔡元培.普通教育和职业教育[M]//高平叔.蔡元培美育论集.长沙：湖南教育出版社，1987：117.
⑦蔡元培.美育实施的方法[M]//高平叔.蔡元培美育论集.长沙：湖南教育出版社，1987：159.
⑧蔡元培.美育与人生[M]//高平叔.蔡元培美育论集.长沙：湖南教育出版社，1987：266-267.
⑨蒋冰海.美育学导论[M].上海：上海人民出版社，1990：1.
⑩中国大百科全书出版社编辑部.中国大百科全书·教育[M].北京：中国大百科全书出版社，1985：252.

"艺术教学心理学问题"的专题，曾拟建议增列"美育心理"内容，但苦于没有科研资料，未成。经过两年的研究，于1981年秋，在北京香山召开的《中国大百科全书·教育》编委扩大会上，正式提出增列"美育心理"词目，旋即获得通过，并分工负责撰写。1985年10月，《中国大百科全书·教育》公开发行，刊载了刘兆吉教授首次提出的"美育心理"概念。在此之前，西方国家在1980—1984年出版的14本教育心理学的书籍中，在12项分类统计中，未见有"美育心理"的词目。[①]查阅了英、美、法、苏、日等国的大百科全书，也未见"美育心理"一词。张新立老师在澳大利亚留学期间，1990年共查阅近2000种出刊资料，也未查到直接论述"美育心理"的材料。

美育心理作为一个科学新概念，刘兆吉教授认为美育心理是教育心理学的一部分，研究美育过程中学生的心理活动和心理品质的形成。美育心理的主要内容是探讨如何以音乐、美术、文学的艺术美和自然、社会生活中的现实美为教育手段，感染学生，发展他们的美感和鉴赏美、创造美与识别美与丑的能力，培养他们高尚的道德情操和文明习惯，促进他们的智力和身体的健康发展。[②]第一次阐发了美育心理的内涵，对美育心理研究的范围给予了初步的认定。

1983年4月，刘兆吉教授发表了《试论美育心理学中的几个问题》[③]，第一次提出了美育心理学概念。1986年和1987年分别发表了《创建美育心理学刍议》[④]，论述了美育心理学在社会主义精神文明建设中的地位、作用，分析了美育在促进德、智、体和劳动生产教育方面的心理学问题，探讨了美育过程中的心理活动问题，提出了美育心理学的结构。1986年旗帜鲜明地撰文，发表了《研究美育心理杜绝黄色文艺对青少年的毒害》[⑤]，认为"研究美育心理，是为了有效地促进美育，研究如何以繁荣社会主义音乐、文艺、美术等手段，杜绝黄色文艺对青少年的毒害……另一方面，是研究如何以音乐、文学、美术等手段，更有效地进行政治思想教育和道德品质教育。"阐发了美育心理研究的目的、立场、观点，论述了美育心理的主要内容。

1987年3月，刘兆吉教授出版了专著《文艺心理与美育心理》。[⑥]1990年2月，刘

①邵瑞珍.教育心理学[M].上海:上海教育出版社,1988:14.

②中国大百科全书出版社编辑部.中国大百科全书·教育[M].北京:中国大百科全书出版社,1985:251.

③参见刘兆吉.试论美育心理学中的几个问题[J].西南师范学院学报(自然科学版),1983(2).

④参见刘兆吉.创建美育心理学刍议[J].心理学探新,1987(2).

⑤参见刘兆吉.研究美育心理杜绝黄色文艺对青少年的毒害.四川心理学动态[J],1986(4).

⑥参见刘兆吉.文艺心理与美育心理[M].重庆:西南师范大学出版社,1987(3).

兆吉教授主编的《美育心理学》[①]问世。1991年9月《中国大百科全书·心理学》出版，中国现代心理学家、哲学家、教育家陈元晖教授撰写了“美育心理学”词条(212页)。从此在教育心理学的分目中，列有智育心理学、德育心理学、体育心理学、美育心理学、学科教学心理学等，美育心理学正式步入了教育心理学的学科群之列，结束了世界各国大百科全书中没有“美育心理学”一词的历史，标志着美育心理学取得了国内同行专家、学者的共识，展示着美育心理研究的广阔领域。

与此同时，国内的哲学理论工作者、美育工作者、美学工作者、教育工作者、文艺工作者及一些心理学工作者，本着加强社会主义精神文明的需要，培养有理想、有道德、有文化、有纪律的社会主义新人的需要，以不同的视角，对美育心理、审美心理进行了多种多样的探索，阐发了许多新鲜见解[②③]，对创造心理学做出了积极的贡献。

二

为了开拓和深入研究美育心理领域，探讨美育的心理规律，刘兆吉教授在组织、指导、主编完成《美育心理学》的同时，于1986年招收了第一届美育心理研究方向的三位硕士研究生。[④]1987年7月申请本课题。当时设想，美育心理，中外无人研究过，是创造性的新课题，需要突破的难题很多。最重要的是:(1)如何以心理学为核心，把音乐、美术、教育学、伦理学结合起来，形成一门发展、培养人的心理品质，如心灵美、言行美的教育分支学科。(2)通过广泛的调查，多层次的实验，研究美育心理的结构，探讨进行美育的心理规律。[⑤]据此设想，从1987年秋，组织课题组全体成员，从实际情况出发，在探索的崎岖道路上开始了新的起步，着重探讨了下列问题，取得了一些可喜的成果。

第一，大力开展了美育心理研究的基础调查。现在选入本书的有《大学生审美意识的调查研究》《对中小学生的审美情趣的调查和美育策略的研究》《学生德、智、美成绩相关性调查》等9份调查研究报告，目的在于摸清中国的美育对象——学生，在我国社会主义初级阶段现代教育制度下，学生美育心理发展的水平及年龄特征。这些调查，尽管是极初步的，却为我们摸清了中国大、中、小学学生美育心理的

①参见刘兆吉.美育心理学[M].重庆:西南师范大学出版社,1990.

②唐尚仙、高兆奎编辑《美育心理报刊资料索引》(1985—1988年)共收入文章目录475目。

③赵伶俐、唐尚仙、郭成选编《美育心理研究参考资料》收入文章79篇。

④三位美育心理研究方向的硕士生是申纪云、赵伶俐、李红。

⑤参见刘兆吉的《美育心理研究》国家社会科学基金研究项目申请书。

某些审美心理的发展水平，初步显示出美育心理的年龄特征，引发着人们设想开辟美育发展心理学的研究。

关于在学生的全面发展中，他们的审美心理素质有哪些特点？达到什么样的水平？我国目前的研究资料极少。晋劲敏主编《美育心理》（中国和平出版社1989年6月出版）一书中提出了“美育的年龄特征”（该书第46~49页）的命题。20世纪80年代中期和后期还有一些教育工作者撰文，探讨过中学生审美心理特征，调查过当代青年审美观、审美需要，阐述了有益的见解①②③④⑤。可惜，在行文中缺乏美育心理年龄特征的确切材料。刘光、胡俊林主编《中学美育读本》（四川教育出版社1988年9月出版），在阐述“青年美感的特殊性”中（该读本第42~47页），概括了青年在审美感受方面独具的特征有6点：1.青年审美感知的敏锐性；2.青年审美想象的活跃性；3.青年审美情感的强烈性；4.青年审美情趣的不稳定性；5.青年审美体验的丰富性；6.青年审美理想的可塑性。对青年这些审美心理特征的概括是一种创见，对美育心理发展和美育心理年龄特征的研究，富有参考价值。正如王世德评荐该书的特色时指出（该书序9~10页）：“这是一本适应当前中学急切需要而编写得很及时的较好读本，它从中等学校的实际出发，注意对象的特点。高中部分的读本，注意到高中生不同于小学生和初中生，他们才开始进入青年，他们的阅历、知识水平、生理和心理特点，也不同于大学生，他们有审美感知的敏锐性、审美想象的活跃性、审美趣味的不稳定性、审美理想的可塑性等等，读本增设第四课，对青年美育的特殊性所作的探讨，是有参考价值的。”

本研究吸收、借鉴这些成果，从当前中小学生所受教育现状入手，对中小学生的审美心理进行了初步的调查，同时开展了一些美育心理的形成性教育实验，以便探讨培育和提高中小学生审美心理素质的教育对策。

第二，广泛进行了“以美育人”的教育心理研究。首先对美育的育人渗透功能进行了初步的美育心理实验。

本书据此开展研究，共计获得20份相关材料。其中在德、美结合的美育心理研究中，选列了《审美教育对青年人生价值观影响的实验与调查研究》《试唱中学生日常行为规范歌》《小学思想品德课教学中德育与美育相结合的心理实验报告》等8

①参见许惠平.中学生审美心理特征浅谈[J].教育研究，1987(7).

②参见梁佐政.中学生美育心理浅谈[J].南充师院学报，1987(3).

③参见宋学文.中学美育过程特点初探[J].齐齐哈尔师范学院学报，1985(2).

④参见谢高江.青少年审美需要初探[J].美术教育，1985(2).

⑤参见梅毓.美与青年——当代青年审美观调查[J].美育，1985(1).

篇。在各科教学的美育心理研究中，选入了《中学各科教学适当结合美育的导向问卷研究》《中学生绘画欣赏教学的心理学理论与实验研究》《中学生课本剧活动的美育心理研究》等5篇。在艺术教育的美育心理研究中，选列了《大学生美术欣赏教改实验及心理分析》《大学生音程协和感实验及音乐美育对策研究》《大学生文学美育教改实验及心理分析》等7篇。

关于美育渗透的育人功能，全国广大教育工作者有相当丰富的教育经验，给我们的研究提供了第一手相当宝贵的资料，给人以深刻的启发。其中，除了李吉林的《情境教学实验与研究》中先进的新鲜的实验研究以外，我们查阅到的国内475篇（1985—1988）资料，几乎全部属于体会型和经验型的研究，尚未见到有关美育心理实验的报导。我们选列的19篇实验研究，仅仅是起步，当然是初步的尝试，诸多不完善、不严密的地方仍有待改进。但总算是使美育心理研究在科学实验的道路上迈开了第一步。

第三，初步探索了美育综合实验的心理效应。这项实验难度更大。我们这里选列了四川省开江县城关小学的《小学美育对学生心理素质全面发展影响的实验》和《全面实施美育对小学生个性影响的研究》两篇报告，以示美育育人的特殊功能的初步探索。

关于美育育人的特殊功能的研究，据称，国内也有一些学校在实验，但至今仍未见有实验报告，也未见有从美育心理分析其相关教学效果、探讨美育心理规律的报导。至于开设美育课的研究，现已初步见到各级学校教材有：杨恩寰主编的大中专美育课教材《审美教育学》（辽宁大学出版社1987年8月出版）；刘光、胡俊林主编的《中学美育读本》（四川教育出版社1988年9月出版），江苏省教委普教局审阅定稿的《中学生美育》（初中分册、高中分册；江苏省少年儿童出版社1987年8月出版）孟湘砥主编《美育教程》（湖南文艺出版社1986年12月出版）；晋劲敏主编的《美育心理》（中国和平出版社1989年6月出版）；李権、张世定、章新建主编的《美育知识丛书》30本（甘肃科学技术出版社1987年开始出版），其中专册有《小学生美育》《中学生美育》《大学生美育》；等等。这些成果显示出我国20世纪80年代后期，已初步编写了适合中国国情的一系列的美育课程的教材、丛书、参考书，是非常可喜的，令人鼓舞的。但是，学生使用后，美育心理效应如何，似乎尚未见到翔实的研究报告、调查报告。

第四，在这些研究中，除了使用现代教育学、现代心理学常用的调查法、观察法、教育经验总结法、教育心理实验法外，在研究方法的选择上，坚持运用辩证唯物论原理，分析美育心理特点，大胆地做了一点新的尝试和探索。如美育心理导向问卷法、个体活动体验分析法、美育情境实验法、美育心理发展个案分析、美育实验课等。我们使用这些特殊方法去分析解决美育心理的特殊矛盾，初步获得了一些有益的资料。除这些方法以外，当然会有更好的方法。就是这次使用的这些方法，也有待改进、修正、完善，但总算是从美育心理研究法的探索中迈出了第一步。

三

美育心理研究尽管刚刚起步，但毕竟已有了10多年的历史。作为一门新兴学科的创建，仅仅10余年的探索，实难做出圆满的回答。但从中，我们可以悟出两点启示，这是美育心理研究在当前的巨大收获，同时也可以说是美育心理研究的未来需要突破的难题：一曰，美育心理研究的特殊矛盾何在？美育心理活动规律有哪些？特有的美育心理效应有哪些？二曰，美育心理学完善的内容结构是什么？这两个启示涉及美育心理学能否存在、能否坚持深入研究、能否真正为培养社会主义建设者和接班人服务、能否为建设社会主义精神文明服务的问题。当然，伴随着这两个问题的还有美育心理研究的方法论等。现在仅就一、二两个问题谈谈我们的设想。

第一，关于美育心理的特殊矛盾。

大家知道，由于有客观事物的特殊矛盾，才构成某门科学的研究对象。美育心理的特殊矛盾是什么？涉及美育心理学有无研究的必要和可能。

社会主义初级阶段的教育目的就是培养社会主义建设者和接班人，提高全民族素质，为社会主义现代化建设服务。民族素质包括民族的遗传素质、生理素质、心理素质、文化素质。广义的文化素质包括道德素质、政治素质、审美素质。在一定社会、一定民族或一定阶级中，常常表现为道德意识形态、政治意识形态、审美意识形态。这些意识形态都是通过德育、智育、体育、美育、劳动技术教育等综合教育，转化成为个体头脑中的个体意识。从教育心理学的研究角度看，则是在受教育者头脑中形成相应的品德心理结构、智能心理结构、健美心理结构、审美心理结构、劳动创造心理结构。这些心理结构的有机融合，集中表现为人的个性心理结构，组成社会主义全面发展新人的完整精神面貌。在这些教育活动中，德育、智育、体育、美育、劳动教育各有独特的育人功能，既保持相对的独立性，又相互渗透、相互促进发展，承担着渗透的育人功能。美育承担的渗透育人功能，就是以美启智，以美储德，以美保健，以美促进劳动创造。美育特有的独立功能，则是以形感人、以情动人、以美育人，实现育人之美的要求，使人能按照美的规律建造世界。这种“以美育人、育人之美”转化过程中的矛盾就是美育心理的特殊矛盾。

以美育人的“美”，是指以物化形态存在于个人头脑之外的现实美和艺术美。它的形态万紫千红，组成灿烂的美的世界。一般的现实美有自然美（含现象美、种类美、个体美等）、社会美（含人的性格美、行为美、语言美、环境美等）。按典型规律反映自然美、社会美的艺术，则构成艺术美（含工艺美、建筑美、文物美、文学美、音乐美、舞蹈美、雕塑美、绘画美、戏剧美、电影美等）。这些物化的美或美的物质载体，构成美育的客观内容，也是美育心理反映的客观源泉，引起、激发、产生美育心理活动的客观审美情境。

育人之美的“美”，则是指个体头脑中通过美的实践、美的学习所形成的审美心理结构。它主要包括审美意识、审美情趣、审美理想、审美态度、审美情感、审美感受、审美知觉、审美判断、审美能力、创美行动等。这些审美心理成分的有机结合，构成审美心理结构，即构成审美主体的审美主观世界，或称审美境界。它是美育的特有目标，是美育工作者预期的美育成果。按其结构的心理成分的作用，可分为审美心理动力成分、审美心理能力成分、审美心理情感成分、审美心理调控成分、建造美的行动等。这些心理成分组成审美心理结构，显示出稳定的审美心理状态，就是常称的审美境界。目前的研究，一般认为审美境界的水平大致有三个层次，即：(1)感性愉快的审美境界，也称为悦耳悦目的审美境界；(2)领悟愉悦的审美境界，也称为悦心悦意的审美境界；(3)精神愉悦的审美境界，也称悦志悦神的审美境界。这些审美境界，是人的审美心理状态的表现，有水平的不同，有各自的特点。但其作用又有相同点：(1)构成审美主体个性心理结构的组成部分，体现出人的全面发展，沉淀着民族审美素质；(2)成为稳定的审美心理状态，转化为接受美育的“心理基地”，表现出爱美心理倾向及接受美育的审美能力水平，成为审美主体接受美育的心理内因；(3)调控审美主体的审美行动，能动地表现为按照美的规律建造事物的行动，塑造美、创造美，建造美的世界、美的社会，体现出人类的本质力量。

以美育人怎样才能达到育人之美，这是一个从客观审美情境，通过美育活动转化为主体脑中的审美心理结构，形成审美境界的双向互动的能动过程，也就是常说的美育过程中的心理活动过程。这个过程的特点，赵伶俐最近著书[①]，把它概括为三组组合的特点：(1)感情性与自由性；(2)通感性与直觉性；(3)目的性与诱导性。从美育心理效应和美育目标出发，相应提出了6条美育原则：(1)审美价值观教育与

① 赵伶俐.人生价值的弘扬——当代美育新论[M].成都：四川教育出版社，1991：157-182.

人生价值观教育相结合；(2)审美能力培养与智力培养相结合；(3)以感情(美感)激发为核心并与提高审美认识相结合；(4)以通感为审美感知教育的核心并与一般感知教育相结合；(5)以联想和想象为审美理解教育的核心并与理性相结合；(6)充分自由的心理活动空间与符合教育目的的诱导相结合。

综上所述，可以看到，美育心理的确存在特殊矛盾。主要表现在：(1)客观的审美情境与主体的审美境界的心理矛盾；(2)施教者的审美意识，传授美的手段与受教育者审美心理已有水平的矛盾；(3)教育管理者美育目标与受教育者美育心理效应的矛盾；(4)受教育者脑中已有审美心理结构与新接受的审美因素的矛盾；等等。它们明显不同于品德心理结构的矛盾，不同于学习心理结构的矛盾，不同于劳动、创造心理结构的矛盾。

从目前的研究资料看，专家、学者对于美育心理的特殊矛盾，已有较广泛的涉猎，揭示出了美育心理特殊规律的因素。当然，要真正确实地掌握美育心理规律，还有待专家、学者的深入研究。

第二，关于美育心理学内容结构。

美育是施教者根据教育目标的客观要求，使用现实美(自然美、社会美)、艺术美等各种审美载体，把一定社会(或一定阶级)的审美意识，转化为受教育者个体头脑中的审美心理结构，形成审美心理品质、审美境界的教育活动。

美育心理学就是研究美育过程中受教者、施教者、学校教育管理者的审美心理结构、审美心理品质形成的心理规律以及三者在美育过程中相互交往的心理规律。

按此展示，美育心理学应有哪些内容呢？这是一个不断发展、充实、完善的探索过程。1985年刘兆吉教授专著《文艺心理与美育心理》一书，谈到美育心理的主要内容有：(1)音乐美育心理；(2)绘画美育心理；(3)文学美育心理；(4)大自然、社会生活的美对心理的影响，以及“四美”教育中的心理学问题。

1990年刘兆吉教授主编的《美育心理学》依据“教育要面向现代化，面向世界，面向未来”的精神，体现科学性与思想性的统一，理论与实际相结合，以培养德、智、体、美、劳全面发展的人才为目的，有如下安排，如：

第一、二章，概述了美育心理学的基本概念、研究对象、任务、方法、立场、观点等。

第三、四、五章，阐述了中外美育心理学思想史，比较了中外美育心理学思想，特别是重点发掘了中国美育心理学思想的丰富资料，证实了中国是世界心理学思想的策源地之一，美育心理学思想也不例外。

第六、十四、十六、十八章，从美育心理学角度，探讨了把美育渗透进艺术教育、德育、智育、体育、科技教育、劳动教育的美育心理问题。分别研究了音乐美育心理、美术美育心理、文学美育心理、儿童文学美育心理、品德美的心理结构、劳动教育中的美育心理、体育中的美育心理、学校科技活动中的美育心理、数学教学中的美育心理、课堂教学中的美育心理。

第十五章,专论教师的心灵美、言行美。

第十九章,论述学校管理中的美育心理。

1991年12月,赵伶俐著《人生价值的弘扬——当代美育新论》一书,进一步分析了美育心理学内容。认为美育心理学研究美育过程中一系列心理问题,分美育过程中的心理活动和美育的心理效应两大方面的内容。美育心理学研究的这两大方面内容又各由多因素、多层次、多水平的具体内容构成。[①]

从上述部分内容可以看到,具有东方文明特色的美育心理学已具雏形,对美育心理学的内在建构已较完整。

从现有实际资料分析,对于美育心理学的内容的内在结构,可以这样设想和预测:美育心理学除基本理论、方法、原则、立场、观点及美育心理学史外,它的内容应以以美育人为中心,从五个方面揭示美育心理规律,由五大部分构成。

一、学生接受审美意识,运用美育物质载体,形成审美心理品质的心理规律。

二、教师领会审美意识,运用美育物质载体,传授审美意识的心理活动规律。

三、学校管理者在管理活动(含美育工作管理)中形成的美育心理活动规律。

四、学生、教师、管理者相互交往、组成审美育人情境的美育心理活动规律。

五、不同学龄阶段的幼儿、小学生、中学生、大学生、研究生审美心理的发展规律和审美心理的年龄特征。

此外,向外辐射,开放眼界,还应有家庭美育心理、社区环境美育心理、社会美育心理、国际交往审美心理训练等。

这五个方面内容的关系,是以美育人为中心,如图8-2所示。所有这些内容,从目前的研究资料看,形成完整的内在结构,为时尚远。刘兆吉教授曾说美育心理学只相当于“半坡文化”中茅草小屋,将来耸入云端的百层大厦还需要更多更富于创造精神的学者,凭几代人的接力来完成它。[②]我们相信,美育心理学这一门初创时期的新兴学科,由于抓住了特殊矛盾,由于符合培养社会主义建设者和接班人的需要,由于有利于提高中华民族的素质,由于有利于社会主义精神文明的建设,已显

①赵伶俐.人生价值的弘扬——当代美育新论[M].成都:四川教育出版社,1991:154.

②刘兆吉.美育心理学[M].重庆:西南师范大学出版社,1990:前言4.

示出它是一门颇有发展前途的新学科，定会日臻圆满、完善、科学！

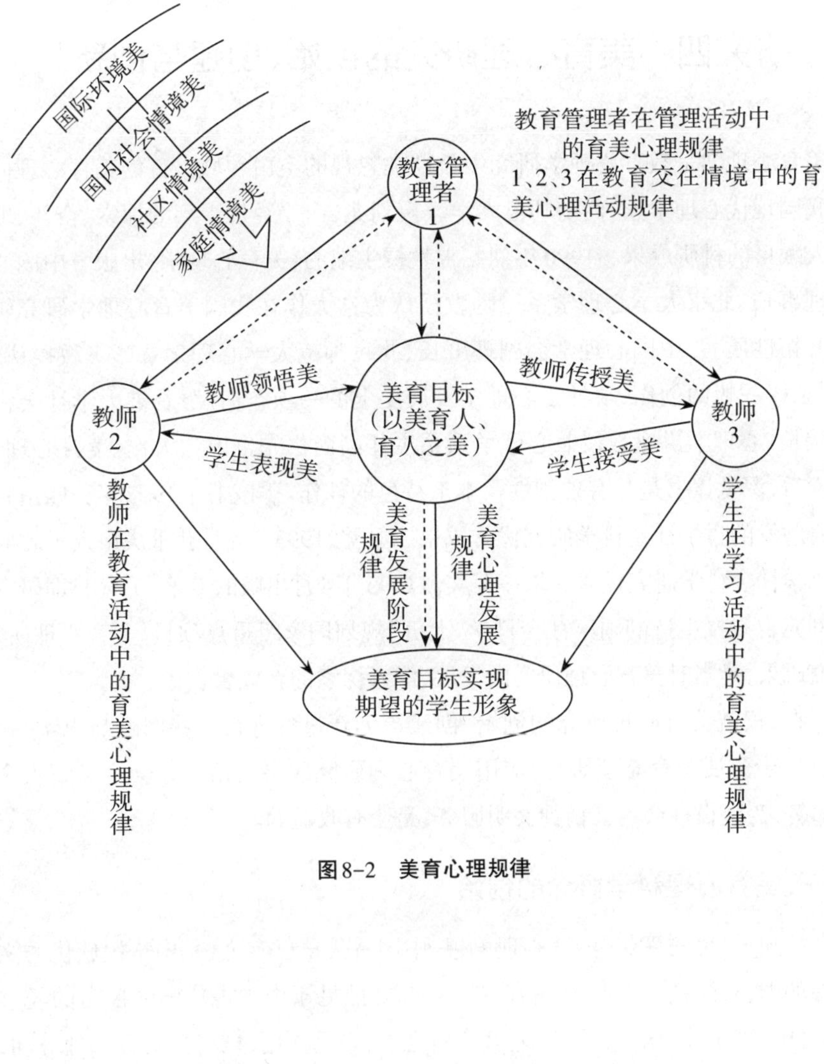

图8-2　美育心理规律

研究四　美育心理研究的创始、创建与创新[①]

美育心理学是教育心理学研究中长期被忽视的空白领域。首创美育心理研究的是我国现代心理学家、西南师范大学教授刘兆吉。[②]经过十年的探索、奋斗，取得了引人瞩目的科研成果。1990年刘兆吉教授主编的《美育心理学》出版。中国心理学会理事长、北京大学心理学系王甦教授认为："大作在我国美育心理学研究领域具有开拓性质。"[③]中国心理学会副理事长、北京师范大学心理学系彭飞教授认为："这一独树一帜的创作，填补了心理学发展史上的一项空白。"[④]香港大学社会科学院副院长、心理学讲座教授兼心理学系系主任高尚仁先生说："大作《美育心理学》经拜读后，深觉该书是具有独创性及本土特色的佳作。"[⑤]该书于1992年获四川省人民政府颁发的哲学社会科学研究优秀成果二等奖，1993年4月获重庆市人民政府颁发的哲学社会科学研究优秀成果一等奖。1993年4月出版的专著《美育心理研究》，则是刘兆吉教授主持的国家社会科学"七五"规划国家级重点项目《美育心理研究》的研究成果，是当时美育心理研究的发展、深入探索的新成果。

现在，仅就美育心理研究的创始、创建与创新过程进行一些回顾与思索，相信这对进一步开展美育心理研究，应用美育心理研究成果为培养社会主义新人全面发展服务，为建设社会主义精神文明服务，是会有收益的。

一、美育心理科学概念的创始

大家知道，美的思想、美育心理思想，中国古代早已有之，是中华民族优秀文化宝库中的财富之一。但是，其内容、论述，全都散见于中国古代学者撰写的经、史、子、集之中，寓于礼、乐、书、画等艺术珍品之中，未见使用过美育、美育心理等词，更未见专论的文章和典籍，至今仍是有待深入发掘的领域。[⑥]到了中国近代，美育思想、美育心理思想则更为丰富，表现为内容的深刻性、范围的广泛性、线条的复杂

①此文刊载于《西南师范大学学报》(学术丛刊)，1993年教育科学研究版，第86页。

②中国百科全书编辑部.中国大百科全书·心理学[M].中国大百科全书出版社，1991:203.

③见王甦教授1990年6月6日信函。

④见彭飞教授1990年6月9日信函。

⑤见高尚仁教授1991年4月25日信函。

⑥刘兆吉.美育心理学[M].重庆：西南师范大学出版社，1990:56-141.

性、色彩的丰富性、争论的尖锐性。[①]

但在中国教育史上，第一位公开提倡美育者则是清代晚期学者王国维。他主张德育、智育、美育并列。1906年在《论教育之宗旨》一文中，他提出完全之人物不可不备真善美之三德。欲达此理想，于是教育之事起。教育之事亦分为三部：智育、德育（即意志）、美育（即情感是也）。[②]并说美育者，一面使人之感情发达，以达完善之域，一面又为德育与智育之手段，此又为教育者不可不留意也。[③]可以看出，王国维公开提倡美育，并对美育给以心理学论证，是难能可贵的。

中国近代美育体系的主要创建者是近代著名教育家"学界泰斗，人世楷模"蔡元培。他是第一位把美育列入教育方针的人。蔡元培担任中华民国临时政府教育总长时，于1912年2月11日发表了《对于教育方针之意见》[④]，针对那个时代所谓钦定教育宗旨，忠君、尊孔、尚公、尚武、尚实，提出了把军国民教育、实利教育、德育、美育、世界观教育列入教育方针，并且论证说："以心理学各方面衡之，军国民主义毗于意志；实利教育毗于知识；德育兼情感意志二方面；美育毗于情感；而世界观则统三者而一之。"[⑤]1917年蔡元培在北京神州学会讲演时，阐发了"以美育代宗教说"[⑥]。1919年12月1日蔡元培在《北京晨报副刊》撰文呼吁"文化运动不要忘了美育"[⑦]。1920年讲普通教育的宗旨之一要养成健全的人格。认为"所谓健全的人格，内分四育，即：（一）体育，（二）智育，（三）德育，（四）美育。"[⑧]"为要特别警醒社会起见，所以把美育特提出来，与体智德并为四育。"[⑨]1922年在"美育实施的方法"中，认为"照现在教育状况，可分为三个范围：一、家庭教育，二、学校教育，三、社会教育。

①参见姚全兴．中国现代美育思想述评[M]．武汉：湖北教育出版社，1989.

②王国维．论教育之宗旨[M]//舒新城．中国近代教育史资料．北京：人民教育出版社，196:.1008.

③王国维．论教育之宗旨[M]//舒新城．中国近代教育史资料．北京：人民教育出版社，1961:1009.

④蔡元培．对于教育方针之意见[M]//高平叔．蔡元培美育论集．长沙：湖南教育出版社，1987:1.

⑤蔡元培．对于教育方针之意见[M]//高平叔．蔡元培美育论集．长沙：湖南教育出版社，1987:6.

⑥蔡元培．以美育代宗教说[M]//高平叔．蔡元培美育论集．长沙：湖南教育出版社，1987:43.

⑦蔡元培．文化运动不要忘了美育[M]//蔡元培美学文选．北京：北京大学出版社，1983:85.

⑧蔡元培．普通教育和职业教育[M]//高平叔．蔡元培美育论集．长沙：湖南教育出版社，1987:115.

⑨蔡元培．普通教育和职业教育[M]//高平叔．蔡元培美育论集．长沙：湖南教育出版社，1987:117.

我们所说的美育，当然也有这三方面。”[①]1931年发表了《美育与人生》[②]一文，从情感、意志、人生价值论述了美育与人生的关系。等等。正如蒋冰海所说[③]：“蔡元培一生倡导美育，还提出过许多具体的美育实施设想，不愧为我国近代美育体系的创建者。”从《蔡元培美育论集》《蔡元培美学文选》中，可以看到蔡元培就美育与心理学的结合上，发表了许多有益的见解，闪烁着更丰富、更充实、更具体的美育心理学思想。但他却一直没有使用过美育心理一词。

“美育心理”[④]这一个科学新概念，是现代心理学家刘兆吉教授经过多年的思考、研究提出来的。1979年秋，其在北京师范大学参加潘菽主编《教育心理学》编写大纲讨论会时，鉴于有“品德心理”“学习心理”“教学心理”“体育心理”等内容，也有“艺术教学心理学问题”的专题，曾拟建议增列“美育心理”内容，但当时苦于没有科研资料，未成。经过两年的研究，于1981年秋，在北京香山召开的《中国大百科全书·教育卷》编委扩大会议上，正式提出增列“美育心理”词目，旋即获得通过，并分工负责撰写。1985年10月，《中国大百科全书·教育》公开发行，刊载了刘兆吉教授首次提出的“美育心理”概念。[⑤]在此之前，西方国家在1980—1984年出版的14本教育心理学的内容，在12项分类统计中，未见有“美育心理”的词目。[⑥]查阅了英、美、苏、日等国的大百科全书，也未见“美育心理”一词。

美育心理作为一个科学新概念，刘兆吉教授认为：“美育心理是教育心理学的一部分，研究美育过程中学生的心理活动和心理品质的形成。”“美育心理的主要内容是探讨如何以音乐、美术、文学的艺术美和自然、社会生活中的现实美为教育手段，感染学生，发展他们的美感和鉴赏美、创造美与识别美与丑的能力，培养他们高尚的道德情操和文明习惯，促进他们的智力和身体的健康发展。”[⑦]第一位阐发了美育心理的内涵，对美育心理研究的范围给予了初步的认定。

---

①蔡元培.美育实施的方法[M]//高平叔.蔡元培美育论集.长沙：湖南教育出版社，1987：159.

②蔡元培.美育与人生[M]//高平叔.蔡元培美育论集.长沙：湖南教育出版社，1987：266-267.

③蒋冰海.美育学导论[M].上海：上海人民出版社，1990：1.

④中国大百科全书编辑部.中国大百科全书·教育.北京：中国大百科全书出版社，1985：251-252.

⑤中国大百科全书编辑部.中国大百科全书·教育.北京：中国大百科全书出版社，1985：251-252.

⑥邵瑞珍.教育心理学.上海：上海教育出版社，1988：14.

⑦中国大百科全书编辑部.中国大百科全书·教育.北京：中国大百科全书出版社，1985：251.

二、美育心理学的创建

1983年4月，刘兆吉教授发表了《试论美育心理学中的几个问题》。[①]1986年和1987年他分别发表了《创建美育心理学刍议》[②]，第一次提出了美育心理学概念。该文论述了美育心理学在社会主义精神文明建设中的地位、作用，分析了美育在促进德、智、体和劳动生产教育方面的心理学问题，探讨了美育过程中的心理活动，提出了美育心理学的结构。1986年，他旗帜鲜明地发表了《研究美育心理杜绝黄色文艺对青少年的毒害》一文。[③]文中认为："研究美育心理，是为了有效地进行美育，研究如何以繁荣社会主义音乐、文艺、美术等手段，杜绝黄色文艺对青少年的毒害……另一方面，是研究如何以音乐、文学、美术等手段，更有效地进行政治思想教育和道德品质教育。"阐发了美育心理研究的目的、立场、观点，论述了美育心理的主要内容。

1987年3月，刘兆吉教授出版了专著《文艺心理与美育心理》[④]。1990年2月刘兆吉教授主编的《美育心理学》[⑤]问世。1991年9月《中国大百科全书·心理学》出版，刊载了中国现代心理学家、哲学家、教育家陈元晖教授执笔撰写的"美育心理学"词条(212页)[⑥]。从此在教育心理学的分目中，列有智育心理学、德育心理学、体育心理学、美育心理学、学科教学心理学等。美育心理学正式步入了教育心理学的学科群之列，结束了世界各国大百科全书中没有"美育心理学"一词的历史，标志着美育心理学得到了国内广大专家、学者的共同承认，展示着美育心理研究的广阔领域。

与此同时，国内的哲学理论工作者、美学工作者、美育工作者、教育工作者、文艺工作者及一些心理学工作者，本着加强社会主义精神文明建设的需要，培养有理想、有道德、有文化、有纪律的社会主义新人的需要，从不同的视角，对美育心理、审美心理进行了多种多样的探索，阐发了许多新鲜见解，[⑦⑧]对创建美育心理学做出了

①参见刘兆吉.试论美育心理学中的几个问题[J].西南师范学院学报(哲社版)，1983(2).

②参见刘兆吉.创建美育心理学刍议[J].心理学探新，1987(3).

③参见刘兆吉.研究美育心理杜绝黄色文艺对青少年的毒害[J].四川心理学动态，1986(4).

④刘兆吉.文艺心理与美育心理[M].重庆：西南师范大学出版社，1987(3).

⑤刘兆吉.美育心理学[M].重庆：西南师范大学出版社，1990.

⑥中国大百科全书编辑部.中国大百科全书·心理学[M].北京：中国大百科全书出版社，1991：212.

⑦唐尚仙、高兆奎编辑《美育心理报刊资料索引》(1985—1988年)，共收入文章目录475目。

⑧赵伶俐、唐尚仙、郭成选编《美育心理研究参考资料》，收入文章79篇。

积极的贡献。现在高校使用的教育心理学教学用书中，把“美育心理”列专章阐述的已有：韩进之教授主编的《教育心理学纲要》（人民教育出版社1989年12月第一版），刘兆吉、杨宗义、曾欣然三位教授主编的《高等学校心理学》（西南师范大学出版社1991年10月第一版）。

三、美育心理研究的深入与创新

刘兆吉教授为了开拓和深入研究美育心理领域，探讨美育的心理规律，在组织、指导、主编完成《美育心理学》的同时，于1986年招收了第一届美育心理研究方向的三位硕士研究生。[①]1987年7月申请的“美育心理研究”列入了国家教育科学“七五”规划国家级项目，获得国家社会科学基金资助。当时设想，“美育心理，中外无人研究过，是创造性的新课题，需要突破的难题很多。最重要的是：(1)如何以心理学为核心，把音乐、美术、教育学、伦理学结合起来，形成一门发展、培养人的心理品质，如心灵美、言行美的教育分支学科。(2)通过广泛的调查，多层次的实验，研究美育心理的结构，探讨进行美育的心理规律”[②]。据此设想，从1987年秋开始，组织课题组全体成员，从实际情况出发，在探索的崎岖道路上开始了新的起步。经过近五年的集体努力，1991年12月完成预定科研任务，1993年4月在四川教育出版社出版。它主要标志着在美育心理研究领域内，主要取得了下列的可喜成果：

第一，大力开展了美育心理研究的基础调查。现在选入该书的有《大学生审美意识的调查研究》《对中小学生的审美情趣的调查和美育策略的研究》《学生德、智、美成绩相关性调查》等9份调查研究报告。调查的目的在于摸清中国美育的对象——学生在我国社会主义初级阶段现行教育制度下，学生美育心理发展的水平及年龄特征。这些调查，尽管是极初步的，却为我们摸清中国大、中、小学学生美育心理的某些审美心理的发展水平，初步显示出美育心理的年龄特征，引发着人们设想开辟美育发展心理学的研究。

关于在学生的全面发展中，他们审美心理素质有哪些特点？达到什么样的水平？在我国目前的研究资料极少。晋劲敏主编的《美育心理》（中国和平出版社1989年6月出版）书中提出了“美育的年龄特征”（该书第46~49页）的命题。80年代中期和后期还有一些教育工作者撰文，探讨过中学生审美心理特征，调查过当代青

①三位美育心理研究方向的硕士生是申纪云、赵伶俐、李红。

②参见刘兆吉的《美育心理研究》国家社会科学基金研究项目申请书。

年审美观、审美需要，阐述了有益的见解。①②③④⑤可惜，在行文中缺乏美育心理年龄特征的确切材料。刘光、胡俊林主编《中学美育读本》（四川教育出版社1988年9月出版），在阐述“青年美感的特殊性”（该书第42~47页）中，概括了青年在审美感受方面独具自己的特征有6点：1.青年审美感知的敏锐性；2.青年审美想象的活跃性；3.青年审美情感的强烈性；4.青年审美趣味的不稳定性；5.青年审美体验的丰富性；6.青年审美理想的可塑性。对青年这些审美心理特征的概括是一种创见，对美育心理发展和美育心理年龄特征的研究，富有参考价值。正如王世德评荐该书的特色和优点时指出（该书序第9~10页）：“这是一本适应当前中学急切需要而编写得很及时的较好读本，它从中等学校的实际出发，注意对象的特点。高中部分的读本，注意到高中生不同于小学生和初中生，他们才开始进入青年，他们的阅历、知识水平、生理和心理特点，也不同于大学生，他们有审美感知的敏锐性，审美想象的活跃性，审美趣味的不稳定性，审美理想的可塑性，等等，读本增设第四课，对青年美育的特殊性所作的探讨，是有参考价值的。”

该项研究吸收、借鉴这些成果，从当前中小学生所受教育现状入手，对中小学生的审美心理进行了初步的调查，同时开展了一些美育心理的形成性教育实验，以便探讨培育和提高中小学生审美心理素质的教育对策。

第二，广泛进行了“以美育人”的教育心理研究。对美育育人的渗透功能进行了初步的美育心理实验。

本研究共计20份材料，其中在德、美结合的美育心理研究中，选列了《审美教育对青年人生价值观影响的实验与调查研究》《试唱中学生日常行为规范歌》《小学思想品德课，教学中德育与美育相结合的心理实验报告》等8篇。在各科教学的美育心理研究中，选入了《中学各科教学适当结合美育的导向问卷研究》《中学生绘画欣赏教学的心理学理论与实验研究》《中学生课本剧活动的美育心理研究》等5篇。在艺术教育的美育心理研究中，选列了《大学生美术欣赏教改实验及心理分析》《大学生音程协和感实验及音乐美育对策研究》《大学生文学美育教改实验及心理分析》等7篇。

关于美育渗透的育人功能，全国广大教育工作者有相当丰富的教育经验，给研

①参见许惠平．中学生审美心理特征浅谈[J]．教育研究，1987(7)．

②参见梁佐政．中学生美育心理浅谈[J]．南充师院学报，1987(3)．

③参见宋学文．中学美育过程特点初探[J]．齐齐哈尔师范学院学报，1985(22)．

④参见谢高江．青少年审美需要初探[J]．美术教育，1985(2)．

⑤参见梅毓．美与青年——当代青年审美观调查[J]．美育，1985(1)．

究提供了第一手相当宝贵的资料，给人以积极的启发。其中，除了李吉林的《情境教学实验与研究》中先进的新鲜的实验研究以外，曾查阅了国内475篇（1985—1988年）资料，几乎全部属于体会型和经验型研究，尚未见到有关美育心理实验的报导。这19篇研究成果，当然是初步的尝试，诸多不完善、不严密的地方有待改进。但总算是使美育心理研究在科学实验的道路上迈开了第一步。

第三，初步探索了美育综合实验的心理效应。这项实验难度很大。这里选列了四川省开江县城关小学的《小学美育对学生心理素质全面发展影响的实验》和《全面实施美育对小学生个性影响的研究》两篇报告，以示美育育人的特殊功能的初步探讨。

关于美育育人的特殊功能的研究，据称，国内也有一些学校在实验，但至今仍未见有实验报告，也未见有从美育心理研究分析其教学效果、探讨美育心理规律的报导。至于开设美育课的研究，现已初步见到各级学校教材有：杨恩寰主编大中专美育课教材《审美教育学》（辽宁大学出版社1987年8月出版）；刘光、胡俊林主编《中学美育读本》（四川教育出版社1988年9月出版）；江苏省教委普教局审阅定稿的《中学生美育》（初中分册、高中分册；江苏省少年儿童出版社1987年8月出版）；孟湘砥主编《美育教程》（湖南文艺出版社1986年12月出版）；晋劲敏主编《美育心理》（中国和平出版社1989年6月出版）；李権、张世定、章新建主编《美育知识丛书》30本（甘肃科学技术出版社1987年开始出版），其中专册有《小学生美育》《中学生美育》《大学生美育》；等等。这些成果显示出我国20世纪80年代后期，已初步编写了适合中国国情的一系列的美育课程的教材、丛书、参考书，是非常可喜的，令人鼓舞的。但是，学生使用后，美育心理效应如何，似乎尚未见到翔实的研究报告和调查报告。

第四，在这些研究中，除了使用现代教育学、现代心理学常用的调查法、观察法、教育经验总结法、教育心理实验法外，在研究方法的选择上，坚持运用辩证唯物论原理，分析美育心理特点，大胆地做了新的尝试和探索。如美育心理导向问卷法、个体活动体验分析法、美育情境实验法、美育心理发展个案分析法、美育实验课等，初步获得了一些有益的资料。除这些方法以外，当然会有更好的方法。就是这次使用的这些方法，也有待改进、修正、完善，但总算是从美育心理研究法的探索中，迈出了新的一步。

研究五　刘兆吉创建美育心理学的阶段分析[①]

摘　要:把刘兆吉先生创建美育心理学、发展文艺心理学的创新的全程,分为八个阶段:创新萌发期、创新奠基期、创新积累期、创新融合期、压抑中断期、创新始创期、创新拓展期、创新再新期,丰富了人生创造心理发展的阶段理论,为我们培育创新人才,提供了启示。

关键词:刘兆吉　美育心理学　创新八阶段

中图分类号:B8405

文献标识码:A

文章编号:1003-5184(2004)01-0027-0d

我们以刘兆吉先生一生创新实践活动、创新成果为客观依据,将刘兆吉先生从想创文艺心理学新体系为起端,到创建美育心理学的历程,分为八个阶段。有别于创造活动的四段论(准备、酝酿、顿悟、检验),丰富了人生创造发展的阶段理论,对我们培育创新人才,也有独特的启发。

一、创建新体系的萌发阶段

刘兆吉先生1935年就读南开大学文学院哲学教育系期间,最喜爱文学、美学、心理学课程,经常参加英语系师生组织的"人生与文学社"的活动。他听了朱光潜关于其新著《文艺心理学》的演讲,对朱先生把美学、文艺和心理学融为一体,深感思路开阔,新奇有趣。这又引发了刘兆吉先生进一步思考,文艺心理学不只包括文学、美学、心理学的内容,也应包括教育学的内容[②]。灵感顿生,萌发了"自己也想创文艺心理学的新体系"。刘先生的这个设想是把朱光潜的两合一,发展成为文学、美学、心理学和教育学四合一。[③]这个新体系雏形的萌发,后来升华为刘先生的志

---

①此文与曾雁合作完成,主要探索刘老一生科研进展的全程阶段。刊载于《心理学探新》,2004年第1期。

②《刘兆吉文集》编委会.刘兆吉美育心理与文艺心理研究文选[M].重庆:西南师范大学出版社,2003:1-7.

③《刘兆吉文集》编委会.刘兆吉美育心理与文艺心理研究文选[M].重庆:西南师范大学出版社,2003:1-7.

趣、情趣，以及梦寐以求的事业，并为之奋斗了一生。刘兆吉先生回忆说："著书立说的构思刚刚萌发，卢沟桥事变爆发，南开大学被炸，文艺心理学的研究中断了。但文艺心理学和美育心理学的种子却深深地埋在我的心田里。"①

二、勤苦耕耘的奠基阶段

1938年1月，长沙临时大学迁昆明，成立西南联合大学。在此学习期间，刘兆吉先生就读于哲学心理教育系。开设的课程，既有古今文学课，也有哲学、美学、心理学、教育学。刘兆吉先生感到曾经梦寐以求的创建文艺、美育心理学的基础课程都有了。为了打好研究文艺心理学的基础，他除了继续学好心理学、教育学课程外，选修了闻一多讲授的《诗经》课、《楚辞》课，朱自清讲授的陶渊明诗，王力讲授的现代语法，陈梦家讲授的文字学等。

在此期间，刘兆吉先生直接参加了两项文艺实践活动，把创新动机、志趣转化为创新实践活动，第一次实现了创新价值。

(一)行程三千五百里，创新奉献《西南采风录》

1938年1月迁校，由长沙至昆明，学校组织了部分师生同行的"湘黔滇步行团"。刘兆吉先生参加了下设的民间歌谣组，并担任组长。沿途费尽千辛万苦，克服重重困难，行程三千五百华里，在68天之中，采集民歌民谣两千多首。到昆明后，他一边学习功课，一边精心编选，择录了771首，编辑成《西南采风录》。时人誉之为："这是现代的三百篇。""以一个人的力量来做采风工作，可以说是前无古人。"(朱自清语)②"他的这种毅力实在令人惊佩。"(闻一多语)③同年，朱自清、黄钰生、闻一多等名家为之作序。该书在1946年由北京商务印书馆出版，1991年台湾商务印书馆影印再版，2000年北京商务印书馆影印再版。1985年《中国大百科全书·中国文学卷》作为专著词目评荐。

(二)抒发爱国志，创建"南湖诗社"

在"湘黔滇步行团"中，刘兆吉先生与向长清曾谈过，到达昆明后，打算出版诗刊。"想用诗抒发爱国之志，以笔为枪，宣传抗日"，"以诗的艺术语言，感人肺腑的思想情感来教育大众，教育自己"。1938年5月初，文学院迁到蒙自行课，他很快组织了20多位爱好诗歌的同学，请闻一多、朱自清两位先生做诗社的指导教师，创建了

---

①《刘兆吉文集》编委会.刘兆吉美育心理与文艺心理研究文选[M].重庆：西南师范大学出版社，2003：1-7.

②刘兆吉.西南采风录[M].台湾：台湾商务印书馆股份有限公司，1991：2.

③刘兆吉.西南采风录[M]台湾：台湾商务印书馆股份有限公司，1991：1.

西南联合大学的第一个诗社。蒙自县城东门外有一南湖，湖清水秀，幽雅宜人。大家同意将诗社命名为“南湖诗社”。诗刊共出了四期。四个月后，南湖诗社解散了，诗人的志趣决心却没有变。

刘兆吉先生通过学校课程学习、文学艺术实践活动，打下了知识广博、扎实的基础。他在回顾这段时期的收获时说：“在联大两年时间，学习课程多，课内外活动多，我对于多而杂的学习途径，至今不悔”，“有人认为我不务正业，哪知我是为研究文艺心理学练基本功。我除练习写新诗之外，还写过散文、短篇小说、话剧并在报刊上发表”[①]（编者注：刘兆吉先生1938—1939年在西南联大两年学习内，共发表有关文章8篇）[②]。1997年刘兆吉先生在《一生总结》中，开头两句写道：“三校五系大学生，四年六任小头目”[③]。三校指：组成西南联合大学的北京大学、清华大学、南开大学。五系指：哲学、心理、教育、中文、历史专业。六任小头目指：哲教学会会长、工人夜校校长、大学生军的副班长、湘黔滇步行团歌谣采风组组长、西南联大山东同乡会会长、南湖诗社社长。这句话是对当时勤苦耕耘，为创新练习基本功的极好总结。

三、创新经验的积累阶段

刘兆吉先生回忆说：“1939年大学毕业后到1950年，在中学、大学工作期间，除在四川教育学院、重庆大学教育系教教育学、心理学外，（我）有意识地在南开中学教语文，在重庆大学上‘语文教学写作’课，这都与研究文艺心理学打好基础与充实美育手段有关。”并总结说：“新中国成立前，无论在大学四年的学习期间，还是在11年的工作期间，除完成工作任务之外，都未忘记创建文艺、美育心理学的任务。”[④]

在此工作期间，刘兆吉先生积累了显性创新实践经验，也积累了丰富的隐性创新实践经验，实现了创新价值，出版了专著两部：一部是《西南采风录》，另一部是《初中作文教学法》。公开发表了小说、话剧、散文、诗词等20多篇。其中，1943年2月16日发表在《国文月刊》第19期上的考证文章《关于〈孤儿行〉》，是刘兆吉先生创新的一篇代表作。当时初级中学国文教科书第3册第25课选有《孤儿行》。刘兆吉

---

①《刘兆吉文集》编委会.刘兆吉美育心理与文艺心理研究文选[M].重庆：西南师范大学出版社，2003：1-7.

②《刘兆吉文集》编委会.刘兆吉诗文选[M].重庆：西南师范大学出版社，2003：516-517.

③《刘兆吉文集》编委会.刘兆吉诗文选[M].重庆：西南师范大学出版社，2003：370.

④参见《刘兆吉文集》编委会.刘兆吉美育心理与文艺心理研究文选[M].重庆：西南师范大学出版社，2003：1-7.

先生在备课中,发现这首诗唯独“面目多尘”句的句末,似缺一个字,也缺韵。刘兆吉先生提出原诗应有一“土”字的设想,将文稿邮寄给闻一多先生指教,立即得到了闻一多先生的充分肯定:“刘君这个看法有道理,我很赞同。我要把它推荐给《国文月刊》发表”并代拟题目为《关于〈孤儿行〉》,并公开发表了该文。从此更正了多年来对该诗的误传,解答了清代学者沈德潜提出的“头多虮虱,面目多尘”等句,“今不归入韵内,岂中间或有脱落耶”的疑问。恢复了全诗原文的本来面目:

孤儿生,孤儿遇生,命独当苦。

父母在时,乘坚车,加驷马(马字读着母)。

父母已去,哥嫂令我行贾。

南到九江,东到齐与鲁。

腊月来归,不敢自言苦。

头多虮虱,面目多尘(土)。

(刘兆吉先生创见,提出加“土”字)

大兄言办饭,大嫂言视马。

上高堂,行趋殿下堂,孤儿泪下如雨。

刘兆吉先生曾感慨地说:“它凝聚着闻先生对青年的殷切期望。我这辈子在教学和科研上如果有点成绩,是和闻一多先生当年的教诲和鼓励分不开的,它使我在事业上增添了信心和勇气。”

四、创新学习的融合阶段

从1951年到1965年,刘兆吉先生在西南师范学院生活14年。他一边积极工作,教书育人,一边重新学习,重组专业知识结构。刘兆吉先生的壮年期,遇着一个在新中国初期的社会环境,既有利于创新,又常受极“左”思潮压抑,充满着波折的复杂经历,也是刘兆吉先生创建美育心理学的一段创新学习的融合期。

1952年7月,刘兆吉先生受西南文教部指派,到北京师范大学教师进修班学习,听苏联专家讲授心理学、教育学等。1959年由教育部调派刘兆吉先生参加中国科学院心理研究所的科研协作组,贯彻修订了《心理学十二年发展规划》。协作中完成了《如何有效地培养学生表达能力的心理学研究》《中国语文教学中错别字问题的心理学研究》。1962年秋,与张增杰先生一起,承担了潘菽主编的《教育心理学》(内部讨论稿)试用教学实验。1962年重庆市心理学会成立,刘兆吉先生担任理事长。“以任务带科研”“以科研促教学”,与全市广大心理学教师、心理学科研工作者一起，取得了一批科研成果。[①]正是在这样的时期，刘兆吉先生积累了科学指导心理学科研，组织科研队伍，进行创新研究的实践经验，蕴藏着中西融合，古今荟萃，文、理、艺、心、教融合的创新经验。为创建美育心理学，奠定了较好的理论基础、心理学科研群体基础及心理学科研实践基础。

五、挫折压抑中断阶段

1966年“文化大革命”开始，心理学被诬为“九分无用，一分歪曲的反动科学”。刘兆吉先生被诬为“反动学术权威”，被赶入“牛鬼蛇神劳改队”监督劳动。一时间，丧失人身自由，丧失科研资格，丧失教书育人资格。几十年积累的关于构建文艺心理、美育心理学的资料被称为“封、资、修”的糖衣炮弹，被没收，被批判。在这种情况下，一切科研、教学活动停止，文艺心理、美育心理研究当然被迫中断。但刘兆吉先生回忆当时的心情说：“创建文艺、美育心理学的希望之火，并未熄灭，只有深深埋在内心的底层。”[②]刘兆吉先生此段经历与全国广大的老一代知识分子、科学家一样，遭受“迫害”，被迫中断自己心爱的工作。但是，刘先生仍保持已有创新动机、创新志趣，坚持创新信念，“希望之火”“深深埋在内心的底层”。

六、美育心理学的正式创立阶段

1977年8月，刘兆吉先生作为我国大西南地区唯一的代表，应邀出席了在北京平谷县召开的心理学科学规划座谈会。随后，他撰写了《评冯特研究心理学道路》《创建我国心理学的道路》等文章，进一步阐述了建立中国特色心理学的方向和道路。他早年立志研究的文艺、美育心理学的思想，又在灰烬中复燃，在内心底层迸发。这时在刘兆吉先生书房里的书架上，醒目地挂着“老牛自知夕阳晚，不须扬鞭自奋蹄”的座右铭，开始了新一轮的创新。

1978年秋，刘兆吉先生在北京师范大学参加潘菽主编《教育心理学》的修订讨论会。在讨论编写大纲时，拟建议增列“美育心理”内容。但苦于当时没有科研资料，“自己多年的藏书、笔记、资料，经“文化大革命”的浩劫，除几本马列毛著和几本政治学习册之外，荡然无存。捉襟见肘，举步维艰，产生了英雄无用武之地的感

①唐自杰.重庆心理学三十年(1949—1979)[M].重庆:重庆师范学院印刷厂,1983:13-15.

②《刘兆吉文集》编委会.刘兆吉美育心理与文艺心理研究文选[M].重庆:西南师范大学出版社,2003:1-7.

觉”[①]，只有暂不提出，不列入编写大纲内。经过两年的奋发研究，1981年5月，在北京香山召开的《中国大百科全书·教育》编委扩大会上，刘兆吉先生正式提出增列“美育心理”词目，旋即获得通过，并分工负责撰写。1985年10月，《中国大百科全书·教育卷》公开发行，刊载了刘兆吉先生首先提出的第一个“美育心理”概念。1983年4月，刘兆吉先生发表了《试论美育心理学中的几个问题》，第一次提出了“美育心理学”概念。

1985年国家教育委员会将“美育心理学”列入1985—1990年《高等学校教育类专业教材编选计划》，委托刘兆吉先生为主编。成立编写组，全国11个单位22位同志参加编写，如期完成《美育心理学》新著。1990年2月由西南师范大学出版社出版，同年再版。该书获重庆市人民政府1992年第3次社科优秀成果一等奖，四川省人民政府第5次哲学社会科学优秀成果二等奖。

1991年9月，《中国大百科全书·心理学》出版，刘兆吉先生担任“文艺心理学”分卷主编。中国现代心理学家、哲学家、教育家陈元晖先生撰写了“美育心理学”词条（212页）。此时，在中国的教育心理学的分目中，列有智育心理学、德育心理学、体育心理学、美育心理学、学科教学心理学等。美育心理学正式步入了教育心理学的学科群之列，标志着美育心理学取得了国内同行专家、学者的共识，展示着美育心理研究的广阔前景，结束了世界上没有《美育心理学》专著的历史，结束了世界各国大百科全书中没有“美育心理学”一词的历史。

七、创新的拓展阶段

刘兆吉先生为了开拓美育心理研究领域，进一步探讨美育的心理规律，培育后备力量，于1986年招收了第一届美育心理研究方向的三位硕士研究生。1987年7月，主持申报“美育心理研究”课题，被批准为全国哲学社会科学“七五”规划国家重点研究项目。组织课题组全体成员奋战四年，圆满完成课题任务。专家组评审意见认为：“美育心理是一个新的概念，是本课题申请人刘兆吉教授首先提出的，国内外尚无关于这方面的专门研究。”[②]1994年，刘兆吉先生81岁高龄时，该项研究成果《美育心理研究》获得了四川省人民政府第5次哲学社会科学优秀科研成果一等奖，全国人文社会科学优秀成果二等奖。

①《刘兆吉文集》编委会. 刘兆吉美育心理与文艺心理研究文选[M]. 重庆：西南师范大学出版社，2003：1-7.

②刘兆吉. 美育心理研究[M]. 成都：四川教育出版社，1993：扉页.

至此，刘兆吉先生创建的美育心理学，对新兴学科建设的研究起到了奠基作用、领先作用。对贯彻德、智、体、美、劳的社会主义教育方针，实施素质教育培养新人的理论，起到了丰富、充实、完善的作用。在学术上积极拓展，在社会上产生了广泛影响。①

八、继续的再创新阶段

1996年，刘兆吉先生已是83岁的高龄老人，仍坚持为国育人，坚持老有所为、老有创新。他继续关怀后生，支持赵伶俐主持的全国"八五""九五"教育规划中的美育、美育心理研究课题。同时，为西南师范大学的新诗研究所、汉语言文献研究所的部分研究生讲授"文艺心理学研究"。特别值得敬佩的是他老人家在耄耋之年，仍奋笔疾书，撰写了一批回忆录、总结性的文章。②写得更多的是研究文艺心理、创建美育心理的总结。如《张伯苓的美育心理思想》(1996年)、《一生总结》(1997年)、《七十年来文艺心理学与美育心理学创建与发展概况》(2000年)、《我走过的文艺心理与美育心理的研究历程》(2000年)、《发展文艺心理学与创造美育心理学研究》(2001年)等，这些成果呈现了刘兆吉先生一生从事文艺心理学研究，创建美育心理学的历程、经验，体现出他强烈的爱国、育才、创新、奉献精神。

2001年，刘兆吉先生88岁时，创新性地提出将文艺心理学与美育心理学融合起来，形成一门新学科——文艺美育心理学。这对于社会主义精神文明建设，全面提高人民素质，有重大意义。从科学性、逻辑性、实践效应性分析，都是切实可行的。目前虽然困难很大，但前景是光明的。③刘兆吉先生老有创新，把创建的美育心理学研究推到了一个新阶段，寄希望于精英荟萃，走出国门，走向世界!

刘兆吉先生一生，自立创新之志，长存常新。"野火烧不尽，春风吹又生"，"好雨知时节，当春乃发生"。有了客观社会条件，立即发挥主体创新精神，投入创新实践，以任务带创新。创建美育心理学，经历了八个阶段，结合社会发展需要、国家建设任务要求，力争把自己已有的情趣、爱好、创新设想，融入国家发展规划之中，变个人力量创新为社会力量创新。取得一批创新成果，保持一代创新，二代创新，后继有能人、有新人。

---

①《刘兆吉文集》编委会.刘兆吉诗文选[M].重庆：西南师范大学出版社，2003：368.

②《刘兆吉文集》编委会.刘兆吉诗文选[M]重庆：西南师范大学出版社，2003：539-545.

③刘兆吉.发展文艺心理学与创建美育心理学的研究[A].中国心理学会.当代中国心理学[C].北京：人民教育出版社，2001：394-398.

研究六　美育心理学创建八阶段及创新启示[①]

摘　要：把刘兆吉先生创建美育心理学、发展文艺心理学的创新的全程，分为八个阶段：创新萌发期、创新奠基期、创新积累期、创新融合期、压抑中断期、创新始创期、创新拓展期、创新再新期，丰富了人生创造心理发展的阶段理论。分析每个阶段的创新经验，为我们培育创新精神，发展创新才能，实现创新奉献，提供了23项启示。

关键词：美育心理学　刘兆吉　创新八阶段　创新启示

我们以刘兆吉先生一生创新实践活动、创新成果为客观依据，将刘兆吉先生从想创文艺心理学新体系为起端，到创建美育心理学的历程，分为八个阶段。即：创新萌发期、创新奠基期、创新积累期、创新融合期、压抑中断期、创新始创期、创新拓展期、创新再新期。明显地不同于一般创造过程的四段论：准备、酝酿、顿悟、检验。与创造心理活动六段论有大同小异之处。即：①创造需要与创造动机形成阶段；②创造心理启动阶段；③创造心理探索阶段；④创造心理成型阶段；⑤创造心理检验阶段；⑥创造心理充实阶段。对比即知，刘兆吉先生创新八段论，丰富了人生创造心理发展阶段理论。分析每个阶段又都是一段艰难的创新经历，都有宝贵的创新经验，初步提供了23项创新启示，对我们培育创新人才，都有独特的启发。

一、创建新体系的萌发阶段

刘兆吉先生青少年时期，在山东读中学，读师范。他在教小学期间，就对文艺颇有兴趣。1935年，就读南开大学文学院哲学教育系，也最喜爱文学、美学、心理学课程，并担任该校哲教学会会长。还经常参加英语系师生组织的"人生与文学社"的活动。他在听了朱光潜关于新著《文艺心理学》的演讲后，激起了平生已有的文艺兴趣，千方百计地买到了这本新著，手不释卷，反复阅读。对朱光潜讲的："文艺

①此文以《刘兆吉创建美育心理学的阶段分析》一文（刊载于《心理学探新》2004年第1期）为基础修改，与曾雁合作完成。重点探索刘老科学研究创新的宝贵经验。选自曾欣然等主编《刘兆吉美育心理文艺心理研究文选》，西南师范大学出版社2003年11月出版，选入本文选中，照片等未加印。本文在修改中，承蒙刘重来教授、赵伶俐教授提出宝贵意见，谨致谢忱。

心理学”是从心理学观点研究出来的“美学”，把美学、文艺和心理学融为一体，深感其思路开阔，内容丰富，新奇有趣。这也引发了刘兆吉先生的进一步思考，他豁然感到，文艺心理学不只包括文学、美学、心理学的内容，也应包括教育学的内容[①]，并以中华古代教育优良传统，寓教于诗，寓教于乐的美育思想为据。当代大师蔡元培、王国维、张伯苓，呼唤美育为证，热情激荡，灵感顿生，萌发了“自己也想创文艺心理学的新体系”。刘先生的这个设想是：“把朱光潜的两合一，发展成为文学、美学、心理学和教育学四合一”。[②]这个新体系雏形的萌发，后来升华为刘先生的志趣、情趣，梦寐以求的事业，并为之奋斗了一生。刘兆吉先生回忆说：“著书立说的构思刚刚萌发，卢沟桥事变爆发，南开大学被炸，文艺心理学的研究中断了。但文艺心理学和美育心理学的种子却深深地埋在我的心田里。”[③]

刘兆吉先生萌发想创建“四合一”的“文艺·美学·心理·教育”的文艺心理学新体系，从创造心理学角度看，给我们的宝贵启示是：其一，参与研究性学术活动，激发创新性研究动机，有利于把一般好奇心、兴趣升华为探索性的情趣、志趣。其二，名师启迪。有名师启迪，能从该领域研究的前沿入门，少走弯路。从当代名师研究前沿起步，促使研究课题的起点高，保证先进性。其三，名著启发。客观上有名著为“原型”启发，有利于继承先人研究成果，吸取优势。主观上运用已有知识经验，进行创新联想，构思“新体系”，保证研究课题的新颖性。其四，名论论证。广泛运用古今中外专家著名论断，精心论证，保证研究课题的价值性、科学性。其五，激起萌发创新的动机是创新的起始动力，非常宝贵。保持萌发的创新动机更是持久的长远的不竭动力。“深深地埋在我的心田里”是关键的关键。

二、勤苦耕耘的奠基阶段

1937年10月，北京大学、清华大学、南开大学三校在长沙联合成立长沙临时大学。文学院设在南岳，三校的哲学、心理、教育三系合并称哲学心理教育系。1938年1月，长沙临时大学迁至昆明，成立西南联合大学。在此学习期间，刘兆吉先生就读于哲学心理教育系，该系开设的课程既有古今文学课，也有哲学、美学、心理学、

---

①《刘兆吉文集》编委会．刘兆吉美育心理与文艺心理研究文选[M]．重庆：西南师范大学出版社，2003：1–7.

②《刘兆吉文集》编委会．刘兆吉美育心理与文艺心理研究文选[M]．重庆：西南师范大学出版社，2003：1–7.

③《刘兆吉文集》编委会．刘兆吉美育心理与文艺心理研究文选[M]．重庆：西南师范大学出版社，2003：1–7.

教育学。刘兆吉先生这时感到曾经梦寐以求的创建文艺、美育心理学的基础课程都有了。西南联大，名师荟萃，他所喜爱的专业课、选修课应有尽有。为了打好研究文艺心理学的基础，除了继续学好心理学、教育学课程外，在文学方面他选修了闻一多讲授的《诗经》课、《楚辞》课，朱自清讲授的陶渊明诗，王力讲授的现代语法，陈梦家讲授的文字学等。

与此同时，刘兆吉先生还直接参加了两项文艺实践活动，把创新动机、志趣转化为创新实践活动，第一次实现了创新价值。

（一）行程三千五百里，创新奉献《西南采风录》

1938年1月由长沙至昆明，学校组织了部分师生同行的“湘黔滇步行团”，下分各种考察组，民间歌谣组是其中之一。刘兆吉先生参加了民间歌谣组，并担任组长。沿途费尽千辛万苦，克服重重困难，行程三千五百华里，历时68天之中，终于采集了民歌民谣两千多首。他到昆明后，一边学习功课，一边精心编选，择录了771首，编辑成《西南采风录》。时人誉之为：“这是现代的三百篇。”“以个人的力量来做采风工作，可以说是前无古人。”（朱自清语）[①]“他的这种毅力实在令人惊佩。”（闻一多语）[②]同年，朱自清、黄钰生、闻一多等名家为之作序。该书在1946年由北京商务印书馆出版，1991年台湾商务印书馆影印再版，2000年北京商务印书馆影印再版。1985年《中国大百科全书·中国文学卷》作为专著词目评荐。

（二）抒发爱国志，创建“南湖诗社”

在“湘黔滇步行团”中，刘兆吉先生与向长清等13位同学编在第一大队第一班。由于对诗歌的爱好相同，便与向长清结成了志趣相投的好朋友。他俩曾谈过，到达昆明后，打算约些爱写诗的同学组织诗社，出版诗刊。“想用诗抒发爱国之志，以笔为枪，宣传抗日”，“以诗的艺术语言，感人肺腑的思想情感来教育大众，教育自己”。1938年5月初，文学院迁到蒙自行课，他很快组织了20多位爱好诗歌的同学，请闻一多、朱自清俩先生做诗社的指导教师，创建了西南联合大学的第一个诗社。蒙自县城东门外有一南湖，湖清水秀，幽雅宜人。大家同意将诗社命名为“南湖诗社”。诗刊共出了四期。四个月后，文学院由蒙自迁回昆明，南湖诗社自然结束。南湖诗社结束了，诗人的志趣决心却没有变。

刘兆吉先生通过学校课程学习文学艺术实践活动，打下了知识广博、扎实的基础。他在回顾这段时期的收获时说：“在联大两年时间，学习课程多，课内外活动

①刘兆吉．西南采风录[M]．中国台湾：台湾商务印书馆股份有限公司，1991：2.

②刘兆吉．西南采风录[M]．中国台湾：台湾商务印书馆股份有限公司，1991：1.

多，我对于多而杂的学习途径，至今不悔”，“有人认为我不务正业，哪知我是为研究文艺心理学练基本功。我除了练习写新诗外，还写过散文、短篇小说、话剧在报刊上发表”①(编者注：刘兆吉先生1938—1939年在西南联大两年学习内，共发表有关文章8篇)②。1997年刘兆吉先生在《一生总结》中，开头两句写道：“三校五系大学生，四年六任小头目。”③三校指：组成西南联合大学的北京大学、清华大学、南开大学。五系指：哲学、心理、教育、中文、历史专业。六任小头目指：哲教学会会长、工人夜校校长、大学生军的副班长、湘黔滇步行团歌谣采风组组长、西南联大山东同乡会会长、南湖诗社社长。这句话是对当时勤苦耕耘，为创新练习基本功的极好总结。

从人的创造心理发展看，刘兆吉先生青年时期在大学学习专业奠基阶段即有创新成果，给我们的宝贵启示是：其一，坚持已萌发的创新动机、志趣，有意识地寻找有利于创新的条件，在极度困难的情境中也力求创新，实现人生的创新价值。其二，善于捕捉机遇，因势投入创新环境，进行创新实践尝试。其三，为了创新打好基础，勤奋刻苦学习。相关知识经验，力求广泛、博大，专业知识、经验力求扎实、深厚。其四，广泛参与社会实践活动、专业实践活动，多多经受实践磨炼。既练创新智能，更练创新人格品质。其五，力争名人名师专家指导，从理论上、从思路上提高创新水平，早出创新成果。

三、创新经验积累阶段

刘兆吉先生回忆说：“1939年大学毕业后到1950年，在中学、大学工作期间，除在四川教育学院、重庆大学教育系教教育学、心理学外，(我)有意识地在南开中学教语文，在重庆大学上‘语文教学写作’课，这都与研究文艺心理学打好基础与充实美育手段有关。”并总结说：“新中国成立前，无论在大学四年的学习期间，还是在11年的工作期间，除完成工作任务之外，都未忘记创建文艺、美育心理学的任务。”④

刘兆吉先生当时出版了学术作品两部：一部是《西南采风录》，由商务印书馆1946年12月出版。这是1938—1939年完成的一部创新性作品。作品的社会价值

①《刘兆吉文集》编委会.刘兆吉美育心理与文艺心理研究文选[M].重庆：西南师范大学出版社，2003：1-7.

②《刘兆吉文集》编委会.刘兆吉诗文选[M].重庆:西南师范大学出版社，2003:516-517.

③《刘兆吉文集》编委会.刘兆吉诗文选[M].重庆：西南师范大学出版社，2003：370.

④《刘兆吉文集》编委会.刘兆吉美育心理与文艺心理研究文选[M].重庆：西南师范大学出版社，2003：1-7.

已如本文前述。另一部是《初中作文教学法》，由商务印书馆1944年出版，1946年再版，1948年再次再版。这部著作是结合当时教国文课的工作任务，创造性地总结了当时初中作文教学的新鲜经验。从搜集材料、选择整理、运用工具、选定体裁四个方面进行了阐述，突出指导作文"言之有物，言之有序"，至今仍有应用价值。

该段时间，刘兆吉先生不仅完成了繁重的教学和教务行政的工作任务，还公开发表了小说、话剧、散文、诗词等20多篇。其中，1943年2月16日发表在《国文月刊》第19期上的考证文章《关于〈孤儿行〉》，是刘兆吉先生创新的一篇代表作。当时初级中学国文教科书第3册第25课选有《孤儿行》。刘兆吉先生在备课中，发现这首诗，唯独"面目多尘"句的句末，似缺一个字，也缺韵。刘兆吉先生便从该诗的主题，孤儿行贾归来苦情的流落形象，从诗的语气、谐韵、句型结构、字数及全文协调等方面综合分析，卓有创见地提出原诗应有一"土"字的设想，将文稿邮寄给闻一多先生请求指教，立即得到了闻一多先生的充分肯定："刘君这个看法有道理，我很赞同。我要把它推荐给《国文月刊》发表。"并代拟题目为《关于〈孤儿行〉》，且公开发表了该文。从此更正了多年来对该首诗的误传，解答了清代学者沈德潜提出的"头多虮虱，面目多尘"等句，"今不归入韵内，岂中间或有脱落耶"的疑问，恢复了全诗原文的本来面目：

孤儿生，孤儿遇生，命独当苦。

父母在时，乘坚车，加驷马（马字读作母）。

父母已去，哥嫂令我行贾。

南到九江，东到齐与鲁。

腊月来归，不敢自言苦。

头多虮虱，面目多尘（土）。（刘兆吉先生创见，提出加"土"字）

大兄言办饭，大嫂言视马。

上高堂，行趋殿下堂，孤儿泪下如雨。

刘兆吉先生时年30岁，提出"加土"说的新见解，不仅得到他的恩师闻一多先生的充分肯定，于《国文月刊》发表了他的文章，而且后来诸多关于《孤儿行》的注释，都引用刘兆吉先生的"加土"说。刘兆吉先生曾感慨地说："它凝聚着闻先生对青年的殷切期望。我这辈子在教学和科研上如果有点成绩，是和闻一多先生当年的教诲和鼓励分不开的，它使我在事业上增添了信心和勇气。"①

①《刘兆吉文集》编委会.刘兆吉美育心理与文艺心理研究文选[M].重庆：西南师范大学出版社，2003：1–7.

在此期间,刘兆吉先生在富有教育特色的南开中学工作了11年,更积累了隐性创新经验。所谓隐性创新经验,是指在完成任务积累的显性创新经验之外,有意或无意之中积累的与创建文艺、美育心理有关的直接的经验。这种隐性创新经验的特点带有情境性、松散性、难忘性、未立即转化为创新价值的备用性。刘兆吉先生于1996年10月,即83岁高龄时,撰写了《张伯苓的美育心理思想》,显示了原南开大学、南开中学校景的布局,揭示了育德、育美的文化意境,既是对张伯苓教育思想特色的阐发、总结,也是刘兆吉先生当年获得的隐性创新经验的系统再现,更是刘兆吉先生创建美育心理的宝贵经验、创新思路的"实践原型"。

刘兆吉先生在此阶段实现创新价值,积累了丰富的显性创新实践经验,也积累了丰富的隐性创新实践经验,给予我们创新的启示是:其一,坚持已有创新动机,"未忘记"创新任务,化已有创新志趣为动力,有意识地寻找创新机遇,创造创新条件。其二,妥善处理"工作任务"与"业余创新"的矛盾,力争"工作"与"创新"结合,实现创新价值。其三,善于思考,勤奋操作,积累显性创新经验,磨炼创新品质,力争多出创新性成果。其四,善于观察、善于思索、善于体验、积累隐性创新经验,为日后创新充实基础,持续创新,储备内在资源。

四、创新学习的融合阶段

1949年11月,山城重庆解放。刘兆吉先生与全国人民一样,欢心喜庆,迎接新中国,拥护共产党。1950年7月,应聘任重庆大学教育系副教授,兼任南开中学高三语文教师。1951年,大学院系调整,随重庆大学教育系调入西南师范学院教育系,任副教授。1956年加入中国共产党。从1951年到1965年,在西南师范学院教学、生活14年,刘兆吉先生与全国广大心理学工作者、心理学教师一样,一边积极工作,教书育人,一边重新学习,重组专业知识结构。刘兆吉先生正值大有作为的壮年期,遇着一个在新中国初期的社会环境,既有利于创新,又常受"极左"思潮压抑,充满着波折的复杂经历,此期间也是刘兆吉先生创建美育心理学的一段创新学习的融合期。

1952年7月,刘兆吉先生受西南文教部指派,到北京师范大学教师进修班学习,听苏联专家讲授心理学、教育学等。1959年教育部调派刘兆吉先生参加中国科学院心理研究所的科研协作组,贯彻修订了的《心理学十二年发展规划》,协作中完成了《如何有效地培养学生表达能力的心理学研究》《中国语文教学中错别字问题的心理学研究》。1962年出席中国心理学会发展心理教育心理专业会议,送去论文

《在汉字教学中同音归类与字形归类的心理研究》，发表了《从心理学的角度谈天资与勤奋的关系》。1963年在四川心理学会成立大会上报告了《贯彻学生守则进行自觉纪律教育的实验研究》。1962年秋，与张增杰先生一起，承担了潘菽主编的《教育心理学》(内部讨论稿)试用教学实验，取得了心理学科学研究如何为社会主义建设服务的经验，教育心理学科研如何为培养社会主义全面发展的新人服务的直接的实践经验，蕴藏着中西融合，古今荟萃，文、理、艺、心、教融合的创新经验。1962年重庆市心理学会成立，担任理事长。“以任务带科研”“以科研促教学”，与全市广大心理学教师、心理学科研工作者一起，取得了一批科研成果。[①]正是在这样的时期，刘兆吉先生又积累了科学指导心理学科研，组织科研队伍，进行创新研究的实践经验，为创建美育心理学奠定了较好的理论基础、心理学科研群体基础及心理学科研实践基础。

刘兆吉先生在此期间的经历，是在新中国成立初期的社会条件下工作，从一位爱国的教师转变为社会主义大学教师，从“著书立说幻想破灭”，经过努力学习，发展成为以科研、以教学为人民服务、为新中国建设培育新人服务，迸发出前所未有的工作热情，做出了应有奉献。给我们创新的重要启示是：其一，努力学习，从根本上解决为谁服务，为谁教书，为谁科研创新的根本问题，把原有的创新动机、创新志趣与祖国人民需要融合，树立科学的创新意识。其二，努力学习，把已有知识、经验，加以去粗取精、去伪存真的思索，与新学的、先进的知识、经验融合，建立古今荟萃，中西(含苏、美、欧)融合的新型知识结构。其三，努力实践，尝试实验，从科研指导思想、科研目的、科研原则、科研方法、科研队伍进行新的融合，取得创新经验。

五、挫折压抑的中断阶段

1966年“文化大革命”开始，心理学被诬为“九分无用，一分歪曲的反动科学”。刘兆吉先生被诬为“反动学术权威”，被抄家，赶入教育系“牛鬼蛇神劳改队”，监督劳动。一时间，丧失人身自由，丧失科研资格，丧失教书育人资格。几十年积累的关于构建文艺心理、美育心理学的资料被称为“封、资、修”的糖衣炮弹，被没收，被批判。在这种情况下，一切科研、教学活动停止，文艺心理、美育心理研究当然被迫中断。但刘兆吉先生回忆当时的心情说：“创建文艺、美育心理学的希望之火，并未

①唐自杰.重庆心理学三十年(1949-1979)[M].重庆师范学院印刷厂，1983：13-15.

熄灭，只有深深埋在内心的底层。”[①]刘兆吉先生此段经历与全国广大的老一代知识分子、科学家一样，遭受“迫害”，被迫中断自己心爱的工作。这给我们的启示是：从人生发展来讲，确实需要“威武不能屈”，保持已有创新动机、创新志趣，坚持创新信念。“希望之火”“深深埋在内心的底层”。

六、美育心理学的正式创立阶段

1976年“四人帮”垮台了，全国人民迎来了春天，心理学也迎来了科学的春天。1977年8月，刘兆吉先生作为我国大西南地区唯一的代表，应邀出席了在北京平谷县召开的心理学科学规划座谈会。随后，他撰写了《评冯特研究心理学道路》《创建我国心理学的道路》等文章，进一步阐述了建立中国特色心理学的方向和道路。他早年立志研究的文艺、美育心理学的思想，又在灰烬中复燃，在内心底层迸发。这时在刘兆吉先生书房里的书架上，醒目地挂着“老牛自知夕阳晚，不需扬鞭自奋蹄”的座右铭，开始了新一轮的创新。

1978年秋，刘兆吉先生在北京师范大学参加潘菽主编的《教育心理学》修订讨论会。在讨论编写大纲时，他与张增杰先生都回忆起1962年试用此本《教育心理学》的教学情境及当时试用的经验和改进意见在会上交流。又见新的修改编写大纲(讨论稿)，初步列有“品德心理”“学习心理”“教学心理”“体育心理”，也有“艺术教学心理学问题”。受此原型启发，在会下休息时，曾与张增杰、曾欣然交谈，打算建议增列“美育心理”内容。但苦于当时没有科研资料，“自己多年的藏书、笔记、资料，经“文化大革命”的浩劫，除几本马列毛著和几本政治学习册之外，荡然无存。捉襟见肘，举步维艰，产生了英雄无用武之地的感觉”[②]，只有暂不提出，不列入编写大纲内。经过两年的奋发研究，1981年5月，在北京香山召开的《中国大百科全书·教育》编委扩大会上，刘兆吉先生正式提出增列“美育心理”词目，旋即获得通过，并分工负责撰写。1985年10月，《中国大百科全书·教育卷》公开发行，刊载了刘兆吉先生首先提出的第一个“美育心理”概念。在此之前，我们查阅了当时西方国家(1980—1984年)新近出版的14本教育心理学的内容组成，在12项分类统计中，均未见有“美育心理”的内容。查阅了英、美、法、苏、日等国的大百科全书，也未见“美

①《刘兆吉文集》编委会.刘兆吉美育心理与文艺心理研究文选[M].重庆：西南师范大学出版社，2003：1-7.

②《刘兆吉文集》编委会.刘兆吉美育心理与文艺心理研究文选[M].重庆：西南师范大学出版社，2003：1-7.

育心理”一词。

1983年4月,刘兆吉先生发表了《试论美育心理学中的几个问题》,第一次提出了美育心理学概念。1986年和1987年分别发表了《创建美育心理学刍议》,提出了美育心理学的结构。1986年发表了《研究美育心理杜绝黄色文艺对青少年的毒害》,阐发了美育心理研究的目的、立场、观点。

1985年国家教育委员会将“美育心理学”列入1985—1990年《高等学校教育类专业教材编选计划》,委托刘兆吉先生为主编。成立编写组,全国11个单位22位同志参加编写,如期完成《美育心理学》新著。1990年2月由西南师范大学出版社出版,同年再版。该研究成果的另一突出特色,用了三章篇幅,论述了“美育心理学思想,古已有之”。“明确中国是世界心理学思想的策源地之一,美育心理学思想也不例外。”该书获重庆市人民政府1992年第3次社科优秀成果一等奖,四川省人民政府第5次哲学社会科学优秀成果二等奖。

1991年9月,《中国大百科全书·心理学》出版,刘兆吉先生担任“文艺心理学”分卷主编。中国现代心理学家、哲学家、教育家陈元晖先生撰写了“美育心理学”词条。此时,在教育心理学的分目中,列有智育心理学、德育心理学、体育心理学、美育心理学,还有教师心理、学科教学心理学等。美育心理学正式列入了教育心理学的学科群之列,标志着美育心理学取得了国内同行专家、学者的共识,展示着美育心理研究的广阔前景,结束了世界上没有《美育心理学》专著的历史,结束了世界各国大百科全书中没有“美育心理学”一词的历史。

七、创新的拓展阶段

刘兆吉先生为了开拓美育心理研究领域,进一步探讨美育的心理规律。在主编完成《美育心理学》的同时,也于1986年招收了第一届美育心理研究方向的三位硕士研究生。1987年3月,发表了专著《文艺心理与美育心理》。1987年7月主持申报“美育心理研究”课题,被批准为全国哲学社会科学“七五”规划国家重点研究项目。专家组评审意见认为:“美育心理是一个新的概念,是本课题申请人刘兆吉教授首先提出的,国内外尚无关于这方面的专门研究。”[①]恰恰在这年,刘兆吉先生被“一刀切”的规定,正式退休。但刘兆吉先生无私奉献,仍以“老骥不伏枥,岁暮犹奋蹄,虽非千里马,还可当驴骑”的精神,按课题设想,在科研探索的崎岖道路上坚持创新。课题组全体成员奋战四年,圆满完成课题任务。1994年,刘兆吉先生81岁高

①刘兆吉.美育心理研究[M].成都:四川教育出版社,1993:扉页.

龄时，该项研究成果《美育心理研究》获得了四川省人民政府第六次哲学社会科学优秀科研成果一等奖，全国人文社会科学优秀成果二等奖。

至此，刘兆吉先生创建的美育心理学，对新兴学科建设的研究起到了奠基作用、领先作用。对贯彻德、智、体、美、劳的社会主义教育方针实施素质教育培养新人的理论，起到了丰富、充实、完善的作用。在学术上积极拓展，在社会上产生了广泛影响。[①]

八、继续的再创新阶段

1996年，刘兆吉先生退休了多年，已是83岁的高龄老人，仍坚持为国家奉献，为国育才，坚持老有所为，老有创新。继续关怀后生，支持赵伶俐主持的全国“八五”“九五”教育规划中的美育、美育心理研究课题。同时，为西南师范大学的新诗研究所、汉语言文献研究所的部分研究生讲授“文艺心理学研究”。特别值得敬佩的是他老人家在耄耋之年，仍奋笔疾书，撰写了一批回忆录、总结性的文章[②]。既有自己思想进步的总结，如《八十八岁自述》，也有“怀念故人”（1996年后写的选有9篇）、“永远的南开情结”（1996年后写的选有8篇）、“往事回忆”（1996年后写的选有4篇）。写得更多的是研究文艺心理、创建美育心理的总结。如《一生总结》（1997年）、《张伯苓的美育心理思想》（1996年）、《七十年来文艺心理学与美育心理学创建与发展概况》（2000年）、《我走过的文艺心理与美育心理的研究历程》（2000年）、《发展文艺心理学与创造美育心理学研究》（2001年）。这些成果展示了刘兆吉先生一生从事文艺心理学研究，创建美育心理学的历程、经验，体现出他强烈的爱国、育才、创新、奉献精神。

2001年，刘兆吉先生88岁时，创新性地提出将文艺心理学与美育心理学融合起来，形成一门新学科——文艺美育心理学。这对于社会主义精神文明建设，全面提高人民素质，有重大意义。从科学性、逻辑性、实践效应性分析，都是切实可行的。目前虽然困难很大，但前景是光明的。[③]刘兆吉先生老有创新，把创建的美育心理学研究，推进了一个新而又新的再新阶段。寄希望于精英荟萃，走出国门，走向世界！

---

①《刘兆吉文集》编委会．刘兆吉诗文选[M]．重庆：西南师范大学出版社，2003：368.

②《刘兆吉文集》编委会．刘兆吉诗文选[M]．重庆：西南师范大学出版社，2003：539-545.

③《刘兆吉文集》编委会．刘兆吉美育心理与文艺心理研究文选[M]．重庆：西南师范大学出版社，2003：351-360.

从1987年起到2001年止，刘兆吉先生已是74岁到88岁的高龄老人，还坚韧地走过了美育心理学正式创立、美育心理学研究拓展和美育心理学与文艺心理学融合的再创新三个创新阶段，也是刘兆吉先生一生的创新、奉献高潮期。从客观社会条件讲，这正是处于改革开放的大好时期，正是社会主义文化、科学、教育的方针政策实现的大好时期；从主观上讲，也是刘兆吉先生个人大器晚成时期。“百篇文章十本书”①的创新成果，百分之八十是在这段时期完成的。一再展示老有所为、创新不止的壮志豪情。

刘兆吉先生晚年这三个段阶的创新经历，给我们的启示是：其一，创新之志长存常新。“野火烧不尽，春风吹又生”，“好雨知时节，当春乃发生”。有了客观社会条件，毫不犹豫，立即发挥社会主义主人翁的创新精神，投入创新实践。其二，以任务带创新。结合社会发展需要、国家建设任务要求，力争把自己已有情趣、爱好、创新设想，融入国家发展规划之中。申报科研课题，变个人力量创新为社会力量创新，更多更快地创造出更好的研究成果，更好地为人类、为社会发展服务。其三，创新靠集体。开展科研协作，组织攻关队伍。根据科研任务，善于求同存异，取长补短，组织老、中、青结合的科研队伍。以中年为骨干，老带青助，形成创新梯队，保持一代创新，二代创新，代代创新，后继有能人、有新人。其四，创新无“禁区”，善于结合实践应用，大力拓展创新领域，赢得应用型创新成果，提高创新成果的价值，增强生命力。其五，创新无止境。取得一批创新成果，立即进入新一轮的创新一再攀新峰，与时俱进，日新月异，“苟日新，日日新，又日新”。

①《刘兆吉文集》编委会．刘兆吉诗文选[M]．重庆：西南师范大学出版社，2003：370-371.

研究七　品德美的心理结构①

一、真、善、美的辩证统一与品德美

关于真、善、美三者的关系，一直存在着不同看法。有的人把真、善、美三者割裂，孤立看待；有的人认为真、善、美三者密切相关，甚至是同一的。我们认为，真、善、美三者是辩证关系，有区别，有联系，也有相同点。可以说，真是真、善、美三者统一的基础，善是真、善、美三者统一的核心，美是真与善的强化剂、净化剂。②

(一)真、善、美的相同点与区别

真、善、美的主要相同点。它们都是客观事物的价值属性，不是客观事物本身。真、善、美都具有客观性，都是客观事物的客观属性。对真、善、美的判断、评价，则是心理、意识活动，具有主观性，都依存于社会主体的大脑，受社会主体的心理活动规律支配。

真、善、美是有区别的。真，是事物真实存在的属性；假，便是事物的真实被歪曲的属性。这是真与假的客观根据。社会主体对于客观事物的真假的判断，标明社会主体对真假的主观判断与客观事物的真假的符合程度，属于认识论研究范畴。反映客观真理的科学、知识，以“物化”形式流传于社会中。社会主体在掌握科学、知识的同时，在脑中则形成智能心理结构。掌握真理，主要归于智育功能。

善，是人的思想、言论、行动，对于他人、对于社会的利的客观属性。恶，便是人的思想、言论、行动，对于他人、对于社会的害的客观属性。这是善与恶存在的客观根源。社会主体对于善或恶的主观判断，标明社会主体对于善恶的主观判断与客观事件的利害的符合程度，属于道德论研究范畴。反映善恶关系的伦理，以“物化”形式流传于社会中。社会主体在掌握道德的同时，在脑中则形成品德心理结构，掌握伦理，主要归于德育功能。

美，是指人物、事物的内在形象或外在形象，生动、和谐、感人，引起社会主体的喜悦的情感体验的客观属性；丑，是指人物、事物的内在形象或外在形象，引起社会

---

① 此文曾欣然撰写，选自刘兆吉主编《美育心理学》第十一章，西南师范大学出版社1990年2月出版。

② 周原冰.共产主义道德通论[M].上海：上海人民出版社，1986:86-93.

主体的厌恶情感体验的客观属性。这是美、丑的客观根源。社会主体对于事物的美、丑的主观判断,标明社会主体对于美丑的主观判断与客观事物的美丑的符合程度,属于美学研究范畴。现实美、艺术美流传于社会中,社会主体在掌握美的同时,则在脑中形成审美心理结构,主要归于美育功能。

(二)真、善、美的联系

在社会现象中,往往同时具有真假、善恶、美丑三类属性,也存在着真、善、美三者统一的关系问题。自然现象本身,具有真或假、美或丑、利或害的属性,一般不称有善或恶的属性。

真、善、美的统一,真是基础。如果不真实,什么善的价值、美的价值,都变成了虚幻。虚幻的价值就是没有价值。真,要求实事求是,坚持真理。敢讲真话的真,本身就是一种善。

伪善不是善。伪善是一种用善的外衣掩盖恶的本质的假象。伪善者的本质是恶的,装着伪善,其目的在于有利于作恶。伪装的善,本身就是恶的行为。时间一久,伪善终于要被揭穿,更显露其恶的本质,否定了外表的“善”。

真善才是善。人们某些行为,本来是善的,这是善的。由于种种原因,一时不被人们理解,有的反被误认为是“恶”,甚至含冤受屈,遭到无辜迫害。但是,既然它的本质是善的,这种善是真的,相信终会有一天,天下大白,更显其本质是善,真善的光辉。

美,同样有一个真假问题,这就涉及美的形式与内容、美的现象与本质的关系。人们总是希望从形式到内容、从现象到本质都是美的。但是,无论是自然现象还是社会现象,美的形式和内容不相一致,美的现象和本质不相一致,是常常存在的。伪美不算美,“金玉其外,败絮其中”,便是伪美。因而,人们对待美的价值,的确存在着一个辨别美和丑的真假问题。

美丑和善恶的联系,关键在于人所具有的内在情操。内在情操的美,可以外化为外在行为的善;内在情操的丑,也会外化为外在行为的恶。内在情操与内心信念是紧密联系,难解难分的。因此,美与善,丑与恶常常是相连的。

伪善者也可能具有自然属性的美,可能很会追求形式上的美。但是,既然是伪善者,就不可能有真善的内心信念。他的内在情操也必然是不干净的。一旦伪善面目被撕破,不仅其内在情操的丑会显露出来,而且其外表上自然属性的美,乔装打扮的形式上的美,也变成了令人更加厌恶的丑。足见,内心世界的善和内在情操的美,都必须建立在真的基础上,形成真、善、美的和谐、统一。

真、善、美的评价，在阶级社会中也往往打上阶级的烙印。不同的阶级，对真与假、善与恶、美与丑的评价标准经常是不一致的，甚至是对立的。实质上是不同阶级各自对真、对善、对美的要求的不一致，甚至是对立的反映。不论哪个阶级，都是按照各自的需要，把他们所认为的善作为真、善、美三者统一的核心。他们要的真、要的美，归根到底是要求符合自己的阶级、阶层，以至自己的行业、职业的利益和需要。如果违反这种利益和需要，甚至发生根本抵触，那么，在他们眼中，往往真就变成了假，美就变成了丑。反之，如果适合这种利益和需要，在他们眼中，往往假也变成了真，丑也变成了美。一切剥削者、侵略者，一切腐朽势力的利益和需要，使他们所谓的善，经常同客观事物的真实的善相矛盾，因而，他们在对事物评价方面的所谓真、善、美的统一，同客观事物属性的真、善、美的统一经常不一致。

美在真、善、美的统一中的重要性，就在于它使真和善形象化。在真、善、美的统一中，成了强化剂和净化剂。

客观事物的真和假，人们思想行为的善和恶，只有当其表现为具体、生动、感人的形象时，才能透过复杂的现象而突出出来，活跃起来。凡属具体的、生动的、感人的、形象化了的东西，也就比实际生活中的原始现象更为集中、更为典型，更具有普遍性。因而就使得真的更显得真，假的更显得假，善的更显得善，恶的也更显得恶。正是从这个意义上说，美在真、善、美的统一中处于强化剂的地位。

同时，集中和典型，它本身就是一个去粗取精、去伪存真的过程，对似真似假、似善似恶的扬弃，起着一种净化的作用。

（三）真、善、美的统一是共产主义品德美的客观要求

共产主义道德，同样要求真、善、美的统一。这种统一的基础当然是真，而其核心仍然是善。由于共产主义道德所要求的善，是建立在对客观事物和客观规律的科学认识基础上的，是以解放全人类、促使人类社会不断进步发展为目的的，因而，它所要求的善，首先是一种真正的善，它所要求的美，也必须是内在的真正的心灵美和由此而外化出来的行为美。

共产主义道德，在社会主义初级阶段有三种不同层次，即以爱国主义为中心的道德，以“实现四化、振兴中华”的共同理想为中心的道德，以共产主义理想为中心的共产主义道德。这三种层次的道德都要求真、善、美的统一。统一的基础同样是真，统一的核心同样是善。美是这种统一的强化剂和净化剂。

共产主义道德所要求的真，是经过千百万群众实践检验过的符合客观事物发展规律的科学认识；共产主义道德所要求的善，便是建立在符合社会历史发展规律

的科学认识基础之上,以解放全人类为目的的善;共产主义所要求的美,当然必须是内在的心灵美及其外化的行为美。因而,当其共产主义道德转化为个体的共产主义品德时,相应的共产主义品德美必然是真、善、美的统一,是辩证唯物主义的真,共产主义的善,内外协调一致的美。

二、“四美”是社会主义新人品德美的能动表现

“五讲四美三热爱”是社会主义精神文明建设的重要内容,也是共产主义道德在社会主义初级阶段的体现。

“五讲”是讲文明、讲礼貌、讲卫生、讲秩序、讲道德。它的核心是提倡讲共产主义思想、共产主义道德。“三热爱”指热爱祖国、热爱社会主义、热爱党,是品德美的关键。“四美”是语言美、行为美、环境美、心灵美。它的重点是做有理想、有道德、有文化、有纪律的心灵美的新人。一个人做到“四美”,便是社会主义新人的品德美的能动表现。

什么是“四美”呢?

(一)语言美

语言美是社会文明进步的标志。语言是思想的直接现实,在一定范围内体现着一个人的心灵美,“言为心声”。语言是思想交流的工具,“良言一句三冬暖,恶语伤人六月寒”,“剑伤肉体,语伤灵魂”,“辞不可不修,而说不可不善”。培养语言美是审美教育、品德教育的一个方面。语言美,就是要求语言准确、鲜明、生动。具体的有五项基本要素,即言之有物、言之有理、言之有据、言之有礼、言之有味。说空话、假话、谎话、粗话、脏话都是不美之言。语言美的训练,一是要注重语言的形式结构美,掌握严密的逻辑,使用规范的语言,运用生动的语句。二是要注重语音美。语音美包括语调美、音色美、共鸣美、语势美。具体达到:1.圆——音质圆润悦耳,音量饱满,充实有力;2.明——音调的高低适度,抑扬顿挫,适于变化;3.清——吐词清晰可辨;4.正——发音明确,不讲错字别音;5.纯——语言的发音有系统性,不夹南腔北调。在交际活动中,还要注意:1.用词得当妥帖;2.语态谦逊、热情;3.恰如其分地使用见面语、感谢语、关心语、鼓励语、告别语。提倡语言美,是实现精神文明的必要措施之一。它的基本要求就是要使用和推广礼貌语言,做到“和气、文雅、谦逊”、不讲粗话、脏话,不强词夺理,不恶语伤人。

(二)行为美

人的行为美,包括行动举止美、姿态风度美。它是人的内在心灵美的外在表

现。人通过行为参与社会关系、构成社会关系、表现社会关系、改变社会关系,使人的行为具有了独特的社会意义。当人的行为直接表现着代表社会历史发展必然趋势,有利于改善社会关系,有利于推动社会历史前进的行为,就是好行为。当这种行为具有鲜明的典型的特点,即足以令人触目惊心/动人心弦的典型意义,便是美的行为,即行为美。以美、善统一为标准,一般可以把行为美划分出五种情况:1.为祖国为民族而献身的典型行为;2.为人民为革命而斗争的典型行为;3.为真理为正义而奋战的典型行为;4.敬老携幼、互助互爱的典型行为;5.为社会创造物质财富、精神财富的典型行为。提倡行为美,是社会主义精神文明建设的重要体现。它的具体要求就是要做一个有益于人民、有益于社会的人,做到"勤劳、友爱、守纪",不损害集体利益,不破坏公物,不危害社会秩序。

(三)环境美

环境美又称现实美,包括自然环境美和社会环境美。

自然环境美,包括在自然界中原来就有的、不是人工创造的物体的美,还有经过人工培养、塑造、培植的物体的美。自然环境物体的美,大致可区分为现象美、种类美和个体美三大类。自然物的自然属性是构成自然美的物质基础。自然界中美的东西,一般具有突出的鲜明的形式。这些形式都以色、光、线、音、质等的组合关系,如明暗、浓淡、均衡、对称、秩序、节奏、韵律等体现一种天然的完美和谐。人在欣赏自然环境美时,经常发生联想及移情体验。人利用这些形式,按照美的规律,创造着丰富奇特、千姿百态的自然环境美。自然环境美的起码要求,就是要搞好个人、家庭和工作场地、公共场所的卫生,做到"卫生、整洁、绿化",不随地吐痰,不乱扔果皮、纸屑,不破坏树木、花草。

社会环境美主要是指现有的一定范围内的社会关系和社会风气充分地表现着人类社会历史发展的趋势。在整个社会中或典型的环境中,从根本上说,是人与人的社会关系美。人在社会关系中的美,主要表现有以下五种:1.日常生活中的社会环境美,即在一定的社会环境内的人与人的关系基本和谐、协调。2.战斗情境中的社会环境美,即在同反动的邪恶势力斗争中人与人紧密团结的社会环境美。3.改革创造新型人际关系中的社会环境美。4.实现各尽所能、按需分配的共产主义理想的社会环境美。5.创造性劳动的社会环境美。在我国当前社会中,应该在全国各民族之间、工人农民知识分子之间、军民之间、干部群众之间、家庭内部和邻里之间,以至人民内部的一切相互关系上,建立和发展平等、团结、友爱、互助的社会主义新型关系。

(四)心灵美

心灵美应该包括人的品德美、智慧美、性格美。三者都是人的本质力量的表现。但心灵美的核心是品德美。中国古代学者把心灵美称为“内秀”,西方学者称为人的“内在美”或“精神美”。它的内容要求符合社会历史发展中一定时代、民族、阶级的政治标准、道德标准、审美标准。历史上不同的时代、民族、阶级对心灵美的要求有不同,也有相似的地方。工人阶级的心灵美,以集体主义为基本原则,以共产主义为核心,以爱祖国、爱人民、爱劳动、爱科学、爱社会主义的“五爱”为基础,以及言行一致的风格。只有崇高的政治标准、道德标准、审美标准转化在社会主体头脑中,才能构成人的品德,构成心灵美的核心。

一般的抽象的概括的政治标准、道德标准、审美标准,是以“好”“善”来赞誉的。能够称得起品德美、心灵美,必须具备下列条件:1.在行动中必须是真善美的统一;2.必须是典型的,有代表性的社会意义、教育意义;3.必须是完整形象,有榜样作用;4.必须寓有情感、激动人心。

例如,《比金子还要重的》一文,报道了一位青年的真人真事的感人事迹,充分地表现了朱利华这位姑娘的行为美、心灵美。现将事迹摘要如下。

我是个24岁的姑娘,不久前还是个待业青年。

我万万没有想到,在我平静得像水一般的生活中,突然发生了一起意外事件,竟需要我用鲜血和生命来诠释人生的价值。

我是今年(1983年)2月12日作为待业青年,被招到安徽涡阳县人民银行红卫街文明储蓄所做临时工的。

在我上班的第十三天,2月25日上午,由于天阴小雨,顾客不多,储蓄所只有我和副主任史学堂上班。11点钟左右,从门外进来一个手拎大提包,戴蛤蟆镜,留小胡子的高个青年。他进储蓄所后没有说话,先仔细地把储蓄所内扫视了一遍,然后把大提包放在柜台上,用手拉提包拉链。史学堂招呼了他两声,他一句话也不说。我们以为是个聋哑人存款,便各做好了收款准备。

就在这时,从门外猛地闯进一个穿蓝制服上衣的矮个子青年。他进屋后立即掏出一支手枪,对准我们喝道:“不准动,动一动就打死你们!”他一边说,一边慢慢退到门边,用左手从背后把门反扣上。先走进储蓄所的那个高个子也从提包里掏出了一柄磨得明光锃亮的“三八”式步枪刺刀,绕进柜台向我逼来。

我下意识地站起身来,简直不相信这是真的。我听到史学堂同志问他们:“你们要干什么?”

“干什么，你们心里明白，把钱统统拿来！”

一切都明白了，歹徒要抢劫银行。在短短的几秒钟内，我从极度紧张和恐惧中冷静下来。当时，摆在我们面前的有两条路：一条是保全性命，老老实实地任歹徒将钱抢走；另一条就是不顾死活，坚决保卫国家和人民的财产。我咬咬牙，选择了后一条路。我眼盯着歹徒向我胸脯前逼来的刀尖，心里打定主意：今天就是死，也不能让坏蛋抢走一分钱！牙一咬，心一横，我反而一点儿也不觉得害怕了。我一面悄悄挪向靠墙的条椅，用身体挡住放在条椅上的提包（因为快到下班时间了，我们已将储蓄所里的钱装到提包里，准备去县银行交款），一面暗暗盘算怎样和歹徒斗争。我看到持枪的歹徒逼住了史学堂，持刀的歹徒也逼近我身旁，硬拼是不行的。突然，我心里一亮，想到身后有一面临街的窗子，只要打开窗子呼喊群众，歹徒就逃不掉了。想到这里，我猛地转身，一下扑到窗前，“唰”地一把撕去窗帘，拨开插销，打开了窗子，对着街上的行人大喊：“来人哪，有人抢银行！”我当时动作之快，出乎歹徒意料。歹徒见事情败露，在我大喊的时候，一步跳到我身后，双手握刀，从我后腰狠狠地捅了进去。我感到眼前一黑，肚里一阵痛直钻心窝。他正在拔刀，我挣扎着想再喊一声。歹徒又把拔了一半的刀再次凶残地捅了进去，刀尖从我腹部戳了出来。这时，我再也支撑不住了，一头栽倒在条椅上。我倒下后，利用最后残存的一点意识和力量，把装钱的提包拉过来，紧紧抱在怀里，压在身下。歹徒见我倒下后还动，又对我脖子猛扎一刀。当时，我就感觉脖子像被斧子剁的一样，脑子一震，就不省人事了。

事后我才知道，史学堂同志见我打开窗子呼救，被歹徒捅了两刀，倒在血泊中，他以为我死了。一股正义的力量使他将生死置之度外，他抄起藤椅和歹徒搏斗。在短短几分钟的搏斗中，他身上三处负伤，仍然毫不畏缩……史学堂同志的英勇搏斗保护了储蓄所，也保护了身负重伤的我……由于惊动了街上群众，报案及时，一个歹徒刚逃到火车站就被公安人员抓获了。另一个歹徒侥幸逃走后，慑于社会主义强大的法网，自知难逃，也被迫投案自首。从发案到两个歹徒归案，前后不足十个小时。

我们负伤后，群众及时赶来。储蓄所隔壁棉布商店的两位营业员主动保护现场，看管储蓄所。为了尽快将我们送到医院抢救，几位群众拉来板车。一位附近商店的营业员怕我经受不了板车的颠簸，不顾我浑身是血，将我平抱在怀里，坐在板车上。许多不相识的群众轮流拉着板车飞快跑向医院。县医院这时也得到消息，院长亲自挂帅组织了抢救小组……由于抢救及时、得力，我们很快就脱离了危险期，不到一个月时间就可以下床活动、读书学习了。

现在我们已经全部恢复了健康，重新走上了工作岗位。

（摘引自：《人物》，1983年第1期，第3~6页）

三、品德美的心理分析

（一）优秀人物品德美的典型形象

优秀人物的品德美应该是完整的典型形象。下面，引用两位青年的个人日记，一位是二十世纪六十年代的优秀青年雷锋，一位是二十世纪八十年代的女大学生，都是真人真事真思想的记载，显示着品德的典型形象。

雷锋日记 1959年11月14日

今天，我感到特别高兴。（分析：做好事前的心理状态）一天的紧张工作过后，一点儿也不觉得疲劳，我感到浑身是劲。夜晚，我还在车间调度室，看一本学习毛泽东同志的思想方法和工作方法的书，真使我看得入了迷，越看我越感到毛主席的英明伟大。

突然下起雨来。（分析：新异刺激，引起无意注意）陈调度说，我们建筑焦炉工地上，还散放着七千二百袋水泥。（分析：通过人与人的语言交流，意识到这时下雨的危害作用——社会意义）陈调度急得一时手足无措。（分析：亲眼看见陈调度的焦虑形象——社会知觉）这时，我猛然想到了党的教导，我们要爱护国家财产。（分析：通过回忆，意识到了自己已掌握的共产主义道德规范——爱护国家的财产）又想到了我是一个共青团员。（分析：明确意识到自己的社会地位、职责——党的助手、先进青年、共青团员）想到这些，一种无穷的力量鼓舞着我。（分析：这是完全的高度自觉）跑到宿舍，（分析：自觉支配自己行动，转化为物质力量）发动了二十多个小伙子，组织了一个抢救水泥的突击队。（分析：发挥组织能力，组成了社会物质力量）有的忙着找雨衣，有的忙着寻芦席，盖的盖，抬的抬，经过一场紧张的战斗，避免了国家的财产受到重大的损失。（分析：爱护公物的品德意志行为，克服了种种困难，取得了预期的良好的社会效果）

这时，我才松了一口气，抹掉了头上的汗，带着乐观的心情，昂首阔步回到了宿舍。回忆自己为国家、为党做的一点点工作而高兴。（分析：自我评价、自我体验）

（全文引自：《雷锋日记诗文选》，战士出版社1982年版）

△△大学生日记

1982年8月7日

今天，我和表弟、表姐到土坡子郊游。（分析：青年及青年群体活动的内心目的）我们三人都骑着自行车，一路欢歌一路笑，好不畅快。（分析：当时的心理状态——欢乐的心理状态）到沙河岔路口时，远远看见路边蹲着个农民，正在修自行车。车架上驮的化肥撒落了许多在地上，看来是车坏了。（分析：他人的意外行为，引起注意的选择与指向，产生了人对人的社会知觉、直觉判断——品德认识）我们停了车，问他出了啥事？他说："我是从曹屯来买化肥的。车胎没气了，东西也驮不走了。"（分析：从社会交往的口头交谈中获得信息，了解了原因）表姐、表弟我们几个人相互看了一下，很同情农民。（分析：信息交流的同时，随伴着移情体验。此事符合几位青年的品德需要，表明态度，引起了同情——品德情感）可惜，去曹屯的方向和去土坡子的方向正相反。如要送他回去，来回两个小时，我们心里有点儿矛盾。（分析：客观的来往方向相反的矛盾，反映在头脑中，新的品德需要"同情""送他回去"，与原拟去土坡子郊游的内心目的不符，引起了内心需要的矛盾，激起了品德动机的斗争）这时，我忽然从农民求助的眼光里，感到一种责任感。（分析：再一次的社会知觉，从眼神中领会了农民内心求助的要求，从同情心过渡到了责任感）我想起了自己写的一首歌颂农民的诗。眼前这位农民紫铜色的皮肤、多皱的面孔，使我深深记起了人民对我们的哺养，记起了党和老师给我们的教育。（分析：热情状态下，容易引起有选择性的联想。从眼前这位农民的形象引起回忆，自觉记起了人民的哺养恩情，党和老师的教育内容，从内部增强了品德动机斗争的正确力量）一个有知识、有教养的大学生，一个共青团员，（分析：由此情此景，引申联想，自我意识到自己的社会地位、社会责任，唤起了头脑中已有储存的处于潜伏状态的社会需要呈现——品德动机）在这样的时刻还要犹豫啥？我此时虽然表面上很平静，（分析：青年人自控性及内隐性表现之一）可内心十分惭愧，我决定要帮助这位农民。（分析：自觉回忆，唤起了已掌握的正确的道德规范和道德要求，促进了品德动机斗争的迅速胜利。下决心，表现了品德意志的产生）我用开玩笑的口气对表姐、表弟说："看来老天爷有意让咱来改变郊游地点，可能到曹屯那边，将有新的重大发现。"（分析：用青年人乐观的诙谐的口吻，巧妙地表达内心的意愿，邀约同伴，组织社会力量）他们笑了，当然明白我的意思。于是，我们三人立即帮助农民，把化肥袋子卸下来，把撒落的化肥装好，让农民推着他的空车，表姐和表弟轮流骑那辆驮着化肥的车子，我就用车子驮我们郊游的东西,同农民一起,把化肥运到曹屯。(分析:这是助人为乐的品德行动。实现了助人为乐的共产主义精神力量转化为社会的物质力量,解决了客观存在着“农民求助”与“今天郊游”的矛盾,体现了社会主义的新型的实际的人与人的社会关系)

虽说郊游计划打乱了,但帮助了别人,我们心里都挺高兴。(分析:以“郊游计划打乱了”与“帮助了别人”两者的社会意义、社会价值作为衡量处理个人利益、群体利益与他人利益、社会利益的标准,内心产生了肯定性的自我评价、自我体验的自豪感,“挺高兴”)特别是当我们告别农民时,他说:“一些人说,现在青年人不行。我看现在的小青年就是中用!大学生还帮俺农民的忙,是国家好,老师教得好!你们将来都是有出息的人啊!”(分析:品德行动实际改善了人与人的社会关系,取得了肯定的社会效果,引起了正确的客观的社会评价)一席朴素的话,反映出人民对我们的信任与期望,给我们留下了深刻的印象。我心里既高兴,又有点儿不安。(分析:对他人的社会评价,反馈入脑中,又引起内心的自我评价)虽然我们没说什么,但心里却有一种激情在涌动。(分析:由于社会评价与自我评价完全一致,符合自己的品德需要,反馈的效应,引起了“激情在涌动”,增强了自豪感的自我体验。这是助人为乐的新的内部动力,下一次助人为乐的真正内因)我忽然意味深长地说:“我将来争取做个好老师!”(分析:由于当前现实人民的赞扬,进一步激起内心未来实现的理想)表姐、表弟先是一愣,接着,会心地笑了。

晚饭,吃烧烤蟹,很有滋味。全家喝啤酒,姨父举杯,祝贺我们郊游成功!我们三人全笑了,但谁都没有把路上改去曹屯的事告诉家里人。(分析:做完好事不说,不声张,不望“报答”,不取“报酬”,体现了雷锋式的助人为乐的共产主义精神)

以上实例分析,有两点启示:

第一,再次证明有社会主义觉悟的人的品德的基本心理成分的确是由品德认识、品德情感、品德动机、品德意志、品德行为、品德自我评价组成的。

第二,研究品德心理结构的思路有新的启发。从上例助人为乐的实际品德行动的分析,明显地涉及了三个方面、五项维度。即:(一)品德心理的智能形态。如品德认识、品德情感、品德动机、品德意志、品德行动、品德自我评价等。(二)品德心理反映的内容。这次行动的内容按性质,是雷锋式的助人为乐的共产主义精神。实际包括:1.品德行动遵循的社会行为规范,如帮助这位农民等。2.品德行动能动作用的对象。实际调节了与农民交往的人与人的社会关系,改善了人际关系。3.品德行动效果的社会意义、社会价值。(三)品德心理自我意识,或叫品德的意识性。1.

意识到自己的社会地位、社会责任，如，意识到自己是大学生、共青团员。2.意识到自己做好事过程中的心理活动。3.意识到自己行动的社会意义，选择性进行回答行动。如有意询问、有意表达、有意内隐、有意自控等。因此，觉得进一步研究品德心理结构，似乎应这样思考：

- 现实的人实际品德行动
  - 品德心理的智能形态
  - 品德心理反映的内容
    - 反映社会行为规范
    - 反映人与人交往的社会关系
    - 反映品德行动效果的社会意义
  - 品德心理自我意识

根据上述事例，可以说是活灵活现的具有肯定意义的现实生活中的典型，是能够使人产生美感的崇高形象，是内在的善品和外在的善行的统一，是“诚于中而形于外”的正面人物的榜样。[①]他们的品德，显著的特征是：1.具有能触发人们仰慕的效法性特征，体现着善的原则，符合人们学习榜样的“向上”“求进”“见贤思齐”的心理需要。2.具有能唤起人们崇敬的形象性特征。体现了美的原则，符合人们学习榜样的“移情”“感染”“融合”的心理体验。3.具有为历史考验的真实性特征，体现着真的原则，符合人们学习榜样的“求真”“务实”的心理过程，集中表现了真、善、美在优秀人物身上的具体结合，体现了真、善、美的和谐统一，构成完整的典型的形象的品德美。

(二)品德美的心理结构

从上述青年的言行事实及其心理活动分析，以及根据我们对雷锋本人做好事的心理活动分析，对我国一部分中小学生做好事的心理活动分析，还有近年来对我国部分青年和大学生做好事的心理活动分析，综合起来，初步认为，我国有社会主义觉悟的人的品德美的基本心理结构是由下列心理活动组成：品德认识、品德情感、品德动机、品德意志、品德行动。

品德认识，是人对社会行为规范及执行的社会意义的认识。实质上是社会成员头脑对交往活动中的人与人的社会关系及其社会意义的反映。它对自己的品德行动的方向具有定向作用。对品德行动的是非、善恶有辨别功能。这种反映由表及里、由浅入深，由几种心理活动按层次组成：社会知觉——由知觉形式直接反映人们交往活动中的个人外貌形象，人与人交往的外表联系。品德表象——由表象形式，概括反映曾经接触交往过的个人外貌的常见特点、人与人交往的经常的共同的联系。品德判断——由思维形式，依靠语言，反映人的社会本质及人与人交往的

① 曾钊新.道德心理论[M].北京：中国工业大学出版社，1987：145-146.

内部联系。品德意识——依靠言语，概括人的社会实践交往活动的经验，反映人与人交往活动的社会意义。

紧密地伴随着品德认识的是品德情感。它是社会成员从已掌握的社会政治标准、道德规范及人生需要出发，认识各种社会现象时所产生的体验，是对各种社会现象与自己已有品德需要是否符合的关系的反映。它对人的品德行动有信号功能和动力功能。

品德情感，按层次由品德情绪、品德情境、品德情感、品德情操等心理体验组成。按内容有爱祖国、爱人民、爱劳动、爱科学、爱社会主义、爱公共财物、热爱共产党，以及同情感、友谊感、同志感、义愤、爱情等。

品德意志是人实现内心品德需要的自觉能动性表现，它是社会主体能力与客观规律、客观条件的关系的反映，对人的品德情感、品德行动有调节作用。

品德行动，则由品德动作、品德模仿行动、品德意志行动、品德习惯等个体的有物质能量的动作、行动组成，是主观见之于客观的关键环节，是个体的品德心理转化社会效果，实现社会意义的唯一客观标志。伴随着品德行动的情感是实践感、创造感。

品德社会效果反馈联系效应，是指由个体通过自身的意志行动改变着客观事物的社会效果，被个体直接意识到，呈现自我评价的心理活动。伴随着自我评价的情感，便是自我体验。由于社会效果有正、负之分，反馈联系效应在头脑中有两种情况：一种情况是正效果反馈，主体原有的期待实现了，产生肯定的自我评价、自豪感；一种情况是负效果反馈，主体原有的期待落空了，产生否定的自我评价、内疚感。它是人的品德行动的内部自动调节环节。

品德动机由品德愿望、品德榜样形象、品德理想、品德信念等组成。伴随着品德动机的情感主要是义务感、责任感、贡献感。

品德动机居于品德心理结构的中心，对品德的其他各种心理活动起调节作用、支配作用及动力作用。

品德动机是“我”的意识，即自我意识的主要表现。马克思说：“我对我的环境的关系是我的意识。”我的环境的关系，当然有人与自然环境的关系，更主要的是人与社会环境的关系，特别是人与人交往的关系。实际上，可以把品德动机看成以自我意识形式，对主体自己的人生需要及人生的社会意义的反映。

所谓人生需要社会意义，也即人生价值。就是指社会成员在一定的社会关系中，处于一定的社会地位，应该完成一定的社会职责、任务，发挥自己的社会作用，为社会做出一定的贡献。在现实社会中社会成员的人生需要的社会意义，客观上大约可以分为：自己独立社会生活的切身需要意义，自己所属的集体需要意义，自己所属民族需要意义，自己所属的阶级、国家需要意义（包括：政治意义、经济意义、教育意义、科学意义及国际意义等），自己所属社会历史发展阶段的社会历史发展的需要意义。这些人生需要社会意义，对个体来讲是客观存在着的。

这种客观的人生需要社会意义，只有反映在个体头脑中，成为自我意识的主要内容，才能构成品德动机，成为人的品德意志行动的真正内心动力。国外有心理学家指出："正是这种情况，迫使心理学必须区别所意识到的客观意义和这种客观意义对主体的意义。""通过交流，意义变成了个体意识的财富"，"结果，在社会上形成的意义开始在个体意识中，似乎过着双重生活，在个体意识系统中，又产生了意义的一种内部的关系，意义的一种运动"。[①]

由于社会成员对自己人生需要社会意义反映的范围、深度不同，显示出层次性。它表现我国当代社会成员的真正不同的觉悟水平。如在对待公与私，个人与集体、阶级、国家的利益上，似乎有下列层次：最基本的一层是个人利益、集体利益、国家利益三者兼顾；第二层是先公后私；第三层是克己奉公；第四层是公而忘私；第五层是大公无私。再如，对待人、我关系上，即正确处理个人与他人的关系上，似乎有下列层次：最基本的层次是平等待人，团结互助；第二层是先人后己，他人第一；第三层是舍己为人，助人为乐；第四层是毫不利己，专门利人。

可以说人的品德美是人脑以社会意义（社会价值）为核心，社会行为规范为内容，社会关系为基础、智能活动为形式的完整的环状心理结构。它体现着知与情、言与行、内与外的完整统一，构成典型的完整形象。

四、道德教育与审美教育结合的心理原则

我们知道，品德心理结构、审美心理结构、智能心理结构，都是人的整体心理结构的组成部分。它们之间既有区别又有联系，相互渗透，相互促进。高尔基曾说："美是未来的伦理学。"揭示了品德与审美的内在联系。从心理学的角度，考察品德教育与审美教育的结合，有着理论意义，也有迫切的现实教育意义。

教育理论工作者，总结品德教育的优秀实践经验，概括了德育原则。王逢贤教授研究近年来我国德育工作的经验和成果，概括的德育原则是[②]：1. 方向性与现实性

①列昂节夫. 活动·意识·个性[M]. 上海：上海译文出版社，1980:102-103.

②王逢贤. 中小学生爱国主义共产主义教育引论[M]. 北京：教育科学出版社，1987:52-59.

相结合;2.间接传授与直接锻炼相结合;3.开放与防护相结合;4.塑造与改造相结合;5.尊重信任与严格要求相结合;6.启发疏导与暂时约束相结合;7.面向集体与个别施教相结合:8.经常与集中相结合;9.教育影响的一致性与灵活性相结合;10.教育与自我教育相结合。吴祥祯教授认为,目前,我国的德育原则主要有以下几条①:1.共产主义方向性原则;2.知行统一原则;3.热爱、尊重与严格要求受教育者相结合原则;4.集体教育与个别教育相结合原则;5.长善救失原则;6.从实际出发有的放矢原则;7.教育影响的系统性和一致性原则。徐国棨教授则认为德育原则主要有以下七个原则②:1.遵循共产主义方向的原则;2.理论与实践统一、言行一致的原则;3.正面启发、积极诱导的原则;4.对学生严格要求与尊重和信任学生相结合的原则;5.在集体中依靠集体进行教育的原则;6.注意学生的年龄特征和个别差异的原则;7.教育影响的一致性和连贯性原则。胡守棻教授认为,现在教育界比较公认的德育原则有:共产主义方向原则、知行统一原则、严格要求与尊重学生相结合原则、疏导原则、集体教育原则、因材施教原则、教育影响连贯性和一致性原则、以身作则原则③等。

审美教育呢? 杨恩寰同志提出如下几条原则④:1.审美情境创设性原则;2.相互交流性原则;3.审美观照与操作相结合原则;4.多样性与渐进性相结合原则。滕守尧同志则认为美育有两条最基本的原则,即相互性原则和形象性原则。⑤

以上列举各家对德育、审美教育的原则,都是按照学科的基本要求和特点进行概括的。尽管同一学科之中,各人的提法也不完全一致,“仁者见仁,智者见智”,但其基本精神都是一致的,从不同角度总结概括也是有益的。遵循品德美的心理结构的原理,为了进一步提高德育的有效性,增强形象性、情感性和吸引力,除了遵循德育的基本原则外,应引入审美教育的特殊原则,从道德教育与审美教育的结合点上考虑。

杨恩寰把道德教育与审美教育的区别概括为:自由性与强加性、动情性与说理性、观照性与实践性。把两者之间的联系概括为:审美教育与道德教育的互渗、审美教育中的道德评价、道德教育的审美化。⑥

孟湘砥则认为,德育过程和美育过程都有各自的特点和规律,我们必须尊重和

①参见华中师范大学等校教育系.德育学[M].西安:陕西人民教育出版社,1986.

②徐国棨.教育概论[M].北京:人民教育出版社,1986:195-198.

③中国大百科全书编辑部.中国大百科全书·教育[M].北京:中国大百科全书出版社,1985:63.

④杨恩寰.审美教育学[M].沈阳:辽宁大学出版社,1987:92-96.

⑤滕守尧.审美心理描述[M].北京:中国社会科学出版社,1985:359.

⑥杨恩寰.审美教育学[M].沈阳:辽宁大学出版社,1987:124-138.

研究这些规律，找出其共同点，充分发挥各自的优势，使之互为补充，以实现美育与德育的和谐统一，不断提高教育水平。根据美的形象性、情感性、社会性的基本特点，结合德育的原理提出了下列原则：1. 系统性原则；2. 实践性原则；3. 愉悦性原则；4. 主动性原则；5. 示范性原则。[①]

综合上述研究的启示，我们认为，道德教育与审美教育的确是有区别的，各自有自身的特点，应遵循其独特性，保持相对的独立性。同时，我们也认为，道德教育与审美教育两者之间是相互联系的、相通的。主要表现为：1. 育人的方向、育人的目的是相同的。2. 道德教育过程与审美教育过程相互渗透。3. 品德心理结构与审美心理结构不仅可以相通，相互迁移，而且是互补的。4. 道德教育与审美教育效果相互作用，相得益彰。因此，在教育实践中，应力求道德教育与审美教育和谐统一，有机结合。为了有效提高道德质量，建议考虑下列德美结合的心理原则：1. 主体性原则；2. 平等交流内心体验原则；3. 创设典型情境原则；4. 树立榜样形象原则；5. 情理交融原则；6. 实践创美原则。

① 孟湘砥. 美育教程[M]. 长沙：湖南文艺出版社，1986：127-131.

研究八 育德与育美结合的心理研究[①]

培养德、智、体、美、劳全面发展的社会主义新人，是社会主义教育的根本任务。其中，育德与育智结合的心理研究，已有较多研究，有一定研究成果。但育德与育美结合的心理研究，一直是一个空的领域。现在就我们研究的成果，同大家一起共同探索。

审美是人格的美性部分，是人的重要价值。人的审美心理，是人的基础素质之一，人的本质、人的主体性表现。美性与智性、德性融合，组成人性，体现人格真、善、美的根本价值。

美育的任务就是"育美"。关于美育的研究，在国内几经挫折，时起时伏。现在已把美育明确列入我国社会主义教育方针，美育更加受到广大教育工作者的重视，正在深入研究。

关于美育心理的研究，在国内起步更晚。经过我国"七五""八五""九五""十五""十一五"的科学规划和教育规划指导下的攻关，取得了可喜进展，也为育德与育美结合心理活动提出了新的研究课题。

第一节 美育心理研究的起步

育德与育美结合的心理研究，是美育心理研究的一项重要课题，与美育心理研究的进展同步开始、同步进行，显示出德性心理研究的新课题。美育心理研究是一项前无借鉴、中外无人探索过的开创性的新课题。美育心理研究是我国现代心理学家刘兆吉教授1981年首倡，迄今也仅仅30多年的历史。

一、中国古代早已有美育心理学思想

美育心理学思想，中国古代早已有了。它的内容丰富，论述精深，是中华民族优秀文化宝库中的财富之一。它散见于中国古代学者撰写的经、史、子、集、礼、乐、书、画之中。却未见使用过美育、美育心理等词，更未见美育专论的文章和典籍，至

①此文选自曾欣然著《德性心理活动规律探索》第十四章，西南师范大学出版社2012年2月出版。

今仍是有待深入发掘的领域。

在中国教育史上，第一位公开提出美育并给以心理学论证者是清代晚期学者王国维。他主张德育、智育、美育并列。1906年在《论教育之宗旨》一文中，他提出："完全之人物不可不备真善美之三德。欲达此理想，于是教育之事起。教育之事亦分为三部：智育、德育(即意志)、美育(即情感)。"并说："美育者，一面使人之感情发达，以达完善之域，一面又为德育与智育之手段，此又为教育者不可不留意也。"王国维当时公开提倡美育，并对美育给以心理学论证，是难能可贵的。

中国近代美育体系的主要创建者是近代著名教育家"学界泰斗，人世楷模"蔡元培。他是第一位把美育列入教育方针的人。蔡元培担任中华民国临时政府教育总长时，于1912年2月11日发表了《对于教育方针之意见》，针对清代所谓钦定教育宗旨"忠君、尊孔、尚公、尚武、尚实"封建性，提出了把军国民教育、实利教育、德育、美育、世界观教育列入教育方针，并且论证说："以心理学各方面衡之，军国民主义毗于意志；实利教育毗于知识；德育兼情感意志二方面；美育毗于情感；而世界观则统三者而一之。"1917年蔡元培在北京神州学会讲演，阐发了"以美育代宗教说"。1919年12月1日蔡元培在《北京晨报副刊》撰文呼吁"文化运动不要忘了美育"。1920年蔡元培讲，普通教育的宗旨之一是要养成健全的人格。认为："所谓健全的人格，内分四育，即：(一)体育、(二)智育、(三)德育、(四)美育。""为要特别警醒社会起见，所以把美育特提出来，与体智德并为四育。"1922年在《美育实施的方法》中，蔡元培认为：

"照现在教育状况，可分为三个范围：一是家庭教育；二是学校教育；三是社会教育。"我们所说的美育，当然也有这三方面。1931年，蔡元培发表了《美育与人生》一文，从情感、意志、人生价值论述了美育与人生的关系等。正如蒋冰海所说："蔡元培一生倡导美育，还提出过许多具体的美育实施设想，不愧为我国近代美育体系的创建者。"从《蔡元培美育论集》《蔡元培美学文选》中，可以看到蔡元培就美育与心理学的结合上，发表了许多有益的见解，闪烁着更丰富、更充实、更具体的美育心理学思想。但他却一直没有使用过美育心理一词。

二、美育心理研究的起步

"美育心理"这一科学新概念，是现代心理学家刘兆吉教授经过多年的思考、研究提出来的。我们初步研究表明，刘兆吉创建美育心理学、发展文艺心理学的历程，从1935年受朱光潜讲演《文艺心理学》的启发，萌发了创建"文艺、美学、心理、教育”的“四合一”文艺心理学新体系开始，经历了创新萌发期、创新奠基期、创新积累期、创新融合期、压抑中断期、创新始创期、创新拓展期、创新再新期。[①] 其中成功经验对培育创造性人才颇有启发。

1979年秋，刘兆吉教授在北京师范大学参加潘菽教授主编的《教育心理学》编写大纲修订讨论会，鉴于有“品德心理”“学习心理”“教学心理”“体育心理”等内容，也有“艺术教学心理学问题”的专题，唯缺美育心理部分。他回忆起，1963年曾经试用过潘菽主编《教育心理学》(内部讨论稿)中的第14章，曾有“美育的心理学问题”“美育的一般心理学问题”等字样，但现今都已删去，未提。因此，刘兆吉教授当时拟建议增列“美育心理”内容。但由于在“文革”中，被收缴，被“抄家”，苦于手中没有科研资料，未成。经过两年的研究，于1981年秋，在北京香山召开的《中国大百科全书·教育》编委扩大会上，刘兆吉教授正式提出增列“美育心理”词目，旋即获得通过，并分工负责撰写。1985年10月，《中国大百科全书·教育》一书公开发行，刊载了“美育心理”概念。在此之前，我们分析过西方国家于1980—1984年新近出版的14本教育心理学的内容，在12项分类统计中，未见有“美育心理”的章节。笔者查阅了英、美、法、苏、日等国的大百科全书，也未见“美育心理”一词。

美育心理作为一个科学新概念，刘兆吉教授认为：“美育心理是教育心理学的一部分，研究美育过程中学生的心理活动和心理品质的形成。美育心理的主要内容是探讨如何以音乐、美术、文学的艺术美和自然、社会生活中的现实美为教育手段，感染学生，发展他们的美感和鉴赏美、创造美与识别美与丑的能力，培养他们高尚的道德情操和文明习惯，促进他们的智力和身体的健康发展。”他第一次阐发了美育心理的内涵，对美育心理研究的范围给予了初步的认定。同时，也包含了“培养高尚的道德情操和文明习惯”的育德任务。

1983年4月，刘兆吉教授发表了《试论美育心理学中的几个问题》，第一次提出了美育心理学概念。1986年和1987年，分别发表了《创建美育心理学刍议》，论述了美育心理学在社会主义精神文明建设中的地位、作用，分析了美育在促进德、智、体和劳动生产教育方面的心理学问题，探讨了美育过程中的心理活动问题，提出了美育心理学结构。1986年旗帜鲜明地撰文发表了《研究美育心理杜绝黄色文艺对青少年的毒害》。他认为：“研究美育心理，一方面是为了有效地促进美育，研究如何以繁荣社会主义音乐、文艺、美术等手段，杜绝黄色文艺对青少年的毒害……另一

①《刘兆吉文集》编委会.美育心理文艺心理研究文选[M].重庆：西南师范大学出版社，2003：652-666.

方面，是研究如何以音乐、文学、美术等手段，更有效地进行政治思想教育和道德品质教育。”阐发了美育心理研究的目的、立场、观点，论述了美育心理的主要内容。进一步阐述了“更有效地进行政治思想教育和道德品质教育”，显示出育美与育德结合的心理学思想。

1987年3月，刘兆吉教授发表了专著《文艺心理与美育心理》，1990年2月刘兆吉教授主编的《美育心理学》问世。1991年9月《中国大百科全书·心理学》出版，中国现代心理学家、哲学家、教育家陈元晖教授撰写了“美育心理学”词条。在教育心理学的分目中，列有智育心理学、德育心理学、体育心理学、美育心理学、学科教学心理学等等。美育心理学正式步入了教育心理学的学科群之列，结束了世界各国大百科全书中没有“美育心理学”一词的历史，标志着美育心理学取得了国内同行专家、学者的共识，展示着美育心理研究的广阔领域。

其中，也开始了探索育美与育德结合的心理学问题。撰写了“品德美的心理结构”，研究了“品德美的心理结构分析”，探讨了“品德教育与审美教育结合的心理原则”。

与此同时，国内的哲学工作者、美学工作者、美育工作者、教育工作者、文艺工作者及一些心理学工作者，本着加强社会主义精神文明的需要，培养有理想、有道德、有文化、有纪律的社会主义新人的需要，从不同的视角，对美育心理、审美心理进行了多种多样的探索，阐发了许多新鲜见解，对创建美育心理学做出了积极的贡献。

三、美育心理研究的进展

(一)“七五”期间的美育心理研究

为了开拓和深入研究美育心理领域，探讨美育的心理规律，刘兆吉教授在组织、指导、主编完成《美育心理学》的同时，于1986年招收了第一届美育心理研究方向的三位硕士研究生。1987年7月由刘兆吉教授领头，与曾欣然、梁承谋三人为项目主持人，申请“美育心理研究”课题，立项为“七五”期间国家级重点科研项目。当时设想，“美育心理，中外无人研究过，是创造性的新课题，需要突破的难题很多。最重要的是：(1)如何以心理学为核心，把音乐、美术、教育学、伦理学结合起来，形成一门发展、培养人的心理品质，如心灵美、言行美的教育分支学科；(2)通过广泛的调查，多层次的实验，研究美育心理的结构，探讨进行美育的心理规律”。据此设想，从1987年秋，刘兆吉教授组织课题组全体成员，从实际情况出发，在探索的崎岖道路上开始了新的起步，着重探讨了下列问题，取得了可喜的成果。

第一，大力开展了美育心理研究的基础调查。

第二，广泛进行了“以美育人”的教育心理研究。其中，进一步开展了“美育与德育结合的美育心理研究”。涉及德美结合的研究子课题共有11项。

第三，初步探索了美育综合实验的心理效应。这项实验难度更大。当时有四川省开江县城关小学的《小学美育对学生心理素质全面发展影响的实验》和《全面实验美育对小学生个性影响的研究》两篇报告，初步揭示美育育人的特殊功能。

第四，在研究中，除了使用现代教育学、现代心理学常用的调查法、观察法、教育经验总结法、教育心理实验法外，在研究方法的选择上，坚持运用辩证唯物论原理，分析美育心理特点，大胆地做了一点新的尝试和探索。如美育心理导向问卷法、个体活动体验分析法、美育情境实验法、美育心理发展个案分析法、美育实验课等。使用具有这些特点的方法去分析解决美育心理的特殊矛盾，初步获得了一些有益的资料。

第五，关于美育心理的特殊矛盾的研究。

大家知道，由于有客观事物的特殊矛盾，才构成某门学科的研究对象。美育心理的特殊矛盾是什么？涉及美育心理学有无研究的必要和可能。揭示美育心理的特殊矛盾是研究取得的理论成果之一。

社会主义初级阶段的教育目的就是培养社会主义建设者和接班人，提高全民族素质，为社会主义现代化建设服务。民族素质包括民族的遗传素质、生理素质、心理素质、文化素质。广义的文化素质包括道德素质、政治素质、审美素质。在一定社会、一定民族或一定阶级中，常常表现为道德意识形态、政治意识形态、审美意识形态。这些意识形态都是通过德育、智育、体育、美育、劳动技术教育等综合教育转化成为个体头脑中的个体意识。从教育心理学的研究角度看，则是在受教育者头脑中形成相应的品德心理结构、智能心理结构、健美心理结构、审美心理结构、劳动创造心理结构。这些心理结构的有机融合，集中表现为人的个性心理结构或人格心理结构，组成社会主义全面发展新人的完整精神面貌。在这些教育活动中，德育、智育、体育、美育、劳动教育，各有独特的育人功能，保持相对的独立性，又相互渗透、相互促进发展，承担着互动互补的育人功能。美育承担的互动互补育人功能，就是以美启智、以美育德、以美保健、以美促进劳动创造。美育特有的独立功能，则是以形感人、以情动人、以美育人，实现育人之美，使人能按照美的规律建造世界。即“人也按照美的规律来塑造”(马克思)。这种“以美育人、育人之美”转化过程中的心理矛盾就是美育心理的特殊矛盾。

以美育人的"美"，是指以物化形态存在于个人头脑之外的现实美和艺术美。它的形态万紫千红，组成灿烂的美的世界。一般的现实美有自然美(含现象美、种类美、个体美等)、社会美(含人的性格美、行为美、语言美、环境美等)。按典型规律反映自然美、社会美的艺术，则构成艺术美(含工艺美、建筑美、文物美、文学美、音乐美、舞蹈美、雕塑美、绘画美、戏剧美、电影美等)。这些物化的美或美的物质载体，构成美育的客观内容，也是美育心理反映的客观源泉，引起、激发、产生美育心理活动的客观审美情境。

育人之美的"美"，则是指个体头脑中通过美育的实践、美的学习所形成的审美心理结构。它主要包括审美意识、审美情趣、审美理想、审美态度、审美情感、审美感受、审美知觉、审美判断、审美能力、创美行动等。这些审美心理成分的有机结合，构成审美心理结构，即构成审美主体的审美主观世界，或称审美境界。它是美育的特有目标，是美育工作者预期的美育成果。按其结构的心理成分的作用，则分为审美心理动力成分、审美心理能力成分、审美心理情感成分、审美心理调控成分及建造美的行动成分等。这些心理成分组成审美心理结构，显示出稳定的审美心理状态，就是常称的审美境界。目前研究，一般认为审美境界的水平大致有3个层次，即：1.感性愉悦的审美境界，也称为悦耳悦目的审美境界。2.领悟愉悦的审美境界，也称为悦心悦意的审美境界。3.精神愉悦的审美境界，也称悦志悦神的审美境界。这些审美境界，是人的审美心理状态的表现，有水平的不同，有各自的特点。但其作用又有相同点：一、是构成审美主体个性心理结构的组成部分，体现出人的全面发展，沉淀着民族审美素质；二、是成为稳定的审美心理状态，转化为再接受美育的"心理基地"，表现出爱美心理倾向及接受美育的审美能力水平，成为审美主体接受美育的心理内因；三、是调控审美主体的审美行动，能动地表现为按照美的规律建造事物的行动，塑造美、创造美、建造美的世界、美的社会，美的典型人物，体现出人类的本质力量。

以美育人怎样才能达到育人之美，这是一个从客观审美情境，通过美育活动转化为主体脑中建构的审美心理结构，形成审美境界的双向互动能动过程，也就是常说的美育过程中的心理活动过程。这个过程的特点，赵伶俐著书把它概括为3组组合的特点：(1)感情性与自由性；(2)通感性与直觉性；(3)目的性与诱导性。从美育心理效应和美育目标出发，相应提出了6条美育原则：(1)审美价值观教育与人生价值观教育相结合；(2)审美能力培养与智力培养相结合；(3)以感情(美感)激发为核心并与提高审美认识相结合；(4)以通感为审美感知教育的核心并与一般感知教育相结合；(5)以联想和想象为审美理解教育的核心并与理性相结合；(6)充分自由的心理活动空间与符合教育目的的诱导相结合。

综上所述，可以看到，美育心理的确存在特殊矛盾。主要表现在：(1)客观的审美情境与主体的审美境界的心理矛盾；(2)施教者的审美意识、传授美的手段与受教育者审美心理已有水平的矛盾；(3)教育管理者美育目标与受教育者美育心理效应的矛盾；(4)受教育者脑中已有审美心理结构与新接受的审美因素的矛盾；等等。它们明显不同于品德心理结构的矛盾，不同于学习心理结构的矛盾，不同于劳动、创造心理结构的矛盾。

从目前的研究资料看，对于美育心理的特殊矛盾，已有较广泛的涉猎，揭示出了美育心理特殊规律的因素。当然，要真正确切地掌握美育心理规律，正有待专家、学者深入研究。

(二)"八五"期间美育与美育心理研究

在全国"八五"规划期间，在美育这一领域中有两个国家课题投入研究。一是由中央教科所白天佑主持的"中国儿童大美育实验与研究"，一是由西南师范大学赵伶俐主持的"审美教育对学生素质全面发展的实验研究"。两个课题虽名称不同，但实质都是研究美育的心理效应，即美育对学生德、智、体、美、劳素质的全面和谐发展的促进作用和对学生审美心理能力的促进作用。在系统建构美育理论的基础上，重点放在美育理论的实践和心理效应的验证研究上，也称"大美育实验"。该实验首次对学校美育系统进行了迄今为止国内规模最大、最全面的研究。纵向包括幼儿园、小学、中学、大学；横向包括美育目标、内容、课程、教材、教法；类型包括理论、实验和实践。理论方面的成果包括4本理论书，即《大美育系统论》《幼儿园大美育系统论》《小学大美育系统论》《中学大美育系统论》，涉及整个学校(含幼儿园)的美育和各教育阶段(幼、小、中、大)的美育目标体系、内容体系、教材体系、教法体系和评价体系的理论原理。实证报告部分为"八五"课题成果中最为集中的美育心理问题及效应研究成果。《大美育实验研究——美育促进学生素质全面发展的效应验证》包括实验设计、各阶段实验报告20余篇、工作报告6篇以及问题与思考4大部分，是目前国内少见的，继"七五"美育心理研究成果《美育心理研究》之后的第二本反映美育实验研究成果的著作。实践方面的成果是美育基本原理直接转化为美育成果。包括各学龄阶段教师和学生的用书：《幼儿综合美育》《小学生美育》《中学生美育》《高校美育》等教材和教参。

“八五”美育的研究充分验证了美育的心理效应，即美育不仅能促进各阶段学生审美心理能力的发展，还有助于学生德、智、体、劳全面素质的发展。幼儿园段的实验表明，以美为结构点，合理建构幼儿综合美育课程不仅有助于提高幼儿的审美欣赏能力，而且对于幼儿智育、体育目标的达成和良好行为习惯的养成具有积极促进作用。小学段的实验表明，小学美育综合课程提高了学生的审美欣赏能力，开发了小学生的智力潜能，培育了小学生良好的道德品质和非智力因素。对于创造性思维的发展具有积极的促进作用，使学生的德、智、体、美、劳综合素质得到充分的发展。中学段的实验表明，美育有助于初、高中学生审美心理能力的发展，对于高中生创造性的发展和人生价值观的形成具有积极的促进作用。大学段的实验表明，美育有助于大学生审美能力的发展，而且还能够促进大学生人生价值观的形成和发展。

(三)“九五”期间美育与美育心理研究

“九五”期间，“学校美育系统与美育心理发展实验研究”是对“七五”和“八五”两项课题的整合，旨在对“八五”期间系统设计和首创的能促进学生素质全面和谐发展的“学校美育系统”和美育活动中师生心理发展与美育心理活动的规律及其相互关系进行研究。其研究不断深入，涉及的内容更为广泛，尤其是对学科教学美育及美育心理的研究投入了较多的精力。根据教育阶段的不同，分为幼儿园段、小学段、中学段、大学段4个阶段课题组，并根据研究内容分别成立了美育目标及测评研究、美育课教材教法教具研究、学科教学审美化研究、美育管理研究、美育心理发展研究、教师素质发展研究、美育理论研究等8个子项目课题组。研究的主要内容实际包括两大项：

(1)“学校美育系统”再研究

“学校美育系统”涉及完整的学校美育理论体系的建构，它主要包括美育目标系统、内容系统、课程系统、教材教法系统及评价、管理系统等方面。这一问题在“八五”课题中已经进行了初步的研究，“九五”期间将在“八五”研究的基础上对该系统的各个部分进行更深入、细致、严谨的理论和实际操作研究。如美育目标系统的再研究涉及“美育目标水平合理性研究”“美育目标分解与把握”“美育目标体系网络结构研究”等。美育内容系统的研究包括“美育内容合理性研究”“美育内容逻辑结构研究”等。美育课程系统研究包括“美育综合课理论与实验”“艺术课程审美化研究”“学科课程审美化(学科渗透美育)研究”“活动课程审美化研究”“潜在课程审美化研究”。美育教法系统研究包括“美育实施原则与方法体系研究”“美育课教学基本模式及变式研究”“教师教学行为审美化研究”。

(2)“美育心理发展”研究

“美育心理发展”研究是“七五”研究的主题,“八五”期间研究较薄弱的环节,又是“九五”美育研究的主体和重点、难点之一。它的研究是在“学校美育系统”建立及实施的基础上进行的,同时也为“学校美育系统”的完善及科学化提供重要依据。这一问题的研究主要涉及美育过程中的不同心理现象、特点、规律及效应水平,尤其是在教师有目的、有计划的美育影响下学生审美心理活动的特点及心理品质的发展。内容包括“学生美育心理发展研究”“教师美育心理发展研究”以及“师生双方美育心理的生理机制研究”等三大方面。参与该项实验研究的学校与科研单位,遍及吉林、辽宁、大连、成都、攀枝花、湖南、重庆、河南、江苏、深圳等省市共计10多个地区的数百个实验单位,在全国产生了重要影响。现已总结结题,成果《新世纪美育科研成果书系》通过鉴定。中央教科所“九五”课题“大美育”(白天佑主持)的研究,继“八五”课题“中国儿童大美育实验与研究”之后,也有了崭新的构思,更多的实验学校参与了探讨集大成式的美育在培养学生智力、健全人格方面的作用。在此期间,蔡正非主持的云南社会科学“八五”计划重点课题成果《美育心理学》,于1999年7月出版。

(四)“十五”规划四大美育与审美化教学研究项目

“十五”规划项目获准立项课题有4个美育项目。教学审美化的理论与实践研究(主持人:郭成);德育审美化课程结构理论与实践研究(主持人:邹鸣鸣);高师地理教育学课程教材审美化设计理论与实验研究(主持人:黄京鸿);文理艺综合美育课程创设及审美化教学操作研究(主持人:赵伶俐)。这4项课题已取得了一些阶段性成果。

在“十五”期间,李红教授已完成国家社会科学基金青年项目。“儿童青少年审美心理的发展与教育对策研究”最终成果——《儿童青少年审美心理与教育》,于2004年1月正式出版。林崇德教授为之作序,认为:“《儿童青少年审美心理与教育》系我国第一部系统的审美心理与教育学术专著,对审美心理学的学科发展具有重要的奠基性作用,具有重要的理论意义;同时对中小学美育实践具有重要的指导作用,因而具有重要的应用价值。”并说:“这个专著主要有3个特点:1.实证性;2.创造性;3.实践性。”

刘兆吉教授2000年12月撰文《发展文艺心理学与创建美育心理学研究》,提出“将文艺心理学美育心理学融合起来,形成一门新学科——文艺教育心理学”。文艺美育心理学正是从心理的角度将文艺美育融为一体，发挥寓教于乐、寓教于美，以美育人的心理机制。启示着育德、育美结合要向着更深层次、更典型、更艺术的方向发展。

第二节　美育心理研究新阶段①

2011年，赵伶俐、汪宏等著《中国公民审美心理实证研究》一书出版（北京大学出版社2011年8月出版），标志着我国美育心理研究进入了新阶段。该书作为研究新成果，献给了2011年8月德国国际经验美学大会，献给了2011年8月北京世界美学大会。黄希庭教授为该书作序："欣赏美、向往美、创造美。"称赞赵伶俐教授曾在刘兆吉教授指导下攻读美育心理学方向的硕士学位，继承导师的事业并坚持将这一事业向前推进。这种敢走新路和坚韧的学术精神与责任感，是他特别赞赏的。

该书是依托多项国家级和省部级课题，对当代中国公民审美心理进行实证研究的成果，包括审美素质调查和审美心理实验两大部分。集中反映了西南大学基础心理学、应用心理学和美学学者、博士硕士们，从1999—2009年的十年间"审美认知""审美心理学""美育心理学"方向的研究成果，在一定意义上代表了当代中国审美问题实证研究的进展和水平。

调查部分，由对中国公务员、企业管理者、工人、商人、教师、学生、文体卫生工作者、科技人员、司法军警、农民、自由职业者11大类职业群体31类行业的33480位调查对象的32504份有效问卷，进行分析的审美素质总报告和西部专项报告构成。

实验部分，由大中小各级学校教师、学生为对象进行8项审美认知和美感实验研究结果组成。

纵观该研究成果，堪称我国美育心理研究新阶段标志性成果，主要表现在：

首先是审美心理实证理论、方法创新。该研究用了较大篇幅，对当代中外使用的审美实证方法进行了梳理，对实验审美心理学研究的盛衰起伏进行了评述，对规律、联系、逻辑、本质区别及内在关联进行了立定，对当代国内审美心理实证和美育心理实证研究进行了总结，对当代信息化与审美研究成果的应用进行了综合比较，作为该研究的观念基础、理论基础，提出了"科学、艺术（审美）、创新"的跨学科理论与研究方法，体现在该项研究把现代哲学、现代美学、现代科学、现代心理学、现代

①承蒙赵伶俐教授、汪宏副教授、周鸣鸣研究员把他们研究美育心理的新成果及时送给我学习、研究，谢谢！

教育学方法论思想融合，突出“三实”结合（实证测查美、实验培育美、实践创新美）的审美心理实证研究的新思路。

其次是对中国公民审美素质的维度、内涵思考的创新。认为：“审美素质主要指以审美常识、审美观念、审美行为为主要指标的审美心理，即公民群体与个体关于审美的基本知识、审美价值观和审美行为品质的总和。”测查中，据此把审美素质分为一级维度（3项）、二级维度（10项）、相应的审美教育目标（10项）。这样把审美素质的“形式美”与“内容美”融合，“内在美”与“外在美”融合，“培育美”与“创造美”融合，构成中国公民人物的整体形象美、人格美。

再次，是以“三实”结合研究为中心，将识别美、培育美、创新美结合进行，把现实社会生活中识别美（实际测查美）、培育美（美育实践活动育人之美）、创造美（实践创造人美、事美、物美）融通递进，培育敢于创美、勇于创美、善于创美的新人。把对美的实证研究，引入新的领域。

总之，该项成果蕴含的审美活动既含内在审美心理，也含外在审美行为，既含审美认知的反映客观美的活动，也含审美情意对待美、创造美的价值活动，显示出人的本质力量。初步揭示，审美活动乃是人在社会生活实践中实现人的美性价值的人格品质。

第三节　美育与德育结合的新论述

美育与德育结合源于美与善的统一，艺与道的统一，美有导善、储善、立善之功，德有导美、融美、创美之能。真、善、美结合培育“完人”，古代已有较广泛的论述。美育与德育结合，实现于大脑左半球与右半球功能的协同开发，大脑边缘系统、新皮质等协同活动，体现为审美心理结构与品德心理结构的互相转化与统一，也被现代大脑生理学、现代教育心理学的科学研究初步证实。随着美育、德育、美育心理、德育心理学研究的深入，对于美育与德育结合，又有了新论述、新概括、新经验。

刘兆吉教授曾形象地比喻说：“德育与美育结合，就是变‘良药苦口’为‘良药可口’。喜闻乐见，寓教于乐，更好、更有效地培育新人。”刘兆吉教授在其主编的《美育心理学》中提出：“美育心理学的首要任务是揭示美育过程中人的心理活动规律，为我国社会主义精神文明建设服务，为培养社会主义建设人才服务。”并列专章阐述了品德美的心理结构，指出培养合格人才，必须通过德育、智育、体育、美育和劳动教育的综合培育，才能使受教育者成为有理想、有道德、有文化、有纪律的全面发展的新人。这样全面发展的新人，在脑中则相应地形成品德心理结构、智能心理结构、健康心理结构、审美心理结构及劳动创造心理结构。

其中，德育、智育、体育、美育、劳动教育相互渗透、相互促进发展；美育有着特殊的作用，以形感人、以情动人、以美育人、育人之美是美育的特有功能。美育的互动互补功能，则是以美启真、以美储善、以美保健、以美悦心、以美发展劳动创造，共同培育新人。

孟湘砥主编的《美育教程》，专章论述了“德育中的美育”，分析了德育过程中的美育，认为：“在实施德育的各个环节中，我们应主动引入美育因素来提高德育的效应。一般来说，美育对提高德育的效应，可表现为以下四个方面的作用。”

一是“以美引善”的作用，即帮助学生在审美感受中领悟出蕴含着的善；二是“以形悦目”的作用，即以生动感人的美的形象，使学生在悦心悦目的喜爱中受到潜移默化的陶冶，收到寓教于乐的效果；三是“以情感人”的作用，即以其强烈的情感引人共鸣，激起人们的优美感、崇高感、幸福感和欢乐感，也激起对丑恶卑劣事物的憎恨感、厌恶感；四是“以美育人”的作用，即美的本质是人的本质力量对象化的形象表现。对美的追求，也就是对人的本质力量（理想、情操、品质、智慧、才能……）和崇高境界的追求。孟湘砥提出了实现美育与德育和谐统一的原则和方法，认为：“德育过程和美育过程都有各自的特点和规律，我们必须尊重和研究这些规律，找出其共同点，充分发挥各自的优势，使之互为补充，以实现美育与德育的和谐统一，不断提高教育水平。根据美的形象性、情感性、社会性的基本特点，结合德育的原理原则，认为必须掌握以下原则和方法”，提出了统一性原则、实践性原则、愉悦性原则、主动性原则、示范性原则。

杨恩寰主编的《审美教育学》，专章阐述了“审美教育与道德教育”。分别就审美心理结构与伦理结构、审美教育与道德教育的区别、审美教育与道德教育的联系进行了研究，认为：审美心理结构和伦理心理结构是既有区别又有联系的，呈现为互相渗透状态。一般地说，审美心理结构是以情感为核心而由多种心理功能参与组成的内在文化心理结构；伦理心理结构则是以意志为核心，也有其他心理功能参与组成的内在文化心理结构。它们相对于整体心理结构而言，则是子结构（还包括认知心理结构）。并对审美结构与伦理结构中的认识因素、情感因素、意志因素、潜意识因素进行了比较。进而把道德教育与审美教育的区别概括为：自由性与强加性、动情性与说理性、观照性与实践性。把道德教育与审美教育的联系概括为：审美教育与道德教育的互渗、审美教育中的道德评价、道德教育中的审美化。

蒋冰海著的《美育学导论》,专章探讨了"美育与德育",认为:美育与德育的关系问题,从理论上讲,也就是美与善的关系问题。指出:过去一些年,在"左"倾思潮的影响下,曾长期用德育代替美育;近些年,由于"美学热"的兴起,又在一些学校出现了用美育代替德育的倾向,这都是由于对美育与德育的实质与功能缺乏应有的认识。并对美育与德育的相互联系、美育与德育的相互区别、美育与德育的辩证关系进行了论证。

李榷撰文《对若干美育理论问题的思考》指出:美育已列入了中小学教学计划。但是当前有三个值得商榷的观点:一是"美育即艺术教育论";二是"美育是大圈圈论";三是"美育是完人的教育论"。后面这两个观点,扩大了美育的作用,把美育置于其他各育之上,把德、智、体的任务都当作美育的任务,其实无形中也就取消了美育独特的任务,认为:为了正确地摆正美育的地位,必须掌握各育的关系和各学科的关系。对此,我觉得要掌握两个规律:一是各育相辅相成的规律,二是各学科相得益彰的规律。美育必须与德育、智育结构结合,方能帮助学生建立真善美的完善结构。美育只有与各育结合,方能在教育过程中对培养"完人"或者说对培养"健全的人格"发挥辅德、益智、陶情、健体的作用。

陈墨、申纪云主编的《中学德育》专门论述了"美育的德育功能"。认为"美与善""艺与道"的内在统一,决定了美育的德育功能,所以美育能够促进德育的发展。主张:审美教育要把艺术形象和社会生活中的典型形象内在的伦理发掘出来,使之成为培养人们高尚的审美情感和审美意识的源泉,提高人的审美评价能力,而不是把审美只看成伦理内容的形式,甚至是一种点缀。

韩进之主编的《教育心理学纲要》,专章阐述了"美育心理",提出了"在教育中进行美育",认为:寓美育于道德品质教育之中是美育的一个基本原则,是培养儿童审美心理的有效途径。德育不能代替美育,但德育有助于美育,主张在教育实践中,应该注意把道德知识教育与审美观念教育有机地结合起来,把有关的道德知识或道德观念转化为相应的审美标准。在对儿童的道德品质教育中,要让儿童认识到符合社会道德行为规范的言行才是美的言行;还要善于通过艺术形式把体现良好道德风尚的言行和思想境界再现出来,让儿童在艺术欣赏中把道德观念和审美评价标准统一起来。

刘兆吉教授主编的《美育心理学》则列专节探索了"道德教育与审美教育结合的心理原则",认为:道德教育与审美教育的确是有区别的,各自有其特点。应遵循其独特性，保持相对的独立性。同时也认为：道德教育与审美教育两者之间是相互联系的、相通的。主要表现在：1.育人的方向、育人的目的相同；2.道德教育过程与审美教育过程相互渗透；3.品德心理结构与审美心理结构不仅可以相通、相互迁移，而且是互补的；4.道德教育与审美教育效果，互相作用、相得益彰。主张：在教育实践中，应力求道德教育与审美教育的和谐统一、有机结合。为了有效提高德育教学质量，建议考虑下列德美结合的心理原则：1.主体性原则；2.平等交流内心体验原则；3.创设典型情境原则；4.树立榜样形象原则；5.情理交融原则；6.实践创美原则。

德育与美育结合，在教育实践中，在教学改革中，广大教育工作者为了提高教学质量，在美育与德育、智育、体育、劳动教育的结合上花了功夫，发挥了创造性，积累了宝贵的新鲜经验，提出了有益的、有效的结合方法，收到了明显的教育效果。诸如：

发掘、利用自然美的教育因素，提出了审美旅游法，发展了郊游法。

发掘、利用社会美的教育因素，丰富了社会调查法、英（雄）模（范）人物示范法。

发掘、利用社会美的教育因素，总结了文化教育法、艺术欣赏法。

发掘、利用社会美的教育因素，使“中学生行为规范”与美育结合，倡导了规范班活动方法、规范歌比赛法。

发掘、利用师生和谐关系的人际美的教育因素，倡导了愉快教育法、快乐教学法。

发掘、利用语文教学美的教育因素，实验了情境教学法，发展了课本剧表演法。

发掘、利用民间文艺美的教育因素，编著《德育故事丛书》，完善了德育故事阅读法、德育故事演讲法。

李権则进一步从理论上概括，认为：为了对美育的方法有个整体性的概念，应该从美育的特点来研究。为了使学生具有乐于鉴赏美的心境，教育工作者要学会根据美育特点创设审美教育情境。最主要的有以下几条：1.根据美育的形象性的特点，创设悦耳悦心的审美教育情境；2.根据美育的情感性特点，创设激发情感共鸣的审美教育情境；3.根据美育的愉悦性特点，创设寓教于娱的审美教育情境；4.根据美育的创造性特点，创设激励创造精神的审美教育情境。

赵祖达论述了美育与思想政治工作的关系，概括了美育与思想政治工作的效果，认为：1.美育的形象性特点，使受教育者在倾心赏美中“自觉”地受到教育；2.美育的情感性特点，使其能取得深入人脑、打动人心的教育效果；3.美育的自由性特点，决定了不用任何命令，人们就能自觉自愿地接受教育；4.美育的潜在性特点，可以使人潜移默化地形成一种完善的心理结构和心理定向。

上海师范学院附属中学撰写了《从美育入手,改善和加强学生思想政治教育》,总结了采取普及美育知识、组织美育实践与行为训练、习惯培养相结合的基本做法,为实行德育与美育的结合做了有益的探索。

1996年檀传宝的专著《德育美学观》出版(此外,1992—1997年发表德育美学观相关学术论文16篇),1999年出版《信仰教育与道德教育》,从"对功利主义德育观的超越"立论,总结了(1979—1994年)功利主义德育观美学超越的历程:美育的育德功能研究—德育美学研究—德育美学观研究,即陶冶论—德育美学技艺论—德育美学观超越论。初步揭示了德育美的内涵和层次(美育之育德层次、手段层次、精神内核层次),提出了德育美学观的特征。

2002年王健敏的专著《道德学习论》出版。书中明确揭示了道德学习的本质:"道德学习是一种价值学习";"道德学习的实质是品德建构";道德学习本质上是一种体验式学习,提出了"校园道德生活场",为德育与美育结合的应用提供了新的启示。

新近,周鸣鸣研究员在"德育审美化课程结构理论与实践研究"的"十五"课题研究中,初步完成了阶段性成果——《论审美化德育模式的建构》[①]一文,为德育与美育结合的综合应用提供了新的思路。

综述德育与美育结合研究的进展,大致可以划分为下列层次:

1.注重德育与美育区别,发掘以美育德—以德导美的配合培育功能,研究德育与美育的育人功能相互配合。

2.寻找德育与美育的育人活动结合点,总结新鲜经验,发挥德育与美育相互渗透的作用。包含:课堂教学渗透、课外活动渗透、学科课程渗透、校园文化管理渗透等等。

3.探索德育活动与美育活动的内在机理,实现全面协调。构建德育审美化模式、主体性德育模式、以美育人模式等。理论上创造性地提出了"德育美学观"。

4.探索立人为本,按照实践育人的要求,以体验教育为基本途径,促进人的素质、潜能全面协调自主发展,促进人的本质达到合和境界,实现人生崇高价值。当前,正宜以此为起点,从育德与育美的人生价值特点结合的高度进行深入研究。

---

① 承蒙周鸣鸣研究员把审美化德育模式构建的最新研究成果及时地全部送给我学习、研究,谢谢!

德育美学观的特征

德育美学观是基于功利主义德育观而产生的德育学和美学交叉形成的最本质的理论结果。它以实现德育观的超越为最高追求，以德育活动精神自由及其塑造、反对道德相对主义为自己的本质内涵。德育美学观应该具有的内容与特征主要有：

1.道德教育的功能不仅是文化守成，而且是道德文化的建设和创造。道德教育理应追求道德人生最高境界的达成，理应以实现德育的个体享用性功能为己任。且这种享用不是表层的快乐情绪的获得，而是深层的精神愉悦的享受。

2.在道德教育的内容方面，德育美学观要求不仅应注意理性的道德知识体系及道德原则的说明，而且应把关怀道德尤其是道德伦理方面的终极关怀列入(统领一切)课程的核心。道德教育要克服对现实的消极适应，关注人类和永恒的价值体系。道德教育要把对现实的超越性作为自己的本性。

3.让德育活动演变成为教学双方作为人类个体对于美在伦理道德上的深厚积淀，产生惊叹、钦佩和愉悦的审美过程。应该强调道德信念在道德教育过程中的决定作用，强调道德情感、直觉等对于信念形成的动力和强化功能，强调德育活动中审美、立美特征对道德情感、道德信念的巨大促进。这是德育美学观关于德育过程的主要见解。

4.道德教育的目标不是道德概念的记诵，而是人类伦理精神生活的和谐、超脱，由此而达成人类及个体生活和谐和幸福。人类的道德追求不仅重“公平”而且应重“关怀”，培养道德情感、道德直觉，培养关怀人的心理和能力应同培养其他道德结合起来，并成为培养目标的核心。如果说功利主义德育造就的是一种实用人格，那么德育美学观则倡言一种新的人格理想——审美人格的实现!

5.德育研究的首要目标不应是寻找工具而应是寻找灵魂。德育理论应有其特有的研究个性，特定的领域、对象和追求。理论联系实际不应简化为理论做现实发展的随从。一句话，德育理论研究应追求最高的学术品味。

摘自檀传宝著《德育美学观》

山西教育出版社，1996年

第四节　育美与育德结合的美育心理原则探索

美育与德育结合的教育实践证实,教育效果是明显的。但有哪些美育心理的基本原则,尚需进一步研究。

一般认为,育美与育德结合既要保持美育、德育的独立性、特殊性,又要充分体现美育与德育结合的相互渗透性、互动性、互补性、辩证性。在结合中,主要应注意:

1.德育的导向性与美育的自由性结合。

2.德育的意义性与美育的形象性结合。

3.德育的说理性与美育的动情性结合。

4.德育的教育性与美育的愉悦性结合。

5.德育的境界性与美育的意境性结合。

6.德育的创新性与美育的创美性结合。

…………

在育德与育美结合的过程中,为便于操作,我们初步考虑有下列基本的心理原则。

一、典型情境是美育与德育结合的共同的客观源泉

"美的规律即典型的规律。""典型的规律既是艺术美的规律,同时也是自然事物的美的规律、社会事物的美的规律。"典型,当然也是美育的基本规律。

美育活动的特点,必须是使受教育者在一定的、可感的审美环境的相互作用下,以形感人、以情动人、以美育人。德育活动的特点,则是需使受教育者处于一定的德育情境中,以事服人、以理晓人、以德树人。因此,美育与德育结合,首先就必须从引起美育与德育结合的客观源泉方面,即在环境的方面寻找到共同点、结合点,以利共同发掘教育资源。从有关教育实验看到,这个结合点的共同客观源泉,就是教育的典型情境。

什么是情境? 沙莲香认为:"这种从主体上予以规定和把握的环境,叫情境。"杜殿坤认为:"情境这个概念,带有教育者有意识地为儿童的心理全面发展创设的一种最佳场合的意思。"曾欣然于1987年在谈到重庆市坚持进行了五年的幼儿爱祖国教育的好经验时,讲了七条成功的教育经验。其中第一条经验就是典型事物情境化。他谈道:由北碚区的"五个一"开始,发展到沙坪坝区的典型环境、典型人物、

典型榜样,在这一点上,是可以完全加以肯定的。这首先应该好好选择典型。关键是典型的情境化。"作为一个典型情境,它总是有人、有物、有境、有事,有人与人的交往活动。只有做到典型化又情境化,才能够富有生动性、形象性,有人有境,富于感染性,同时也才有可接受性。"李吉林在论述她的情境教学实验时,认为:"情境教学本身具有:'形真''情切''意远''理念'寓于其中的特点"。即具"有形""有情""意境广远""理寓其中"的特点。

从上述论述中,可以看到,情境是客观环境的部分,是人脑之外的客观环境。情境又不同于一般的环境,它的主要特点是:1.情境是人"赋予意义"的环境,发掘了"育人意义"的环境。参与了人的主观意识,相对的不同于纯客观环境。2.被人有意识地选择、利用、发掘、创设环境中相关的有利因素,控制不利因素,排除有害因素。更鲜明、更集中、更真实、更典型,相对的不同于客观环境的松散、自发。可以说,美育与德育结合的教育典型情境,就是教育者根据培育社会主义新人的目标,有意识地选择、利用、发掘、创设或赋予一定教育意义的优良育人环境。这种情境,它的突出特点是人为的具体可感的形象、具体可感的情状形态。"不仅生活景物是形象,感情的具体展开的状态也是形象,也是具体可感的情状形象"。与一般环境相比,情境教育作用更具有目的性、自觉性、鲜明性、强烈性、可控性。

美育与德育结合的教育情境,初步归纳有下列类型。

实物教育情境,含:自然美的教育情境、社会美的教育情境、艺术美的教育情境、科学美的教育情境、商品美的教育情境。

人物活动教育情境,含:劳动美的教育情境、品德行为美的教育情境、语言交往美的教育情境、生活活动美的教育情境。

模拟教育情境,含:角色扮演的教育情境、语言描述的教育情境、演示表现的教育情境。

根据我们的研究,对教育环境的育德、育美、育人的意义,大致可分为:逆境、困境、污境、顺境、富境、美境等。不同的人处于不同的教育情境中,发挥的主体作用不同,呈现出成长道路的不同类型。"要把为未成年人健康成长创造良好社会环境作为创建文明城市、文明社区、文明村镇、文明单位的重要内容";"加强以爱国主义教育基地为重点的未成年人活动场建设、使用和管理";"积极营造有利于未成年人思想道德建设的社会氛围";"净化未成年人的成长环境"。(《中共中央国务院关于加强青少年思想品德教育的若干意见》)营造文明育人情境,构建德育合力,也为我们德育实验所证实。(见曾欣然、钟必伟主编《学校德育体系构建的研究与应用》)

二、先进榜样人物是育美与育德结合的最佳载体

道德是德育的基本内容，美是美育的基本内容。道德美则是善美结合，实际是真、善、美结合，是美育与德育结合的共同教育的结果。

什么是道德美？朱智贤教授主编的《心理学大词典》中认为："道德美即道德高尚。道德美必须具备下列3个条件：真、善、美的统一、典型、形象。道德美的含义主要有5个方面：1.道德美是美包含的意蕴；2.德行的完善，具有美的意义；3.道德感在某种情境下就是审美所产生的美感；4.道德行为的内在意识与外在形式的统一，具有美的意义；5.道德理想与审美理想的和谐统一。"道德美外在表现于行为之中。当人的行为直接表现代表社会历史发展趋势，有利于改进社会关系，有利于推动社会历史前进的行为，就是善的行为。当这种善的行为具有鲜明的、典型的特点，便是美的行为。以善、美的统一为标准，有5种情况：为祖国、为民族的富强而献身的典型行为；为人民利益而斗争的典型行为；为真理、为正义而奋战的典型行为；敬老扶幼、互助互爱的典型行为；为社会创造物质财富、精神财富的典型行为。

这种真、善、美的统一形象的物质载体便是榜样人物。榜样人物的特点是："人物形象—优秀事迹—内心思想—成长道路"的有机统一。富有形象性、生动性、感染性、鲜明的方向性。易于事实服人、事迹感人、形象动人、方向引人，产生特有的、显著的育人效果。曾钊新认为[①]，道德范例的特征是：要具有能触发人们仰慕的效仿性特征；要具有能唤起人们崇敬的形象性特征；要具有为历史所考验的真实性特征。在道德范例的第一个特征中，讲的是功利性的规定，体现了善的原则，是和学习范例中的"向上""求进"心理相联系；第二个特征讲的是形象的崇高性，体现了美的原则，是和学习范例的"同化""感染"心理相联系的；第三个特征是讲范例要符合客观实际，不能随意虚构，体现了真的原则，是和学习范例的"质疑"心理相联系的。道德范例是真、善、美在先进人物身上的具体集合，是真、善、美的统一，是在社会实践中产生的为实践主体所效仿的楷模。

选择先进榜样人物对受教育者进行"成什么人""走什么样成长的道路"的教育，已成为美育的有效形式，也是德育的有效法则，并已为广泛的教育实践所证实。从育美与育德结合的美育心理原理看，先进榜样人物是美育与德育结合的道德美的最佳物质载体，是美育心理的基本原理之一。

要运用各种方式向广大未成年人宣传介绍古今中外的杰出人物、道德楷模和

① 曾钊新．道德心理论[M]．北京：中国工业大学出版社，1987：146-153.

先进典型，激励他们崇尚先进、学习先进……为未成年人树立可亲、可信、可敬、可学的榜样，让他们从榜样的感人事迹和优秀品质中受到鼓舞，汲取力量。

三、情理交融的体验是育美与育德结合的心理机制

情理交融是德育取得优良效果的成功经验，也是德育工作普遍行之有效的原理。实际上，情理交融的体验正是美育与德育结合的心理机制。

情，既是道德感，高尚的道德情操之情，也是审美感，审美满足之情、愉悦之情。理，既是伦理规范之理，也是审美内容表现之理。情与理交融，既是形成审美心理结构的必然过程，也是形成品德心理结构的必然过程。一般说来，美感在客观事物的审美属性激发下有下列阶段：首先，总是对客观事物的外在形式美的属性——色、声、线、形等，引起入耳入目入脑的快适感；其次，是对客观事物的形式结构美的属性——结构的匀称、旋律、和谐、动静适宜、节奏协调等等，引起悦耳悦目的协调快感；第三，是对客观事物的内容美的属性——趣味、情调符合内心情意等等，引起悦心悦意的满足感；最高层次，是对客观事物的内容体现意境美，引起悦志悦神的高级审美感，表现为审美愉悦的激励、振奋、愉快之情交织着伦理精神高扬、奋发、进取之情，融化为社会主体的个性心理结构，真、善、美统一的心理结构，形成社会主义新人的心理素质。情理是否能交融，关键在于体验。

什么是体验，至今没有统一的共识。

国内心理学者一般认为，一个人对情绪或情感状态的自我感受，就是情绪或情感的主观体验，它是主体需要与客观事物之间的关系是否符合的反映。情感是同人的社会性需要相联系的主观体验。在情感中所反映的是具有各种需要的主体对他所认识的或改变的现实事物的态度。它的重要作用就是调节功能。一个人产生的体验，起着信号作用。这种信号不仅是通过表情传递信息、沟通思想、成为人际交往的一种形式，而且是内心的信息，自我意识到的信号。这些内心的信息告诉他自己，需要的满足过程进行得如何，遇到什么障碍，必须考虑什么、注意什么、更改什么、补充什么。激起有目的、有组织、有方向的行为，改造心理世界，调节主体能动力量，满足内心需要，实现主体与客体关系的新平衡。事实上，体验性的信号是各式各样的，可能发出各种事件朝着有利方面发展的信号，也可能发出各种事件朝着不利方面发展的信号，更可能给主体发出在其对客观事物的关系或人际关系的系统中的地位高低变化的信号，从而引起主体调节，调整主体自己在交往中的社会行为，赢得新的需要，获得新的满足的平衡。

2003年，刘惊铎对“体验”概念进行厘清。认为：“体验是一种图景思维活动。具有整体领悟性、时空贯通性、情感与理智交融性和意义生成性等特征。”体验“作为一种图景思维活动，不是以单纯语言文字符号的逻辑转换为主的逻辑思维活动，而主要是以图景转换为主的图景思维活动。这种思维活动不是知识累加性的，而是在体验者的大脑中发生着其生活阅历、生活场景和未来希冀蓝图的关系与结构的自组织转换活动”。这称之为“体验之思”，特有整体的领悟功能。并认为：“道德体验是一种含有价值判断的关系，融通性体验。”我们在研究中体会、体验，实质上是人脑反映客观情境价值与主体需要意义（主体意义）的主体客体价值关系的情境意识倾向活动。突出特征是在实践中以实现价值的效率和满足度为中心展开的领悟性、动情性、实践意向性。

正是体验的心理原理，使我们认为美育与德育结合的心理机制是情理交融的体验。

四、实践活动创建美是育美与育德结合的共同目的

美育的任务之一就是以美育人，使受教育者具有审美创造力。审美创造力是审美主体按照美的规律进行创造性的实践活动的主要特征。它集中体现了审美教育就是为了按美的规律塑造人，创造人类更美好的世界的目的。我国当代中小学德育工作的基本任务，就是把全体学生培养成为爱国的具有社会公德、文明行为习惯的遵纪守法的好公民。在这个基础上，引导他们逐步树立科学的人生观、世界观、价值观，并不断提高社会主义思想觉悟，使他们中的优秀分子将来能够成为坚定的共产主义者，成为社会主义的建设者和接班人，全心全意建设、保卫社会主义，准备为实现人类最美好、最壮丽的共产主义事业服务。因此，从美育与德育的目的、任务看，两者是共同的、结合的，实现着真、善、美的能动统一。这是育美与育德结合的美育心理的根本原则。我们在德育实验研究中，总结德育活动具体原则有：育德性原则、情境性原则、交互性原则、全程性原则、服务性原则。把育德与育美结合的共同目的寓于创建美的教育实践活动之中。

五、力求人的素质和谐发展，实现人生的和合境界是育德与育美结合的共同方向

育德、育美的共同育人目标，都是培育人德、智、体、美、劳、心、群等诸多素质，全面、自由、和谐发展的新人，实现人生价值。从人生全程发展与社会可持续发展

结合的角度看,有一个较长的曲折发展进程,有起点,有终极目标,即有境界。

“境界”是中国文化追求的优良传统之一。一般认为,审美境界大致有悦耳悦目的审美境界、悦心悦意的审美境界、悦志悦神的审美境界。

将境界用于人生追求,王国维曾说:“古今之成大事业、大学问者,必经过三种之境界。‘昨夜西风凋碧树,独上高楼,望尽天涯路。’此第一境也;‘衣带渐宽终不悔,为伊消得人憔悴。’此第二境也;‘众里寻他千百度,蓦然回首,那人却在灯火阑珊处。’此第三境也。”冯友兰认为:“我们可以把各种不同的人生境界划分为四个概括的等级。从最低的说起,它们是:自然境界、功利境界、道德境界、天地境界。”新近,檀传宝则认为:“道德人生可以有三境:功利道德、社会道德和自由道德境界。道德教育有三境:感性德育、理性德育和审美(立美)德育境界。”引用陶行知的话说,就是“千学万学学做真人”。他认为:“真人是至境道德生活和教育的结果,故追求至境道德和德育也应以真人形象的完成为其核心目标。”“至境人生和德育的审美特性……是道德主体、道德学习主体和德育工作者所要追求的最高境界。”刘惊铎进一步提出“道德境界”。他认为:“道德境界既是指感性个体的人在其主观努力下所可能达成的德性状态,也指感性个体在自己所付出的主观努力和所面对的现实环境条件相结合的情况下,所实际达成的德性状态。”对于这种人生、道德的最高境界,张立文的专著《中国和合文化导论》(2001年)有更深层次论述,更现实的应用。“所谓和合,是指自然、社会、人际、心灵、文明中诸多形象、无形象相互冲突、融合,与在冲突、融合的动态变化过程中,诸多形象、无形象和合为新结构方式、新事物、新生命的总和。”“基于人类共同面临着五大冲突(人与自然、人与社会、人与人、人的心灵和各文明间的冲突),五大危机(生态危机、社会危机、道德危机、精神危机、价值危机),它关系着每个国家、民族、种族和每个个人的生命存在和利益,这是建构一种人类共同伦理和价值体系的基础,也为融合世界各文明的黄金规划提供了可能和必要。以回应人类共同面临的冲突和危机,以便给人类生存提供充足、舒适而无污染的自然生活资源的‘原境’;给人类生存提供一个安定有序、富裕文明的社会生活的‘理境’;也给人们生存提供一个互助、互爱、互尊、互敬、互信的人我生活活动的‘己境’;以及人人心灵愉悦的艺术生活活动的‘心境’;各种不同文明间的开放宽容、和平共处的‘和境’,以营造国际社会和生、和处、和立、和达、和爱的和合价值理想。”育德育美的和合操作,都是为了实现人生崇高价值的共同方向。

在育德与育美结合的研究上,有新进展,如叶昌硅提出的“以美育人教育模式论”。在全校性的管理上,提出了“以美立校,以美施教,以美育人”的办学理念,建构了“以美育人”的教学模式，坚持了“以美育人”的德育操作模式：“倾之以爱，动之以情，晓之以理，立之以信，导之以行，见之以范。”取得了显著的教育效果，由典型的“薄弱学校”，经历较短几年的拼搏，一跃而成为国内外知名的“特色学校”。[①]周鸣鸣在主持完成全国教育科学“十五”规划教育部重点课题“德育审美化课程结构理论与实践研究”[②]的项目中，取得突破性进展，创建了审美化德育模式、审美化德育“五圈”课程模式、审美化教学模式，并经过4轮教育实验，6次研究性实验，育人育德效果特别明显。陈小容使用教育实验法，用模拟情境检测法进行测评，研究了“审美道德表象训练对小学生道德行为的影响”[③]，取得了可靠的、说服力强的科学数据，收到了明显的教育效果。

本组未列文章题目：

《美育与德育结合的美育心理研究》曾欣然撰写，选自刘兆吉主编《美育心理研究》，四川省教育出版社1993年4月出版。

《忆刘老，创新一世，奉献一生》，选自《刘兆吉美育心理文艺心理研究文集》，西南师范大学出版社2003年11月出版。

---

①参见叶昌奎．以美育人教育模式论[M]．广州：广东高等教育出版社，2000.

②参见周鸣鸣．论审美化德育模式的建构[J]．湖南师大教育科学学报，2004(5).

③陈小容．审美道德表象训练对小学生道德行为的影响[M]//赵伶俐，汪宏．中国公民审美心理实证研究．北京：北京大学出版社，2010:454-485.

第九部分

创建现代德性心理情境测评，启动现场情境育德实验

研究一　现代德性心理情境测评法[①]

根据前述品德测评研究的进展，可以看到，对人的品德测评，对学生的品德测评，方法是多种多样的，多功能的，可供测评时选择、使用。现在着重介绍我们多年来在品德研究中摸索、改革、创新的一种品德测评法——现代德性心理情境测评法，以利大家共同探索，创新思路。它的理论依据和应用，请先阅读《现代品德情境测评与德育实验研究》（陈旭、曾欣然主编，西南师范大学出版社2000年出版）。

现代德性心理情境测评法是指测评者根据实现德性价值的目标，创设隐含有个人与他人（或与集体、或与社会）的需要（或利益、或价值、或社会意义）的矛盾冲突的社会交往情境，用谈心法（含书面谈心法）引发被测评者，独立、自主、自由地产生德性心理和德性行动实现德性价值，客观测评德性心理素质的方法。

这种现代德性心理情境测评法的特点是：以测评人学会实现德性价值为中心，具有德性活动情境自然性、德性价值矛盾隐含性、德性行动操作全程性、德性心理成分全面性、德性测查真实性、测查结果可靠性、实现德性价值客观性。

第一节　现代德性心理情境测评法产生、改革、创新的历程

根据唯物辩证法，总结改革、新创的现代研究使用的德性情境测评法，它的形成大概经过了下列历程。

1.立足现实德育实践，发现德性心理活动原型，激发构思现代德性情境测评法始于社会主义新人优秀品德表现的实践。1963年春，当时，我正在为思想政治教育专业学生讲授心理学，由于要求联系所教专业特点提高心理学教学质量的需要，在全国人民掀起“向雷锋同志学习”的高潮中，我们从品德心理现状调查入手，在重庆市北碚区朝阳小学蹲点调查一年。使用学习榜样活动现场调查法，对有实际行动的学生，从认识英雄榜样过渡到以实际行动效仿英雄榜样的心理活动进行了分析。其中，着重分析了该校六年级的115位学生，复述自己效仿雷锋叔叔做的210件好事的心理活动。撰写了《小学儿童学习雷锋榜样的心理分析》，1964年送全国

①此文选自曾欣然著《德性心理活动规律探索》第十六章，西南师范大学出版社2012年2月出版。

发展教育心理专业委员会大会上报告交流。

从材料中,我们首次发现:多数学生从认识英雄榜样过渡到以实际行动效仿英雄榜样做好事的行动,包含着一系列的心理活动。如:发现人物对象的社会知觉;对待已发现人物的态度;处理当前人、己需要与榜样标准一致性的动机斗争;效仿英雄榜样的行动方式;对已完成的道德行为的自我道德评价等。

可以看到,学生从认识英雄榜样过渡到以实际行动效仿英雄榜样,的确包含着一系列的心理活动。这些心理活动的产生,解决了主观作用于客观的过程中人、己需要的一系列的矛盾。如:社会知觉的发现,解决了儿童脑中对行动对象的“知”与“不知”的心理矛盾;道德情感表明了“符合需要”与“不符合需要”,需要“满足”与“未满足”的心理矛盾;道德动机斗争的胜利,解决了儿童脑中的“需要做”与“不需要做、能不能做”的矛盾;道德行为解决了儿童脑中的“需要做”与“现实条件”之间的矛盾;道德行为结果的内心体验,解决了“值得”与“不值得”自我评价的矛盾;等等。这些心理矛盾冲突的解决,显示出我为了谁,应该为谁的发展方向,取决于学生脑中重现已掌握的英雄榜样形象鲜明性、情感敬佩性。从复述这样的210件事例中统计,共有201次,约占总数的95.7%。

与此同时,在1963—1964年,我们又使用个体社会活动经历体验分析法,以公开发表的《雷锋日记选》为原始材料,从雷锋对自己的言、行、事迹的记载及雷锋对自己当时心理活动的复述,进行了心理分析,写成了“从雷锋的阶级觉悟的发展,探讨共产主义品德的形成”。同样发现,雷锋当时每做完一件好事,一般都有这样一个心理活动程序:

(1)主体自己清醒意识到自己置身于社会活动之中,总是由一定客观事物的新异变动(简称新异动因)引起主体自己的有意注意,或引起主体有意主动找好事做。

(2)主体通过有意识的社会观察(看、听),或与人们的语言交流,把客观事物的新异变动反映在头脑中,呈现新异变动的形象。

(3)主体头脑中出现的客观事物的新异变动的形象,激起主体的回忆、联想,应用已掌握的社会经验和个人的直接经验,同头脑中已习得的形象进行比较、分析、综合。一方面寻找客观事物本身变动的原因,另一方面寻找变动的结果与主体的关系,做出判断(含事实判断与价值判断),确定态度。

(4)主体按当时新确定的态度,调节着主体的需要,推动行动,反作用于变动的客观事物。

(5)被主体改变了的客观事物的结果,往往又成为新的客观动因,引起主体内心产生新的认识和体验，为下一次活动奠定心理取向基础。

在这些心理活动程序中，似乎自始至终都伴随着人的情感，在认识与行动之间还没发现有独立的情感体验的环节。伴随着整个程序中的情感有：惊奇感、质疑感、责任感、确信感、自豪感等。

我们当时认为：道德观察→道德判断→道德态度→道德意志行为，是完成一次品德行动的最简明、最基本的品德心理的结构。

这些心理活动在完成一次品德行动中，因其作用不同，显然应该是两大类，不是知、情、意三大类。一类是能动地如实反映客观事物的心理活动，如道德观察、道德判断等，反映客观动因"是什么""为什么""是谁""为了谁""对谁有益"的问题。一类是能动地反作用于客观事物的心理活动，如道德态度、道德意志行动等，显示"怎样对待"的问题。这两类心理活动紧密地联结成一次品德行动的心理结构的整体，协同完成一次品德行动，体现出人的品德应该是内外一致、表里一致、言行一致的心理结构。

当时正是以这些社会主义新人优秀品德的心理活动，作为德性心理活动的研究原型，激发了新的思考：要什么样的环境，才能引起人的品德的系列心理活动？因此，萌发了改革、创新一种品德测评的新方法的构想（"文革"期间，中断研究）。

2.模拟品德产生情境，尝试测评

1978年秋至1979年，中国心理科学恢复活动，心理科学研究进入了春天。此时，我又是正在给思想政治教育专业学生讲授心理学，更有兴趣继续研究德育心理。一方面，我们再去学校第一线，在北碚区龙岗小学蹲点。在当时四川青少年儿童"学习雷锋，学习少年英雄何运刚"的活动中，进行了再调查，力求印证1963年的调查结果：小学生学习雷锋榜样心理活动分析的论述。另一方面，结合调查实际，以新发现的小学生做好事的典型事例的德性心理活动为原型，加工处理，略做修饰，第一次创设了品德情境模拟调查法。1980年在重庆市沙坪坝区的树人小学、育英小学、烈士墓小学，以二至五年级学生为测试对象，进行了测试，模拟品德产生情境，进入了尝试阶段。主要成果《模拟品德行动产生的情境——试探小学生的品德心理结构及其发展趋势》于1982年12月送中国心理学会发展心理、教育心理专业委员会学术年会在大会交流。

3.创设德性现场情境，拓宽测评

在实际研究中发现，小学生的品德可以在模拟情境中诱发产生、进行，显示一次性完整的品德行动的心理结构。但是，实际上，小学生的品德更多地则是在实际生活实践中发生。为此，激发了创设品德现场情境的测评。如，根据小学生喜欢观看电影的心理特点，创设过“缺票处理”的现场，即“赠送电影票，招待看电影，现场得票。但当场点票，票数不足。不能满足每人一张电影票的矛盾现场”。又如，根据小学生喜爱美丽的新书签的心理特点，创设过“书签不足”的现场，即“赠送新书签，现场发送。当场清点书签，书签不够，不能满足每人一份的矛盾现场”等等，积累了创设现场情境的新经验。与此同时，结合完成国家教委人文、社会科学研究“八五”规划项目：“大城市中小学生思想品德的调查及对策研究”的科研任务，改进模拟品德情境测评的设计，较大范围内开展测查，在重庆市、成都市、贵阳市、桂林市等大城市中，调查测评了小学三、四、五、六年级学生，初中一、二、三年级学生，共计5480人的“爱人民”的品德，拓宽了测评。

4.总结德性情境设计经验教训，逐步规范测评

“八五”期间，在重庆市教育科学研究所，参与国家教委“八五”普教评价课题子课题“中小学生品德评价的理论与实践”的研究，着重对品德情境测评法在使用中的经验教训进行了反思，做了初步的理论探索，撰写了《品德素质测评原则的探索》《品德测评的改革创新与科学应用》等文，对品德情境测评的特殊原则、特点、类型、设计、操作应用、难点进行了阐述，并研究了我国古代“考德”优良传统经验，吸取了我国学者、德育工作者创造的品德测评的新鲜经验，参照了国外品德测评情境的有益经验，总结了我们多年进行品德测评的实践经验，命名为“现代德性情境测评法”。当前，根据培育社会主义新人德性素质的新要求，结合德育实验的研究，需要进行再探索、再修改，使用更完善、更规范、更科学的测评。

“九五”期间、“十五”期间，我已退休。重病治疗刚刚康复，承蒙好友钟必伟、黄志玉同志推荐，应邀参加全国教育科学“九五”规划和“十五”规划国家级重点课题“整体构建学校德育体系的研究与实验”科研指导，并担任重庆市实验区课题指导组下设的学术组组长。“九五”期间，参与重庆市12所中小学实验学校的研究指导，“十五”期间参与重庆市68所中小学实验学校的研究指导，在服务指导中学习，在学习研究中服务，得到不少收获，受到不少启发。学习了实验学校领导和教师的开拓创新精神和新鲜经验，继续充实、改进、完善现代德性素质情境测评法。有的实验学校应用此测评法，进行了再测评。如：“内地西藏中学生爱祖国品德的情境模拟

调查”[①]“小学生纪律观念现状的情境模拟调查”。[②]

第二节　德性素质测评的特殊原则

研究学生德性素质测评，既要遵循现代教育的普遍原则、遵循德育评价的共同原则，更要遵循学生品德测评的特殊原则。这已是人们熟知的研究思路。

在现有的众多品德测评原则中，从现有一些品德测评方案分析，似乎对品德认知和德育知识测评比较具体，对品德本质的评价、对品德价值的测评似乎太弱、太空。对所测品德的真假鉴别、对学生品德发展的递进坡度水平的衡量、对品德测评操作烦冗的简化等似乎也未完全解决。为了有利于提高品德测评的质量，更好地制订或修订品德测评方案，应进一步探索品德测评的特殊原则。

所谓德性素质测评原则，实际是指测评者根据教育评价和心理测评原理，总结德性测评实践经验，对德性测评的规律性反映。它是德性测评规范化的共同要求。因此，研究德性测评原则，素来是德性测评规律研究的重要部分，可以充实、丰富德性测评原理。同时，掌握、运用德性测评原则，在实践中有利于提高德性测评的质量，有利于提高德性测评的效率。

我们使用个体品德活动经历分析法研究、总结雷锋优秀事迹中的品德活动，调查过一些大学生和中、小学生做好事过程中的品德活动。从这些真人、真事、真思想的品德行动，表现了他们实现人生价值、实现德性价值的真实心理、意识活动。我们从静态的品德成分结构和动态的品德实现过程的结合上，思考了德性反映活动的特殊性：德性是社会主体根据已经“内化”在自己脑中的德性需要，在社会生活情境中，结合交往时对象的内心需要，遵循自己已掌握的社会意识和社会行为规范，启动德性思维，自主选择德性言行，“外化”成一定的社会物质能量，合理调控自我与社会、自我与自然以及现实自我与理想自我的关系，实现人的德性价值的稳固的主体的德性活动。德性结构的组成成分、反映的内容、能动性操作、自主选择等已有专题阐述了。现在有两点特殊性是研究德性测评特殊原则的特有根据。

第一，德性整体是主体的德性实践活动。

德，它不仅仅是心理特征、心理倾向，而是有“德”的心理活动。更主要是有

①重庆西藏中学课题组．内地西藏中学生“爱祖国”品德的情境模拟测查[M]//曾欣然，钟必伟．学校德育体系整体构建的研究与应用．重庆：重庆出版社，1999：117.

②重庆市北碚区朝阳小学课题组．小学生纪律观念现状的情境模拟调查[M]//曾欣然，钟必伟．学校德育体系整体构建的研究与应用．重庆：重庆出版社，1999：118-130.

“德”支配、调节“行”的活动，成为德行实践活动。汉代郑玄说：“德行，内外之称。在心为德，施之为行。”它是心行联动、情理交融、知行合一的内外有得、人己有得的主体德行实践活动，是精神力量转化为物质力量相结合的实践精神。罗国杰说：“道德区别于其他社会意识的根本特征就在于它是一种实践精神。”“道德作为实践精神不仅是价值，而且是实践价值的行动。”测评德性心理素质，必须首先考虑实现德性价值的德性整体实践活动，全结合、全功能地测评。

第二，现代德性价值就在于实现人与己的精神需要共同满足的价值。

道德价值、智慧价值、审美价值以及生命价值、功利价值、自由价值等，都是人的价值的组成部分。德性价值是主体的德性需要同满足对象之间的需要的价值关系。德性需要是人的一种高级的精神需要。罗国杰认为它促使人类结成相互满足的价值关系，推动人们改善这种关系，调节人与人的交往、协作，完善人的人格，形成人类特有的实践精神。并总结说道德作为一种实践精神，是特殊的意识信念。行为准则、评价选择、应当理想等的价值体系，是调节社会关系、发展个人品质、提高精神境界诸活动的动力。商戈令也认为：“道德价值就是道德本质的体现或实现。具体说来，即是通过一定道德关系所确证的道德行为的有效性、合理性与崇高性，又是一定社会和文化类型、一定群体和个体自我确认的价值内容和道德本质的实现。”我们把实现人的道德价值的德性具体描述为：根据自己的德性需要，根据交往对象的内心需要，遵循自己掌握的社会行为规范，自主选择德性言行。合理调控“人—己”的道德关系（外得于人），“己—己”的道德（修养）关系（内得于己）以及“己—物”的价值关系（天人合一或天、地、生、人合一的关系）。这就有利于从整体揭示德性价值的可测性。

据此，学生德性测评到底有哪些特殊原则？可否这样考虑：

一、测评学生实现德性价值是德性测评的根本原则

这项原则是根据德育的根本性功能、德性实质的科学原理，测评学生在社会交往的实际活动中，正确对待、处理、调节学生自己已有的需要、利益、价值与现实之间集体、群体、他人的合理需要及利益、价值的道德关系，以实现德性价值的水平。

实施这项原则的要求有以下三点。

1. 从学生真正去做的德行中测德，即测评实现德性价值。测评学生德性的实质：不在真正去做的德行中测评，曾是在品德测评的一种形态，但难于测评的德性本质。

2. 以学生的情理交融、知行合一的德行作为客观指标为中心，构建德性完整结构测评指标体系。只是“知”的指标，不完全；只是“行”的指标，也不完全；只是“情”的指标，也不完全。

3. 创设测评道德关系的情境。这种情境的根本特点，必须明显表现或隐含着“人⇌己”德性价值关系的矛盾冲突，具体的又是“己—社”或“己—群”或“己—人”或“己—己”的需要、利益、价值的矛盾冲突。只旁观地判断“人⇌人”关系的矛盾冲突的情境，测不到与自己的需要、利益、价值发生矛盾冲突协调的道德关系，是难于测评到德性价值的本质的。

二、测评学生德性发展的速度，达到德育目标程度，是中小学生德性测评的基本原则

这项原则是教育的育德功能、德性发展原理和现行《中学德育大纲》《小学德育纲要》的要求，有利于防止“成人化”“理想化”倾向。实现德育目标是小学、初中、高中“6年—3年—3年”整体的全面教育的结果。用总结性测评，通过鉴定，测评学生德性的合格水平和择优水平。学生是发展中的人，德性发展未成熟，正处于培养、形成过程中，显示出学生品德发展的连续性、积累性、矛盾性、阶段性、衔接性、进步速度、前进坡度等特点，不同于成人德性形成已成熟的“思想鉴定”。对学生德性的测评，应着重测评学生德性发展的进步速度、前进坡度、达到德育目标的程度，以形成性测评为主。

实施这项原则的要求是：

1. 以德育目标为中心，在基础教育的德育“大纲”“纲要”规定的德育目标中，选择具有民族性、时代性、基础性、代表性、终身性的德性进行测评，避免“离纲违目”的烦冗测评。

2. 测评学生德性，宜将中小学生日常行为规范教育的测评、思想品德课、思想政治课的成绩考核以及学科类课程、活动类课程结合起来进行思想性的考查。学年性、结业性的思想德性鉴定，按各自的固有任务和特点，分别测评，防止“千科一律”，难以操作。防止“千人一面”，缺乏个性特征。

3. 应用品德发展心理学科研新成果，对中小学生德性发展、形成的客观指标体系，进一步探索、完善、具体化。如童年期德性发展的基本特点是德性结构的组合性、德性发展协调性，富有奠基性、养成性的教育优势。少年期德性发展的基本特点是德性活动的独立性，德性发展的动荡性。富有自育性、进取性的教育优势，又

有一定程度的分化性、难教性的麻烦。其中关键就在于对学生德性发展的区分度、衔接度、进步速度、前进坡度、达标程度有个较科学的客观尺度。当前,仍是我国中小学生德性测评中的难中之难,关键的关键,需做大量的基础性研究和应用理论研究。

三、测评学生德性的自主自由选择是学生德性测评的主要原则

该项原则是根据德性个性化原理、德性主体性原理以及现实社会生活影响多元化原理,既要测评学生对德育目标、内容、规范的统一性要求的掌握水平,更要测评学生德性行动的自主自由选择的水平和创造性水平。这是当代世界德育共同要求的新趋势之一,也是我国培养"四有"的创造性人才的基本要求之一。只测评学生德性的"应当"的适应水平,仅仅是德性发展的初级水平。在我国当前社会主义初级阶段中,对学生进行德性测评,既要坚持保证社会主义意识形态的主导地位,又要发挥学生运用社会主义行为规范处理现实问题的自主自由的选择性和创造性。

人的德性行为是自觉、自由选择的社会行为,德性责任是它的基本特征。

选择是指在两个或两个以上的作用对象中做出取舍。选择有自然选择和社会选择之分。社会选择从内容上包含政治选择、法律选择、道德选择、经济选择等。德性选择是一种特殊的社会选择,它是指人在已掌握的一定的社会意识(主要是社会意识形态)支配下,根据某种社会行为规范,在不同价值、需要、利益的矛盾冲突之间,做出自由的选择。德性选择的自由表现为社会自由和意志自由。社会自由是指德性选择的外在可能性,是由社会发展决定的,社会越发展,人的社会处境越丰富,选择的可能性越多,取向越是多元化。德性选择在社会中的表现往往是在众多选择的可能性之中,按一定社会、一定阶级的要求下,常常表现为统一的只取一种可能性——"应当"的规定。意志自由表现了人的主体性,表现为人依据客观规律行动的自主性、自决性、自由性、创造性。德性选择是人的意志自由的明显表现。在社会呈现的多种可能性、多元性取向中,自由选择合乎社会发展规律的社会行为规范,体现了人的意志自由,体现了人的主体性。德性选择的自由,表现在按社会发展规律,选择社会行为规范过程中的自觉、自主、自决、自控、自创,真正实现人的德性价值。它的基本特征是德性责任,突出表现是具有社会责任感、义务感、正义感、尊严感、是非感、善恶感、荣辱感、羞耻感等。它真正表现人的爱恶水平,即觉悟水平。

实施该项原则的要求,就是要测评学生取向于德育目标的选择水平。我国德

育目标符合当代社会发展规律，符合全国各族人民利益、需要、价值，也符合学生的根本需要、利益、价值的统一规定。学生要经过什么样的思考达到德育目标，确认社会责任的水平，又表现了人的德性选择自由，这应该是我国现代德性测评的特色之一。丢掉德育目标、规范，空泛的"价值澄清"易使方向失控，更不足取。

四、测评学生的真实德性是学生品德测评的重要原则

该项原则是根据德性价值对人的敏感性原理、主体自我保护性原理提出德性表现的真实性。这是当前德育中颇有现实意义的问题，也是德育的科学研究、德性测评中亟须解决又未解决的理论难题之一。由于德性测评是公开测评学生德性，与公开测评学生智力不同，在学校中特别敏感。在社会上有明显的"趋同效应""荣辱效应"。因而，到一定年龄的学生，常常出于自我保护性，基于荣辱感、自尊心的需要，或由于心理初步成熟产生的内隐性，使得学生德性测评既增添了复杂性、隐蔽性的特点，又增添了假象性的难点。为了保证学生德性测评的质量，鉴别测评德性的真实性便成为一个突出问题、主要问题。

实施此项原则，关键在于对德性测评资料信息进行真伪鉴别、去粗取精、去伪存真。实施测评首先要使用"求真防伪"的技巧，取得测评对象的信任，能谈"心里话""真心话""悄悄话"。其次，在分析过程中，要对测评的信息资料进行真伪鉴别。再次，对测评结果进行必要的检验性复测、印证性对比测评、鉴别性论证。最后，通过观察、调查，确保测评德性的真实性。

据此，德性素质测评，应有改革新思路：

1. 从学生德性行动全过程入手，即从客观的德性行动表现入手进行测评，而不是从心理分析入手，也不是只测评其中某一种心理成分。

2. 测评学生实现德性以价值为中心，即测评学生以处理个人需要、利益、价值与他人（含集体、社会）的需要、利益、价值的矛盾为中心。不是测评"与自己需要无关"的某种心理活动，也不是测评"只评别人不评自己"的客体评价的心理活动，而是要测查学生进入主体角色的德性活动。

3. 力图把德性情境模拟测评、德性情境现场测评、德性情境现场教育实验结构交替使用，把调—研—评—管—自育协调结合，使德性测评应用理论研究更有效地服务于现实的德育工作。

第三节　现代德性心理情境测评的基本程序

1. 精心发现或选择德性情境。为了保证德性情境的时代性、民族性特点，保证德性情境的真实性和被测评者的可实践性，一定要深入人民或学生的日常社会生活现场，或中小学德育活动现场，发现、筛选在现实生活中实际发生过的典型的德性情境作为"原型"。展现真人真事真思想，新人新事新思想，防止"虚构情境""神话情境"。

2. 全面分析综合"德性心理原型"要素，创新德性情境。分析中着重突出人、事、物的矛盾冲突的互动关系，适当增多、减少、压缩故事情节。并以社会主人第一人称"我"的称谓，引领被测评者身临其境的参与全过程，体现主体性、主人性的社会角色。再编制成被测评者易于理解的德性情境故事或创设有情趣的现场德性情境。引领主人角色，身临其境，全面全程现真情。防止"旁观者身份""空评空议他人"，缺乏"我"的无主体情境。

3. 力求德性情境中的德性心理要素，以故事形态呈现，有人、有事、有物、有情节，采用隐蔽式、曲折式、间接式的方法，深藏德性矛盾冲突。德性冲突一定要隐蔽，避免迎合社会赞许的心理效应，防止直接"表态式""问答式"呈现，避免迎合社会赞许效应。

4. 用谈心法或笔述谈心法，科学编制引发被测评者内心活动指导语。根据新人的人性特点和现代德性本质特点，在人与人交往中自我实现人的精神价值的德性运行结构的心理活动程序，编制成开放式的自我设问的指导语。(1)他是谁？他做了什么事？对谁有利？他最急需什么援助？(2)我是谁？他急需我的援助？我应不应该伸手援助？为了什么？为了谁？(3)我援助他，有哪些谋略、办法。哪一种最好？为什么？(4)我不援助他，有哪些脱离困境的谋略、办法？哪一种最不好，为什么？(5)我内心自主决定，行动计划的步骤是……(6)我认为做这件事情的结果应该是……(7)我内心真诚感到……这样的自我设问，是启发式关怀指导语，利于自我设问讲真话，体现遵循着自我实现精神价值的思维，判断、推理的心理程序，防止只问"是什么""为什么""怎么办"，以区别于知识学习测评的思维、判断、推理的心理活动，有利于测量到人的德性素质。

5. 小样试测，完善问卷。征询被测评者的改进意见，听取老师的改进意见，征求同行专家的批评、建议。综合各方意见修改，按规范制成开放式正式问卷。

6. 随机整群抽样，安排班级群体测量。测后，适量选择少量被测评者，使用启发关怀成长的谈心法，发掘典型代表的内心话、悄悄话、真心话，深入、细化了解内心德性素质。

7.捡去废卷，清查问卷。以每班随机抽取30人或40人、50人的样本，进行统计处理，处理按三级层次进行。处理中，以自我实现精神价值有无实际行动为第一层标志。按“有行动”“无行动”的心理活动程序揭示人的德性素质，进行分类、分层次排列，这是第二层标志。综合每一类的德性素质组成的德性素质运行心理结构，这是第三层标志。这三层分析完毕，综合比较，完成一次测评的结果。最后，进行统计、分析、比较。

8.按学术论文规范，撰写成文。重点放在“结果讨论”，充分阐述自己的新意、创见上。

第四节　现代德性心理情境测评的基本类型

现代德性情境测评的基本类型，大致可区分为下列三大类。

（一）现代德性心理情境模拟测评法

现代德性心理情境模拟测评法是指通过语言描述，或图像展示，或实物呈现等形式，模拟学生德性活动产生的生活情境，激发学生德性心理活动的表露的方法。

如：德性语言模拟测评法，即用书面语言描述德性情境，并隐含矛盾冲突的情节，用第一人称的自述，将学生引入情境中的“主角”，并以规范化的关怀提问，让学生独立、自由、如实作答，谈出真心话。（实例此处从略，下同）

（二）德性现场情境测评法[①]

德性现场情境测评法是指在学生真实的生活情境中，根据测评目标，控制无关变量，操纵某些自变量，激发学生内心的矛盾冲突，考察学生的德性水平的方法。

德性现场情境测评法在使用中有两种情境。

1.德性现场个体情境测评

它主要是指在无人监督、没有群体压力的情境中观察学生个体的德性心理活动。如利用当时新映电影《大决战》首次上映的机会，设置一个助人情境。老师告诉学生说：“同学们，电影院要放映最新的电影《大决战》，这部影片展现的是解放战争时期人民解放军打败国民党精锐部队的殊死战斗，非常好看，非常教育人。西南

① 参见陈旭，曾欣然．品德情境测评的改革创新与科学应用［J］．南京师大学报（社科版），1996（3）：56-59.

师大教育科研所关心同学们，决定送票请同学们观看。”老师呈现电影票，并说：“愿意看的同学请举手！”当场清点并公开报告愿意看和不愿意看电影的人数。“大家都愿意看，很好。但由于该片是首次上映，大家都想看，电影票不好买，我们班只领到一部分。有甲票××张，乙票××张，还差5张。现在请同学们一边领电影票，一边动脑筋出主意，差5张电影票怎么办？电影票放在教室外面的桌子上，你是要甲票，要乙票，还是不要？自己到教室外自己做决定，自己取票。”老师让学生逐个到教室外面自取电影票，并对学生取票顺序编号。同时请学生不认识的主试在教室外远离学生的取票处进行观察，记录下学生取票还是没取票，是取了甲票还是取了乙票。待学生取票完毕，老师说：“现在请大家把你们动脑筋出的主意写下来。”老师发给学生的调查表。（此处表格从略）

又如老师告诉学生说：“同学们，新年快到了，今天老师送给大家一份新年礼物，它就是一套印有学习格言的彩色书签。（老师同时将手中的印刷精美的、颜色鲜艳的数十张书签的实物呈现在学生面前）但是由于这种书签很漂亮，要的人很多，我们班只买到了××套，还差20套。教师又去买了10套另一种质量较差的书签。（老师将手中印刷较粗糙、色彩单调的书签呈现在学生面前）现在请大家动脑筋帮老师出主意，差10套书签怎么办？把你们的意见写下来，老师根据你们的意见发书签。”老师发调查表让学生填写。（此处表格从略）

当学生独立地回答完调查表中的问题后，老师根据学生在回答中表述的“要”“不要”“要第一种（或第二种）书签”，将书签分发给要书签的学生。

2.品德现场群体情境测评

让某个班集体中的所有成员都参与，让他们在日常情境中面临利益冲突，做出自觉抉择。这种测评的目的在于使学生心理平衡，让他们觉得情境中的矛盾冲突是针对全体学生，而不是针对自己个人。如阳春三月，老师决定组织同学们到桃花山观赏桃花。星期五下午，班主任老师正与同学们一起讨论第二天的郊游计划。学生们都非常兴奋，讨论正热烈。这时广播中响起如下声音：“同学们，明天我们学校将组成一个方阵列队上街参加交通安全义务宣传，北碚区人民政府将在所有参加学校中评选交通安全法规宣传优秀集体。经学校决定，每个班抽10名同学参加，凡自愿参加的同学请到班主任老师处报名。”这时班主任老师说：“学校的要求要坚决执行，郊游计划也不改变。因为下星期天桃花就凋谢了。怎么办呢？请大家出主意，然后把你的意见写下来，老师将根据你们自己的意见，选定哪些同学去参加交通安全法规宣传，哪些同学去参加郊游，观赏桃花。”老师发给学生调

查表。(此处表格略)

(三)德性培育情境现场实验法

研究德性水平的测评，根本目的在于探索中小学生德性素质的培育、养成规律。因此，尝试性地使用了德性培育情境现场实验法。通过对德性培育情境现场教育实验"原型"的典型剖析，初步试探德性养成的心理规律，以利提出科学的、有益的、有参考价值的对策。我们在重庆、新都、彭州、威远等地区，选了小学四年级学生的"爱祖国""爱人民""爱科学""爱劳动"的德育内容，分别用德性培育情境现场实验进行养成、培育。实验班学生是原校原教学班的学生，全员参加，接受实验。按照中小学教育教学的常规规定，在不增加中小学生活动总量的原则下，实施轮换组设计，采取"五同"控制条件(使用同一教材、确定同一教学内容、参加同一课堂教学学习、接受同一教师讲授、参加实验时间相同)。使用不同育德模式进行对比教育实验，收到显著教育效果。

1.使用德性情境现场实验法的显著特点

(1)保证坚持社会主义公德的主导启发与培育学生对德性价值选择的独立自主性、自由性、创造性相结合。即启发择优定向与培育智能相结合，不同于"美德袋"的注入模式，也不同于"价值澄清"的漫谈模式，是一种"师生双方主体共同参与启发育德互动模式"。把我国改革开放时期的行之有效的德育优秀经验引入实验，并得到了实验的检验，概括了德性养成教育的对策。

(2)对中小学生德性培育，检验了即时效应、延时效应或长期效应，分别对4周、8周、12周、16周的实验教育效果进行了检测。初步显示，我国中小学生德性养成的时间，以8周以上为宜，4周只有短期效应。

(3)实验设计采用轮换培育设计。其中分别试用过控制组(实验过程中一直不施加教育改革实验新措施)、全程培育组(实验全过程中、轮换前、轮换后，都施加教育改革实验新措施)。后期实验中发现，中小学生德性现场情境教育实验，以轮换培育组配合全程培育组为宜，既加实验条件控制，增强了教育的严密性，又保证了基础教育的基础性、全员性，全体学生都受教益，避免了现场教育实验中控制组的缺陷，以免该组学生较长时期内不能接受教育改革的新影响，防止了"剥夺性实验"的损失。同时也顺利解决了教育实验中难于找到对比班的困难。

2.先后实验的项目

(1)提高小学生爱祖国品德水平的德育心理现场实验(余禾)

(2)运用"导、行、评"结合的德育模式，提高小学生爱劳动品德水平的实验研究

(段梦妤)

(3)运用德育心理现场实验,提高小学生爱科学品德水平,检验主体参与的启发互动模式(廖冰)

(4)情境讨论、榜样学习和角色扮演对儿童助人行为发展的心理效应的比较研究(陈旭)

(5)小学班级目标管理法对小学生集体荣誉观念的行为养成的实验研究(杜屏)

(6)初中学生品德行为自我控制的实验研究(李世红)

以上所列举的多项德性情境现场实验,请参阅:陈旭、曾新然主编《现代品德情境测评与德育实验研究》,西南师范大学出版社2000年8月出版。

这一系列德性情境现场教育实验,显示有下列共同趋向:

(1)在暂不改动现行学制、课程,不增加学生活动总量、不增加德育课时的条件下,实行"五同"控制,改革育德模式,即可提高中小学生社会主义公德水平,取得明显效果。也就是说,在现行课程设置条件下,按"减负提质"原则,不增加德育课时,不侵占学科课时,只要加强德育改革,改进班主任工作和思想品德课教学,就可以收到相应德育效果。当然,随着学制、课程的深入,将会收到更好的效果。

(2)通过对常用的几种育德方法实验的比较,可以综合概括出一种效果较好的育德模式,即主体参与启发育德互动模式。它是指用德智结合、德美结合的思品课课堂教学活动与班队活动相结合,教师启发诱导,学生主动参与,师生双方主体协同合作,教学相长的教育性交往互动的育德活动。并总结"六环节"(余禾的实验)、"八步骤"(段梦妤的实验)的操作程序,切实可行,行之有效。此外,在大学生中用该育德模式进行教育实验,证实了取得同样效果(陈捷:运用主体互动启发模式提高大学生道德价值取向水平的教育实验研究)。

(3)保持坚持社会主义公德的主导地位与培育学生德性智能结合,即启发学生择优定向与培育学生智能相结合,充分发挥学生对德性价值选择、实践的独立性、自由性、创造性。不同于"美德袋"的强迫注入式,也不同于"价值澄清"的放羊漫谈式。这是一种把我国德育优良传统经验与当代改革开放时期行之有效的德育优秀经验交融运用的新鲜经验引入德育科学实验,并得到了显著效应。实验证明,加强和改进中小学德育,探索育人之德、育人之道,应走科学实验之路,应是现场科学实验之路。

(4)发现中小学生德性发展水平在实验过程中有"回复""倒退"现象。经过交叉换位与延时实验的对比,全程培育组与轮换培育组对比,测查了即时效应与长期效应。其他条件相似，教育时间、教育频率（次数）是一个重要因素。通过4周、8周、12周、16周时间教育效果的比较，初步认为应以8周左右为宜，4周太短，只有即时效应，部分学生中常有“回复”“倒退”现象。8周时间能保持长期效应。多于8周时间的相同教育，未见多数学生相关德性有明显提高，出现“高原”现象。（是何原因，有待进一步探讨）

（5）总结改革小学思品课课堂教学活动的经验

根据我们运用思品课的计划课时数和班级活动课时数，设计、使用的德性情境现场教育实验，多次检验、分析、比较，总结了“师生双方主体共同参与、启发育德互动模式”（简称“主体—定向—启发—育德”模式），并初步概括了切实可行的“六环节”“八步骤”的操作程序，对提高思品课教学质量有推广价值，对初中的思想政治课教学有参考价值。在师生协同互动、德智结合、德美结合的教学活动中，具体简化为：（1）了解学生内心需要，定准德育目标；（2）创设教育情境，激发学生情趣；（3）引导学生带问题自学，阅读德育书刊；（4）寻找实现德性价值的焦点，相互启发讨论；（5）榜样示范，引导学生角色换位思考；（6）民主评价，巩固提高；（7）德育目标导向，激起意向体验或参与活动体验；（8）评价调控，自动调节。

研究二　品德心理测评研究进展的启示[①]

第一节　中国古代考德有效经验的启示

我国以“礼仪之邦”著称于世，有“民为本”“人为贵”“人最灵”的优良传统思想，因此重视知人、选人、用人、育人。并且认为，“人为贵”“人最灵”的根本，在于人有智慧和人有德性。据此，在知人、选人、用人、育人过程中，都特别重视育智、育德、考智、考德。中国古代在知人、知德、考德的实践中积累了丰富的有效的经验，形成了中国古代选人、考德的有效制度。

我国古代选人、用人标准素以德为重，全面考察。春秋初期，管仲在《立政》篇中说：“君子所审者三：一曰德不当其位，二曰功不当其禄，三曰能不当其官。”明代科举中，更集德、能、识、政考评于一体。明太祖洪武元年，颁发文告：“今设二科以广求天下之贤士，其应文科者，察言行，观德；考经术，观业；试书算，观能；策经史时务，观政。”（《明大政纂要》）

在学校教育、人事制度中，选人、考德的方法，主要有察举、荐举、贡举、保举、选举、九品中正、科举等。

选人、考德的操作技术主要有问、观、听、访、察、忖、论、揆、试等。

根据选人、考德标准，综合应用，形成了历代不断改革的4种形态的制度：以实际德才表现的察举制；以血缘关系为依据的世袭制；以血缘门第与现实德才为依据的九品中正制；开始以品德为主，后来以知识智能为主的科举制。

每种制度实行中，都各有长短、利弊，但都蕴藏着丰富的测评思想的论述。

如《吕氏春秋·论人》中总结了八观六验：“凡论人，通则观其所礼，贵则观其所进，富则观其所养，听则观其人所行，止则观其所好，习则观其所言，穷则观其所不受，贱则观其所不为。喜之以验其守，乐之以验其僻，怒之以验其节，惧之以验其特，哀之以验其人，苦之以验其志。”“论人者，又必以六戚四隐。何谓六戚？父母兄弟妻子。何谓四隐？交友故旧邑里门郭。内则用六戚四隐，外则用八观六验，人之情伪贪鄙美恶无所失矣。”

①此文选自曾欣然著《德性心理活动规律探索》第十五章，西南师范大学出版社，2012年2月出版。

又如《庄子·列御寇篇》中，借孔子之言提出“九征”：“故君子远使之而观其忠，近使之而观其敬，烦使之而观其能，卒然问焉而观其知，急之与期而观其信，委之以财而观其仁，告之以危而观其节，醉之以酒而观其则，杂之以处而观其色。九征至，不肖人得矣。”

再如《大戴礼记·文王官人篇》中提出“六征”：“六征者，一曰观诚，二曰考志，三曰视中，四曰观色，五曰观隐，六曰揆德。”

又再如诸葛亮提出鉴别人才七法：问之以是非，而观其志；穷之以辞辩，而观其变；咨之计谋，而观其识；告之以患难，而观其勇；醉之以酒，而观其性；临之以利，而观其廉；期之以事，而观其信。

最后，三国时期刘劭综合古代诸家之说，著《人物志》，用来品评人物，物色人才，提出“八观”“九征”观人法。“八观”：观其夺救，以明间杂；观其感变，以审常度；观其志质，以知其名；观其所由，以辩依似；观其爱敬，以辩通塞；观其情机，以辩恕惑；观其所短，以知所长；观其聪明，以知所达。“九征”：神、精、筋、骨、气、色、仪、容、言。

新近，汪凤炎著《中国传统德育心理学思想及其现代意义》（修订本）一书。其中，系统探讨了中国古代品德考评思想，认为人心可测论和志功并重论是支撑传统品德考评的两块基石，品德考评方法主要有两大类。一是他评法，包括察言观行法、问答鉴别法、准情境测验法、观人类推法、观过知人法和观相知人法等6种。二是自评法，包括内省式自我考评法和观照式自我考评法两种，认为传统品德考评思想对当代品德测量的启示是：(1)应将测量放在日常生活中进行；(2)测量方法设计要巧妙；(3)适当运用经验型测量方法；(4)文字考评方法与非文字考评方法要兼顾；(5)加强自评的力度；(6)定性考评与定量考评相结合；(7)谨慎解释与慎用考评结果；(8)走融科学精神与人文精神于一体的道路。

对古人这些知人考德之经验，张耀翔教授曾评价说，早年西洋测验家只知在运动、感觉、记忆等简单特性方面作测验。他们认为情绪测验很困难，品性测验更谈不到。最近才有这一类尝试，竟得意外收获。中国自始即认为情绪及品性测验为可能，且最需要，故再三论及。品性是许多特质的综合，异常复杂，测验时当然不能像测验知能限定时间，草率从事。这正是中国提议的测验切实处。假使我们运用现代科学仪器，控制及统计者原则，将先哲提出的问题加以分析，方法加以补充，然后……去试验，焉知没有惊人的发现。[①]“此中包含思想、情绪、意志、道德各种测

①张耀翔. 心理学文集[M]. 上海：上海人民出版社，1983：215.

验;且多半不用文字真正去做的测验,比一般纸上谈兵的测验价格更高。”[①]

仅举一些例证,以显示出我国古代的知人、知德、考德的经验,突出对人性、德性、智性的综合考评,的确有自己的民族特色,显示出人本性、整体性、生活性的基本特点,对我们研究品德测评不无启发。当然,这些品德测评经验,是古人用的。今天借鉴使用,既要继续深入发掘,也需改革、创新。

第二节　外国道德判断测量方法改进的启示[②]

19世纪英国巴恩斯(F.M.Barnes)采用问卷法研究儿童的惩罚观念的发展,开创了道德认知的科学研究。到目前为止,对于道德认知,已经建立了较为完善和行之有效的研究方法。现从其改进与发展中,探讨改善现代德性测评方法对我们研究的启示。

一、皮亚杰的研究方法——对偶故事法

提到道德认知的研究,首先想到的便是皮亚杰使用对偶故事法对儿童的道德判断的研究。由于皮亚杰的杰出贡献,使品德心理学的研究开拓出一个崭新的领域。

对偶故事法是皮亚杰受到精神分析学派的投射原理的影响而提出的。在研究涉及行动规范的品德问题时,如果采用直接研究的方法,那么儿童的反应就会受到很多因素的影响,反应的真实程度将会降低。为了克服这一弊端,皮亚杰认为只有通过一种非常间接的方法,即通过向儿童讲故事的方法来让儿童判断研究者所研究的那些行为。皮亚杰编制了许多对偶故事。每一对对偶故事都反映了两种道德情境,每一种道德情境代表一种道德发展水平。

例如关于行为动机和结果的故事:

A.一个叫约翰的男孩,正在他的房间里。家里人叫他去吃饭。他走向餐厅。但在门背后有一把椅子,椅子上有一个放着十五只杯子的托盘。约翰并不知道门背后有这些东西。他推门进去,门撞倒了托盘。结果十五只杯子都撞碎了。

B.有一个叫亨利的小男孩。一天,他母亲外出了,他想从碗橱里拿出一些果酱。他爬到一把椅子上,伸手去拿。由于放果酱的地方太高,他的手臂够不着。在

①张耀翔.心理学文集[M].上海:上海人民出版社,1983:212.

②参见李伯黍.西方儿童品德发展研究的历史和现状述略[S]//李丹.李伯黍心理学文选[M].北京:人民教育出版社,2008.

试图取果酱时,他碰到了一只杯子,结果杯子掉下来打碎了。

在进行研究时,皮亚杰所使用的材料便是这类对偶故事。对偶故事法还有另外一个特点,即在开始研究的时候,先向儿童讲述每一对对偶故事,然后让儿童进行判断。判断完之后,主试继续向儿童提问,以弄清儿童进行这种判断的理由,并根据结果划分儿童的道德认知发展水平。皮亚杰把儿童的道德认知发展水平分为两级:一级是他律水平,一级是自律水平。他律是指儿童根据外在的法则或自身以外的价值标准所做的道德判断,这种判断具有客观的性质。自律则与此相反,它指的是儿童根据内在价值标准所进行的道德判断,具有主观的性质。

采用这种方法,皮亚杰研究了5~13岁儿童的道德认知发展问题,从中获得了大量丰富的研究成果,并据此提出了他自己的道德认知发展的理论。

虽然皮亚杰使用对偶故事法获得了许多研究成果,而且许多研究成果也为其他人的研究所证实,具有普遍的意义。但是,这种方法也有其缺陷。其一,皮亚杰的对偶故事法只把儿童的道德认知发展分为两级水平。有些研究者发现,很难把儿童的某种道德判断归为这两级水平中的任何一种。其二,有的研究者,如莱伯斯(1984)认为,皮亚杰的对偶故事法未能分清故事中讲述意图与行为结果的顺序对儿童道德认知发展的影响。有研究发现,儿童先听到结果后听到意图比儿童先听到意图后听到结果,更可能认为行为者的意图是理所当然的。关于"意向性"的问题,还有研究者如凯特勒(M.J.Chandler,1973)等人认为,采用口头讲述故事的方式,客观上使后果比意图更为显著。如果换用录像方式播放故事情节,结果发现年龄较小的儿童(6岁)已能注意到意向。针对这些不足,特别是针对皮亚杰把儿童道德发展水平划为两级水平,柯尔伯格(L.Kohlberg)在吸取皮亚杰对偶故事法优点的基础上,创立了两难故事法。

二、柯尔伯格的研究方法——两难故事法

两难故事法是柯尔伯格在认真分析了皮亚杰对偶故事法的基础上提出来的。首先,它保留了皮亚杰使用的简洁故事形式,但在故事的设置上做了很大变动。它没有使用对偶故事法的一对故事,而将它们变成了一个故事。在这个故事中,包含了道德两难冲突情境。其次,在儿童对两难故事做出反应的方式上,两难故事法也有很大变动。它不再是对偶故事所采用的二择一选择判断,而是根据故事内容提出一系列问题,在儿童对故事做出判断的基础上,让儿童回答他做出这种判断的理由。

例如,《海因兹偷药》的故事便是柯尔伯格经常采用的两难故事之一。

《海因兹偷药》的故事欧洲有个妇人患了特殊的癌症,生命垂危。医生认为只有一种药能救她。制造这种药要花很多钱,药剂师索价还要高过成本10倍。他共花了200元制镭,而这点药竟索价2000元。病妇的丈夫海因兹到处向熟人借钱,一共才借得1000元,只够药费的一半。海因兹不得已,只好告诉药剂师,他的妻子快要死了,请求药剂师便宜一点卖给他,或者允许他赊欠。但药剂师说:"不成!我发明了这种药,正要用它来赚钱。"海因兹走投无路,便撬开此人经营的药店的门,为妻子偷了药。这个丈夫可以这样做吗?

柯尔伯格非常重视存在于儿童道德判断之后的道德推理。而且,在对儿童进行评分时,所依据的就是这种道德推理,而不是道德判断。再次,两难故事法设置了标准的评分体系,研究者可以凭借这个评分体系对儿童的道德推理进行评分,然后根据评分结果采用阶段归档或计算道德成熟分数的方法确定儿童道德认知发展的水平。

采用道德两难故事法,柯尔伯格研究了72名10岁、13岁和16岁儿童的道德认知发展水平。根据他的研究结果,柯尔伯格把少年儿童的道德分为三种水平、六个阶段,这便是众所周知的道德发展阶段论。

柯尔伯格的两难故事法也存在不足。首先,柯尔伯格所采用的标准评分体系包括800页之多,过于复杂。因此被人称为"心理学文献中最复杂的评分体系"。这样复杂的评分体系,不仅影响到它的应用价值,而且使用它的人必须经过专门训练才能掌握。其次,现在采用的标准评分体系是经过三次重大修改确定下来的。在修改过程中,柯尔伯格越来越多地根据道德推理的水平和结构来评分,而较少注意儿童回答的特殊内容。鉴于这些问题的存在,人们迫切需要有一种使用简便、结果可靠的测量道德发展水平的新方法。于是便有了莱斯特(J.R.Rest)的"限定问题测验"。

三、莱斯特的研究方法——限定问题测验(defining issues test,简称"DIT")

DIT测验是在克服柯尔伯格两难故事法弊病的基础上发展起来的,是测量儿童道德发展的一种客观计分的测验。

标准的DIT测验由六个道德两难故事组成(其中有三个故事是柯尔伯格标准的两难故事。后来,在标准DIT测验基础上又发展出一个小型测验,它包括三个故事）。每个故事都配有12个问题，分别代表道德发展2~6阶段的水平。这12个问题中有1~2道被莱斯特称为“无意义”的题目，也称为M题目，用它以检验被试作答时态度是否认真，不代表任何阶段。

1999年发表的《DIT-2：对一种道德判断工具的修订和测验》，即确定问题测验修订版（DIT-2），使用的两难故事是5个：

1.《饥荒儿童》的故事：一位父亲企图从一位富人储藏食物的粮仓中偷食物给他正在挨饿的家人食用的故事。

2.《记者》的故事：一位新闻记者必须决定是否报导一位政府候选人的具有诽谤性的故事。

3.《地方教育董事会》的故事：一位地方教育董事会主席必须决定是否召开有争议和危险的公开会议的故事。

4.《医生》的故事：医生必须决定是否给意志薄弱的病人开过量的止痛药的故事。

5.《示威》的故事：大学生示威反对美国的外交政策的故事。

在进行DIT测验时，被试的任务是在阅读故事的基础上，先就一个故事主人公“应不应该”做某种行为的问题进行三择一选择。然后再针对这个选择，就12个问题的重要性程度进行评价。重要性程度共分5段：非常重要、很重要、比较重要、不太重要、不重要。在评价的基础上，再从12个问题中选出4个“最重要”的问题进行排序，即第一重要、第二重要、第三重要、第四重要，分别记为4分，3分，2分和1分。

根据DIT测验，可以得到某一被试的三种分数：D分、P分和M分。D分是对每一阶段类型进行加权的基础上计算出来的总分；P分是DIT测验使用最多的一个指标，它由相当于第三级水平的各个阶段（在DIT测验中，包括5A、5B、6C 3个阶段）的分数组合而成，其大小可以代表被试在做出道德两难决定时赋予原则的道德思维的重要程度；M分是被选为最重要的M题的得分总和，它用以检验被试的问卷是否有效。莱斯特等人通过大量的研究证明，如果被试的M分超过8分（在小型测验中超过4分）则可以肯定被试没有认真填写问卷或对问卷不理解，故该被试的问卷作废。

一般来说，DIT测验有以下长处：（1）设计严密，可以比较每个被试的信息；（2）由于改“谈话法”为“纸笔法”，因此将由语言表达上的个体差异而引起的阶段记分变异降低到最小；（3）记分客观，把由记分者的主观偏见引起的误差降到最低；（4）改柯尔伯格的“开放式”回答为有限的12个题，既使被试有较大的选择余地，又避免了被试漫无边际的回答,使记分变得容易、省时。莱斯特及其同事对DIT信度、效度的系统研究表明,他们在制订一种标准化、记分客观的道德判断测量工具上前进了一大步。

四、林德的研究方法——道德判断测验(MJT)[①]

20世纪70年代末期,德国康斯坦兹大学的林德(Lind)和威根赫特(Wakenhut)在雷斯特的研究基础上做进一步的改进,1976年设计了道德判断测验(MJT),成为目前应用最广泛的道德发展测验。作为道德判断评估方法的一种新发展,MJT最独特的是该测量方法能用来研究道德能力教育的效果,填补了以往道德测验只能进行道德偏好测试而不能对道德能力培养的教育效力进行有效评估的空白。

1.道德判断测验的理论基础

(1)道德判断能力的定义。林德继承了柯尔伯格对道德判断能力的定义,即认为道德判断能力是基于内在道德原则对哪些是道德的做出决策和判断的能力,以及能够根据这些判断付诸行动的能力。按此定义可以看出:①道德不仅仅是一种态度或价值观,还是一种能力;②个体的道德判断能力不仅是为了遵从外在的社会准则,主要受到内在道德原则的制约;③道德认知、道德情感和道德行为是密不可分的,在对道德判断能力进行评估时,应同时考虑这三方面的因素。

图9-1　双面模型(Lind,2004)

(2)道德行为与发展的双面理论。双面理论形式最初出现于19世纪初。当时已经有心理学家认识到情感与认知是不可分的,因此提出双面理论的观点,即道德行为是由两种相互区别而又不可分的方面所组成:①个人对于某种道德理念或原则的情感;②个人根据这些理念或原则进行推理和付诸行动的能力。这也是柯尔伯格对道德判断能力下定义的理论依据。林德在对柯尔伯格对道德判断能力定义的认识基础上,对这一理论做了进一步说明,并提出了自己的道德行为与发展的双面理论。双面理论将皮亚杰和柯尔伯格认知发展理论中的许多假设结合在一起,并进行了详细阐述和修订。

2.道德判断测验的基本内容

在道德判断能力的定义以及道德行为与发展的双面理论基础上,林德等人编

①杨韶刚.西方道德心理学的新发展[M].上海:上海教育出版社,2007:123-131.

制了道MJT。MJT选取了两个道德两难问题的故事，即《工人风波》和《医生的困境》。

工人风波

某个工厂里的工人被解雇了，但是他们都觉得原因不明不白。工人们怀疑经理用摄像机非法监视他们的活动，但是经理坚决否认这一指控。只有在证据确凿的情况下，工人才可以采取有效措施对付经理的不法行为。于是两个工人撬开经理办公室的门，偷走了作为证据的录像带。

医生的困境

一个妇女患了癌症而且没有任何治愈的希望。她非常痛苦而且虚弱到大剂量的像吗啡那样的止痛药也足以使她致命。当她稍微有点力气的时候，她请求医生给她足够的可以致命的止痛药。她说她再也忍受不了病痛的折磨了，而且无论如何都会死的。医生遵照了她的意愿。

每个故事后面都提出这样的问题："你赞成还是不赞成工人(医生)的做法?"要求被试在"我完全不赞成(-3)"到"我完全赞成(+3)"的7点范围内做出选择。接下来在每个故事后面又要向被试呈现12个正反论点，其中6个代表正面论点，问题是："假设有人认为工人(医生)的做法是正确的，你认为以下赞成他们做法的论点的可接受性有多大呢?"要求被试在"完全不可以接受(-4)"到"完全可以接受(+4)"的9点范围内对6个正面论点一一做出选择；另外6个代表反面论点，问题是："假设有人认为工人(医生)的做法是错误的，你认为以下反对他们的做法的论点的可接受性有多大呢?"同样要求被试在9点范围内对这6个反面论点做出判断。

不同的两难问题代表不同的道德要求结构。以上述两难问题为例，前者被认为要用到柯尔伯格道德推理6水平中最高水平的推理，而后者被认为是更多地用到第5水平上的推理。作为道德行为情感方面的指标，MJT产出个体在柯尔伯格道德推理6水平中每一个水平上的态度的得分。通过这些态度得分可以看出，对于不同类型的道德两难问题，人们选取的，或者说偏好的、最适宜的道德推理水平是不同的。之所以要选取这两个两难问题，是因为它们都使被试面临非常难于选择的道德原则，这对于被试来说是相当困难的道德任务。这也是MJT的一大特色。

3.MJT 的实验设计

MJT 是一种行为实验，而不是一种传统的心理测量测验。其设计依赖于心理测量的现代认知结构理论。如柯尔伯格所认为的那样，一种测验的结构不应从已编制好的测验中寻找,而要测验编制者在编制测验之前就对测验结构做出一定假设。根据这一基本原理,MJT被设计为N=1的三因素实验。因为这能保证一个道德任务的所有相关方面都能在测验中呈现,而且这些方面彼此并无相关。正如现代心理学所提示的,判断个体差异不仅仅看个体的道德偏好、态度和价值观,还应看个体结构上的不同。因此,必须把对心理功能的测量,比如道德判断能力的测量,建立在对所有个体行为模式的评估而不是对某个人行为模式的评估上。这也是MJT在设计时考虑得比较周全之处。实验中的三因素分别是:道德因素、任务因素以及两难情境因素。其中道德因素由测验中论点的道德品质来表示;任务因素,即观点一致还是不一致,是由代表被试对故事主人公行为赞成与不赞成的正反面论点所表示;两难情境因素所反映的是不同的道德要求结构。

4.道德判断能力的指标

C分数是衡量道德判断能力的有效指标,反映了一个人根据论点的道德品质(而不是自身观点一致或其他因素)对其进行判断的能力。C分数的范围是从1(最低)到100(最高),它是由于个体对所给论点或行为的道德品质给予关注而发生的总的反应变异的百分比指标,常常被划分为非常低(1~9)、低(10~19)、中等(20~29)、高(30~39)、非常高(40~49)和极其高(50以上)的等级。C分数之所以能成为评估道德判断能力的有效指标,是因为它所考察的不是个体孤立的行为,而是个体整个反应模式。因此,它也不是个体一个个反应的简单相加,而是反映了个体所有反应之间的关系和结构。C分数常常要与道德任务联系在一起,才能成为道德判断能力的指标。其他一些道德发展测验中可能也用到了C分数,但因为测验中不包括道德任务,因此C分数也就显得毫无意义。

5.MJT标准的有效性检验

MJT具有客观性、无偏见、灵敏性以及效度指标严格等特性。由于推论要基于数据得出,所以无论是MJT标准版本,还是MJT翻译版本,都需要进行有效性检验。MJT需要满足的4个严格的有效性标准是:

(1)偏好等级。

(2)准简单结构理论。根据这一理论,相邻阶段(如阶段5和阶段6)之间的相关性应大于间隔较远阶段(如阶段4和阶段6)之间的相关性。也就是说,从相关矩阵的对角线到最下角的相关性应减少。

(3)认知—情感平行。

(4)C分数应与被试的教育高度正相关(r >0.40)。当教育水平保持不变时,被试的年龄与C分数之间的相关性应小于或者接近于0。在巴西版本的MJT的首次效度研究中，C分数与教育水平之间的相关系数r=0.40。

MJT是在皮亚杰、柯尔伯格的认知发展理论基础上发展而来的。它基于道德行为与发展的双面理论，尝试着对道德行为的认知方面和情感方面分别同时给予测量。它不仅是偏好测试，更是一种能力测试，在具体研究中显现出以下优点。

(1)适用范围广泛。MJT的最初设计是针对大学生的。随着对其有效性的充分检验，MJT已能广泛地适用于各类人群。从年龄范围来看，它能对10岁以上的人的道德判断能力进行测量。从适用人群类型来看，包括儿童、高中生、青少年、工人阶级、失业者、专业人员、政治上的激进分子以及有着较高社会地位的人等等。从跨文化研究来看，MJT目前已被译成至少27种语言版本，并通过了严格的有效性检验，在多个国家得到广泛使用。例如我国学者杨韶刚等采用中文版本的MJT对初中到大学十个年级的学生进行了施测，发现我国青少年的道德判断能力的发展与西方有所差异，但仍然符合发展规律。C分数随年级的升高而有所提高，但存在不稳定因素，且在性别、不同个体等方面不存在显著差异。通过这种测量，为我们的道德教育提供了一些启示，如将两难故事讨论法引入课堂、鼓励学生更多地参与社会或团体活动等。

(2)测验题目简短，施测方便，计算比较容易。MJT比其他道德发展测验要简短得多(标准版本有26道题)，因此很容易施测。不同于传统的纸、笔测验，MJT的计分完全可由电脑操作，几乎没有不可以计分的情况。

(3)C分数不容易被拔高，当它与测验中的道德任务联系在一起时，能够较为准确地反映被试道德判断能力的真实水平。

(4)能对道德教育效力进行有效评估。一直以来，在道德心理学和道德教育领域都亟须一种能够在理论维度上有效测量道德判断能力的工具。某种道德教育干预的效力进行有效评估的测验应具备如下特点：①必须能对测验分数做出明确的解释和说明；②道德行为的不同方面(认知和情感)不应该被混淆在一个分数中；③计分应是客观的。MJT就是这样一种测验，由于能把认知方面与情感方面分开且同时进行测量，不会造成两者的混淆，所以能够有效地对道德教育的有效性进行评估。

MJT也存在着一些问题。例如，当MJT被用于前后测研究时会低估一些被试的道德判断能力。另外，由于MJT是一种三因素实验设计，那么除了C分数作为道德判断能力的测量指标要得到极大关注外，还要考虑到一些情境因素的影响，比如疲劳、被试的过去经验等,这些情境因素都应该在实验中得到很好的控制。从两难故事的呈现方式看,传统的呈现方式是文字形式,如果能以电影短片的形式向被试呈现,可能对年幼儿童来说更容易理解,而语音形式则更适合有视觉障碍的被试。目前,很多研究者,也在为解决这些问题而不断地努力。

五、艾森伯格的亲社会道德两难情境法①

艾森伯格(Nancy Eisenberg)是美国当前较有影响力的儿童心理学家,亚利桑那州立大学的心理学教授。自1977年她与马森(Paul Mussen)合著《关心、分享和助人之源》以后,一直从事儿童亲社会领域的研究。在柯尔伯格的道德发展理论基础上,她和她的合作者进行了一系列关于儿童亲社会道德判断发展的实验研究,创立了儿童亲社会道德推理理论(参阅:王美芳《艾森伯格的亲社会道德理论简介》,《心理学动态》1996年第2期)。艾森伯格认为,亲社会道德两难情境的特点是:"一个人必须在满足他自己的愿望、需要和(或)价值与满足他人的愿望、需要和(或)价值之间做出选择。"因为在助人者的个人利益与受助者之间存在着不可调和的矛盾。道德作为一个总的领域,包括许多不尽相同的具体方面。儿童对这些具体方面的判断会有所不同。柯尔伯格研究所用的两难故事在内容上几乎都涉及法律、权威或正规的责任等问题。如海因兹该不该偷药的故事中,海因兹必须在偷药和妻子死亡之间做出选择。偷药就会犯法,而保护妻子免于死亡又是每一个丈夫的责任。这些法律、责任等问题会在一定程度上制约着儿童对故事冲突所做的推理。因此,柯尔伯格运用其两难故事只是研究了儿童道德判断推理的一个方面——禁令取向的推理。艾森伯格则区分出并设计出不同于柯尔伯格两难情境的另一种道德两难情境——亲社会道德两难情境(prosocial moral dilemmas)来研究儿童的亲社会道德判断。已知,亲社会两难情境的特点是:"一个人必须在满足自己的愿望、需要和(或)价值与满足他人的愿望、需要和(或)价值之间做出选择。"助人者的个人利益和接受帮助者的利益之间存在着不可调和的矛盾,这才真正测到了一个人德性的实质。例如,一个城镇的居民必须在与另一个城镇遭受洪水灾害的灾民是否分享食物之间做出选择、一个人必须在帮助一个遭抢劫的妇女和保护自己之间做出选择等等。在亲社会两难情境中,故事的主人公是唯一能提供帮助的人,但助人就意味着自我牺牲。这种助人行为是"职责以外的行为",它高于一个人正规的责任、源于公平考虑的责任等。

① 杨韶刚.西方道德心理学的新发展[M].上海:上海教育出版社,2007:58-89.

正是在这一意义上，艾森伯格认为，在亲社会两难情境中并不强调法律、惩罚、权威和正规的责任，而是在满足自己与他人的需要或价值的矛盾冲突之间做出选择，这也正是亲社会两难情境与柯尔伯格的两难情境之区别所在。

艾森伯格同柯尔伯格一样，都是用两难故事作为研究儿童道德判断的工具，用个别交谈法引发儿童的判断推理过程。但他们两人的研究有重大的区别：第一，研究工具的两难故事在内容上不同。第二，理论基础不同。柯尔伯格认为，儿童的道德判断作为儿童心理发展的一个方面，有它独特的内在结构。要根据儿童的这一独特结构来描述、说明儿童道德判断的发展情况，确定道德判断的阶段及其先后顺序。柯尔伯格通过实验搜集年龄趋势的资料来证明其理论。而艾森伯格并没有预先假定儿童的亲社会道德判断的阶段。她利用亲社会道德两难故事作为工具，通过实验研究来总结、概括儿童的亲社会道德判断的年龄变化趋势。第三，对实验材料的评估方式不同。在柯尔伯格的最新评估系统中，对儿童回答的评估分四步：即问题、规范、要素、阶段。艾森伯格则把儿童的回答划分为几十种不同的道德思想范畴，然后进行一系列的统计处理和经验归纳，最后概括出儿童亲社会道德判断的年龄变化趋势。

艾森伯格及其合作者进行了许多纵向和横向研究。在此基础上归纳、总结出了关于儿童亲社会道德判断的5个阶段。

阶段1：享乐主义的、自我关注的推理。助人与不助人的理由包括个人的直接得益、将来的互惠，或者是由于自己需要或喜欢某人才关心他。

阶段2：需要取向的推理。当他人的需要与自己的需要发生冲突时，儿童对他人身体的、物质的和心理的需要表示关注。儿童仅仅是对他人的需要表示简单的关注，并没有表现出自我投射性的角色采择、同情的言语等。

阶段3：赞许和人际取向、定型取向的推理。儿童在证明其助人与不助人的行为时所提出的理由是好人或坏人、善行或恶行定型形象，他人的赞许和认可等。

阶段4分为两个阶段。

阶段4a：自我投射性的移情推理。儿童的判断中出现自我投射性的同情反应或角色采择，他们关注他人的人权，注意到与一个人的行为后果相联系的内疚感或肯定情感。

阶段4b：过渡阶段。儿童选择助人与不助人的理由涉及内化了的价值观、规范、责任和义务，对社会状况的关心，或者是提到保护他人权利和尊严的必要性等。但是，儿童并没有清晰而强烈地表述出这些思想来。

阶段5:强有力的内化推理。儿童决定是否助人的主要依据是他们内化了的价值观、规范或责任,尽个人和社会契约性的义务、改善社会状况的愿望等。此外,儿童还提到与实践自己价值观相联系的否定或肯定情感。

艾森伯格对亲社会道德判断的这5个阶段做了比较谨慎的说明,她没把它们看作是具有普遍性的,也没把它们之间的顺序看作是固定不变的。她仅认为自己勾画出了"美国中产阶级家庭儿童发展的(一种)描述性的与年龄有关的顺序"。但是,国外许多心理学工作者利用艾森伯格的亲社会两难故事在德国、以色列、日本和西太平洋的巴布亚新几内亚等地所做的跨文化研究表明,尽管不同文化背景下的儿童的亲社会道德判断存在着一定的差异,但他们的亲社会道德判断发展过程与艾森伯格提出的关于儿童亲社会道德判断的发展阶段基本一致。也就是说,艾森伯格的关于儿童亲社会道德判断的理论在很大程度上得到了跨文化研究的支持,具有一定的普遍性。

总体可以看到,艾森伯格是在柯尔伯格的道德发展理论基础上,进行了一系列的关于儿童亲社会道德判断发展的实验研究,创立了亲社会道德推理理论。测评法的主要区别见表9-1。

表9-1 测评法之间的区别

理论 / 内容 / 项目	艾森伯格的亲社会道德推理理论	柯尔伯格的道德发展理论
1.测评推理取向	社会赞赏取向推理(品德)	社会禁令取向推理(过失)
2.测评内容	满足人、己需要之间人、己两利的两难情境	避免他人两者失误之间左、右为难的两难情境
3.测评对象	评自己的选择、推理	评他人的选择、推理
4.测评结果	亲社会行为判断水平	道德推理判断水平

根据前面列举的关于道德判断测验研究的进展,标示出西方学者一代人又一代人的追求真理执着的精神,更显示出道德判断测验的科学性的一步一步完善。其中,一次比一次取得突破性的进展,主要表现在理论观点的创新、道德判断测验工具——情境故事法的改进、测验中引发道德判断推理交谈内容的完善等等,对学者们的研究深有启发。

※ ※ ※ ※ ※ ※

从研究方法改进的角度看，由皮亚杰的对偶故事法到柯尔伯格的两难故事法，再到莱斯特的限定问题测验，又到林德的道德判断测验，又再到艾森伯格的亲社会道德两难情境法，反映出了道德认知发展研究方法的进步。正是由于这些方法的改进和使用，才使得该领域的研究在短短几十年的时间里取得了很大的进展。许多研究者使用这些方法对儿童的道德概念、道德判断、道德评价以及道德观念进行了深入、细致的研究，发现了儿童道德认知发展的规律和特点。

他们的共同点，都以测验道德判断为中心，使用情境故事，测验了道德判断的发展。由最初只测道德认知（判断、推理）到道德认知与道德情感同时测验，并测教育干预效力。情境故事来源也由最初的假设的、虚拟的多，到后来选用的情境故事主要来源于社会现实生活。共同的弱点是多数研究只测"他评""评他"，未测"自评""评己"（艾森伯格研究了测自评）。只测知，尚未测到行——道德行为（行为主义派只测行，例外）。"他评"与"自评"结合，测知与测行结合研究尚不多见。

研究道德认知发展的规律、特点固然重要，但更重要的是如何促进儿童道德认知的发展，即采用什么有效的方法可以促进儿童道德认知水平的提高？有关这一问题的研究称为教育干预研究。目前，道德认知发展的教育干预越来越受到国内外心理学家的重视，构成了道德认知发展研究的一个新趋势，即德性培育法的心理学研究是一个新课题。

第三节　我国当代品德测评方法的新经验

根据改进德育工作的需要，我国当代德育工作者、教育心理工作者在新德育实践中，应用德性心理活动规律，积极探索、总结、积累、改革、创新了品德测评方法，探讨了品德测评的原则。

一、品德测评原则的研究

罗镇康1984年率先提出的原则是：思想认识与行动表现相结合原则、校外与校内考核相结合原则、自我评定与他人评定相结合原则、集中考核与经常考核相结合原则。①

邓才彪1988年提出的原则是：绝对评估与个体内差评估相结合原则、定性主估

①参见罗镇康.建立中学德育考核制度的探索[J].华南师范大学学报（哲学社会科学版），1984(3).

与定量主估相结合原则。[①]

周元涛1989年提出的原则是:全面性原则、客观性原则、现实性原则。[②]

华立1989年提出的原则是:形成性原则、适应性原则、民主性原则、规范性原则、期待性原则。[③]

刘剑平1989年提出的原则是:定性分析与定量分析相结合原则、科学性与可行性统一原则、精确性与模糊性统一原则、主导因素与多重因素结合原则。[④]

施光明1990年研究陶行知教育评价理论,认为陶行知对教育评价的四点要求:绝对评价和相对评价相结合、自我评价和他人评价相结合、集中评价与经常评价相结合;定性分析与定量分析相结合、过程评价与结果评价相结合……是我们今天的学生进行品德评价的基本原则。[⑤]

万小平1991年提出的原则是:全面性原则、可测性原则、适切性原则、导向性原则、自主性原则。[⑥]

胡卫1992年提出的原则是:结构和功能相互对应原则、测量和评定相辅相成原则、定量和定性有机结合原则、静态和动态辩证统一原则。[⑦]

李涵生1993年总结性地提出的原则是:定性分析与定量分析相结合、思想认识与行为表现相结合、校内与校外考评相结合、主导因素与多重因素相结合;自我评价与他人评价相结合、绝对评价与个体内差评价相结合、精确性与模糊性相结合、科学性与可行性统一。并认为,在上述所列的原则要求中,我们应当着重考虑的是科学性与可行性相结合、定性评价与定量评价相结合、经常评价与集中评价相结合、自我评价与他人评价相结合的要求,这是品德测评的最基本的要求。[⑧]

谢新观、肖鸣政1994年在《德育测评的理想与技术》一书中,提出德育测评的基本原则是方向性原则、教育性原则、客观性原则、行为性原则、综合性原则、动态性原则、可行性原则、有序性原则、统一性要求与相对变化相结合原则、德育客观条件分析与德育效果综合测评相结合原则、大阶段大尺度测评原则。

---

①参见邓才彪.对学生思想品德评估的思考[J].山东师大学报(社会科学版),1988(5).

②参见周元涛.中学生品德量化的基本原则和思路[J].江苏教育研究,1989(3).

③参见华立.小学思想品德评定探讨[J].高教研究,1989(5).

④参见刘剑平.试探实现思想工作量化的途径[J].学校党建与思想教育,1989(3).

⑤参见施光明.陶行知教育评价理论初探[J].安徽教育学院学报,1990(2).

⑥参见万小平.关于学生思想品德行为形成性评价的构想与实践[J].江苏教育研究,1991(1).

⑦胡卫.学生品德测评[M].上海:华东师范大学出版社,1992:26-28.

⑧李涵生,胡卫.学生品德测评纵横[M].上海:百家出版社,1993:12-14.

国家教育委员会于1995年4月27日颁发的《中学德育大纲》中，明确学生品德评定“坚持实事求是的原则。要根据评定内容的基本要求，从学生实际出发，用全面、发展的观点看待学生，实事求是地分析学生的优缺点，防止片面性”。在此前前后后，全国各地教育行政部门，对学生的品德评定、考核，制定了品德评价细则、品德考核的实施意见等，充实、丰富了许多原则。初步计数，有60多项品德测评原则。

这60多项品德测评原则，是我国教育工作者、教育科研工作者、教育管理者，对中小学生的品德测评研究的新成果。从发展上看，提出我国学生品德测评原则，经历了从无到有，从简到繁，从局部到全面，从理论探索到实践应用，从经验测评到按文件规范测评。从效果上看，在全国普教战线上，引起了广泛的规模效应，显示出我国当代人们对中小学生品德测评规范认识的深入、发展和评价理论的创新。指导着中小学品德测评实践工作的科学化、制度化、规范化、理论化。同时，发展了中小学生品德测评原则，丰富了中国特色的教育评价理论。从提出原则的角度看，是相当全面的。60多项测评原则，分别涉及了学生品德测评的测评指导思想、测评的性质、测评规范要求、测评内容、测评范围、测评效果、测评主体、测评水平表述等。1993年李涵生在《学生品德测评资料综述》[①]一文中，对上述从不同角度、不同侧面提出的原则加以综合归纳，总结性地提出品德测评的基本原则：①从实际出发；②定性分析与定量分析相结合；③思想认识和行为表现相结合；④校内与校外考评相结合；⑤主导因素与多重因素相结合；⑥集中评价与经常评价相结合；⑦自我评价与他人评价相结合；⑧绝对评价与个人内差评价相结合；⑨精确性与模糊性相统一；⑩科学性与可行性相统一。并且认为，科学性与可行性的结合、定性评定与定量评定相结合、集中评价与经常评价相结合、自我评价与他人评价相结合的要求，这是品德测评最基本的要求，并进一步提出：在科学性和可行性的结合中，当前首先要重视可行性。在定性评定和定量评定的结合中，应着重考虑定量评定，这是我们改革品德测评工作的发展趋势。在集中评价与经常评价的结合中，应注意到经常评价，使品德测定工作能充分发挥它的教育作用。在自我评价与他人评价的结合中，要注重学生的自我评价，要特别重视培养学生自我认识、自我评价、自我教育能力的培养。李涵生概括的这10项基本原则和对4项原则最基本要求的分析，无疑对改革品德测评工作，深化品德测评原则研究，具有普遍的指导意义。

新近，肖鸣政著的《现代人员素质测评》一书[②]提出了素质测评的主要原则：①

①李涵生，胡卫.学生品德测评纵横[M].上海：百花出版社，1993：11-14.

②肖鸣政.现代人员素质测评[M].北京：北京语言学院出版社，1995：87-91.

客观测评与主观测评相结合；②定性测评与定量测评相结合；③静态测评与动态测评相结合；④精确测评与模糊测评相结合；⑤素质测评与绩效考评相结合；⑥要素测评与行为测评相结合；⑦分项测评与综合测评相结合；⑧素质测评与资源开发相结合。这虽是素质测评的原则，但是对品德测评的原则不仅富有新思路的启发，而且更具有现代化、系统化、理论化。

二、改革、创新品德测评方法

我国当代品德测评方法，可从20世纪50年代开展的“个性鉴定”算起。先是由北京师范大学开头，而后在全国师范院校推广。

现在我国常用的品德测评方法是多种多样的。如行为观察法、谈话法、问卷法、测验法、投射法、对偶故事法、道德两难故事法、情境测验法、人物推定法、个案研究法、操作鉴定法、现场教育心理实验法等等。它们既是品德研究方法，也常常用作品德测评；既用于“测”，也用于“评”。

为了阐明众多测评方法各自的独特作用，便于选择、使用，李伯黍、燕国材主编的《教育心理学》[①]分别讲述了：

1.道德认识的评定方法。如个别谈话法（列举有：对偶故事法、多重选择法、不完全故事完结法）；纸—笔测验法（列举有：道德认知问题的测验、包含道德因果关系问题的测验）；学业成绩测验（列举有：是非题、选择题、比较题、填空题、简答题、论说题）。

2.道德情感评定方法。如投射法（列举有：图片故事测验、造句测验、完全故事和不完全故事）、语义分化测验。

3.道德价值取向的评定方法。如谈话法、价值观测验法、价值观调查表、学业成绩测验。

4.影响道德发展的环境因素评定方法。如相关分析法、“干预”实验法、调查研究法。

5.道德发展一致性的评定方法。如对一个人认知与行为一致性的评定（列举有：例证法、寻找逻辑联系法、事后询问法、自然现象法、实验研究法）。

6.考察在不同生活时期的道德认识或道德行为的一致性（列举有：事后询问法、追踪研究法、横断研究法）。

---

①华东师范大学出版社1993年4月出版的《教育心理学》曾列专章“品德发展的评定方法”（第113页~136页）。

肖鸣政分析了我国在1980—1992年，全国122个学生品德测评试验方案，总结归纳了16种品德测评法，并概括为多种类型的品德测评模式。[①]

如果从品德测评方法所采用的方式来分类，在16种品德测评方法中得到评等型、综合型、评语型及评分型四种模式。16种品德测评方法分类见图9-2。

新近，肖鸣政主编的《人员测评与选拔》[②]一书第九章“品德测评”着重介绍了他在1991年设计并实验过的事实报告计算机辅助分析的考核性品德测评方法（简称FRC品德测评法）。同时还介绍了主观量表测评法、开发性品德素质测评法等。

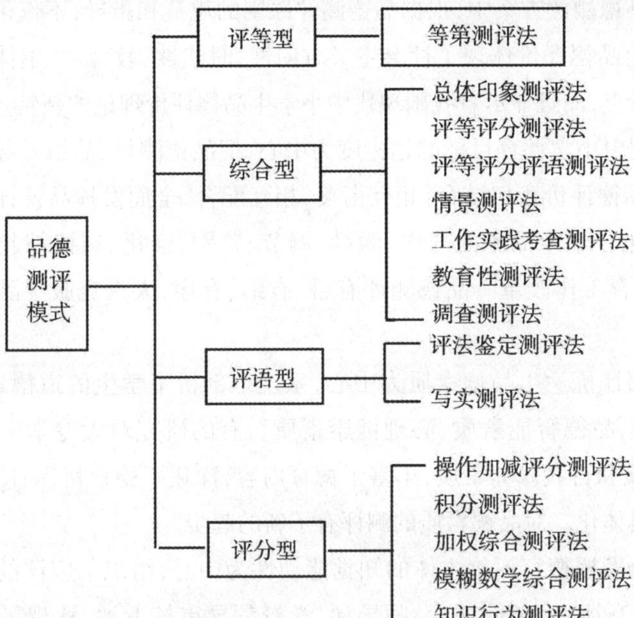

图9-2　品德测评模式

聂厚德在他主编的《中小学生品德评价的理论与实践》[③]一书中分析、比较了国内品德评价模式的类型，如指导性模式、指令性模式、自然观察评价模式、特设情境测卷评价模式，吸取其优点，提出了“代表性品德行为整体测评模式”。认为代表性品德行为整体测评模式的结构包括品德要素结构、品德测评活动结构、品德测评标

①参见肖鸣政．品德测评的理论与方法[M]．福州：福建教育出版社，1994.

②参见肖鸣政．人员测评与选拔[M]．上海：复旦大学出版社，2005.

③聂厚德．中小学生品德评价的理论与实践[M]．成都：四川教育出版社，1997.该书是全国教育科学“八五”规划国家教委级重点课题“普通教育评价基本理论与方法研究”的子课题的研究成果。

准结构。他推荐了主要采用的几种测评方法:测验法、量表法、评分法、评等法、评语法、图示法等。

上述众多的品德测评方法,从来源看,有常用的测评方法,有改革古代的测评方法,有借鉴国外的测评方法,更多的是近年来广大教育工作者改革、创新的品德测评方法。其中,李伯黍课题组使用的对偶故事法、道德两难故事法,结合中国青少年品德实际,自编问卷的调查与实验,章志光课题组使用的教育—社会心理实验法和教育现场心理实验法都富有特色。

在众多品德测评方案中,根据品德测评原则的规范和指导,不仅可以看到我国现代中小学生品德评价体现了社会主义方向性、时代性、教育性、主体性的现代教育评价共同特点,而且显示着我国现代中小学生品德评价理论的新特点:

1. 以实现中小学德育目标的达标度为中心,把品德测量、品德教导、品德管理、品德养成与品德评价密切结合,相互衔接、相互配合,全面发挥品德评价的综合教育功能。对中小学生品德的导向、激励、调节、鉴别、强化、选拔都起到了积极作用,推进了德育工作改革。品德测评有目、有纲、有序,大大克服了品德评定中的随意性。

2. 以全面评价学生品德素质为中心,系统地剖析了学生的道德素质、思想素质、政治素质、品德智能素质、心理健康素质。有的研究对大专学生还测评了知识—理论素质和自我修养素质,丰富了德育内容,深化了德育目标,使素质教育在德育工作中具体化。对品德素质的测评有了新的起步。

3. 以充分发挥德育评价主体的知觉能动性为中心,组织了应评的全体学生自评,学生群体互评、家长助评、教师导评、学校领导审核考评,体现了品德评价的自觉性、民主性、监督性、群众性的结合。促进了德育工作中的“管、教、学”三方主体的三结合,也促进了“学校、家庭、社会”三方教育力量的三结合,目标一致,标准一致。

4. 以品德形成评价为中心,把起始性评价(摸底性评价)与总结性评价(鉴定性评价)紧密联系起来,探索学生品德由起始性评价水平发展提高到总结性评价水平的内在规律,把常规教育、情境教育、说服教育、行为规范教育有机结合,显示了“德目—情境—导行—评价—养成”的新型德育模式。

5. 以制订科学测评学生品德发展指标体系为中心,把真实性、操作性、形象性与现代电脑技术结合起来,总结、探索、创造了品德测评的大量方案、测评方法、测评技术,使学生品德测评的科学性、可行性大大提高。

研究三　模拟品德行动产生的情境——试探小学生的品德心理结构及其发展趋势[①]

课题的提出

关于我国少年儿童的品德心理结构，我们于1963年曾对115位小学生做的210件好事的品德行动中的心理活动进行过分析。[②]1979年，研究过少年英雄何志刚的品德形成，从他三斗顽敌的英勇事迹中，分析过少年的勇敢行为的心理结构。[③]1980年，研究过雷锋的共产主义品德的形成，从雷锋的高尚行动看共产主义品德的心理结构。[④]

1980年春，重庆市的广大少年儿童教育工作者，积极贯彻中国少年儿童第六次工作会议精神，探索建立少先队的"三化制度"（系统化、制度化、阵地化），迫切希望掌握我国少年儿童的完整的品德心理的特点，这是实际的教育工作向心理科学提出的新的要求。我们结合全国心理学科研规划精神，进一步对我国少年儿童的品德心理结构及其形成规律进行探索。

这次探讨之前，曾对上述研究做过初步综合。认为，我国有社会主义觉悟的人的个体品德的基本心理结构，是由下列心理因素构成的：品德认识、品德情感、品德动机、品德意志、品德行动、品德社会效果的自我评价[⑤]，简称为：认、情、动、意、行、

①本研究得到西南师范学院刘兆吉教授、张增杰教授指导，承蒙共青团重庆市委王汉芳、唐蕾，沙坪坝区团委屠异芳，树人小学王海峰、欧阳德琴、陈福碧、董保静、李致芳、余丽扬，育英小学邓荣华、姚涧芝、邱映川、徐静、谭新玲、林德跃，烈士墓小学邢真理、郑元、何素华、陈易德、杜振寰、李今谦老师及三校领导的大力支持，谨此致谢。此文送中国心理学会发展心理、教育心理专业委员会1982年昆明学术年会交流报告。刊载于《发展心理、教育心理论文选》，北京师范大学出版社1985年8月出版。

②参见曾欣然.小学儿童学习雷锋榜样的心理分析[J].西南师范学院学报（自然科学版），1983(2).

③参见曾欣然.从少年英雄何志刚的优秀事迹，探讨少年品德中的两个问题.1979年（交流资料）。

④参见曾欣然.从雷锋的阶级觉悟的发展，探讨共产主义品德的形成[J].科学研究资料，1980(1).

⑤参见曾欣然.个体品德形成的几个问题.西南师范学院学报（哲社版），1982(3).

评,这些是构成个体品德的基本心理因素。

但是,个体品德心理结构的各种心理因素的作用,在不同年级的学生身上,其发展达到什么水平,各种心理因素的综合结构在一个人的品德行动中,是否能显示出品德心理结构发展趋势等,则了解甚少。因此,进一步搞清这个问题,不仅可为少先队按年级分阶段建立“三化制度”提供心理学依据,在当前有迫切的现实意义,而且为探索在我国正常生活、学习的少年儿童的完整的品德心理结构也有理论意义。

研究方法

这次调查,我们试用了品德心理情境模拟调查法。即模拟个体品德行动产生的情境,用书面语言描述及提问,激发小学不同年级的少年儿童在相同的模拟情境下,产生想象性的品德行动及其一系列心理活动,由学生自己独立复述,用书面语言回答在调查表上。

品德心理情境模拟调查表编制的原则是:1.选择少年儿童在生活、学习中实际发生过的品德行动,适当增减情节,编拟成少年儿童易于理解的道德故事情境。2.故事以第一人称的口吻写成,指导语也以第一人称的自我设问语气提出。这样,以便唤起学生关于该情境的表象或想象,引导学生设身处地地想一想:“我遇着这种情况怎么办?”引起学生“亲临其境”地展开一系列心理活动。从中了解被试在该情境中设想的行动所表现出的品德心理结构。调查表给测试对象使用时,统称“小学生处理事物调查表”。

测试的进行,以少先队中队为单位,每个人按表中要求,各自独立地、如实地把自己读故事时产生的一系列心理活动做书面回答。

测试是1980年在重庆市树人小学、育英小学、烈士墓小学进行的。测试对象是这三所学校一年级至五年级学生。每所学校每个年级都随机挑选了一个中队,共15个中队。

测试内容,根据少先队工作及《小学生守则》(试行草案)要求,在品德方面选拟了八方面的故事:爱护公物、勤奋学习、助人为乐、英勇对敌、团结同学、我的理想、拾金不昧、尊敬老师。

调查结果分析

本文仅就爱护公物、英勇对敌、助人为乐三项模拟的品德行为进行分析。材料是在三个二至五年级中，各选了一个中队。一年级学生因书面回答困难，未列入分析之内。

一、模拟小学生爱护公物的品德心理结构的初步分析

小学生处理事物调查表

姓名　　　　性别　　　　出生年月

学校　　　　年级　　　　回答日期

同学们，下面讲的几种情况，有的小朋友是遇到过的。你遇着了怎么办？

现在请大家动脑筋，比比看：

谁知道的办法最多？

谁选择的办法最好、最巧妙？

谁讲的理由最充分？

谁回答得最真实？

请认认真真地填写，怎么想的就怎么回答！不是考试，不会记分，也不列入成绩，是要了解你们的才智和内心的希望，更好地组织中队的活动。

* * *

"一天中午，我背着书包上学，刚刚走到校门口，忽然电光闪闪，雷声隆隆，狂风呼呼，乌云满天，大雨下起来了。我赶忙跑进教室，放下书包，抬头向窗外一望，"哎呀！在对面操场的墙边，还放着一挑石灰。"

在这种情况下，我知道对待的办法有这么几种：____________________。

我觉得最笨、最不好的办法是____________________。

理由是____________________。

我决定采取________态度，马上就________。我认为这就叫________行动。做完以后，我内心感到________。

根据不同年级的四个中队学生（五年级45人、四年级52人、三年级54人、二年级41人，共计192人）的书面表述的心理活动，分析结果，有下列初步印象。

（一）192人中，爱护公物者182人，约占总数的94.8%

如答："我决定采取对学校的公物负责的态度，马上就把它抬到无雨的地方。我认为这就叫用实际行动向雷锋叔叔学习的行动。做完以后，我内心感到无比高兴。"

对公物损失不管者10人，占总数的5.2%。如答："我决定采取不管它的态度，马上就看连环画，我认为这就叫不管的行动。做完以后，我内心感到没什么关系，

又没有损坏我的东西。”这类事实说明，社会上“公有”“私有”的矛盾，在小学生品德内容中是有反映的。但在我国社会主义制度和共产主义教育下，绝大多数少年儿童是爱护公物的，主流是好的。品德的性质与在私有制社会中的少年儿童的品德是不同的。

（二）对182位表述爱护公物者的心理活动分析，有下列情况值得研究

1.从小学生所答的办法中表现的思路看，解决道德问题中的思维有四种形态：

（1）单向品德思维：挑，盖上，书包装，手捧，叫老师，报告学校，喊同学抬……都是单向的，即思路上只从一个角度想办法。

（2）双向品德思维：挑进教室或不管，报告学校或不管，盖上或不管，几个人抬或不管，等等，都是双向的，即思路是从两个角度想办法。

（3）三向品德思维：把石灰挑进教室，或找同学去挑，或不管；拿伞去遮，或报告学校，或不管；自己去挑，或叫别人去挑，或自己不管等别人去挑；等等，思维是三向的。即思路是从三个角度去想过，然后选择较巧妙的办法。

（4）多向品德思维：去盖好，或发动几个同学一起去抬，或告诉老师，或不管它；自己去挑，或报告学校，或几个人去抬，或不管；等等。总之，思路是多方面地全面思考后，选择最优的办法。

2.就小学生解释办法的理由，选择或消除所表现的爱护公物的品德动机看，反映的社会意义有下列水平，如表9-2所示。

表9-2　选择或消除所表现的爱护公物的品德动机

品德动机根据的社会意义	否定不好的办法的理由举例	肯定最好办法的理由举例
自然生活意义	不去拿，石灰会被雨冲走	石灰淋了雨，就不能用
个体生理意义	为了自己身上不打湿，我一出去就会淋雨	
个体经济意义	石灰又不是我自己的东西。衣服打湿了还会弄烂	
个体荣誉意义		我把石灰抢回来，好受表扬
遵守学生守则意义	没按学生守则去做	遵守学生守则
学习榜样意义	看见过别人对公家东西不去管。没有像雷锋叔叔那样	我们要学习雷锋做好事
爱护集体财产意义	没有一点爱集体的思想	这是集体的东西，我是少先队员，应该这样为集体添光彩

续表

品德动机根据的社会意义	否定不好的办法的理由举例	肯定最好办法的理由举例
爱护国家财产意义	是公家的，不管，没有什么了不起。浪费了国家财产	自己淋点儿雨没关系，这是抢救国家财产
少先队员的责任感	对不起我戴的红领巾	我是一个少先队员，这是集体财产，我有责任保护。自己去挑，石灰不打湿，对得起红领巾
克己为公	光顾自己不顾公家的东西	情愿自己再淋一点儿雨，自己是少先队员，保护了国家财产。为了保护国家财产，淋点儿雨，没什么了不起

3.就小学生决定采取的爱护公物的品德行为看，从独立性、主动性及社会组织性分析，有五种形态。

（1）自我完成的独自行动：挑、装、捧、盖等，一人独自完成的行动，保护了公物。

（2）组织社群力量的群体行动：发动几个同学一起挑、抬，集体力量完成，保护了公物。

（3）报告领导的组织行动：报告学校领导、向老师汇报、依靠领导、组织社会力量完成，保护了公物。

（4）请求成人的依赖行动：人小挑不动请老师、请工人叔叔去完成，保护了公物。

（5）推给别人的旁观行动：喊别人挑或等别人去抬，自己动口不动手，让别人去完成的自己不出力的旁观行动。

4.就小学生完成品德行动的内心体验看，对爱护公物品德行动的效果，从自我评价的概括标准分析主要有五种形态：道德规范评价、榜样形象评价、学生守则评价、一般的好与不好的评价、生活常识评价。

（三）182位表述爱护公物者品德行动的心理结构的发展

对二、三、四、五年级学生的回答资料进行比较，如表9-3所示。

表9-3　爱护公物者品德行动的心理结构的发展

心理类型 ＼ 人数及百分比 ＼ 年级及总人数	二年级（41人）		三年级（44人）		四年级（52人）		五年级（45人）	
单向品德思维	38人	93%	22人	50%			1人	2%
双向品德思维	2人	0.5%	20人	45%	26人	50%	5人	10%

续表

年级及总人数 / 人数及百分比 / 心理类型	二年级（41人）		三年级（44人）		四年级（52人）		五年级（45人）	
三向品德思维			2人	5%	20人	38%	35人	78%
多向品德思维					4人	8%	4人	10%
未答*	1人	0.3%			2人	4%		
自然生活意义	25人	61%	31人	70%	9人	17%	4人	9%
切身生理意义	1人	2%						
切身经济意义	2人	5%						
切身荣誉意义	4人	10%	8人	19%	2人	4%		
遵守学生守则意义	6人	15%						
学习榜样意义							1人	2%
爱护集体财产意义			2人	5%	4人	8%	2人	5%
爱护国家财产意义	2人	5%	1人	2%	25人	48%	29人	65%
少先队员责任感					5人	10%	1人	2%
克己为公					1人	2%	2人	5%
未答*	1人	2%	2人	5%	6人	12%	6人	13%
独自行动	4人	10%	8人	18%	40人	76%	42人	93%
群体行动			5人	11%	8人	16%	2人	5%
组织行动			10人	23%	2人	4%		
依赖行动	37人	90%	21人	48%			1人	2%
旁观行动					2人	4%		
道德规范自我评价	6人	15%	15人	34%	28人	54%	27人	60%
榜样形象自我评价	4人	10%	8人	18%	6人	11%	7人	16%
学生守则标准自我评价	2人	5%	5人	11%	8人	16%		
一般好、不好的自我评价	19人	46%	9人	20%	5人	10%	9人	20%
生活常识评价	10人	24%	7人	17%	5人	10%	2人	4%

*“未答”不属于心理类型，但出于统计需要，放于该处。

材料表明，在小学的不同年级中，似乎有下列发展趋势。

二年级学生爱护公物品德行动的心理结构，基本形态是：单向品德思维—揭露自然生活意义—支配依赖行动—以一般的好与不好为标准进行自我评价。

三年级学生爱护公物品德行动的心理结构基本形态是：从单向品德思维向双向品德思维过渡—从揭露自然生活意义向揭露切身社会荣誉意义过渡—从依赖行动向组织行动、独自行动过渡—从一般性的自我评价向榜样形象、道德规范自我评价过渡。

四年级学生爱护公物品德行动的心理结构，比二、三年级学生的心理结构有明显的变化。基本形态是：双向、三向品德思维—揭露社会意义，开始出现责任感—支配独自行动—道德规范自我评价。

五年级学生的品德心理结构与四年级学生的品德心理结构大体相同。

二、模拟小学生英勇机智捉坏人的品德心理结构的初步分析

所用的“小学生处理事物调查表”[①]与“一”的格式和要求相同。模拟情境如下。

冬天的一个早上，雾气蒙蒙。我因当值日生，提前到了学校。老师、同学们都还未来，校园静悄悄的。我刚走进教室，从教室大楼旁边的角落突然闪出一个人影，我立刻屏住呼吸，躲在门后，仔细一看：呀！一个大汉，右手拿了一根小铁棒，左手抱着我们学校刚刚买回来的新电视机，匆匆忙忙往外窜，妄图从围墙那边溜出去。”

分析结果，有下列初步印象：

总计192人中，表述了自己捉坏人者，有174人，占总测人数的90.6%；表述自己不捉坏人者，有18人，占总测人数的9.4%。两者在各年级中的分布情况，如表9-4所示。

表9-4　学生是否捉坏人在各年级中的分布情况

表述类别 \ 人数及分布 \ 年级及总人数	五年级（45人）	四年级（52人）	三年级（54人）	二年级（41人）	总测人数（192人）	
表述自己捉坏人者	45人	46人	42人	41人	174人	90.6%
表述自己不捉坏人者	0	6人	12人	0	18人	9.4%

从表9-4中，学生表述自己品德心理活动反映内容的性质看，说明社会上对坏人“敢于斗争”与“不敢斗争”的矛盾，在小学生品德内容中是有影响的。在我国社会主义制度和共产主义教育下，大多数小学生是爱憎分明、敢于与坏人斗争的，英勇对敌的人是占大多数的。但在不同年级学生中的分布，是有差异的。

① 表中“最笨、最不好的办法”之后，有“理由是”一项，因印表时，打印中漏掉了，学生未都答。此次分析时，该项暂缺。

从表述的心理活动分析，有下列印象。

（一）对174位表述自己捉坏人者的心理活动分析

1.从小学生所答的办法中表现的思路看，解决面对坏人问题中的思维有四种形态：

（1）单向品德思维。提出的对待办法只从一个角度思考，就是“捉坏蛋”。如：“去逮”“去追”“和这个大汉搏斗”等。从品德思维的“思路”看，是单一方向的。有的学生，虽然提出了两种对待方法，如：“①边喊边追；②报告公安局”“①冲上去夺铁棒；②看清面目去报告”等，但从思路上看仍是单一方向的。

（2）双向品德思维。提出的对待方法，是从两种角度思考，就是：

{ 捉坏人
{ 不捉坏人

如：“①不管；②叫人”；“①紧紧跟踪；②不去，他会打人”；“①马上躲起来，以免受伤；②去报告学校”；等等。从品德思维的思路看，应是双向的，对“去捉”与“不去捉”的两个方面都考虑到了。

（3）三向品德思维。提出的对待方法，一般有三种或四种角度思考。就是：

{ 捉坏人——{ 约人捉坏人
{ 　　　　　{ 巧妙捉坏人
{ 不捉坏人

如“①上前拦住他；②追踪；③不管”；“①和他搏斗；②一边高喊；③不去”；等等。从品德思维的思路看，在双向基础上多了一向（或一级），应是三向的。

（4）多向品德思维。提出的对待办法，有四种或五种，品德思维的思路是多方面思考的。就是：

{ 捉坏人{ 约人捉
{ 　　　{ 巧妙捉
{ 　　　{ 冲上去捉
{ 不捉坏人

如：“①叫人捉；②秘密跟着他；③追上搏斗；④不去”；“①报告学校领导；②叫人从后面包抄他；③趁他翻墙时，冲上去拖住一条腿；④让他跑”；等等。

2.从小学生选择办法的理由中表现的英勇机智捉坏人的品德动机，所反映的社会意义有下列水平，如表9-5所示。

3.从小学生决定采取英勇机智捉坏人的品德行动看，其独立性、主动性及社会组织性，有下列形态（见表9-5）。

表9-5　小学生采取英勇机智捉坏人的品德动机所反映的相关内容

品德动机反映的 社会意义	选择最好办法{跟大汉搏斗、叫人、边追边喊、报告学校、报告公安局、跟踪、缠住坏人}理由举例
社会生活常识意义、个体意义（主要是生理生命意义及荣誉意义）	人多力量大，才抓得住。赶快去抓，报告来不及了 看不成电视了。保住了电视机，又光荣
听从师长教导的意义	老师经常教导我们要英勇对敌
学习英雄榜样的意义	学习何运刚，抓住坏蛋。学习刘文学，不怕牺牲
保卫学校财产的意义	保住学校财产，关心国家财产
少先队员的社会地位、任务的意义（少先队员责任感）	我是个少先队员，应保护集体财产
保卫治安抓坏蛋	不准捣乱，抓住坏蛋
英勇机智捉坏人	电视机保住了，坏人也抓住了。自己不受伤，还可以抓到坏人

（1）主动完成的独自行动。独自行动中有两种情况：一种是搏斗型，幼稚性很明显，如独自冲上去、去逮、去夺、去搏斗，趁他不注意，把他的铁棒抢了；一种是机智型，如跟踪、躲在门后看清长相等。

（2）邀约伙伴的群体行动。如：喊两个同学一起追，边喊边追。

（3）报告领导的组织行动。如：马上向老师报告，向公安局报告。

（4）请求成人的依赖行动。如：喊学校的家属去追。

4. 从小学生完成品德行动的内心体验看，对英勇机智捉坏人的品德行动的效果，从自我评价的概括标准，主要有下列形态。

（1）用道德规范自我评价。如：英勇对敌的行动、机智斗敌的行动、顽强地与坏人搏斗的行动。

（2）用榜样形象自我评价。如：学习何运刚哥哥的行动。

（3）一般性的好与不好的自我评价。如：做好事的行动、不怕坏人的行动。

5. 从174位小学生自述英勇机智捉坏人的品德心理结构的发展看，其分布情况如表9-6所示。

表9-6　小学生自述英勇机智捉坏人的品德结构分布情况

年级及人数 / 人数分布及百分比 / 心理活动的形态	二年级（41人）		三年级（42人）		四年级（46人）		五年级（45人）	
单向品德思维	31人	75.6%	27人	64%				
双向品德思维	5人		7人		21人	46%	16人	35%

续表

年级及人数 / 人数分布及百分比 / 心理活动的形态	二年级（41人）		三年级（42人）		四年级（46人）		五年级（45人）	
三向品德思维			5人		20人	43%	20人	44%
多向品德思维					3人		8人	18%
未答或答不对题*	5人		3人		2人		1人	
社会生活常识意义	17人	40%	11人	20%	2人		2人	
个体切身意义	3人		2人		3人		1人	
听从师长教导的意义	4人				1人			
学习英雄榜样的意义	4人				1人		3人	
保卫学校财产的意义	7人	17%	11人	26%	20人	43%	11人	24%
保卫治安抓坏人			15人	36%	8人	17%	13人	29%
少先队员的社会地位、任务的意义（少先队员责任感）							3人	
英勇机智捉坏人					8人	17%	10人	22%
未答或答不对题*	6人		3人		3人		2人	
主动完成的独自行动	24人	58%	15人 36% 搏斗型 14人	机智型 1人	24人 52% 搏斗型 14人	机智型 10人	28人 62% 搏斗型 16人	机智型 12人
邀约伙伴的群体行动	2人		3人		7人		10人	
报告领导的组织行动	6人		22人	62%	9人	20%	6人	
请求成人的依赖行动	2人		1人		1人		1人	
未答或答不对题*	7人		1人		5人			
用道德规范自我评价	6人		15人	36%	32人	70%	28人	62%
用榜样形象自我评价	6人		7人		10人	21%	11人	24%
一般、好、孬自我评价	26人	53%	17人	46%	2人		3人	
未答或答不对题	3人		3人		2人		3人	

*“未答或答不对题”不属于心理活动的形态，但出于统计需要，放于该处。

表9-6表明，在不同年级中，似乎有这样的发展趋势：

小学二年级大多数学生的英勇机智捉坏人的品德心理结构基本形态是：单向品德思维—凭社会生活常识支配天真幼稚的独自行动—以一般性好孬进行自我评价。如："育二36号表"的学生自述："在这种情况下，我知道对待的办法有这么几种：跟他搏斗。我觉得最好、最巧妙的办法是偷偷地走过去把他的小铁棒拿了。理由是：不把他的铁棒抢了，自己也要死。我只有把他手里的铁棒抢了，马上就打他一棒。我认为就叫好思想的行动。做完以后，我内心感到很舒服。"

小学三年级的大多数学生，自述的英勇机智捉坏人的品德心理结构，基本形态是：单向品德思维—揭露(保卫学校财产、保卫治安抓坏人)的意义—报告领导的组织行动—以一般性的好与不好的道德规范自我评价。

(其中，独自行动者，机智型仅仅有1人)如："树三29号表"的学生自述："在这种情况下，我知道对待的办法有这么几种：报告学校、报告公安局。我觉得最好、最巧妙的办法是找一同学跟踪、一个同学报告公安局。理由是：如果他跑了，以后还要偷。我只有找了一个同学，马上就行动起来。我认为这就叫跟坏事坏人作斗争的行动。做完以后，我内心感到很高兴"。

小学四、五年级的大多数学生，自述的英勇机智捉坏人的品德心理结构的基本形态是：双向品德思维、三向品德思维—保卫学校财产、保卫治安抓坏人—既能保护自己，又能抓住坏人。—支配独自的机智行动或群体行动、组织行动——用道德规范自我评价。如："育四4号表"的学生自述："在这种情况下，我知道对待的办法有这么几种：冲上去，看清他的面目去报告。我觉得最好、最巧妙的办法是看清他的面目去报告。理由是：既不伤害自己，又可以给公安人员提供线索。我只有躲在门后看清了他的面目，马上就去报告公安局。我认为就这就叫提高警惕保卫集体财产的行动。做完以后，我内心感到相当的愉快。"

(二)对18位表述不捉坏人者的心理活动分析，如表9-7所示

表9-7表明：不捉坏人者的品德心理结构有不同类型，列举五例如下。

表9-7　不捉坏人者的品德心理结构分布情况

心理活动的形态 \ 年级及总人数	二年级(0人)	三年级(12人)	四年级(6人)	五年级(0人)	说　明
单向品德思维		7人			不捉坏人的办法主要是不管、逃跑、躲进教室
双向品德思维		5人	3人		
三向品德思维			2人		
多向品德思维			1人		

续表

心理活动的形态 \ 年级及总人数	二年级（0人）	三年级（12人）	四年级（6人）	五年级（0人）	说明
个体意义		7人	4人		为什么不捉坏人的理由，主要是从个体得失出发，如“莫把我打了，不敢去逮。”“逃跑，自己脱险了。”“不管，我怕。”“不敢跟着大汉，怕死。”个别的学生不敢去捉坏人，是“想到了何运刚为了保卫集体财产而牺牲了。”
学习榜样的消极意义		1人			
保护学校财产意义		2人	2人		
未答或答不对题*		3人			
个人独自行动		12人	6人		
用道德规范自我评价		3人	6人		
一般、好、孬自我评价		3人			
错误标准自我评价		6人			

*“未答或答不对题”不属于心理活动的形态，但出于统计需要，放于该处。

“育四20号表”学生自述：“在这种情况下，我知道对待的办法有这么几种：逃跑、和他搏斗。我觉得最好、最巧妙办法是逃跑。理由是：我怕死，我只有逃跑。马上就跑。我认为这就叫见事不救的行动。做完以后，我内心感到惭愧”。

“育四11号表”学生自述：“在这种情况下，我知道对待的办法有这么几种：不管、去逮、喊。我觉得最好、最巧妙的办法是不管。理由是：我怕，我只有逃跑。马上就做。我认为这就叫自私自利的行动。做完以后，我内心感到惭愧”。

“树三16号表”学生自述：“在这种情况下，我知道对待的办法有这么几种：快点跑。理由是：不跑的话，灾难就要掉在头上，我只有快点儿跑。马上就跑，我认为这就叫避免灾难的行动。做完以后，我内心感到害怕。”

“树三37号表”学生自述：“在这种情况下，我知道对待的办法有这么几种：抓住坏蛋，躲起来。我觉得最好、最巧妙的办法是躲起来。理由是：躲起来不被打，抓要被打。我只有躲起来。马上就躲起来。我认为这就叫不顾集体的行动。做完以后，我内心感到自私。”

“树三26号表”学生自述：“在这种情况下，我知道对待的办法有这么几种：不说。我认为最好、最巧妙的办法是不抓小偷。理由是：不管。我只有走进教室里，马上就读书。我认为这就叫不管行动。做完以后，我内心感到不高兴”。

三、模拟小学生助人为乐的品德心理结构初步分析

所用的“小学生处理事物调查表”与“一”“二”的格式和要求相同。模拟情境是：

我们中队组织同学到郊外去春游，搞野餐。同学们在操场上集合，兴高采烈，等待出发。不知谁说：“某某和某某为了不迟到，还没吃早饭，就赶到学校来了。”我听到了，心里一动。看着自己手上的点心，带得不多，也没有吃早饭，我就没有说什么。在路上行走的时候，我脑子里像海水一样翻腾起来了。

分析结果，有下列初步印象：

总计192人中，表述了自己助人为乐者有166人，占总测人数的87%；表述了自己不助人者有26人，占总测人数的13%。在各年级中的分布情况如表9-8所示。

表9-8　助人与不助人者在各年级中的分布情况

项目＼人数＼年级及总人数	五年级（45人）	四年级（52人）	三年级（54人）	二年级（41人）	总测人数
表述助人为乐者	43人	44人	40人	29人	166人
表述不助人者	2人	8人	14人	2人	26人

根据学生表述自己品德心理活动，从反映内容的性质看，社会上“为人”与“为己”的意识形态的矛盾，在小学生品德内容中是有影响的。在我国社会主义制度和共产主义教育下，大多数学生是愿意助人为乐的，主流是好的，与在私有制社会中的少年儿童相比较，品德的性质显然不同，助人为乐者占大多数。

从人数的年级分布看，助人为乐者，二、五年级学生中，比例大些，都在95%以上。三、四年级学生中，比例小些，只占74%~85%。是何原因，有待探讨。

（一）对166位表述助人为乐者的心理活动分析，有下列情况

1.解决助人为乐的道德问题中的思维，有四种形态。

（1）单向品德思维：提的办法只从一个角度思考，就是“助人”。如“给别人吃”“自己忍住”“我就去买几个饼子给他们吃”“叫老师在学校买几个给他们”等等。从品德思维的“思路”看，都是单向的。有个别学生，虽然提出两种办法，如“给别人吃，叫爸爸妈妈拿来”，但从“思路”看，仍是单向的。

（2）双向品德思维：提的办法是从两个角度思考，就是：助人、不助人。如“热情地给他们一点”“自己吃”，从品德思维的“思路”看，是双向的。

（3）三向品德思维：提的办法一般从三个角度思考，就是：助人、大家助人、不助人。如“给别人吃、大家平分、自己吃”；或者是助人、自己不吃，也不助人，如“分给

同学吃、把点心丢了、自己吃”。从品德思维的“思路”看，是三向的。

(4)多向品德思维：从提出的办法看，一般是四种以上的办法。如：“全部给别人吃、三人一人分一点儿、买饭送给大家吃、家里拿来大家吃、自己吃”。从品德思维的“思路”看，就是助人(全部给、部分给、买来给、拿来给)、不助人。

2.从小学生解释选择或摈除的理由看，表现小学生助人为乐的品德动机，所反映的社会意义，有下列水平如表9–9所示。

表9–9　小学生助人为乐的品德动机所反映的社会意义的水平

品德动机反映的社会意义	选择最好办法(自己不吃，给他们吃，分一点给同学吃)理由举例	批评(不给、不理、不管、自己吃)理由举例
自然生活意义	大家吃饱了走路才有精神 一个吃一点，总比不吃好 我一个人饿，总比两个人饿着好	别人饿着走不动，也不管，不对 使别人不能很好地春游
个体意义(包括生理意义、经济意义、个人荣誉意义)	我们都能吃到 不影响自己身体 得表扬	只想到自己没有吃的了 我也没有，怕自己饿了 早点是自己的。自己没吃，反而还给别人吃 早点是我自己的钱买的
听从师长教导的意义	老师经常说我们要助人为乐	
遵守学生守则意义		没有遵守学生守则
学习榜样意义	学习雷锋叔叔助人为乐的品质	没学雷锋
少先队员责任感(反映社会地位、任务的意义)	自己是少先队员，应该帮助别人	我是一个少先队员，不能这样做
舍己为人，助人为乐(反映社会历史发展的意义)	把困难留给自己 自己虽是没有吃到，但同学没有挨饿 助人为乐，毫不利己，专门利人	光顾自己，自私自利，不关心同学，不好 没有互助精神，没做到互相帮助

3.从小学生决定采取助人为乐的品德行为看，其独立性、主动性及社会组织性，有下列形态。

(1)主动完成的独自行动：如，自己主动地把早点给别人，分一点给他们吃。

(2)组织伴友力量的群体行动：如，我和他一起吃、两人平分着吃、三个人一人分一小半。

(3)动员集体力量的组织行动：如，要大家出点儿零钱。

(4)请求成人的依赖行动：如，回家去拿点点心来，叫爸爸妈妈送来。

(5)推给别人的旁观行动：如，叫他自己拿钱买早点，叫同学分点给他吃。

4. 从小学生完成品德行动的内心体验看，对助人为乐品德行动效果的自我评价的概括标准，主要有下列形态。

(1)道德规范评价：如，助人为乐的行动，舍己为人的行动，毫不利己、专门利人的行动。

(2)榜样形象评价：如，学雷锋团结友爱、学雷锋做好事、学雷锋助人为乐。

(3)一般性的好与不好的评价：如，光荣行动、好行动、好作风、好品质。

5. 从166位小学生自述助人为乐者的品德心理结构的发展看，如表9-10的材料表明，在不同年级中，似乎有这样的发展趋势。

表9-10　不同年级小学生自述助人为乐者的品德心理结构发展趋势

人数及百分比 / 年级及总人数 / 心理活动的形态	二年级（39人）		三年级（40人）		四年级（44人）		五年级（43人）	
单向品德思维	26人	68%	25人	65%			1人	
双向品德思维	3人		8人	20%	22人	50%	28人	65%
三向品德思维	2人		1人		17人	38.5%	13人	30%
多向品德思维					3人			
未答或答不对题*	8人		6人		2人		1人	
自然生活意义	9人	23%	4人		1人		3人	
个体切身意义	9人		12人	30%	7人	16%	1人	
听从师长教导的意义	3人							
遵守学生守则的意义			1人				1人	
学习榜样的意义			2人				2人	
社会地位、任务的意义（少先队员责任感）			1人		4人		1人	
社会历史发展意义（舍己为人，助人为乐）	7人	17%	16人	40%	27人	61.5%	32人	74.4%
未答或答不对题*	11人		4人		2人		3人	
主动完成的独自行动	22人	59%	20人	50%	20人	45.6%	13人	30%
邀约友伴的群体行动	1人		8人	20%	14人	31.8%	24人	55.8%
报告领导的组织行动					3人		1人	
请求成人的依赖行动	2人		2人		1人		1人	
推给别人的旁观行动	3人							

续表

人数及百分比 年级及总人数 心理活动的形态	二年级（39人）		三年级（40人）		四年级（44人）		五年级（43人）	
未答或答不对题*	11人		10人		6人		4人	
用道德规范自我评价	11人	28%	15人	37.5%	29人	66%	22人	74.4%
用榜样形象自我评价	1人		2人		2人		2人	
用学生守则自我评价	1人				3人			
用一般、好、不好的自我评价	11人	28%	8人		7人		6人	
用生活常识评价	1人		1人					
未答或答不对题**	11人		4人		3人		4人	

*“未答或答不对题”不属于心理活动的形态，但出于统计需要，放于该处。

小学二、三年级大多数学生的助人为乐的品德心理结构，基本形态是：单向品德思维—揭露（自然生活意义或个体切身意义）—支配独自行动—以一般好坏或道德规范为标准进行自我评价。如“育二26号表”学生自述：“在这种情况下，我知道对待的办法有这么几种：把早点给他们。我觉得最笨、最不好的办法是：只顾自己，不顾别人。理由是：会饿着他们。我觉得最好、最巧妙的办法是：把早点给他们吃。理由是：不会饿着他们。我最后决定把早点给他们吃，马上就行动。我认为这叫不顾自己的行动。做完以后，我内心感到非常高兴。”再如，“育二15号表”学生自述：“在这种情况下，我知道对待的办法有这么几种：就把自己的早点给别人。我觉得最笨、最不好的办法是：把自己的早点给别人。理由是：自己带得不多，给别人吃了，自己会饿肚子。我觉得最好、最巧妙的办法是：拿一半给别人吃，拿一半给自己。我认为这叫非常好的行动。做完以后，我内心感到非常高兴。”

小学四、五年级大多数学生的助人为乐的品德心理结构，基本形态是：双向品德思维或三向性品德思维—用社会道德规范揭露社会意义（舍己为人、助人为乐）—支配独自行动或群体行动—以道德规范标准自我评价。如“育五12号表”学生自述：“在这种情况下，我知道对待的办法有这么几种：①自己吃，②几个人一起吃，③全部给同学吃。我觉得最笨、最不好的办法是自己吃。理由是：不给别人，光顾自己，自私自利。我觉得最好、最巧妙的办法是几个人一起吃。理由是：一起吃体现了团结友爱，互相帮助。我最后决定和他们一起吃。马上就拿出干粮和他们一起吃。我认为这叫团结友爱，助人为乐的行动。做完以后，我内心感到很自豪，因为我帮助了同学。”

（二）对26位表述不助人者的心理活动分析，有下列情况，如表9-11所示。

表9-11　表述不助人者的心理活动分析

心理活动的形态 \ 人数 \ 年级及总人数	二年级（2人）	三年级（14人）	四年级（8人）	五年级（2人）	注
单向品德思维	1人	8人	1人		双向性实际是在不助人的前提下的办法：自己在路上吃；休息时自己吃 三向性亦同，办法是该把东西吃了；不让同学知道；不让同学看见去吃
双向品德思维	1人	5人	7人	1人	
三向品德思维		1人		1人	
自然生活意义		4人	2人		不助人者从个体切身意义出发，有下列情况： ①生理自利者（不挨饿） ②经济自利者（我自己的） ③生活乐趣者（好吃） ④虚假者（不说、不让人看见）
个体切身意义	2人	10人	6人	2人	
独自行动	2人	13人	7人	2人	不助人者的独自行动，有下列情况： ①粗鲁者（两三口把早点吃了） ②隐利者（悄悄地把东西吃掉） ③先利者（吃了再走，边走边吃）
未答*		1人	1人		
用道德规范自我评价		2人	2人		不助人者的评价标准有以下情况： ①是非颠倒者（不自私的行动，聪明人的行动） ②生理自利者（不要这么傻，饿了就该吃的行动） ③经济自利者（爸爸妈妈工作的钱）

续表

心理活动的形态 \ 人数 年级及总人数	二年级（2人）	三年级（14人）	四年级（8人）	五年级（2人）	注
用一般、好、不好自我评价	2人	10人	4人	2人	
未答*		2人	2人		

*“未答”不属于心理活动的形态，但出于统计需要，放于该处。

讨论与建议

根据模拟小学生爱护公物、英勇机智捉坏人及助人为乐的品德心理结构的分析，有下列问题值得讨论。

1. 小学生的品德心理结构中的各种心理活动，是否构成一定系统或模式？从我们初步模拟调查的材料分析，似乎是肯定的。综合爱护公物、英勇机智捉坏人、助人为乐的品德心理结构的共同点，初步设想，小学生的品德心理结构的各种心理活动，似乎应有下列系统（或模拟式）。见图9-3.

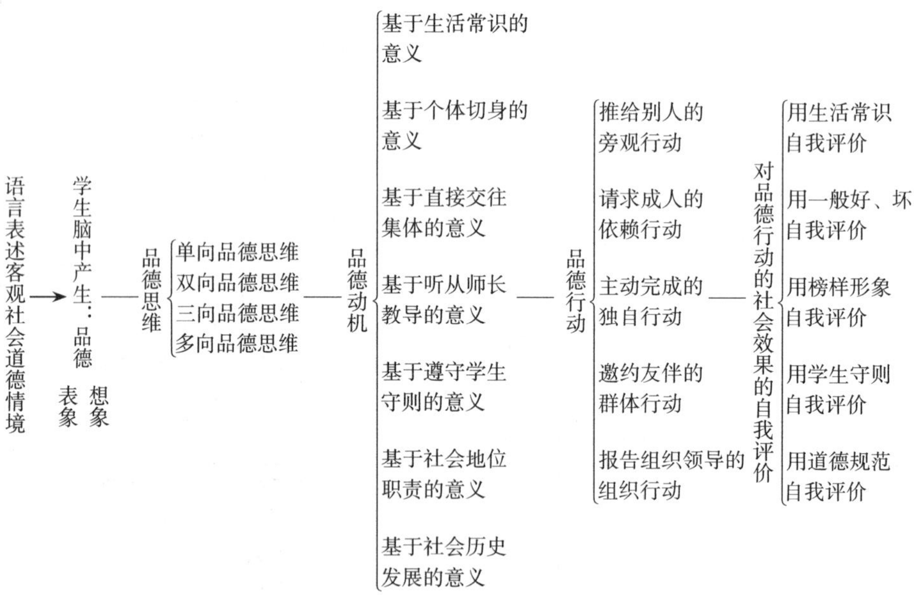

图9-3　小学生品德心理结构系统

据此，我们有下列启示和建议：

（1）研究品德问题要考虑智能发展。模拟调查中，初步触及了品德智能系统中品德思维发展的四种水平。提示人们，在进行政治思想道德教育时，既要丰富道德经验，传授道德知识，更要注意培养品德智能。（对社会品德的观察力的发展水平，因用的书面的模拟调查，尚未研究）

（2）研究品德问题的关键，一定要弄清品德动机的发展系统。从模拟调查分析，对品德动机问题有三点新的了解：①决定品德动机发展水平的，似乎不是需要本身，而是所需要的事物的社会意义。事物的客观的社会意义系统，反映在人脑中，构成主观的品德动机系统。品德行动的动力，不仅是需要，根本的动力应该是社会意义及社会意义与主体自身社会地位、任务的关系。②社会意义是否有系统、有层次？模拟调查中有一定显示。初步归纳有八种社会意义。③小学生品德动机揭露社会意义，绝大多数都是只讲一种社会意义，明显地表现出单义性的弱点，因而小学生品德动机富有情境性，极不稳定、不巩固。教育中，应向多义性方向发展，逐步形成稳固的品德动机系统，逐步构成个体的完整的人生观。

（3）初步了解了品德行动系统。个体品德行动是社会实践活动的具体体现，应该放在社会性、群众性、组织性的社会生活中考查。现在调查的五种品德行动，对指导德育实践是有帮助的。

（4）品德自我评价是自我调节系统的自动反馈效应。现在模拟调查提供的五种形态，构成自我评价标准系统，是提高品德行动的自觉性、坚持性的重要环节，对培养提高自我教育能力有现实意义。

2.初步分析了小学生品德认识（伴随品德认识的品德情感，因未专门调查，暂不分析）的心理结构发展趋势。从小学二年级至五年级，大致显示有下列四个阶段。

第一阶段的主要特点是：品德思维的单向性、品德动机揭露意义的个体性、品德行动的独自性、品德自我评价的简单性（就是好与不好的简单标准）。

第二阶段的主要特点是：品德思维的双向性、品德动机揭露社会意义的集体性、品德行动的群体性、品德自我评价的榜样形象性。

第三阶段的主要特点是：品德思维的三向性、品德动机揭露社会意义的社会性（遵守守则、效法榜样人物等具体意义）、品德行动开始有组织性、品德自我评价的道德规范性。

第四阶段的主要特点是：品德思维的多向性、品德动机开始揭露人生的社会历史意义、品德行动的社会组织性、品德自我评价的道德规范性。

根据品德认识心理结构发展的四个阶段及特点，对教育的系统化有现实意义。在教育工作中，既要照顾学生品德当前特点，从学生实际水平出发，更要把握学生品德发展方向及层次，一步一步引导向前，逐步形成完整的品德结构，构成稳固的主观世界。

此外，从品德反映内容的性质看，二、三、四、五年级学生品德都同样有正确的和错误的表现，同样有向正确方面发展与向错误方面发展的两种可能。在政治思想品德教育中，必须十分重视创造良好条件，使其向正确方面发展，预防向错误方面发展。

3.试用这种品德心理情境模拟调查法，具有问卷法的方便、问题规范化的形式。但被试的心理活动，却大大不同于问卷法的简单回答，带有一系列心理活动的模拟色彩。回答中有明显的道德判断，但不同于单纯的客观评价，而是带有主观与客观结合、言行一致的特色，模拟解决实际道德问题。从初步获得的资料看，这是适合于正常社会生活条件下研究品德结构的一种方法，值得总结、摸索。

当然，心理模拟调查法毕竟脱离不了“模拟”，有别于现场实地心理调查法。它的真实性、可靠性，都有赖德育实践的检验。在德育心理研究中，我倾向于把心理模拟调查法与现场实地心理调查法结合进行，配合使用。

研究四　中小学生“爱人民”品德素质发展的情境模拟测查①

提　要：本研究从德育规范内容与品德的心理反映形态结合入手，采用品德情境模拟测评法系统地测查了中小学生“爱人民”品德素质的发展水平、特点及趋势。研究证实：中小学生“爱人民”的品德行动存在一个动态的完整的品德心理结构，其中每一种心理成分有3至7级水平；中小学生品德心理发展存在关键转折期，各种品德心理成分发展的关键期的出现时间不完全一致；测评学生品德素质的发展，应该以学生实现品德价值为中心。

关键词：品德素质发展　关键转折期　情境模拟测评

中国图书资料分类法分类号：G44

一、问题的提出

“爱人民”品德素质既是中小学德育的重要目标、基本要求，也是少年儿童个体品德发展的基础。国家教委颁发的《小学德育纲要》规定：着重教育学生心中有他人、心中有集体、心中有人民、心中有祖国。《中学德育大纲》对初中阶段学生的道德行为的基本要求是：尊重、关心他人，爱护、帮助他人。这两个文件对中小学生处理个人与他人关系做出了明确的规范要求。

中小学生“爱人民”品德主要体现在爱父母、爱老师、爱同学、爱劳动人民以及憎恨坏人等方面。“爱人民”品德素质涉及哪些心理因素？中小学生“爱人民”的品德素质发展有哪些特点？在深化改革、发展社会主义市场经济条件下有哪些发展趋势？国内对这些问题的系统研究尚不多见。在已有研究中，曾欣然（1982）②采用模拟个体品德行动产生的情境，测查了小学生的品德心理结构及其发展趋势；李怀

---

①本文是曾欣然主持的国家教委人文、社会科学研究“八五”规划项目“大城市中小学生思想品德的调查及对策研究”成果之一。与陈旭合作完成，刊载于《西南师范大学学报（哲学社会科学版）》1997年第3期。

②参见曾欣然．模拟品德行动产生的情境——试探小学生的品德心理结构及其发展趋势［M］//发展心理、教育心理论文选．北京：北京师范大学出版社，1985.

美等人(1983)[①]综合采用问卷调查、观察、实验等方法,调查了中小学生品德心理结构各成分的发展趋势、水平和特点;林崇德(1980)[②]通过对中小学生的追踪调查,提出品德的发展存在关键期和成熟期;章志光(1993)[③]领导的课题组主要采用现场教育心理实验法的方法,探讨了学生品德形成的内外条件及动力系统。国外,近年有代表性的研究是莱斯特采用确定问题测验(DIT)测查儿童青少年品德的发展。这些研究各具特色,给人启发。我们在自己已有研究[④⑤⑥⑦⑧⑨]的基础上,从德育规范内容与品德的心理反映形态结合入手,模拟学生品德行动产生的情境,系统地测查了中小学生"爱人民"品德素质发展。该项调查旨在探索中小学生"爱人民"品德素质的发展水平、特点和发展趋势,为研究品德素质发展规律,改进和加强中小学德育工作提供实证依据。

二、方法

本研究采用曾欣然教授改革、创新的现代品德情境测评法。

品德情境模拟测评的基本程序是:1.深入中小学现场,选择中小学生日常生活中实际发生过的品德情境,作为"原型"。2.全面分析综合"原型",适当增删情节,以学生自己身临其境的主体参与活动态度,编制成中小学生易于理解的品德情境故事。3.配以学生第一人称的自我设问的指导语,编制成预测问卷。4.在非实验对象的同龄学生中,进行小样本预测,向学生征询改进意见,听取专家和教师意见,修改后,制成正式问卷小样本试测。5.随机选择学校、随机选择班级,进行整体的正式实测。按受测评的班级,全班学生全员参加测评。学生按问卷指定问题,独立、自由、开放地用笔填写,如实回答。6.按整群抽样,除去废卷,以每班抽取40人为样本,随

---

①李怀美等.中国儿童青少年品德心理发展与教育[M]//朱智贤.中国儿童青少年心理发展与教育.北京:中国卓越出版公司,1990:516,517.

②林崇德.品德发展心理学[M].上海:上海教育出版社,1989:125,316,348,364.

③章志光.学生品德形成新探[M].北京:北京师范大学出版社,1993:27.

④参见曾欣然,陈旭.中小学生"心中有父母"的情境模拟测查[J].学校思想教育文稿,1994(8).

⑤参见曾欣然,陈旭.中小学生"心中有老师"的品德情境模拟测查[J].学校思想教育文稿,1994(12).

⑥参见陈旭,曾欣然.中小学生"心中有同学"的品德情境模拟测查[J].学校思想教育文稿,1995(4).

⑦参见曾欣然,余禾.中小学生"恨坏人"的品德情境模拟测查[J].学校思想教育文稿,1995(5).

⑧参见曾欣然,余禾.中小学生"心中有祖国"的品德情境模拟测查[J].学校思想教育文稿,1995(11).

⑨参见陈旭.品德情境测评法在学生品德测评中的应用[J].学科教育,1995(6).

机抽取出多余问卷，进行统计分析。

调查对象为重庆市、成都市、贵阳市、桂林市的小学三、四、五、六年级学生，初中一、二、三年级学生，共5480人。其中，小学三年级至初中三年级学生人数分别为760、770、785、165、800、800、800，男女人数大致相等。

三、调查结果

(一)品德意识

1. 中小学生“爱人民”的品德参与态度

学生的参与态度表现出三种类型：参与解决品德情境中的问题、不参与解决品德情境所呈现的问题、无法决定或没有决定。结果如表9-12所示。

表9-12　中小学生的品德参与态度类型

年级及人数 / 人次分布 / 类型	小三 N=760	小四 N=770	小五 N=785	小六 N=765	初一 N=800	初二 N=800	初三 N=800	合计 N=5480
参与	58877.37)	62280.78)	69586.54)	66286.54)	696(87)	72590.62)	72190.21)	470985.93)
不参与	14719.34)	12315.97)	80(10.19)	97(12.68)	84(10.5)	61(7.63)	65(8.13)	65711.99)
未决定	25(3.29)	25(3.25)	10(1.27)	6(0.78)	20(2.5)	14(1.75)	14(1.75)	114(2.08)
X^2值		3.04	19.44**	3.17	8.54*	5.3	0.14	

(注：表中括号内为人次百分比，*$P<0.05$，** $P<0.01$。下同)

表9-12说明，全体被试中，85.93%的学生表示自己要参与解决同学、老师、父母、陌生劳动者等遇到的困难，11.99%的学生表示自己不参与，2.08%的学生没表明态度。从各年级的纵向比较来看，参与型有随年级的升高而逐渐上升的趋势，不参与型存在随年级的升高而逐渐下降的趋势，而未决定型人次分布则在各年级中呈现不规则的变化。小学四年级与小学五年级差异极显著($P<0.01$)，小学六年级与初一差异显著($P<0.05$)。

2. 中小学生的品德情境意识

中小学生对呈现的品德情境的意识有六种类型：(1)自觉参与；(2)人、己需要矛盾陈述；(3)道德关系的客观陈述；(4)情节解释；(5)情境描述；(6)答不清楚。结果如表9-13所示。

表9–13　中小学生的品德情境意识

年级及人数分布 人次 类型	小三 *N*=760	小四 *N*=770	小五 *N*=785	小六 *N*=765	初一 *N*=800	初二 *N*=800	初三 *N*=800	合计 *N*=5480
自觉参与	2(2.26)	8(1.01)	30(3.82)	6(0.8)	28(3.5)	18(2.25)	64(8)	156(2.85)
需要矛盾陈述	15 (1.98)	39 (5.06)	56 (7.52)	31(4.05)	87 (10.88)	109 (13.63)	124 (15.5)	464 (8.48)
道德关系陈述	68 (8.95)	124 (16.11)	204 (25.99)	198 (25.88)	246 (30.75)	299 (37.38)	299 (37.38)	1438 (26.24)
情节解释	190 (25)	240 (31.17)	288 (36.69)	255 (33.33)	281 (35.13)	275 (34.38)	212 (26.5)	1741 (31.76)
情境复述	338 (44.47)	242 (31.43)	142 (18.09)	241 (31.5)	95 (11.88)	57 (7.11)	63 (7.88)	1178 (21.49)
答不清楚	147 (19.34)	117 (15.59	65 (7.89)	34 (4.44)	63 (7.88)	42 (5.25)	38 (4.75)	503 (9.18)
X^2值	55.68**	82.42**	59.68**	118.55**	23.56**	34.42**		

（注：表中括号内为人次百分比。）

表9–13说明，当他人遇到困难需要帮助的情境出现时，中小学生主要通过情节解释的角度来觉察品德情境，占31.76%；其次是道德关系的客观陈述和情境复述，分别占26.24%和21.49%，通过对两个相邻年级间的比较，发现各年级间的差异均极显著($P<0.01$)。其中，自觉参与、人—己需要矛盾的陈述、道德关系的客观陈述等较高层次的情境意识水平呈现出随年级的升高而逐渐增加的趋势。情境复述、答不清楚等较低层次的情境意识水平呈现出随年级升高而逐渐减少的趋势。而情节解释则表现出这样的趋势：上升（小学三年级到小学五年级）—波动（小学五年级到初一）—下降（初一到初三）。

3.中小学生的品德社会意义的意识

中小学生对"爱人民"的品德社会意义的意识有下列几种类型：

（1）一元意义的意识。只从自己个人的需要，他人（老师、同学、父母）的需要、集体的需要、祖国的需要等几种需要中的某一种需要去揭示品德的社会意义。

（2）二元意义的意识。从上述需要中的某两种需要的角度揭示品德的社会意义。

（3）三元意义的意识。从上述需要中的某三种需要的角度揭示品德的社会意义。

（4）多元意义的意识。从三种以上需要综合揭示品德的社会意义。

整理结果如表9–14所示。

表9–14　中小学生的品德社会意义的意识

年级及人数 人次分布 类型	小三 N=760	小四 N=770	小五 N=785	小六 N=765	初一 N=800	初二 N=800	初三 N=800	合计 N=5480
多元意义	0(0)	0(0)	0(0)	0(0)	3(0.38)	6(0.75)	8(1)	17(0.31)
三元意义	2 (0.26)	9 (1.17)	24 (3.06)	42 (5.49)	39 (4.88)	62 (7.75)	48 (6)	226 (4.12)
二元意义	178 (23.42)	360 (46.75)	341 (43.44)	277 (36.21)	417 (52.12)	436 (54.5)	456 (57)	2465 (44.98)
一元意义	440 (58.95)	363 (47.27)	389 (49.55)	412 (53.86)	285 (35.63)	266 (33.25)	263 (32.88)	2427 (44.29)
答不清楚	132 (17.36)	37 (4.81)	31 (3.95)	34 (4.44)	56 (7)	30 (3.75)	25 (3.12)	345 (6.30)
X^2值	128.05**	8.55	7.31	59.09**	15.30**	2.26		

（注：表中括号内为人次百分比。）

表9–14说明，中小学生“爱人民”的品德社会意义意识以二元意义意识为主，占44.98%；一元意义意识居第二位，占44.29%。其中，小学各年级均以一元意义意识为主，分别为58.95%，47.27%，49.55%，53.86%；而初中各年级均以二元意义意识居第一位，初一至初三分别为52.12%、54.5%和57%。经过对相邻年级间的比较，发现小学三年级与小学四年级、小学六年级与初一年级间差异极显著($P<0.01$)，初一与初二年级间差异显著($P<0.05$)。小学三年级中的一元意义、二元意义、答不清楚三项分别为58.95%、23.42%和17.36%。而小学四年级相应的三项分别为47.27%、46.75%和4.81%。这说明二元意义意识在小学四年级得到相当的发展，这种趋势延续到初一年级。在小学六年级，一元意义仍占第一位，为53.86%，而二元意义占36.21%。但从初一年级开始，二元意义开始超过一元意义意识，为52.12%，一元意义意识降为35.63%。因此，可以认为中小学生品德社会意义意识发展的两个转折点在小学四年级和初一年级。

（二）中小学生的品德思维

学生解决面临的人己需要矛盾、利益冲突的道德问题时，表现出四种基本的品德思维形态：单向思维、双向思维、三向思维、多向思维。具体结果如表9–15所示。

表9–15说明，中小学生的品德思维形态以双向思维为主，占54%，逐渐过渡到

三向思维，占20.57%。从年级看，各年级均以双向思维占绝对优势，且各年级之间思维形态存在极显著差异($P<0.1$)。其中，三向思维存在随年级升高而逐渐发展、增加的趋势，在小学四年级和小学六年级两个年级中上升趋势尤为明显，双向思维则存在先上升(小学三年级到小学四年级)后下降(小学五年级至初中三年级)的趋势。单向思维形态表现为波浪式下降的趋势：下降(小学三年级到小学四年级)→上升(小学四年级到小学五年级)→下降(小学五年级到初中三年级)。由上分析可见，中小学生品德思维形态发展的两个转折期在小三至小四和小五到初三。

表9-15　中小学生的品德思维形态比较

类型＼人次分布＼年级及人数	小三 N=760	小四 N=770	小五 N=785	小六 N=765	初一 N=800	初二 N=800	初三 N=800	合计 N=5480
多向思维	3(0.39)	3(0.39)	10(1.27)	26(3.40)	10(1.25)	28(3.5)	16(2)	96(1.75)
二向思维	29 (2.82)	82 (10.65)	107 (13.63)	190 (24.84)	224 (28)	230 (28.75)	265 (33.13)	1127 (20.57)
双向思维	386 (50.79)	538 (69.07)	456 (58.09)	362 (47.32)	406 (50.75)	423 (52.88)	388 (48.5)	2959 (54)
单向思维	239 (31.45)	122 (15.84)	195 (24.84)	167 (21.83)	130 (16.25)	101 (12.62)	122 (15.25)	1076 (19.64)
答不清楚	103 (13.55)	25 (3.25)	17 (2.17)	20 (2.61)	30 (3.75)	18 (2.25)	9 (1.12)	222 (4.05)
X^2值	135.69**	30.45**	39.56**	14.25**	13.66**	12.23**		

(注：表中括号内为人次百分比。)

(三)中小学生的品德动机

根据学生选择最好、最不好的品德方法的理由自述分析，发现学生帮助(或不帮助)有困难的他人的品德动机有如下类型：利集体型、利他型、利他利己型、利己型、工具型、量力型、价值—工具—条件综合型。整理结果如表9-16所示。

表9-16　中小学生“爱人民”的品德动机

类型＼人次分布＼年级及人数	小三 N=760	小四 N=770	小五 N=785	小六 N=765	初一 N=800	初二 N=800	初三 N=800	合计 N=5480
利集体选择	62 (8.16)	75 (9.74)	139 (17.71)	71 (9.28)	89 (11.11)	58 (7.25)	69 (8.62)	563 (10.27)

续表

类型 \ 人次分布 \ 年级及人数	小三 N=760	小四 N=770	小五 N=785	小六 N=765	初一 N=800	初二 N=800	初三 N=800	合计 N=5480
利他人选择	280 (36.84)	320 (41.56)	298 (37.96)	315 (41.18)	323 (40.38)	337 (42.13)	356 (44.5)	2229 (40.68)
利他利己选择	110 (14.47)	111 (14.42)	108 (13.76)	94 (12.29)	112(14)	137 (17.11)	118 (14.75)	790 (14.42)
利己选择	75 (9.87)	97 (12.60)	46 (5.86)	78 (10.20)	53 (6.63)	43 (5.38)	37 (4.63)	429 (7.83)
工具性选择	28 (3.68)	27 (3.51)	17 (2.17)	48 (6.27)	23 (2.75)	32(4)	22 (2.75)	197 (3.85)
量力性选择	112 (14.74)	44 (5.71)	77 (9.81)	38 (4.97)	66 (8.25)	45 (5.63)	39 (4.88)	421 (7.68)
价值—工具—条件综合选择	56 (7.37)	78 (10.13)	96 (12.23)	121 (15.82)	134 (16.75)	148 (18.5)	159 (19.88)	792 (14.45)
答不清楚	37 (4.87)	18 (2.34)	4 (0.5)	0 (0)	1 (0.13)	0 (0)	0 (0)	60 (1.09)
X^2值	46.49**	1.61	61.22**	26.54**	13.9**	6.02		

（注：表中括号内为人次百分比。）

表9-16说明，中小学生“爱人民”的品德动机中，居前三位的动机是利他人选择（40.68%）、价值—工具—条件综合型选择（14.45%）、利他利己选择（14.42%）。值得注意的是，完全利己选择也占7.83%。通过对相邻年级间的比较，小学三年级与小学四年级、小学五年级与小学六年级、小学六年级与初中一年级间存在极显著差异（$P<0.01$）。具体来看，小学三年级的品德动机中前三位分别是利他人选择（36.84%）、量力型选择（14.74%）和利他利己选择（14.47%）；小学四年级的品德动机中前三位分别是利他人选择（41.56%）、利他利己选择（14.42%）和利己选择（12.60%），两个年级之间存在明显差异。小学五年级学生的品德动机中前三位分别是利他人选择（37.96%）、利集体选择（17.71%）和利他利己选择（13.76%）；而小学六年级学生的品德动机前三位分别是利他人选择（41.18%），价值—工具—条件综合选择（15.82%）、利他利己选择（12.29%）。初一年级与小学六年级的前三位动机相同，只是程度更高、人次更多。初中各年级间无显著差异。由此可见，中小学生

“爱人民”的品德动机发展的总趋势是：利他人选择、价值—工具—条件综合选择随年级升高稳步发展。即随着年级上升，中小学生逐渐将他人、自己、集体之间的需要矛盾与现实的条件综合考虑。单一性的动机逐渐减少，这个发展过程中的转折出现在小学三年级到小学四年级、小学五年级到小学六年级，到初一年级时基本稳定。

（四）中小学生的品德行为意向

根据对中小学生的行动步骤分析，我们发现“爱人民”品德行为意向有下列类型：报告领导的组织行动、群体协作行动、独自计划行动、个人冲动、依赖行动、旁观行动。结果如表9-17所示。

表9-17　中小学生“爱人民”的品德行为意向

类型＼人次分布＼年级及人数	小三 N=760	小四 N=770	小五 N=785	小六 N=765	初一 N=800	初二 N=800	初三 N=800	合计 N=5480
组织行动	38(5)	90（11.67）	105（13.38）	133（17.38）	121（15.13）	161（20.13）	149（18.63）	797（14.54）
协作行动	151（19.87）	92（11.95）	113（14.39）	180（23.53）	209（26.13）	226（28.25）	242（30.25）	1213（22.14）
独自计划行动	395（51.97）	487（63.25）	466（59.36）	393（51.37）	451（51.88）	342（42.75）	356（44.5）	2854（52.08）
个人冲动	20（2.63）	34（4.42）	36（4.59）	10（1.31）	7（0.88）	21（2.63）	10（1.25）	138（2.52）
依赖行动	5（0.66）	3（0.39）	5（0.64）	3（0.39）	2（0.25）	19（2.38）	8（1）	45（0.82）
旁观行动	28（3.68）	34（4.42）	30（3.82）	21（2.75）	21（2.63）	10（1.25）	10（1.25）	154（2.81）
未答	123（16.18）	30(3.9)	30（3.82）	25（3.27）	25（3.13）	25（3.13）	25（3.13）	279（5.09）
X^2值	106.22** 4.45 41.79** 0.73 38.39** 10.02							

（注：表中括号内为人次百分比。）

表9-17说明，中小学生“爱人民”的品德行为意向以独自计划行动为主，占52.08%；第二是小群体内的协作行动，占22.14%：第三是报告老师、领导的组织行动，占14.54%。通过对相邻年级的两两比较，发现小学三年级与四年级、小学五年级与小学六年级、初中一年级与初中二年级之间差异极显著（$P<0.01$）。小学三年级学生的品德行为意向中，居前三位的分别是独自计划行动（51.97%），群体协作行

动（19.87%）和未答（16.18%）；而小学四年级却分别是独自计划行动（63.25%），群体协作行动（11.95%）和报告领导、老师的组织行动（11.67%）。小学六年级学生与小学五年级相比，独自计划行动人次减少，而协作行动、组织行动上升，这种趋势在初二年级与初一年级之间得到延续。因此，中小学生的品德行为意向发展的趋势是，独自行动上升（小学三年级到小学四年级）→缓慢下降（小学五年级到初三）；组织行动和群体协作行动基本随年级升高而逐渐增多。中小学生品德行为意向出现明显变化是在小学四年级、小学六年级和初一年级。

（五）中小学生的品德自我评价

根据学生对品德情境中自己的品德行动的自我评价的分析，归纳出他们使用的评价标准类型有：常规需要的满足个人需要的满足、他人需要的满足、集体需要的满足、他人—个人需要的满足、集体—他人需要的满足。具体结果如表9-18所示。

表9-18　中小学生"爱人民"的品德自我评价

年级及人数 / 人次分布 / 类型	小三 N=760	小四 N=770	小五 N=785	小六 N=765	初一 N=800	初二 N=800	初三 N=800	合计 N=5480
常规需要的满足	178（23.42）	307（39.87）	282（35.92）	197（25.75）	182（22.75）	192（24）	213（26.62）	155（28.30）
个人需要的满足	273（35.92）	246（31.95）	198（25.22）	270（35.29）	291（36.38）	206（25.75）	218（29.75）	1702（31.06）
他人需要的满足	31（4.08）	46（5.97）	133（16.94）	81（10.59）	73（9.13）	136（17）	103（12.88）	603（11）
集体需要的满足	23（3.03）	27（3.51）	20（2.55）	35（4.38）	40（5）	27（3.38）	25（3.12）	197（3.59）
他人—个人需要的满足	50（6.58）	42（5.45）	20（2.55）	45（5.63）	66（8.25）	115（14.38）	120（12.5）	458（8.36）
集体—他人需要的满足	12（1.58）	26（3.38）	55（7.01）	50（6.54）	56（7）	30（.75）	42（5.25）	271（4.95）
答不清楚	193（25.39）				92（11.75）	94（11.75）	79（.88）	698（12.74）
X^2值	94.37**	67.63**	47.95**	5.79	57.46**	9.47		

（注：表中括号内为人次百分比。）

表9-18说明，中小学生"爱人民"的品德自我评价的标准以个人需要的满足为主，占31.06%，其次是常规需要的满足，占28.30%。值得注意的是，居第三位的是答不清楚或未答一项，占12.74%，各年级均有10%左右（小学三年级为25.39%）的学生

不能或没有对自己的品德行为做出自我评价。从各年级间的比较看,小学三年级与小学四年级、小学四年级与小学五年级、小学五年级与小学六年级、初一与初中二年级之间存在极显著差异($P<0.01$)。其中,小学三年级占前三位的分别是个人需要的满足、常规需要的满足、答不清楚。小学四年级占前三位的却分别是常规需要的满足、个人需要的满足、答不清楚。小学五年级中居前三位的分别是常规需要的满足、个人需要的满足和他人需要的满足。小学六年级学生中占前三位的分别是个人需要的满足、常规需要的满足、答不清楚。初中二年级中居前三位的分别是个人需要的满足、常规需要的满足和他人—个人需要的满足。可见,中小学阶段学生品德自我评价的标准处于不断变化、发展中,发展的总趋势是个人需要的满足—常规需要的满足—个人需要的满足—他人与个人需要的满足。发展的主要转折期在小四、小六和初一年级三个阶段。教育中值得警惕的是,完全从他人需要的满足、集体需要的满足、集体—他人需要满足的标准来评价自己的品德行为,各年级的比例均不高,分别为11%,3.59%和4.95%,这需要在品德教育实践中引起重视和加强训练。

四、分析与讨论

(一)中小学生"爱人民"的品德行动存在一个动态的完整的品德心理结构

根据模拟调查的分析,发现中小学生的品德行动的素质包括如下心理成分及其层次:品德意识,包括情境意识、参与意识、意义意识;品德思维,含多向思维、三向思维、双向思维、单向思维;品德动机,主要有价值—工具—条件综合选择、利集体选择、利他人选择、利他利己选择、利己选择、工具性选择、量力性选择;品德行为意向,包括组织行动、协作行动、独自计划行动、个人冲动、旁观行动、依赖行动;品德自我评价,评价标准类型有满足集体—他人需要、满足他人—个人需要、满足集体需要、满足他人需要、满足个人需要、满足常规需要。

中小学生"爱人民"的品德行动(含参与、不参与、未决定)的产生和运行,经历了下列程序:①是否需要"我"解决。这是中小学生是否觉察到、意识到呈现的道德情境中的自己个人与他人、集体、社会的需要矛盾、利益冲突首要环节。即能否把"我"身临其境地置于道德情境中去,并意识到个人需要、他人需要、集体需要之间的品德价值关系,显示出品德意识的发展水平。②"我"是否有办法解决。这是通过品德思维活动,表现中小学生实现面临的道德情境中品德价值的思路显示出品德思维发展水平。③"我"是否有最佳办法解决。这是中小学生在比较、权衡、选择各种方法的过程中，体现品德行动的品德动机的水平。④“我”是否能采取行动。这是从品德动机和中小学生所处现实生活条件出发，决定采取品德行动，显示出组织社会力量的意向水平。⑤“我”解决得好不好。这是中小学生按照自己已有品德价值，对自己的品德行动价值做出评价，显示出中小学生自我评价发展水平。

（二）中小学生“爱人民”的品德行动发展趋势和转折关键期

不同年级段的学生，“爱人民”的品德素质发展趋势较为清晰，并显示关键期、转折点。各种品德素质心理成分的转折关键期的出现不完全同步，存在一定的差异。据前述各表，中小学生“爱人民”品德素质心理成分的发展趋势和转折关键期大致归纳如下：①品德参与意识：不参与、未决定（小学三年级、小学四年级）—参与（小学五年级到初三），转折期为小五、初一；②品德情境意识：情境复述（小学三年级、小学四年级）—情节解释（小学五年级至初一）—道德关系的客观陈述（初一、初三），转折期为小学四年级、小学五年级、初一；③品德意义意识：一元意义（小学三年级至小学六年级）—二元意义（初一至初三），转折期为小学四年级、初一；④品德思维：单向思维（小学三年级）—双向思维（小学三年级至初三）—三向思维（小学六年级至初三），转折期为小学四年级、小学六年级；⑤品德动机：利他人选择（小学三年级至初三）—利他利己选择（小学四年级至初三）—价值—工具—条件综合选择（小学六年级至初三），转折期为小学四年级、小学六年级；⑥品德行为意向：独自计划行动（小学三年级至初一）—组织行动、协作行动（初二、初三），转折期为小学四年级、初一；⑦品德自我评价：满足个人需要（小学五年级至初三）—满足常规需要（小学四年级、小学五年级）—满足他人—个人需要（初二、初三），转折期为小学四年级、初一。

中小学生“爱人民”品德心理素质中的各种心理成分，其转折时期的出现存在着差异。从整体行动看，转折期出现在小学四年级和小学六年级到初一年级这两个阶段。这与国内其他研究结论略有出入。以李伯黍教授为首的课题组对儿童的公私观念、分享观念等10种道德观念分别进行测查，发现多数道德观念的转折期在8—9岁，利他观念的转折期在小学四年级。[①]李怀美等人的研究表明，小学三年级是道德情感的转折期。[②]林崇德通过对50个先进班集体的调查，发现儿童在小学四年级以后逐步养成初步的道德行为习惯，并提出小学三年级下期前后和初中二年

①李伯黍．中国儿童青少年道德认知发展与教育．[M]//朱智贤．中国儿童青少年心理发展与教育．北京：中国卓越出版公司，1990:473-488.

②参见李怀美等．中小学生道德情感发展的研究[J].心理发展与教育，1989(3).

级上学期分别是小学、中学阶段儿童品德发展的关键期。①造成这种细小差异的原因在于：前述各项研究都是考查学生品德心理的某种单一成分的关键期，而本研究所测查的是以品德行动为中心的品德整体结构的关键期。品德教育工作上的差异，也可能使关键期的出现时间存在一定差异。但有一点是共同的：中小学生的品德心理发展确实存在转折期。

（三）现代品德情境测评法用于科学测评学生个体品德素质是可行的

现代品德情境测评法不同于常见的情境法，它是我们在研究了我国古代“考德”优良传统经验②，吸取了我国学者、德育工作者创造的品德测评的新鲜经验，参照了国外品德测查的有益经验，总结了我们多年进行品德测评的实践经验，根据社会生活实践是第一的基本观点和唯物辩证法，综合、改革的一种适合于现代研究使用的品德测评法。这种方法是指教育者根据德育目标，创设隐含有个人与他人（或与集体，或与社会）的需要（或利益，或价值，或社会意义）的矛盾冲突的社会交往情境，引发学生实现品德价值、独立自主地自由地产生品德心理——品德行动，较客观评价品德素质的方法。

我们分析了国内学者近年总结的60多条测评原则，这种品德测评法的使用，除遵循共性外，我们补充的特殊原则是：测评学生实现道德价值是品德测评的根本原则；测评学生品德发展的速度和达到德育目标程度，是中小学生品德测评的基本原则；测评学生品德心理活动的自主自由选择水平是学生品德测评的主要原则；测评到学生的真实品德是学生品德测评的重要原则。

五、结论

1. 中小学生“爱人民”的品德行动存在一个动态的完整的品德心理结构。包括品德意识、品德思维、品德动机、品德行动意向、品德自我评价等心理成分。每一种心理成分又有3至7级水平。

2. 中小学生“爱人民”的品德行动发展存在关键转折期：小学四年级、小学六年级至初中一年级。各种品德心理成分发展的关键期不完全一致。

3. 中小学生的品德素质发展的测评，宜以人—己需要矛盾、利益冲突中实现品德价值为中心。品德情境模拟测评法用于测评学生个体品德素质是可行的。

---

①林崇德.品德发展心理学[M].上海：上海教育出版社，1989：125，316，348，364.

②参见曾欣然.模拟品德行动产生的情境——试探小学生的品德心理结构及其发展趋势[M]//发展心理、教育心理论文选.北京：北京师范大学出版社，1985.

研究五　中小学生"恨坏人"的品德情境模拟测查[①]

一、问题的提出

"爱人民"是我国中小学德育的基本内容之一,也是社会主义社会公德之一。爱憎分明、是非鲜明是中小学生品德的基本要求。现实生活中,"见义勇为"的动人事迹不断涌现,但一些不敢与坏人坏事做斗争的事也屡屡发生。这些现实生活中的尖锐矛盾,对学生品德形成有着强烈的影响。中小学生"恨坏人"的品德心理又有何特点?如何培养正确的是非观、爱憎观?都是当前德育工作中需要研究的问题。

我们对中小学生"恨坏人"的品德心理进行测查,其目的就是为培养青少年具有勇于同坏人坏事做斗争的品德提供心理学依据。

二、方法

本研究仍采用品德心理情境模拟测查法。情境模拟测查包含情境模拟故事和指导语两部分,具体如下[②]:

冬天的一个早上,雾气蒙蒙。我因当值日生,提前到了学校。老师、同学们都还未来,校园静悄悄的。我刚走进教室,从教室大楼旁边的角落突然闪出一个人影,我立刻屏住呼吸,躲在门后,仔细一看:呀!一个大汉,右手拿了一根小铁棒,左手抱着我们学校刚刚买回来的新电视机,匆匆忙忙往外窜,妄图从围墙那边溜出去。

同学,请你认真想想,仔仔细细写出你的想法:

①我现在遇着了(什么事):________________

这种事我需不需要参加解决:________________

为什么,我想的理由是:________________

②面对这种事,我认为解决的办法有这几种:________________

③在这些办法中,最好的办法是:________________

①此文与余禾合作完成,刊载于《学校思想教育文稿》(德育实验报告)1995年第6期,中共四川省委宣传部主办,国内统一刊号:CN51-1054/G4(本书引用此刊,下同)。

② 表中"最笨、最不好的办法"之后,有"理由是"一项,因印表时,打印中漏掉了,学生未都答。此次分析时,该项暂缺。

我说这是最好的办法,我想的理由是:__________________

④在这些办法中,最不好的办法是:__________________

我说这是最不好的办法,我想的理由是:__________________

⑤于是,我决定采取(什么行动):__________________

我的行动步骤是:__________________

⑥做完了这件事,我内心的评价是:__________________

本研究的测查对象是重庆市北碚区兼善中学初中一、二、三年级学生,北碚区朝阳小学三、五、六年级学生。测查采用整群抽样(即全班全体学生参加测试)法进行。除去废卷后,以每班40人(男20人、女20人)为标准随机抽取,舍弃多余试卷。统计问卷总数为240份,其中男生卷120份、女生卷120份。

三、结果

(一)品德意识

1.中小学生"恨坏人"的品德参与意识

学生的品德参与意识共分三类:参与、不参与、未决定。结果见表9-19。

表9-19 学生参与态度类型

类型 \ 人次分布 \ 年级	小三	小五	小六	初一	初二	初三	合计
参与	39(97.5)	40(100)	37(92.5)	38(95)	24(60)	24(60)	202(84.2)
不参与	1(2.5)	0(0)	3(7.5)	2(5)	13(32.5)	8(20)	27(11.2)
未决定	0(0)	0(0)	0(0)	0(0)	3(7.5)	8(20)	11(4.6)

(注:表中括号内为人次百分比,下同。)

表9-19说明,全体调查对象中,84.2%的学生表示需要自己参与,11.2%的学生表示不需要自己参与,4.6%的学生没有做出决定。

2.中小学生"恨坏人"的品德情境意识

中小学生呈现的品德情境的意识有下列情况:(1)情境复述:如"一个大汉抱着学校新买的电视机往外窜";(2)情节解释:如"陌生人在学校里,学校里没人";(3)道德关系陈述:如"我遇到了小偷","小偷来校偷东西";(4)人—己需要的矛盾揭示:如"遇到歹徒,该怎么办?""抓不抓小偷?"结果如表9-20所示。

表9-20　中小学生的品德情境意识

类型＼人次分布＼年级	小三	小五	小六	初一	初二	初三	合计
人—己需要关系	1(2.5)	4(10)	2(5)	3(7.5)	2(5)	4(10)	16(6.7)
道德关系陈述	19(47.5)	22(55)	3(80)	2(5)	2(5)	3(7.5)	80(33.3)
情节解释	4(10)	4(10)	5(12.5)	22(75)	30(75)	25(62.5)	90(37.5)
情境复述	13(32.5)	8(20)	1(2.5)	13(32.5)	6(15)	6(15)	47(19.6)
答不清楚	3(7.5)	2(5)	0(0)	0(0)	0(0)	2(5)	7(2.9)
X^2检验		3.14	10.07*	47.66**	4.10	3.32	240(100)

（注：* $P<0.05$）；** $P<0.01$；下同）

表9-20说明：测查对象在觉察“恨坏人”的品德情境时，主要是从道德关系陈述(33.3%)和情节解释(37.5%)的角度进行的。对相邻两个年级进行两两比较，发现小学六年级与初中一年级之间存在显著差异($P<0.05$)，初中一年级与初中二年级之间存在极显著差异($P<0.01$)。这说明在小学六年级到初中一年级、初中一年级到初中二年级存在两个转折期，而初一、初二是两个关键期。

3. 中小学生对品德社会意义的意识

学生对“恨坏人”品德社会意义的觉察有以下类型：(1)一元意义的意识，即从自身、他人、集体、祖国的需要等4种需要中的某一种需要去认识品德的社会意义，如“对坏人坏事应该阻拦”“不能让学校财产受到损失”；(2)二元意义的意识，即从上述4种需要中的某2种需要去认识品德的社会意义，如“遇到坏人坏事要敢于斗争，保护国家财产”，“这是学校的东西，人人有责保护”；(3)三元意义的意识，即从上述4种需要中的某3种需要去认识品德的社会意义，如“他偷了学校的东西，是坏人，损害了我们的利益”；(4)多元意义的意识，即从4种需要去综合认识品德的社会意义，如“这个人正在偷学校的东西，而且是国家财产，他是一个犯罪分子，作为国家的公民，我应该去解决”。测查结果如表9-21所示。

表9-21　中小学生品德社会意义的认识

类型＼人次分布＼年级	小三	小五	小六	初一	初二	初三	合计
多元意义	0(0)	0(0)	1(2.5)	0(0)	0(0)	0(0)	1(0.4)

续表

年级 / 人次分布 / 类型	小三	小五	小六	初一	初二	初三	合计
三元意义	0(0)	3(7.5)	3(7.5)	0(0)	1(2.5)	1(2.5)	8(3.3)
二元意义	4(10)	19(47.5)	18(45)	4(10)	4(10)	2(5)	51(21.3)
一元意义	32(80)	16(40)	17(42.5)	36(90)	34(8.5)	29(72.5)	164(68.3)
答不清楚	4(10)	2(2.5)	1(2.5)	0(0)	1(2.5)	8(20)	16(16.7)
X^2检验	18.78*	1.39	20.72**	2.06	6.51		240(100)

从表9-21可以看出，中小学生对“恨坏人”的品德社会意义的意识以一元意义为主(68.3%)，有向二元意义过渡的趋势(21.3%)。小三与小五、小六与初一年级之间的差异极其显著(P<0.01)，这说明小五、初一是两个关键期。

(二)品德思维

学生解决所面临的品德情境中的问题的思路，有4种基本形态：(1)单向思维：只从一个思路考虑解决办法，如“冲上去和小偷搏斗”。有的学生虽提出几种方法，但思路仍是单一方向，如“去叫门卫、去叫校警。”(2)双向思维：从两个方向考虑：如“上前制止；赶快跑开”“报警；自己上前拼”。(3)三向思维：从三个方向考虑，如“追他；等老师来；不管”“出面制止；跟踪他；躲起来”。(4)多向思维：从多个方向考虑，如“跑掉；大声叫；抓住他；报警”。测查结果如表9-22所示。

9-22　中小学生品德思维

年级 / 人次分布 / 类型	小三	小五	小六	初一	初二	初三	合计
多向思维	0(0)	1(2.5)	2(5)	5(12.5)	2(5)	2(5)	12(5)
三向思维	11(27.5)	11(27.5)	17(42.5)	15(37.5)	21(52.5)	19(47.5)	94(39.2)
双向思维	25(62.5)	27(67.5)	19(47.5)	20(50)	16(40)	15(37.5)	122(50.8)
单向思维	4(10)	1(2.5)	1(2.5)	0(0)	1(2.5)	1(2.5)	8(3.3)
未答	0(0)	1(2.5)	0(0)	0(0)	0(0)	3(17.5)	4(1.7)
X^2检验	2.88	4.01	3.44	3.73	3.13		240(100)

表9-22说明，中小学生品德思维以双向为主，占50.8%，逐渐过渡到三向思维(39.2%)。通过X^2检验，发现各年级之间品德思维发展没有显著差异($P>0.05$)。

(三)学生选择品德方法的动机

根据学生选择最好和最不好的品德行动方法的理由，可看出学生选择品德行动方法有下列动机：(1)利国、利集体选择：如“能保护集体财产”“这是国家公物”。(2)利他选择：如“这样做能帮助警察捉小偷”。(3)利他利己选择：如“大声叫可以让人听见，自己没危险”。(4)利己选择：如“这样一不被打，二可立功”“对自己没有害”。(5)工具性选择：如“打电话报警能及时抓到坏人”。(6)量力性选择：如“先跟踪后报告可以准确地捉住坏蛋”；“我人小，让警察叔叔去抓”。(7)价值—工具—条件综合选择：如“虽然报了警，但不去跟踪他便没有线索，就会捉不到坏蛋”。测查结果如表9-23所示。

9-23　**中小学生品德动机比较**

类型 \ 人次分布 \ 年级	小三	小五	小六	初一	初二	初三	合计
利国利集体选择	4(10)	7(17.5)	3(7.5)	1(2.5)	0(0)	5(12.5)	20(8.3)
利他选择	1(2.5)	0(0)	0(0)	7(17.5)	0(0)	0(0)	8(3.3)
利他利己选择	1(2.5)	0(0)	1(2.5)	0(0)	0(0)	0(0)	2(0.8)
利己选择	0(0)	0(0)	2(5)	1(2.5)	10(25)	5(12.5)	18(7.5)
工具性选择	2(5)	9(22.5)	5(12.5)	23(57.5)	5(12.5)	11(27.5)	55(22.9)
量力性选择	21(52.5)	9(22.5)	20(50)	7(17.5)	16(40)	6(15)	79(32.9)
价值—工具—条件综合选择	11(30)	15(37.5)	9(22.5)	1(2.5)	9(22.5)	13(32.5)	58(24.2)
X^2检验	12.69*	11.41	33.57**	36.86**	14.19**		240(100)

表9-23说明，学生“恨坏人”的品德动机种类很多，分布较散。量力性选择略占优势(32.9%)。居第二位的是价值—工具—条件综合选择(24.2%)。工具性选择居第三位(22.9%)。小学三年级与小学五年级、初二与初三年级之间差异显著($P<0.05$)，小学六年级与初一、初一与初二年级之间差异极显著($P<0.01$)。小三量力性选择最多(52.5%)，初一工具性选择居第一(57.5%)，而初三价值—工具—条件综合选择占优势(32.5%)。由此可看出，中小学生品德动机的发展趋势是从量力性到工具性再到价值—工具—条件综合选择。小年级五年级、初一、初二、初三都是品德动机发展的关键期，特别是初二，是利己选择最多的时期(25%)。

(四)中小学生的品德行动意向

根据对学生的品德行为步骤分析，可看出学生品德行为有下列倾向：(1)报告领导组织行动：如“迅速报告校警”；(2)群体协作行动：如“大声叫喊周围的人捉贼”；(3)独自计划行动：如“跟踪他，弄清住址后报警”；(4)个人冲动：如“冲上去与小偷拼了”；(5)依赖行动：如“等老师来了再说”；(6)旁观行动：“躲在一边看看动静”。测查结果如表9-24所示。

表9-24　中小学生品德行为意向

类型＼人次分布＼年级	小三	小五	小六	初一	初二	初三	合计
报告领导组织行动	20(50)	17(42.5)	25(62.5)	17(42.5)	15(37.5)	18(45)	112(46.7)
群体协作行动	1(2.5)	3(7.5)	4(10)	4(10)	6(15)	11(2.5)	19(7.9)
独自计划行动	18(45)	20(50)	5(12.5)	7(17.5)	3(7.5)	5(12.5)	58(24.2)
个人冲动	0(0)	0(0)	3(7.5)	9(22.5)	3(7.5)	6(15)	21(8.8)
依赖行动	0(0)	0(0)	0(0)	3(7.5)	0(0)	0(0)	3(1.2)
旁观行动	1(2.5)	0(0)	3(7.5)	0(0)	13(32.5)	8(20)	25(10.5)
未　答	0(0)	0(0)	0(0)	0(0)	0(0)	2(5)	2(0.8)
X^2检验	2.35	16.67*	10.86	21.13**	8.53		240(100)

表9-24说明，学生“恨坏人”的品德行动以报告领导组织行动为主(46.7%)，其次是独自计划行动(24.2%)。小学三年级、小学五年级、小学六年级的品德行为意向主要是报告领导组织行动、独自计划行动和群体协作行动。而初一、初二、初三的品德行为意向分布较散，特别是初二、初三旁观行动明显增加。小学五年级与小学六年级之间差异显著($P<0.05$)，初一与初二之间差异极显著($P<0.01$)，这说明品德行动意向的关键期在小学六年级和初二。

(五)品德自我评价

根据学生对自己品德行动的自我评价的分析，归纳出他们使用的评价标准有：(1)常规需要满足：如“这是我应该做的”“我做得对”；(2)个人需要的满足：如“我真聪明”“我好英勇”；(3)集体需要的满足：如“为集体做好事”；(4)祖国需要的满足：如“保护了国家财产”；(5)他人—个人需要的满足：如“警察抓到了坏蛋，我很高兴”；(6)祖国、集体、他人需要的满足：如“保护国家财产是每个人义不容辞的责任，这样做值得”。测查结果如表9-25所示。

表9-25　中小学生品德自我评价

年级 人次分布 类型	小三	小五	小六	初一	初二	初三	合计
常规需要的满足	13(32.5)	16(40)	18(4.5)	17(42.5)	0(0)	8(20)	72(30)
个人需要的满足	11(27.5)	12(30)	9(22.5)	2(5)	11(27.5)	7(17.5)	52(21.7)
集体需要的满足	13(32.5)	6(15)	9(22.5)	13(32.5)	0(0)	2(5)	43(17.9)
祖国需要的满足	0(0)	4(10)	1(2.5)	4(10)	0(0)	0(0)	9(.8)
他人一个人需要的满足	2(5)	0(0)	1(2.5)	0(0)	0(0)	0(0)	3(1.2)
祖国、集体、他人需要的满足	0(0)	1(2.5)	2(5)	4(10)	24(60)	15(37.5)	46(19.2)
未　答	1(2.5)	1(2.5)	0(0)	0(0)	5(12.5)	8(20)	15(6.2)
X^2检验		9.93	5.28	8.68	59.52**	13.66**	240(100)

表9-25说明,学生品德自我评价的标准是以常规需要的满足为主(30%),其次是个人需要的满足(21.7%),居第三位的是祖国、集体、他人需要的满足(19.2%)。小学各年级之间,小学六年级与初一之间所用评价标准无显著差异($P>0.05$),但初一与初二之间差异极显著($P<0.01$),初二与初三之间差异也显著($P<0.05$),说明初二、初三是学生品德自我评价的关键期。小学各年级与初一均是以常规需要的满足为主,而初二和初三以祖国、集体、他人需要的满足为主(分别为60%和37.5%)。可见,学生品德自我评价的发展趋势是从常规需要的满足(小学三年级、小学五年级、小学六年级、初一)向祖国、集体、他人需要的满足(初二、初三)发展。

四、分析与讨论

(一)中小学生“恨坏人”的内心矛盾特点

分析“人—己”需要关系、利益关系是考察个体品德发展的主要标志。在我们呈现的品德情境故事中,就蕴含了祖国、集体需要与个人需要的矛盾关系,祖国、集体利益与个人利益的矛盾关系。即作为值日生的“我”,遇到有坏人偷窃学校财物,坏人是形体高大持有凶器的大汉,而“我”个人势单力薄,周围无人到校,静悄悄的,显示出“好”“坏”双方力量对比的悬殊,突出了保护国家、集体财产的需要与保全自己身体性命的需要的矛盾。通过对中小学生“恨坏人”的心理矛盾的考察,结果表明有两个特点。

1.真正觉察到国家、集体与自己的需要矛盾的少，只占6.7%。完全没有意识到需要矛盾的多，包括情节解释，情境复述和答不清楚的，共占60%，能从道德关系进行客观描述的也只占33.3%（见表9-20）。与我们的前三项研究相比，中小学生“恨坏人”的品德情境意识中对“人—已”需要矛盾的意识最低（占6.7%），而“心中有老师”“心中有同学”中的需要矛盾意识稍高，占8.3%和12.1%，“心中有父母”中的需要矛盾意识最高，为30%。可见，中小学生对不同品德情境中的需要矛盾关系的意识程度不同，从高到低为与父母需要矛盾的意识，与同学需要矛盾的意识，与老师需要矛盾的意识，与祖国、集体需要矛盾的意识。

2.做出利国利集体选择的多，做出利己选择的少，只占7.5%（见表9-23）。当祖国、集体需要与个人需要矛盾时，能否做出利国利集体的选择，这是衡量个体品德的关键。结果表明，中小学生做出利己选择的人少，这与“心中有老师”“心中有同学”中的利己选择比例相当（分别为6.7%和5%），而与“心中有父母”中的利己选择比例差异较大（前者为14.2%）。可见，中小学生在与国家、集体、老师、同学交往时做出利己选择少，与父母交往时做出利己选择多。

（二）中小学生“恨坏人”的品德心理发展趋势

不同年级段的学生，“恨坏人”的心理既有其发展的连续性又有差异性。“恨坏人”的各种品德心理成分的关键期出现的年级不同。根据前述各表的X^2检验，可列结果如下：

品德心理成分	品德心理发展转折期
情境意识	初一，初二
意义意识	小学五年级、初一
品德思维	——
品德动机	小学五年级、初一、初二、初三
品德行为	小学六年级、初二
自我评价	初二、初三

该结果提示我们，培养学生“恨坏人”的关键期是小五上、初一下到初二上、初三上三个阶段。这三个关键期与“心中有老师”的三个关键期一致，与“心中有父母”“心中有同学”的三个关键期略不同。“心中有父母”的三个关键期是小一、小六到初一、初三；“心中有同学”的三个关键期是小四、初一、初三。

（三）不“捉坏人”者的心理活动分析

在被测查的学生中，有11.2%的学生明确表示不参与“捉坏人”，另有4.6%的学生看情况而定(见表9–19)。对不参与学生进行分析，从不参与的行动以及其内心体验来看，有这样4种心理状态：(1)保全自身安全，觉得害怕。如“不走开，万一他杀我怎么办？好吓人呀！”(2)见事不管，觉得惭愧。如“躲着，等他走了才出来。觉得心里挺内疚的。”(3)不顾国家利益，觉得自私。如“躲在一边。看着小偷拿走学校东西，觉得自己有点自私”。(4)不关自己的事，觉得无所谓。如“不关我的事，跑走。感觉没什么”；“不关我的事，好坏都一样”。这几种类型主要是在初中阶段出现。特别是初二年级，利他利己分化明显。这是觉悟水平降低的“逆转”现象，还是思维水平的“波浪”式发展趋势的低谷阶段？或者是思维更深刻，出于“力量对比”的策略考虑？或者是自我意识增强，自我保护的表现？到底是什么心理原因，德育工作中宜进一步研究。

五、结论

(一)中小学生“恨坏人”存在完整的品德心理结构。其心理成分包括：品德意识、品德思维、品德动机、品德行动、品德自我评价等。每一种心理成分又有3到7级水平。

(二)中小学生“恨坏人”的品德心理发展有三个关键期：小学五年级上期、初一年级下期至初二年级上期、初三年级上期。各种品德心理成分发展的关键期存在着差异。

(三)中小学生“恨坏人”的品德心理考察，应以正确处理国家、集体与自己需要、利益矛盾为根本原则，着重强调对国家、集体与个人需要矛盾的觉察、理解、自觉抉择和合理评价。对中小学生进行“见义勇为”的品德教育，应强调“英勇机智捉坏人”。在“勇”上多鼓励，在“智”上多启发，并教育学生要善于依靠人民大众的集体力量，依靠人民公安和人民政府的法制力量，英勇地、实际地保护人民、爱护人民。

本研究是曾欣然教授主持的国家教委人文、社会科学“八五”规划研究项目“大城市中小学生思想品德的调查及对策研究”子课题之一。调查中得到重庆市北碚区朝阳小学、兼善中学党政领导及有关老师的大力协助，谨此致谢。

研究六　中小学生“心中有祖国”的品德情境模拟测查[①]

一、问题的提出

根据党和国家关于中小学德育的一系列法规性文件规定，培养中小学生“心中有祖国”，是我国中小学德育的重要内容。

爱国主义教育内容怎样转化为学生“爱祖国”的品德？这涉及学生接受爱国主义教育的心理活动规律和心理特点。对这个问题的研究，我国学者陈会昌在1987年采用间接故事法，探索了中小学生爱祖国观念的发展，揭示了中小学生爱祖国观念发展的一些心理规律，至今仍有现实意义。社会改革开放不断深入的九十年代，中小学生“心中有祖国”的状况如何？呈现什么新的特点和发展趋势？这不仅是品德发展心理学所迫切需要研究的课题，更是爱国主义教育迫切需要解决的品德活动规律性问题。

据此，本研究的目的是探索：

①中小学生“心中有祖国”的品德结构；②中小学生“心中有祖国”的品德发展的转化关键期；③中小学生接受爱国主义教育的心理活动转换过程。

二、研究对象

研究对象的选择，结合“爱祖国”品德教育的现场实验条件，选定四川省新都县谕亭小学三、四、五、六年级学生，新都第三中学初一、初二、初三年级学生。每个年级随机抽取三个班，测查时采用整群抽样（即全班全体学生参加测查）法，除去废卷后，以每班40人（男20人、女20人）为标准，随机抽取出多余问卷，统计有效问卷总数840份，其中男生卷420份、女生卷420份。

三、方法

本研究采用品德情境模拟测查法。品德情境模拟故事的编制，结合测查地区中小学生实际和社会生活的原型，略加提炼、修饰，突出情境中个人与祖国之间的

①此文与余禾合作完成，刊载于《学校思想教育文稿》（德育实验报告），1995年第11期。

利益、需要矛盾冲突。测查问卷包括指导语和三个品德情境模拟故事。根据对爱国主义教育内容的分解，从爱祖国之人、爱祖国之事、爱祖国文物三方中做出选择。三个品德情境模拟故事是：1.团结民族同学；2.维护祖国尊严；3.保护国家文物。

故事1：今天下午放学后，我在教室做作业。当我做完作业，抬头往窗外一看，呀，天色已经晚了，学校里的同学都走完了。我急忙收拾好书包，走出校门，准备回家。忽然我看到校门边有一个人在焦急地东瞧瞧、西望望。仔细一瞧：咦，这不是我们同年级的一位藏族同学吗？他前两天随父母调动工作转学到我们学校，今天才由父亲带来学校上课。我上前一问，知道这位藏族同学也是才做完作业准备回家，可人生地不熟，只记得家住在××街××号，却忘记了回家的路，心里着急得很。去××街的路我是认得的，与我回家的方向刚好相反。

故事2：一个星期天，阳光明媚，我约上几个好朋友一块儿去新桂湖公园玩。我们先去儿童乐园开碰碰车，然后又去湖上划船，玩得好开心。划完船，我们又到湖上的小岛上玩。刚上岛，就碰见一群外国人迎面走来，走在最后的一个外国小孩正边走边玩一个东西：一按按钮，就有一道道五颜六色的光射出来，组成一幅幅图画，并且还伴着美妙的音乐，真神奇!我禁不住凑上去看个仔细，越看越觉得奇妙：我有一个这样的玩具该多好啊！真不知哪儿有卖的。这时，近旁的一个外国人用中国话说："小朋友，这玩具好玩吧？告诉你，这是我国最新的电动玩具，你们中国是制造不出的。喏，送一个给你玩吧!"说着，从背包里拿出一个向我递来。

故事3：暑假的一个下午，我一个人在家做作业。忽然窗外刮起风来，我伸头一看，呀，快下雨了。我连忙到阳台收衣服，可我的一件衣服已经被吹到楼下去了。这可是我最喜欢的一件衣服，可不能给别人拾走了。我急忙跑下楼，穿过一条小巷去拾衣服。那条小巷平时很少人走，我刚跑近，就听见有人低声说什么是三星堆出土文物，卖到国外。我止步一看，见两个人正在看一个古色古香的东西，看见有人来了，赶紧包上就往外走。我想起了前不久看的新闻，知道在三星堆出土了许多珍贵文物，都是国家的财宝。

请仔细读完故事后认真想想，写出你的做法：①现在遇着了(什么事)：____这种事需不需要我参与解决________。为什么？我想的理由是：②面对这件事，我认为解决的办法有这几种：________。③在这些办法中，最好的办法是______。我说这是最好的办法，我的理由是：______________________。④在这些办法中，最不好的办法是_________。我说这是最不好的办法，我的理由是：_________________。

⑤于是，我决定采取(什么行动)__________。我的行动步骤是：_____________。⑥做完这件事，我内心的评价是：_______________________________。

四、结果

(一)中小学生“心中有祖国”的品德意识

1.品德参与意识

学生的品德参与态度有三种：参与、不参与和未决定。测查结果见表9-26。

表9-26　中小学生“心中有祖国”的品德参与态度类型

年级 人次分布 类型	小三	小四	小五	小六	初一	初二	初三	合计
参与	88(73.3)	119 (99.2)	120 (100)	120 (100)	120 (100)	120 (100)	118 (98.3)	805(95.8)
不参与	16(13.3)	1(0.8)	0(0)	0(0)	0(0)	0(0)	2(1.7)	19(2.2)
未决定	16(13.3)	0(0)	0(0)	0(0)	0(0)	0(0)	0(0)	16(1.9)
X^2检验		33.8*	1.00	0	0	0	2.02	840(100)

(注：表中括号内为人次百分比，下同。*$P<0.05$；**$P<0.01$；下同)

从表9-26可以看出，当学生面临有关祖国的品德情境时，95.8%的学生表示要参与解决，2.2%的学生表示不参与解决，1.9%的学生没有做出决定。经过相邻两个年级之间的X^2检验，发现小学三年级与小学四年级之间存在极显著性水平差异($P<0.01$)，这表明小学四年级是中小学生“心中有祖国”的品德参与意识发展的关键期。

2.品德情境意识

中小学生对呈现的品德情境的意识有下列情况：(1)情节解释。如“一个外国人要给我一个玩具”“有人拿着几个古色古香的东西”。(2)客观陈述道德关系。如“外国人看不起中国人”“有人偷了国家文物”。(3)主体自觉参与。如“带那个同学回家”“要去保护国家财宝”。测查结果见表9-27。

表9–27　中小学生“心中有祖国”的品德情境意识

年级／人次分布／类型	小三	小四	小五	小六	初一	初二	初三	合计
主体自觉参与	2(1.7)	6(5)	11(9.2)	13(10.6)	14(11.7)	24(20)	37(30.8)	107(12.7)
客观陈述道德关系	17(14.2)	35(29.2)	41(34.2)	68(56.7)	55(45.8)	61(50.8)	60(50)	337(40.1)
情节解释	88(73.3)	79(65.8)	68(56.7)	39(32.5)	51(42.5)	35(29.2)	23(19.2)	383(45.6)
答不清楚	13(10.8)	0(0)	0(0)	0(0)	0(0)	0(0)	0(0)	13(1.6)
X^2检验		21.72**	2.78	14.7**	3.02	5.94	5.26	840(100)

表9–27说明，中小学生“心中有祖国”的品德情境意识以情节解释(45.6%)和客观陈述道德关系(40.1%)为主，主体自觉参与者较少(12.7%)。小学三、四、五年级以情节解释稍占优势，小六、初一、初二、初三年级以客观陈述道德关系稍占优势，到初三年级主体自觉参与者达三分之一。说明中小学生“心中有祖国”的品德情境意识的发展趋势是从情节解释到客观陈述道德关系再到主体自觉参与。小学三年级与小学四年级、小学五年级与小学六年级之间的差异均达到极显著性水平($P < 0.01$)，说明小四、小六年级是品德情境意识发展的两个关键期。

3.品德意义意识

中小学生对有关祖国的品德情境中的社会意义的意识有以下几种类型：(1)一元意义的意识：即从自身需要、公众需要、祖国需要等3种需要中的某一种需要去认识品德的社会意义。如“藏族同学有困难”“这关系祖国的荣辱”。(2)二元意义的意识：从上述需要中的某两种需要去认识品德的社会意义。如“这是国家财宝，我有责任保护”。(3)三元意义意识：即从祖国需要、公众需要、个人需要去认识品德的社会意义。如“同学之间要互相帮助，特别他是藏族同学，我更应该帮助”。测查结果见表9–28。

表9–28　中小学生“心中有祖国”的品德意义意识

年级／人次分布／类型	小三	小四	小五	小六	初一	初二	初三	合计
三元意义	0(0)	1(0.8)	5(4.2)	5(4.2)	14(11.7)	15(12.5)	19(15.8)	59(7.0)
二元意义	14(11.7)	36(30.0)	47(39.2)	56(46.7)	57(47.5)	69(57.5)	61(50.8)	340(40.5)

续表

年级 人次分布 类型	小三	小四	小五	小六	初一	初二	初三	合计
一元意义	80(66.7)	83(69.2)	68(56.7)	59(49.2)	49(40.8)	36(30)	30(33.3)	415(49.4)
答不清楚	26(21.7)	0(0)	0(0)	0(0)	0(0)	0(0)	0(0)	26(3.1)
X^2检验	36.74*	5.62	1.42	5.18	3.16	1.20		840(100)

从表9-28可以看出，中小学生“心中有祖国”的品德意义意识以一元意义(49.4%)和二元意义(40.5%)为主，三元意义极少(7.0%)。初一年级以前以单元意义稍占优势，初一年级以后以二元意义稍占优势，到初三年级三元意义水平达到15.8%。这说明中小学生的品德意义意识的发展趋势是从一元意义到二元意义再到三元意义。X^2检验表明小三与小四年级之间的差异达到极显著水平($P<0.01$)，说明小四年级是品德意义意识发展的一个关键期。

(二)中小学生“心中有祖国”的品德思维

中小学生面临有关祖国的品德情境时，解决情境中的问题的思路有三种基本形态：(1)单向思维。如“送藏族同学回家”“不要玩具”。(2)双向思维。如“送同学回家；给他指路线”“要玩具；不要玩具”。(3)三向思维。如“送同学回家，给他指路线；不闻不问”“不要玩具转身就走；婉言谢绝并告诉他中国一定能造出来；收下给科学家研究”。测查结果见表9-29。

表9-29　中小学生“心中有祖国”的品德思维

年级 人次分布 类型	小三	小四	小五	小六	初一	初二	初三	合计
三向思维	6(5)	9(7.5)	21(17.5)	29(24.2)	30(25)	32(26.7)	56(46.7)	183(21.8)
双向思维	73(60.8)	108(90)	99(82.5)	91(75.8)	90(75)	88(73.3)	64(53.3)	613(73.0)
单向思维	23(19.2)	3(2.5)	0(0)	0(0)	0(0)	0(0)	0(0)	26(3.1)
答不清楚	18(15)	0(0)	0(0)	0(0)	0(0)	0(0)	0(0)	18(2.1)
X^2检验	40.74**	8.2*	1.62	0.02	0.08	10.32*		840(100)

从表9-29可以看出，中小学生“心中有祖国”的品德思维以双向思维占据明显优势(73.0%)，三向思维较少(21.8%)，单向思维极少(3.1%)。小学三年级双向思维

占优势(60.8%)，单向思维亦占19.2%；小学四年级至初二都是双向思维占明显优势，三向思维较少；到初三年级双向思维稍占优势(53.3%)，三向思维也达到46.7%。这说明中小学生“心中有祖国”的品德思维的发展趋势从单向思维到双向思维再到三向思维。差异检验表明，小学三年级与小学四年级之间已达到极显著性水平($P<0.01$)，小学四年级与小学五年级之间、初二与初三年级之间也达到显著性水平($P<0.05$)，说明小学四年级、小学五年级、初三年级是品德思维发展的三个关键期。

(三)中小学生“心中有祖国”的品德动机

根据学生选择最好和最不好的品德活动方法的理由一，可看出学生选择品德活动方法出于以下动机：(1)利己选择。如“我还要回家”“我可以有个玩具”。(2)量力性选择。如“天黑了，他人生地不熟的”“不能要别人的东西”。(3)利国利己选择。如“送他回家不仅可以消除民族偏见，也能体现我作为一名少先队员的精神风貌。”(4)利国选择。如“藏族虽然不是汉族，但都是中国人，应该互相帮助，团结友爱”“要维护祖国尊严，不能只顾自己的利益，不顾国家利益”。(5)价值—条件综合选择。如“同学有困难就要互相帮助，何况他是藏族同学”“虽然外国人看不起我们中国，但我还是应对他有礼貌”。测查结果见表9-30。

表9-30　小学生“心中有祖国”的品德动机

类型 ＼ 人次分布 ＼ 年级	小三	小四	小五	小六	初一	初二	初三	合计
价值—条件综合选择	8(6.7)	16(13.3)	23(19.2)	45(37.5)	27(22.5)	26(21.7)	20(16.7)	165(19.6)
利国选择	29(24.2)	33(27.5)	49(40.8)	49(40.8)	74(61.7)	76(63.3)	82(68.3)	392(46.7)
利国利己选择	10(8.3)	12(10)	10(8.3)	5(4.2)	11(9.2)	8(6.7)	4(3.4)	60(7.1)
量力性选择	48(40)	49(40.8)	38(31.7)	19(15.8)	7(5.8)	8(6.7)	9(7.5)	178(21.2)
利己选择	9(7.5)	10(8.3)	0(0)	2(1.7)	1(0.8)	2(1.7)	5(4.2)	29(3.5)
答不清楚	16(13.3)	0(0)	0(0)	0(0)	0(0)	0(0)	0(0)	16(1.9)
X^2检验	19.18**	15.96**	17.12**	17.72**	0.92	3.68		840(100)

从表9-30可以看出，中小学生“心中有祖国”的品德动机以利国选择为主(46.7%)，量力性选择(21.2%)和价值—条件综合选择(19.6%)次之，利国利己选择

(7.1%)和利己选择(3.5%)都极少。小学三年级、小学四年级量力性选择稍占优势,小五以后利国选择稍占优势,到初三已高达68.3%,价值—条件综合选择以小学六年级为最多(37.5%),到初三反而下降到16.7%。从中可以看出中小学生"心中有祖国"的品德动机的发展趋势是从量力性选择到价值—条件综合选择再到利国选择。小学三年级与小学四年级、小学四年级与小学五年级、小学五年级与小学六年级、小学六年级与初一之间的差异均达到极显著性水平($P<0.01$),说明小学四年级、小学五年级、小学六年级和初一都是品德动机发展的关键时期。

(四)中小学生"心中有祖国"品德行动意向

根据对学生的品德行动步骤分析,可看出学生品德行为有下列倾向:(1)报告领导组织行动。如"报告公安局""给老师说"。(2)群体协作行动。如"我跟踪坏人,找人去报案"。(3)独自计划行动。如"去跟踪,抓住坏人"。(4)旁观行动。如"装作没看见"。测查结果见表9-31。

表9-31 中小学生"心中有祖国"品德行动意向

类型 \ 人次分布 \ 年级	小三	小四	小五	小六	初一	初二	初三	合计
组织行动	14(11.7)	18(15)	21(17.5)	20(16.7)	17(14.2)	16(13.3)	27(22.5)	133(15.8)
协作行动	2(1.7)	1(0.8)	3(2.5)	7(5.8)	1(0.8)	11(9.2)	8(6.7)	33(3.9)
独自行动	75(62.5)	98(81.7)	96(80)	93(77.5)	99(82.0)	87(72.5)	81(67.5)	629(74.9)
旁观行动	16(13.3)	3(2.5)	0(0)	0(0)	3(2.5)	6(5)	4(3.4)	32(3.8)
答不清楚	13(10.8)	0(0)	0(0)	0(0)	0(0)	0(0)	0(0)	13(1.6)
X^2检验	25.8**	4.26	1.66	7.92	10.64*	3.92		840(100)

从表9-31可以看出,中小学生"心中有祖国"的品德行动意向以独自行动占明显优势(74.9%),组织行动次之(15.8%),协作行动(3.9%)、旁观行动(3.8%)极少。从小学三年级到初二年级,均以独自行动为主,随着年级的增长,组织行动、协作行动逐渐增加,X^2检验发现小学三年级与小学四年级、初一和初二年级之间均有显著性差异($P<0.05$),这说明小学四年级、初二年级是学生品德行动意向发展的两个关键期。

(五)中小学生"心中有祖国"品德自我评价

根据学生对品德行动的自我评价的分析,发现评价的标准有:(1)满足常规需要。如“这是应该的”“这样做是对的”。(2)满足个人需要。如“老师会表扬我”“我是个好孩子”。(3)满足祖国—个人需要。如“为国家保住了财宝，我很高兴”。(4)满足祖国需要。如“挽回了祖国的尊严”“维护了民族团结”。测查结果见表9-32。

表9-32　中小学生“心中有祖国”的品德自我评价

类型＼人次分布＼年级	小三	小四	小五	小六	初一	初二	初三	合计
满足祖国需要	16 (13.3)	40(33.3)	32(26.7)	68(56.7)	73(60.8)	77(64.2)	82(68.3)	388 (46.2)
满足祖国—个人需要	36(30)	31(25.8)	40(33.3)	28(23.3)	36(30)	29(24.2)	28(23.3)	228 (27.1)
满足常规需要	30(25)	38(31.7)	45(37.5)	19(15.8)	10(8.3)	12(10)	3(2.5)	157 (18.7%)
满足个人需要	10(8.3)	8(6.7)	3(2.5)	5(4.2)	10(0.8)	2(1.7)	7(5.8)	36(4.3)
答不清楚	28 (23.3)	3 (2.5)	0(0)	0(0)	0(0)	0(0)	0(0)	31 (3.7)
X^2检验	31.98**	7.90	26.14**	6.64	1.38	8.36		840 (100)

从表9-32可以看出，中小学“心中有祖国”的品德自我评价以满足祖国需要为主(46.2%)，满足祖国—个人需要次之(27.1%)，满足常规需要居第三位(18.7%)，满足个人需要的极少(4.3%)。除小学三年级、小学五年级外，其余各年级都以满足祖国需要占优势。小学五年级满足常规需要较多(37.5%)。中小学生“心中有祖国”的品德自我评价发展趋势是从满足祖国—个人需要到满足常规需要再到满足祖国需要。小学三年级与小学四年级、小学五年级与小学六年级之间存在极显著性差异，表明小学四年级、小学六年级是品德自我评价发展的关键期。

五、分析与讨论

(一)中小学生“心中有祖国”的整体心理结构及发展趋势

中小学生“心中有祖国”存在一个完整的品德心理结构，由品德心理反映形式和品德心理反映内容有机结合组成。品德心理反映形式包括：(1)品德意识(参与意识、情境意识、意义意识)；(2)品德思维；(3)品德动机；(4)品德行动意向；(5)品德自我评价。品德情感以需要、利益的满足与否为基础，紧密地伴随在一起。品德心理反映内容指特定时代、社会、环境和阶级有关爱祖国的道德准则、道德规范。

如团结民族同学、维护祖国尊严、保护国家文物等。把品德心理反映内容和品德心理反映形式有机结合起来，才可以综合考察现代社会主义中国的中小学生“心中有祖国”的发展状况，即已有教育结果的发展水平，同时预测其发展趋势，以利“适当”进行“超前”教育。

表9-33　品德心理反映形式

品德心理成分	发展趋势
品德参与意识	不参与、未决定（小三、小四）→参与（小五至初三）
品德情境意识	情节解释（小三至小五）→客观陈述道德关系（小六至初二）→主体自觉参与（初三）
品德意义意识	一元意义（小三至小六）→二元意义（初一至初三）
品德思维	单向思维（小三）→双向思维（小四至初二）→三向思维（初三）
品德动机	量力性选择（小三、小四）→价值→条件综合选择（小五、小六）→利国选择（初一至初三）
品德行动意向	独自计划行动（小三至初二）→组织行动、协作行动（初三）
品德自我评价	满足祖国—个人需要（小三）→满足常规需要（小四、小五）→满足祖国需要（小六至初三）

（二）中小学生“心中有祖国”的品德发展关键期

不同年级阶段的学生，“心中有祖国”的心理既有发展的连续性又有差异性。不同的反映内容，各种品德心理成分的关键期出现的年级也不同。根据前述各表的X^2经验，可列结果如表9-34。

表9-34　中小学生“心中有祖国”的品德发展期

关键期 / 反映内容 / 反映形式	团结民族同学	维护祖国尊严	保护国家文物	心中有祖国
参与意识	——	小四	小四	小四
情境意识	小四、初三	小四	小四	小四、小六
意义意识	小四	小四	小四	小四
品德思维	小四、初三	小四	小四	小四、小五、初三
品德动机	小六	小四	小四、初一、初二	小四、小五、小六、初一
品德行动	——	小四	小四、初二	小四、初二
品德自我评价	小四、小六	小四、小六	小四	小四、小六

据此，提示我们，培养学生“团结民族同学”的关键期在小学四年级、小学六年级、初三年级。培养学生“维护祖国尊严”的关键期在小学四、六年级；培养学生“保护国家文物”的关键期在小学四年级、初一至初二年级。总起来看，培养学生“心中有祖国”的关键期在小学四、五、六年级，但初中阶段的发展也不容忽视。这就显示

着爱国主义教育应常抓不懈，在不同的年级针对不同的发展优势，应采取有针对性的、科学性的教育措施。

(三)中小学生“心中有祖国”的内心矛盾及转化过程分析

分析“祖国—个人”的需要关系、利益关系是考察个体品德发展的主要标志。在前文所呈现的三个故事情境中就涉及帮助民族同学回家与自己回家走的方向相反的矛盾，维护祖国尊严与自己想要玩具的矛盾，保护国家文物与保全自己衣物和安全的矛盾，这也是祖国需要与个人需要、祖国利益与个人利益之间的矛盾。

通过分析发现，中小学生“心中有祖国”的内心矛盾特点在于，真正觉察祖国与自己的需要矛盾，自觉做出参与决定的较少(12.7%)，但选择行为的动机出自利国选择的多(46.7%)，以满足个人需要为标准评价自己品德行动的极少(4.3%)。也就是说，尽管中小学生对情境中祖国—个人需要、利益矛盾的觉察水平不高，但所采取的品德行动绝大多数是维护祖国利益，满足祖国需要。

中小学生“心中有祖国”的内心矛盾是怎样转化、顺利解决的呢？综合分析学生的回答，可以发现矛盾转化的过程。

1.“团结民族同学”的矛盾转化过程

当民族同学找不到路，需要帮助时，学生所经历的心理历程为：(1)他自己的爸爸、妈妈会管他；(2)老师说要帮助同学，帮助同学是应该的；(3)同学有困难我要帮助，虽然与我回家的路相反，我也要帮助；(4)他是藏族同学，更要帮助，藏族和汉族不同，但是一家人；(5)维护民族团结，增进汉藏友谊，消除民族偏见。可见，学生“团结民族同学”的矛盾转化过程为“与己无关—外在需要—内在需要—初步的民族观念—明确的民族团结意识”。

2.“维护祖国尊严”的矛盾转化过程

当外国人说中国制造不出这种玩具，并要给玩具时，学生经历的心理历程为：(1)他给我我就收下；(2)别人的东西不能随便要；(3)收下给科学家研究，以后中国的儿童都可以玩；(4)不能要，他嘲笑中国人，看不起中国，中国人有志气，自己要好好学习，造出更好的玩具；(5)不能要，维护祖国尊严；(6)不能要并婉言谢绝，讲明理由，既要维护祖国尊严，又要有礼貌，友好相处。可见，学生“维护祖国尊严”的矛盾转化过程为“满足个人需要—外在要求—满足公众需要—初步的国家自尊感—明确的国家尊严感—维护国家荣誉、维护友好关系”。

3.“保护国家文物”的矛盾转化过程

当发现有人偷窃文物并要贩卖到国外时，学生所经历的心理历程为：(1)去拾自己的衣物;(2)不闻不问,不管;(3)报案,应抓坏人;(4)抓坏人,不能让国家的东西卖到国外;(5)报警,保护国家财宝是每个中国公民应尽的责任,也不能让犯罪分子逍遥法外。可见,学生"保护国家文物"的矛盾转化过程为"满足个人需要—与己无关—满足外在要求—初步的国家所有观念—明确的国家利益观,对祖国的强烈责任心和鲜明的法制观念"。

从上面的分析可以看出,中小学生"心中有祖国"的内心矛盾的转化过程是一个心理水平从低级到高级不断提升的过程,是经过内化、融化、深化、外在要求与内心需要融为一体,构筑新的心理结构的过程。从个人利益出发到屈从外在常规要求,从初步的国家观念到明确的国家意识,再到更深一层的与其他道德范畴如国际主义、法制观念、责任心、义务感等交织在一起。爱国主义教育应遵循这一规律,推动学生心理矛盾的顺利转化和升华。

(四)中小学生"爱祖国"的现场实验的设想

为了推动学生"心中有祖国"的内心矛盾的顺利转化,促进学生品德水平的提高,我们提出,运用"主体参与的育德互动模式"对学生进行爱国主义教育,采用轮组设计,进行爱祖国的现场教育实验。

"主体参与的育德互动模式"是指思品课课堂教学活动与班队活动结合,教师启发诱导,学生主动参与,师生双方主体协同活动的教育性交往育德互动模式。其指导思想是尊重教育者的社会主体地位,重视受教育者的积极参与品德学习活动和自我教育,重视德育活动中社会主体间的交往互动,致力于培养受教育者言行一致、情理交融、智能完备的完整品德心理结构。我们设想,通过运用这一模式,达到提高思品课教学效果,促进学生品德水平发展的目的。

六、结论

(一)中小学生"心中有祖国"存在一个完整的心理结构,由品德心理反映形式(包括品德意识、品德思维、品德动机、品德行动意向、品德自我评价等)和品德心理反映内容有机结合而成。其整体发展趋势表现出从低级向中级、高级水平发展。

(二)不同心理反映内容,各种品德心理成分出现的关键期不一样。总体来看,中小学生"心中有祖国"的品德发展关键期在小学四、六年级,但初中阶段的发展亦不容忽视。

(三)中小学生"心中有祖国"的内心矛盾的转化过程为"个人利益—外在要求—初步的国家观念—明确的国家意识—更高层次的品德综合意识",具有一定的心理发展规律。

研究七　现代德性情境测评与现场情境育德实验①

一

本书是曾欣然、陈旭在"八五""九五"期间,承担的两项教育科研课题的主要成果:一项是国家教委人文、社会科学研究"八五"规划项目:"大城市中小学生思想品德的调查及对策研究"(1993年1月批准立项,1996年结题);另一项是全国教育科学"九五"规划课题:"我国少年儿童'五爱'品德启蒙、发展的系列情境测评与实验研究"(1997年2月批准立项,1999年结题)。两项课题研究相互衔接。前一项研究做了一些研究启动和尝试,为后一项研究打下好的基础;后一项研究为前一项研究的继续、充实、深化、系列化,实现研究目的。

这两项研究都属我国基础教育中德育心理应用理论研究。遵循社会主义精神文明建设战略要求、社会主义教育方针的规定和全面推进素质教育的任务,根据《中共中央关于进一步加强和改进学校德育工作的若干意见》精神,紧紧依据《中学德育大纲》《小学德育纲要》的基本要求,在现代德育理论、德育心理原理、美育心理原理与德育实践结合上着力研究,使用"调查研究—实验培育—探索对策"相结合的德育科研思路,即从学生品德情境测查入手,开展德育情境现场实验培育,探索中小学德育的规律性原理,提出品德养成教育的新对策。

两项研究的目的都在于探索我国中小学生思想品德基本素质的现状和发展趋势。主要调查了大城市中小学生应具有的社会主义的"社会公德":爱祖国、爱人民、爱劳动、爱科学、爱社会主义。我国社会主义公民的"五爱"社会公德,是《中华人民共和国宪法》的规定,具有中国社会主义的时代性、全民性、民族性、优良的传统性。这种规定对中小学生健康成长为"热爱社会主义的具有社会主义公德、文明行为习惯的遵纪守法的公民",有现实性、基础性、终身性的特点,对"着重培养和训练学生良好的道德品质和文明行为习惯,教育学生心中有他人,心中有集体,心中有人民,心中有祖国"有迫切的现实教育意义。

---

① 此文是陈旭、曾欣然主编的《现代品德情境测评与德育实验研究》前言,西南师范大学出版社2000年8月出版。现用题目是入选时选编者新加的。

关于中小学生的社会主义公德发展水平的调查，已有的调查方法是多种多样的。调查中经验性的观察、描述的事例较多，对中小学生公德中的某种品德的发展水平也有初步的测评资料。但对中小学生的社会主义公德的系统的测评，尚未见报道。因此，我们选择了我国中小学生"五爱"社会主义公德，使用我们改革、创新的现代品德情境测评法，进行系列的测评。

品德素质的形成、发展关键在于培育，在于他人培育与自我培育相结合，形成德育合力的培育。探索品德素质培育的规律性，关键在于实验，在于德育实验、在于德育心理实验。我国德育科学的发展，经历了"实践—经验—理论—创新"的历程。现在根据全面推进素质教育的新要求，培育品德素质的新任务，必须有创新，有新的实验。我国哲学社会科学"七五"国家重点研究项目"我国中小学德育整体改革的研究"中学组，于1987年建立了《中学德育大纲》实验研究课题组，在全国选定24所中学作为实验学校，对《中学德育大纲》开展了有目标、有设计、有领导、有组织的实验研究，进行了中华人民共和国成立以来第一次中学德育整体改革的有意义的开拓性的实验，取得了中小学德育整体改革的丰硕成果。我们的德育心理实验，便是根据《中学德育大纲》和《小学德育纲要》的精神，应用德育心理与美育心理相结合的原理，教育社会心理与发展心理相结合的原理，从中小学生品德素质形成、发展的角度，开展了中小学生"五爱"品德素质现场情境培育实验。

二

构成本书内容，主要是围绕着中小学生"五爱"品德素质的科学测评与科学培育两条主线开展，分三部分：我国当代学生品德测评研究的新进展；中小学生品德情境测评；品德现场情境培育实验与对策。

本研究成果的主要特点是：

（一）在现代德育心理原理应用与品德测评改革的研究中，本着从人的本质联系上思考，以实践是第一的基本的观点，对现实的社会主义新人优秀品德实际表现，进行了辩证的系统的整体分析，根据德性、品德的新含义（即德性、品德是人的本质结构的自我实现的价值特征）、德性心理运行结构、德性心理结构的成分与层次、德性心理结构整体的全程性发展与阶段性特征等原理，充实、丰富、深化了德性、品德实质、德性心理结构的基础理论，从新的视野指导品德测评改革和德性素质培育。

（二）在品德测评方法研究中，系统阐述了现代德性情境测评法，简要阐明了现代品德情境测评法的实质、特征、类型，着重阐述了现代德性情境测评法产生、改革、创新的历程及现代德性情境测评的特殊原则，现代德性情境测评的基本程序，现代德性情境测评的科学应用。明确显示，现代德性情境测评法，在品德心理研究领域内，与皮亚杰的“对偶故事”的“道德情境”不同，与柯尔伯格的“两难故事”的“道德情境”也不同。

现代品德情境测评法，不同于常见的情境法。它是我们在研究了我国古代“考德”优良传统经验，吸取了我国学者、德育工作者创造的品德测评的新鲜经验，参照了国外品德测查的有益经验，总结了我们多年来进行品德测评的实验经验，根据社会生活实践是第一的基本的观点和唯物辩证法，以社会主义新人优秀品德实际表现为“原型”，综合、改革、创新的一种适合于现代研究使用的品德测评法。即创设德、智、美结合的情境，进行整体性测评品德的一种方法。

（三）在品德情境测评的调查中，提供了12篇调查报告。这是这两项研究的成果。一是在重庆市、成都市、贵阳市、桂林市等大城市中，调查分析的小学三、四、五、六年级学生，初中一、二、三年级学生共计5480人的“爱人民”的思想品德现状。二是对重庆市的北碚，四川省的新都、彭州、威远的小学三、四、五、六年级和初中一、二、三年级共1120名学生的“爱人民”“爱祖国”“爱科学”“爱劳动”的思想品德进行了分析调查。其中，大量使用的是品德情境模拟测评法，也使用过品德情境现场测评法，对我国基础教育的小学生、初中学生的“五爱”品德素质的成分、层次、结构及发展趋势、发展关键期等，有了较具体、较全面、较深刻的揭示，充实、丰富了《中学德育大纲》《小学德育纲要》，也为品德素质的培育提供了不同年级的中小学生在培育前的“五爱”品德水平和品德发展的阶段性特点。

（四）在中小学生品德培育实验中，提供了8篇品德现场实验报告。我们两项研究的另一共同目的，是要在品德测评的基础上，探索中小学生思想品德素质的培育、养成规律。因此，尝试性地使用了品德养成的品德情境现场教育实验法。通过对品德情境现场教育实验“原型”的典型剖析，试探品德养成的心理规律，提出了较有参考价值的对策。

该研究使用现场情境育德实验，显著特点是：

1. 坚持社会主义公德的主导与培育学生对品德价值选择的独立自主性、自由性、创造性相结合，把我国改革开放时期涌现的行之有效德育优秀经验引入实验。

2. 中小学生品德培育实验研究中，检验了即时效应、延时效应或长期效应，分别对4周、8周、12周、16周的实验教育效果进行了检测。

3.实验设计主要采用全程培育组与轮组培育相结合设计。其中分别试用过控制组(实验过程中一直不施加教育改革实验新措施)、全程培育组(实验全过程中、轮换前、轮换后,都施加教育改革实验新措施)。后期实验中发现,中小学品德现场情境教育实验,以轮换培育组配合全程培育组为宜,既加强实验条件控制,增强教育实验研究的严密性,又保证了基础教育的基础性、全员性。让全体学生都受教益,避免了教育实验对比中控制组的缺陷,使该组学生较长时间内不能接受教育改革的新影响,防止了“剥夺教育”的损失。同时也顺利解决了教育实验中难于找到对比班的困难。

通过该研究的系列的品德情境现场教育实验,有下列共同趋向:

1.在暂不改动现行学制、课程,不增加学生活动总量、不增加德育课时的条件下,实行“五同”控制,改革育德模式,即可提高中小学生社会主义公德水平,取得明显效果。也就是说,在现行课程设置条件下,按“减负提质”原则,不增加德育课时,不挤占学科课时,只要加强德育改革,改进班主任工作和思想品德课教学,就可以收到相应的德育效果。当然,随着学制、课程的深入,将会收到更好的效果。

2.通过对常用的几种育德方法实验的比较,概括出了一种效果较好的育德模式,即“师生主体参与启发育德互动模式”。它是指用德智、德美结合的思品课课堂教学活动与班队活动相结合,教师启发诱导,学生主动参与交往,师生双方主体协同合作,教学相长的交往互动的育德活动。并总结了“六环节”“八步骤”的操作程序,切实可行,行之有效。此外,在大学生中用该育德模式进行教育实验,取得了同样效果。

3.保证坚持社会主义公德的主导地位与培育学生品德智能结合,即启发学生择优定向与培育学生优质智能相结合,充分发挥学生对品德价值选择、实践的独立性、自由性、创造性。不同于“美德袋”的强迫注入式,不同于“价值澄清”的放羊漫谈式,也不同于教育“干预”活动。它是我国德育优良传统经验与当代改革开放时期行之有效的德育优秀经验相结合,应用于德育科学实验,并产生了显著效应。实验证明,加强和改进中小学德育,探索育人之道、育人之德,应走教育科学实验之路,也能走教育现场科学实验之路。

4.发现中小学生品德发展水平,在实验过程中出现过“回复”“倒退”现象。经过交叉换位与延时实验的对比,全程培育组与轮换培育组对比,测查了即时效应与长期效应。其他条件相似。教育时间、教育频率(次数)是一个重要因素。通过4周、8周、12周、16周时间教育效果的比较,初步认为应以8周左右为宜。4周太短,只有即时效应，部分学生中常有“回复”“倒退”现象。8周时间能保持长期效应。多于8周时间的相同教育，多数学生相关品德未见有明显提高。出现这种德育“高原”现象，是何原因，有待进一步探讨。

三

根据我们的调查和实验研究，关于加强和改进学校德育工作，提高中小学生社会主义公德素质的养成教育效果，有下列对策性建议：

1.制定《中学德育大纲》《小学德育纲要》或《实施细则》，抓住主旋律的社会主义公德为中心，参照本调查的中小学生思想品德发展趋势、转折关键期，可以考虑：

(1)小学、初中是基础教育中的义务教育阶段。把中学阶段的德育大纲，明确分为初中阶段和高中阶段，并把小学阶段和初中阶段的德育要求、目标合并制定《九年义务教育(小学、初中)德育大纲》或《实施细则》。使当前义务教育阶段的德育目标完整，思想品德发展便于中、小衔接。

(2)从调查看，小学生品德发展的转折关键期。多数学生、多数品德、多数品德素质的关键期都发生在小四。建议不用高、中、低三级式分段，改用初(一、二、三年级)、高(五年制四、五年级，或六年制四、五、六年级)两级式分段。有利于抓好小学生品德发展转折关键期的适应性教育。实际上就是加强少年期的起始教育，发挥教育超前作用，真正发展“最近发展区”。改变把少年期教育都放在初中二年级前后的看法。事实上，初中二年级学生(14岁左右)已是少年期结束，应该进行青年初期的起始教育。但现实中，在初中二年级仍常常是抓少年期教育。这种“滞后教育”，理所当然地引起学生的“反感”“逆反”心理，酿成不受学生欢迎的“无效德育”。建议在《实施细则》中明确拟定具体要求，相信德育定会取得好效果。

2.改编小学思品课、初中思想政治课教材和辅助读物。根据我们的调查，中小学生品德发展的确有转折关键期。但从社会主义公德看，“五爱”之中不同品德内容的转折关键期有差异。同一种品德心理素质的不同成分，也略有不同的转折关键点。因此确定具体教材内容，建议进一步调查、考虑品德转折关键点的内在差异性，妥善安排德育内容。

3.改革小学思品课课堂教学活动。根据我们运用思品课的计划课时和班级活动课时，设计、使用的品德情境现场教育实验，多次检验、分析、比较、总结了“师生主体参与、启发育德互动模式”(简称“主体—定向—启发—育德”模式)，并初步概括了切实可行的“六环节”“八步骤”的操作程序，对提高思品课教学质量有推广价值，对初中的思想政治课教学有参考价值。在师生协同互动、德智、德美结合的教学活动中，具体简化为：(1)了解学生需要，定准德育目标；(2)创设教育情境，激发学生情趣；(3)引导学生带问题自学、阅读；(4)寻找实现品德价值的焦点，相互启发讨论；(5)榜样示范，引导学生角色换位思考；(6)民主评价，巩固提高；(7)目标导向，意向体验或参与活动体验；(8)评价调控，自我调节。

4.妥善解决中小学生思想品德培育、养成中的"回复"现象和"无效德育"问题，提出了对某种品德要以8周左右时间进行持续性的"知—情—动—意—行—评"结合的德行训练教育为宜。要养成良好行为习惯，更应结合中小学生日常行为规范教育、班级目标管理，进行较长时期的常规教育，使之巩固、提高、完善。

5.加强德育科研，把德育工作从经验型上升为科研型，开展品德情境现场育德实验，真正探索中小学生思想品德养成规律。本研究的实验设计，都是现实"五同控制"条件下的育德改革实验，既提高实验的严密度，又冲破了实验室实验的"隔离性"，打消了"德育现场实验"的神秘感，富有现实性、实践性，使用的轮换培育的交叉设计与全程培育设计相结合，等等。这些实验操作程序，可供教育第一线德育工作者、教育管理工作者参考。

以上研究成果特点，得到了专家鉴定组的充分肯定，并一致认为：

"该课题所突破的难题，所创新的成果主要有：调查内容选择了对中小学生健康成长具有现实性、基础性、终身性意义的社会主义公德，从品德心理内容与品德心理反映形式有机结合出发，对中小学生爱祖国、爱人民、爱劳动、爱科学进行了系统测评；研究方法采用了主持人改革、创新的现代品德情境测评法，综合采用了品德情境模拟测评、品德情境现场测评、品德情境现场教育实验。调查结果初步发现了中小学生思想品德发展趋势、转折关键期；提出、验证、总结了"师生主体参与、启发育德互动模式"及其操作程序，教育效果显著。

"希望在后继研究中，扩大研究范围，进一步验证、完善所提出的重要观点和训练模式，力争将已获得的研究成果运用于中小学德育实践，产生应有的教育效益。"

我们承担的两项研究，由于时间短、经费紧，联系面不够宽等原因，因而有的调查面小，有的调查样本小，开展的实验也无时间进行再实验验证。"五爱"品德中关于"爱社会主义"品德，尚未设计出情境测评。品德情境现场教育实验，刚刚起步探索。这些诸多不足，有待改正，今后也将继续深入研究、完善。

现在，谨以此书，奉献给德育工作者、管理者和专家，研究、实践培养社会主义新人的德性素质的探索思考，请多多赐教！

本组未列文章题目：

《品德素质测评原则的探索》，刊载于《教育评价》1997年第2期，北京教育科学院主办。选自聂厚德主编《中小学生品德评价的理论与实践》，四川教育出版社1997年出版。

《品德情境测评的改革创新与科学应用》，此文与陈旭合作完成，刊载于《南京师大学报》（社科版）1996年第3期。

《德育心理原理应用与品德测评改革》曾欣然撰写，选自陈旭、曾欣然主编《现代品德情境测评与德育实验研究》，西南师范大学出版社2000年8月出版。

《中小学生"心中有父母"的品德情境模拟测评》，此文与陈旭合作完成，刊载于《学校思想教育文稿》（德育实验报告）1994年第8期。

《中小学生"心中有老师"的品德情境模拟测评》，此文与陈旭合作完成，刊载于《学校思想教育文稿》（德育实验报告）1994年第12期。

《中小学生"心中有同学"的品德情境模拟测评》，此文与陈旭合作完成，刊载于《学校思想教育文稿》（德育实验报告）1995年第4期。

《中小学生"心中有劳动人民"的品德情境模拟测评》，此文与陈旭合作完成，刊载于《学校思想教育文稿》（德育实验报告）1996年第7期。

致谢

《德性心理、美育心理研究》一书得以出版，奉献给读者、同行专家、学者，服务于社会，服务于立新德、树新人，首先要感谢西南师范大学出版社资助！感谢为申报资助出力出主意的朋友们！

这本研究成果的顺利出版，更要特别感谢西南大学副校长、博士生导师靳玉乐教授，心理学部副部长、博士生导师陈旭教授，多次关心，出大力支持、帮助！

还要感谢西南大学心理学部博士生导师张大均教授、教育学部副部长、博士生导师王牧华教授，西南大学社会科学研究处副处长徐中仁博士，多次关心，提供信息，多次建议，择优选择。

出书过程中，要特别感谢西南师范大学出版社社长、编审米加德先生，感谢西南师范大学出版社高等教育分社社长郑持军。感谢责任编辑、美术编辑，热心负责，细心编校，精心设计，服务周到。

最后，一并衷心感谢，50年来一直支持我研究的老伴、亲人们！帮助过我的领导、师长、同事及学生一切朋友们！

师情友情同志情，
鉴赏斯文忆真情。
岁月瞬逝情长在，
再攀新峰谢恩情！

2017年重阳节